직업으로서의 과학 | 직업으로서의 정치

막스 베버 선집
4

직업으로서의 과학 | 직업으로서의 정치

막스 베버 지음 | 김덕영 옮김

도서출판

막스 베버 선집 · 4

직업으로서의 과학 | 직업으로서의 정치

2023년 12월 5일 제1판 제1쇄 인쇄
2023년 12월 15일 제1판 제1쇄 발행

지은이 | 막스 베버
옮긴이 | 김덕영
펴낸이 | 박우정

기획 | 이승우
편집 | 오경철
전산 | 한향림

펴낸곳 | 도서출판 길
주소 | 06032 서울 강남구 도산대로 25길 16 우리빌딩 201호
전화 | 02) 595-3153   팩스 | 02) 595-3165
등록 | 1997년 6월 17일 제113호

少年易老學難成　소년은 늙기 쉽고 학문은 이루기 어려우니
一寸光陰不可輕　일촌광음인들 가벼이 할쏘냐?
未覺池塘春草夢　연못가 봄풀은 채 꿈도 깨지 않았는데
階前梧葉已秋聲　계단 앞 오동나무는 벌써 가을을 알리거늘!

　　　　　　　　　　　　　　　　—주자(朱子)「권학시」(勸學詩)

차례

1. 이 책에 달린 각주는 모두 옮긴이 주이다.

2. 원문에 있는 《 》은 " "로 바꾸었다. (예)《Fortschritt》→ "진보"

3. 원문에 있는 문장부호 ─( ) : ; ! ? ─ ─는 그대로 두는 것을 원칙으로 하되, 부득이한 경우에는 없앴고 필요하다고 판단하는 경우에는 넣었다.

4. 원문에서는 글자 간의 간격을 띄우는 식으로 강조를 하거나(「직업으로서의 과학」), 이탤릭체로 강조를 하고 있는데(「직업으로서의 정치」), 이 책에서는 모두 볼드체로 바꾸었다.

   (예) S i n n → **의미**; *Staat* → **국가**

5. 원문에서 알파벳으로 이름의 머리글자만 나오는 경우에는 그 전체를 우리말로 표기했다.

   (예) F. W. Foerster → 프리드리히 빌헬름 푀르스터

6. 옮긴이 주에 나오는 문헌의 구체적인 서지사항은 "인용문헌"에 수록되어 있다.

7. 베버가 언급하는 인물들은 "인명목록"에 자세하게 소개되어 있다.

I
직업으로서의 과학
1917/1919

• 원서에는 아무런 장이나 절도 나누어져 있지 않다. 이에 독자들의 편의를 위해
옮긴이가 장과 절을 나누고 각 장과 절의 제목을 붙였음을 일러둔다.

1. 학자라는 직업의 외적 조건들

나는[1] 여러분의 요청에 따라 "직업으로서의 과학"에 대해 말하도록 하겠습니다. 그런데 우리 경제학자들[2]은 좀 세세한 것에 얽매이는 구석이

---

1 이 글에는 교사, 교수, 교원이라는 단어가 등장하는데, 각각 독일어의 'Lehrer', 'Professor', 'Dozent'를 옮긴 것이다. 이 가운데 "교사"는 우리가 일반적으로 이해하는 바와 같이 초중고교에서 일정한 자격을 가지고 학생을 가르치는 사람이 아니라 대학에서 일정한 자격을 가지고 학생을 가르치는 사람을 이르는 말이다. 그리고 "교원"은 교수를 포함해 대학에서 학생을 가르치는 사람을 통틀어 이르는 말이다. 이렇게 보면 교사와 교원은 같은 의미로 볼 수 있고, "교수"는 강사 등과 구별되는 대학의 교사 또는 교원으로 해석할 수 있다.

2 베버는 경제학자로서의 정체성뿐만 아니라 사회학자로서의 정체성도 갖고 있었다. 그리하여 1910년 10월 프랑크푸르트에서 개최된 제1차 독일 사회학대회의 한 토론에서 "우리 사회학자들"이라는 표현을 썼다. 이에 대해서는 김덕영, 「해제: 막스 베버와 이해사회학으로의 여정」, 275~77쪽을 볼 것. 그리고 이 강연은 경제학적 강연이 아니라 철학적 강연, 보다 정확히 말하자면 사회학적 분석에 기반하는 철학적 강연이다(이에 대한 자세한 논의는 이 책의 뒷부분에 나오는 "해제"를 볼 것). 그럼에도 불구하고 베버가 굳이 "우리 경제학자들"이라는 표현과 더불어 강연을 시작하는 이유는, 이 강연을 듣는 학생들이 — 뒤의 27쪽에서 드러나듯이 — 직업으로서의 과학의 물질적 조건을 비롯한 외적 조건들보다는 학자라는 직업의 내적 소명을 듣고 싶어 할 것임을 잘 알면서도 이 조건들을 다루어야만 직업으로서의 과학이라는 문제를 제대로 조명할 수 있다고 생각했기 때

있어서 항상[3] 외적인 조건으로부터 출발하는데, 나 역시 그렇게 하고자 하며, 따라서 이 강연을 다음과 같은 질문, 즉 직업으로서의 과학의 물질적 조건은 무엇인가라는 질문으로부터 시작하고자 합니다. 오늘날 이것은 실제적으로 그리고 본질적으로 다음과 같은 질문, 즉 대학을 졸업한 학생이 대학에 남아 직업적으로 과학에 헌신하기로 결심하는 경우에 어떠한 상황에 처하게 되는가라는 질문을 뜻합니다. 이 점에서 우리 독일의 사정이 갖는 특수성을 이해하기 위해서는 우리와 가장 뚜렷한 대조를 이루는 외국, 즉 미국의 사정이 어떠한가를 비교적 관점에서 살펴보면서 이야기를 풀어가는 것이 유용할 것입니다.

우리나라에서는 ─ 누구나 알고 있듯이 ─ 과학을 직업으로 선택하는 젊은이의 경력이 통상적으로 "사강사"[4]와 더불어 시작됩니다. 그는 어느 특정 대학에서 해당 과학분야의 전문가와 상의하고 동의를 얻고 난 다음 한 권의 책을 제출하고 그 과학분야가 속한 단과대학의 교수진 앞에서 ─ 대부분의 경우 다분히 ─ 형식적인 시험을 치르고서 대학교수 자격을 취득합니다[5]; 그러고는 자신이 취득한 교수자격의 영역 내에서 스

문일 것이다.

3 이 바로 앞에 "인간의 문화적 삶의 어떤 측면이나 요소에 대해 말할 때"를 첨가해 읽으면 의미하는 바가 보다 명확해질 것이다.

4 사강사(私講師)는 독일어의 'Privatdozent'를 옮긴 것으로 대학교수 자격을 취득했지만 아직 정규직 교수로 임용되지 않고 강의를 하는 교수요원을 가리킨다.

5 이 부분에서 말하는 "해당 과학분야의 전문가", "한 권의 책" 그리고 "다분히 형식적인 시험"에 대해서는 약간의 설명이 필요한 듯하다. 여기서는 베버 자신의 경우를 예로 들어 살펴보기로 한다. 먼저 해당 과학분야의 전문가는 대학교수 자격 취득 과정 지도교수인데, 베버의 경우에는 저명한 농업사가인 아우구스트 마이첸(1822~1910)이다. 그리고 한 권의 책은 대학교수 자격 취득을 위해 제출한 저서를 가리키며(또는 원고 상태의 논문을 제출하는 경우도 있다), 다분히 형식적인 시험은 시험강의(Probevorlesung)와 그에 따른 콜로키움을 가리킨다(콜로키움을 시험강의에 따르는 토론으로 보고 그냥 시험강의라고도 할 수 있다; 이는 시대와 대학 그리고 같은 대학에서도 단과대학에 따라 다를 수 있다). 베버는 1889년 레빈 골드슈미트(1829~97)의 지도로 베를린 대학의 법학부에서 법학 박사학위를 취득했는데, 이때 「중세 상사의 역사에 대하여」라는 논문을 원고 상태로 제출했다가 나중에 박사학위 취득과정 절차상 요구되는 논문으로는 제3장만

스로 정한 주제에 대해 강의를 합니다만, 학생들이 내는 수강료만 받을 뿐 전혀 봉급을 받지 못합니다.[6] 미국에서는 학자로서의 경력이 통상적

을 책으로 출간하여 제출했다(제3장의 제목은 「이탈리아 도시의 가계 공동체 및 산업 공동체에서 형성된 합명회사의 연대책임 원리와 특별재산의 발달」이다). 그리고 그 논문 전체는 1889년 10월에 책으로 출간했다. 이처럼 베버가 자신이 작성한 논문의 일부만으로 박사학위를 취득한 이유는 나중에 그 논문 전체를 더 발전시켜 상법분야에서 대학교수 자격을 취득하려고 했기 때문이다. 그는 원래 로마법과 상업의 두 분야에서 대학교수 자격을 취득할, 그리고 만약 로마법에 대한 연구가 오래 걸리면 상업분야에서 대학교수 자격을 취득하는 것으로 만족할 생각이었다. 그런데 중세 상사에 대한 연구는 더 이상 진척시키지 못하고 로마법에 대한 연구만 진행시켰으며(아마도 제1차 법학 국가시험 이후에 해야 하는 수습근무와 제2차 국가시험으로 인해 시간이 없었을 것이다), 그 결과가 중세 상사에 대한 책이 출간된 지 2년 후인 1891년 10월 『국가법 및 사법의 의미에서 본 로마 농업사』라는 제목으로 출간되었다. 이에 베버는 1891년 10월 22일에 베를린 대학 법학부에 상법분야와 로마법 분야(국가법 및 사법)의 대학교수 자격취득 절차를 밟도록 허가해줄 것을 신청했으며, 이때 중세 상사에 대한 책과 로마 농업사에 대한 책을 각각 10부씩 그리고 박사학위 취득을 위해 제출했던 책을 1부 제출했다(당시 베를린 대학 법학부의 규정에 따르면 대학교수 자격취득 지망자는 자신이 앞으로 강의를 하고자 하는 분야[들]과 관련된 원고 상태의 논문이나 이것이 출간된 책을 제출하게 되어 있었다). 이 두 저작에 대한 심사는 1891년 12월에 끝났고 그다음 절차인 —법학부 교수진 앞에서 하는—공개시험과 콜로키움은 1892년 1월 19일에 (늘 그렇듯이 법학부 학장의 집에서!) 있었는데, 이때 베버의 박사학위 지도교수인 골트슈미트와 당시 학장이던 요제프 콜러(1849~1919) 단 두 명의 교수만 질문한 것이 확실해 보인다고 한다. 그러고는 1892년 2월 1일 다음 절차인 공개강의를 하고 로마법(국가법과 사법)과 상법의 두 분야에서 대학교수 자격을 취득했다. 이는 위르겐 다이닝거, 「부록」, 190~96쪽을 요약, 정리한 것이다. 참고로 다이닝거(1937~2017)는 독일의 고대사학자이다. 이처럼 베버가 중세 상사에 대한 책과 로마 농업사에 대한 책을 제출했던 것은 이 두 분야에서 대학교수 자격을 취득하고자 했기 때문이다. 그리고 시험강의에 대한 콜로키움에서는 단 두 사람만이 질문할 정도로 다분히 형식적이었다. 물론 질문이 많이 나올 수도 있다. 그러나 아주 결정적인 문제만 없다면 통과시키는 것이 관례일 만큼 절차상의 요식행위라는 성격이 강하다.

6 이전에 독일에서는 대학생들이 자신이 등록한 강의의 주당 시간에 따라 대학에 수강료(Kolleggeld)를 냈고 대학은 다시금 이를 해당 교원에게 넘겨주었으며, 따라서 수강생 수가 많으면 많을수록 수강료로 들어오는 돈도 더 많아졌다. 그런데 정규직 교수들은 봉급을 받았기 때문에 수강료가 가외의 수입원이었지만 사강사들은 봉급을 받지 않았기 때문에 수강료가 유일한 수입원이었다. 그리하여 수많은 사강사가 최저 수준의 삶도 유지하기가 힘들었으며, 심지어 굶어 죽는 경우가 있었을 정도라고 한다.

으로 완전히 다르게, 즉 "조교수"[7]로 임용되는 것으로 시작됩니다. 이것은 우리나라 대학의 자연과학부와 의학부의 큰 분야들에서 일반적으로 행해지는 방식과 대략 유사한바, 이 분야들에서는 조수들 중 일부만이, 그것도 자주 늦게야 비로소 교수자격을 취득해 사강사로 임용됩니다. 이러한 차이가 실제적으로 의미하는 바는, 우리나라의 경우 학자의 경력이 전적으로 금권주의적 전제에 기초하고 있다는 점입니다. 왜냐하면 아무런 재산도 없는 젊은 학자가 대학교수가 되는 데 필요한 여러 조건들에 자신을 내맡긴다는 것은 위험천만한 일이기 때문입니다. 그는 나중에 생계를 유지하기에 넉넉한 자리에 올라갈 수 있는 기회가 있을지 없을지 도무지 모르는 채 적어도 몇 년을 버텨낼 수 있어야 합니다.[8] 이에 반해 미국에서는 관료적 체계가 지배하고 있습니다. 거기서는 젊은 학자도 처음부터 봉급을 받습니다. 물론 그 액수가 얼마 되지는 않습니다. 대체로 급료는 반(半)숙련노동자의 임금수준이 될까 말까 합니다. 어쨌든 그는 고정 급료를 받기 때문에 외견상으로는 안정된 지위에서 시작합니

---

7 이는 영어 'assistant'를 옮긴 것인데, 전후 맥락으로 보아 베버가 염두에 두고 있는 것은 조교수를 가리키는 'assistant professor'가 맞다.

8 물론 대학교수 자격을 취득하고 나서 얼마 동안 사강사로 가르치는지는 개인들에 따라 다르다. 예컨대 베버는 1892년 2월 베를린 대학에서 대학교수 자격을 취득하고 그해 여름학기부터 그 대학에서 사강사로 가르치다가 1년 뒤인 1893년에 부교수로 승진했고 그 이듬해인 1894년에는 프라이부르크 대학의 정교수로 초빙된 반면(뒤의 주 17도 같이 볼 것), 그의 동시대인인 게오르그 짐멜(1858~1918)은 1885년 1월 베를린 대학에서 대학교수 자격을 취득하고 그해 여름학기부터 사강사로 가르치기 시작했지만 그로부터 무려 15년이 지난 1900년에야 부교수로, 그것도 무급의 부교수로 승진했다. 그가 정교수가 된 것은 다시금 그로부터 무려 14년 뒤인, 그리고 그가 세상을 떠나기 불과 4년 전인 1914년이다. 그해에 그는 슈트라스부르크 대학의 철학 및 교육학 정교수로 초빙되었다. 사실 짐멜은 매우 탁월한 학자였지만 — 그리고 동시에 매우 탁월한 강의자였지만 —, 그럼에도 불구하고 이처럼 오랫동안 사강사와 부교수의 지위에 머물러 있었던 데에는 그가 유대인이라는 점이 결정적인 역할을 했다. 베버와 짐멜의 학자로서의 경력에 대해서는 각각 다음을 볼 것: 김덕영, 「해제: 종교·경제·인간·근대 — 통합과학적 모더니티 담론을 위하여」, 518~24쪽; 김덕영, 『게오르그 짐멜의 모더니티 풍경 11가지』, 33~65쪽.

다. 그렇지만 그는 우리나라의 조수들[9]처럼 원칙적으로 해고될 수 있으며, 기대에 미치지 못하면 가차 없이 해고당하는 것을 각오해야 하는 경우도 자주 볼 수 있습니다. 그런데 이 기대라는 것은 "수강생들로 강의실이 가득 차도록" 한다는 것을 의미합니다. 독일의 사강사에게는 이런 일이 일어날 수 없습니다. 일단 그를 쓰면 쫓아낼 수 없습니다. 물론 그는 그 어떤 "요구를 할 권리"도 없습니다.[10] 그럼에도 불구하고 그는, 여러 해 동안 재직하면 자신을 고려해줄 것을 요구할 수 있는 일종의 도덕적 권리를 갖는다는, 인간적으로 이해할 수 있는 생각을 합니다. 그는 또한—이것은 때때로 중요한 문제입니다—상황에 따라 다른 사람들에게 교수자격을 부여해 그들을 사강사로 임명할지 여부의 문제에서도 그렇게 생각합니다. 다음과 같은 문제, 즉 원칙적으로 그 능력이 증명된 학자에게는 누구에게나 대학교수 자격을 부여해야 하는가 아니면 "강의수요"를 고려해야 하는가, 다시 말해 기존의 강사들에게 강의의 독점권을 주어야 하는가라는 문제는, 난처한 딜레마인데 곧 언급하게 될 대학교수라는 직업의 이중적 측면과 연관되어 있습니다. 대개의 경우에 두 번째 대안을 선택합니다.[11] 그러나 그것은 해당 과학분야의 정교수가 주관적

9 이는 독일어 'Assistent'를 옮긴 것인데, 박사학위 취득 이후에 대학교수 자격 취득 과정에 있는 학자를 가리킨다. 이 단어는 자칫 "조교"로 옮기기 쉬운데, 그에 해당하는 독일어는 'Hilfskraft'이다.
10 사강사는 정식으로 대학에 고용되지 않기 때문에 교수들이 국가관료(공무원)로 누리는 지위와 권리가 없(었)다.
11 당시 독일의 대학들은 일반적으로 해당 과학분야의 강의수요를 고려해 사강사 수를 일정하게 제한했다. 그러나 강의에서 사강사에 크게 의존하고 있었기 때문에 사강사의 수가 크게 늘어날 수밖에 없었다. 이는 예컨대 짐멜이 사강사 시절인 1896년에 익명으로 발표한 「사강사 문제에 대하여」라는 글을 보면 단적으로 드러난다. 짐멜이 몸담고 있던 베를린 대학 철학부의 경우 1883년에 38명이던 사강사의 수가 1896년에는 86명으로 늘어났다. 같은 기간에 교수의 수는 78명에서 95명으로 늘어났다. 사강사의 수는 126퍼센트 증가한 반면, 교수의 수는 22퍼센트 정도 증가한 꼴이다. 고급 두뇌의 무자비한 착취가 이루어지고 있었던 것이다. 그러다 보니 자연스레 교수직을 둘러싸고 극심한 경쟁이, 아니 심지어 종종 야비하고 천박한 경쟁이 일어날 수밖에 없었으며, 이를 견

으로는 아무리 양심적이라 하더라도 자신의 제자들을 선호할 위험이 증가함을 의미합니다. 나 개인적으로는 — 이야기하자면 말이지요 — 다음과 같은 원칙, 즉 나한테서 박사학위를 취득한 학자는 나 아닌 **다른 사람**한테서 그리고 다른 대학에서 자신의 능력을 증명하고 대학교수 자격을 취득해야 한다는 원칙을 지켰습니다. 그러나 그 결과로 나의 가장 유능한 제자들 중 한 명이 다른 대학에서 거절을 당했는데,[12] 그 이유는 그가 나의 원칙에 따라 그곳에서 대학교수 자격을 취득하고자 했다는 것을 아무도 **믿지 않았기** 때문입니다.

미국과의 또 다른 차이점은, 우리나라의 경우 일반적으로 사강사는 그가 원하는 것보다 강의를 **적게** 한다는 점입니다. 물론 그는 권리상 자신의 전문분야의 모든 강의를 할 수 있습니다. 그러나 그것은 더 오래된 기존의 강사들에 대한 볼썽사나운 무례함으로 비칩니다; 그리고 일반적으로 "중요한" 강의는 전문분야를 대표하는 교수가 하고 강사는 부차적인 강의로 만족해야 합니다. 이것이 갖는 이점은, 그가 비록 다소 비자발적이기는 하지만 젊은 시절을 과학적 연구에 바칠 수 있다는 것입니다.

미국은 체제가 근본적으로 다릅니다. 교원은 **급여를 받는다**는 바로 그 이유 때문에 젊은 시절에 매우 과도한 부담을 집니다. 예컨대 독일학

디지 못하고 정신적으로 파멸하는 사강사들도 있었다고 한다. 이는 김덕영, 『게오르그 짐멜의 모더니티 풍경 11가지』, 40쪽을 약간 변경한 것이다.

12　여기에서 베버는 아마도 독일의 경제학자 로베르트 리프만(1874~1941)을 염두에 두고 있는 것 같다. 리프만은 독일의 유대계 경제학자로 1890년대 프라이부르크 대학에서 경제학과 법학을 공부하고 1897년 베버의 지도로 기업연합과 카르텔에 대한 연구로 경제학 박사학위를 취득했으며, 이어서 프라이부르크 대학을 비롯해 본 대학 및 괴팅겐 대학에서 대학교수 자격을 취득하려고 했으나 좌절되었다. 결국 1900년 기센 대학에서 — 영국에서의 기업가들과 노동자들의 연맹에 대한 논문으로 — 대학교수 자격을 취득했다. 참고로 리프만은 1904년 프라이부르크 대학의 부교수가 되었고, 1914년부터 1933년까지 정교수 대우 객원교수로 재직했다. 1933년 나치가 집권하면서 유대인이라는 이유로 해직되었으며, 1940년 10월에 나치 수용소에 수감되었다가 극도로 열악한 환경과 조건으로 인해 얼마 되지 않아 1941년 3월에 세상을 떠났다. 그는 독일의 주도적인 카르텔이론가로 간주된다.

과에서 정교수는 가령 괴테에 대한 세 시간짜리 강의 하나만 하면 되지만—젊은 조교수는 주당 12시간을 가르쳐야 하는데, 학생들의 머릿속에 억지로 독일어를 주입하는 것 이외에도 가령 울란트 급의 시인들까지만 강의하도록 배정받는다면 기쁩니다. 사실상 학과의 공식적인 기구가 교과과정을 결정하기 때문에 조교수는 우리나라의 특정 과학분야 소속 조수와 마찬가지로 거기에 따를 수밖에 없습니다.

그런데 최근에는 우리나라의 대학제도가 폭넓은 과학영역에서 미국 대학제도의 방향으로 발전하고 있음을 분명하게 관찰할 수 있습니다. 의학이나 자연과학의 큰 분야들은 "국가자본주의적" 기업입니다. 이것들은 대규모의 경영수단 없이는 관리될 수 없습니다. 그리고 자본주의적 기업이 나타나는 곳이라면 어디서나 볼 수 있는 것과 똑같은 상황이 여기서도 일어나는바, 그것은 "노동자의 생산수단으로부터의 분리"[13]입니다. 노동자, 즉 조수는 국가가 그에게 제공하는 노동수단에 의존합니다; 따라서 그는 공장의 종업원이 공장장에게 예속되어 있는 것처럼 자신이 속한 과학분야의 장(長)에게 예속되어 있으며—왜냐하면 그 장은 완전히 선의에서 그 분야가 "자신의" 것이라고 생각하면서 관리하기 때문입니다—, 또한 그는 모든 "반(半)프롤레타리아트"[14]나 미국 대학의 조교

---

13 이 인용구절은 카를 마르크스로부터 온 것이 확실하다. 마르크스는 『자본』, 제1권, 742쪽에서 다음과 같이 말하고 있다(밑줄 친 부분이 베버가 준거한 것으로 보임): "자본관계는 노동자와 노동의 실현조건의 소유가 분리되는 것을 전제로 한다. 자본주의적 생산이 일단 자신의 발로 서게 되면, 이러한 분리를 유지할 뿐만 아니라 이를 지속적으로 확대 재생산하게 된다. 그러므로 자본관계를 만들어내는 과정은 노동자를 자신의 노동조건의 소유로부터 분리시키는 과정, 즉 한편으로는 사회적 생활수단과 생산수단을 자본으로 전환시키고, 다른 한편으로는 직접적인 생산자들을 임금노동자로 전환시키는 과정 이외에 다른 것이 될 수 없다. 요컨대 이른바 본원적 축적이란 생산자와 생산수단의 역사적 분리과정에 다름 아니다. 그것이 '본원적인' 것으로 보이는 까닭은, 그것이 자본 그리고 자본에 상응하는 생산양식의 전사(前史)를 이루고 있기 때문이다." 이 책의 99쪽, 주 21도 같이 볼 것.

14 이는 달리 "준(準)프롤레타리아트"라고도 할 수 있는데, 독일의 경제학자이자 사회학자인 베르너 좀바르트(1863~1941)의 『프롤레타리아트』(1906), 7쪽에 나오는 용어

수 비슷하게 자주 불안정한 위치에 있습니다.

우리의 삶 전반이 그러하듯이, 우리 독일 대학에서의 삶도 매우 중요한 점들에서 미국화되고 있습니다; 나는 확신해마지않기를, 과거에 수공업 장인이 산업분야에서 그리했던 것과 마찬가지로 수공업자가 개인적으로 노동수단을(본질적으로 도서를) 소유하고 있는 과학분야들에서도 —나의 과학분야는 아직도 상당한 정도로 그러합니다 — 이러한 발전이 계속해서 확산될 것입니다. 실제로 이러한 발전은 한창 진행 중입니다.

자본주의적이고 동시에 관료화된 모든 기업에서처럼, 그러한 발전에는 조금도 의심할 바 없이 명백한 기술적 장점이 있습니다. 그러나 이렇듯 미국식으로 변화한 대학을 지배하는 "정신"은 독일 대학의 오랜 역사적 분위기와는 다릅니다. 이러한 종류의 대(大)자본주의적 대학기업의 우두머리와 전통적인 스타일의 일반 정교수 사이에는 외적으로나 내적으로나 엄청나게 큰 차이가 존재합니다. 심지어 내면적 태도에서도 그렇습니다. 그러나 여기서는 이 점을 자세히 다루지 않겠습니다. 전통적인 대학헌법은 외적으로뿐만 아니라 내적으로도 허구가 되어버렸습니다.[15]

이다(proletaroide Existenz). 사실 'proletaroid'는 거의 사용하지 않는 단어인데, 이것이 무엇을 뜻하는가는 같은 책, 5~6쪽을 보면 알 수 있다. 거기에서 좀바르트는 프롤레타리아트를 "순종 프롤레타리아트"(Vollblutproletariat)와 "잡종 프롤레타리아트" (Halbblutproletariat)의 두 가지 범주로 나눈다. 전자는 본래적 의미에서의 프롤레타리아트(proletarische Existenz)로 임금노동자와 하급 사무직이 여기에 속한다. 후자는 전자와 마찬가지로 무산자이지만 전자와 달리 임금이나 급여에 의존하지 않고 공업, 상업, 농업 등 다양한 산업분야에서 — 다른 사람에게 완전히 의존하는 자본을 갖고 있지 않은 채(다시 말해 아주 영세한 자기자본만으로)! — 자영업에 종사하는 사람들, 그러니까 반만 프롤레타리아트의 성격을 갖는 하층민들을 가리킨다. 좀바르트에 따르면 1895년 독일에서는 프롤레타리아트와 반(半)프롤레타리아트 그리고 그들의 가족을 합치면 전체 인구의 67.5퍼센트에 이르렀다고 한다. 같은 책, 7쪽.

15 이 문장에 나오는 "대학헌법"은 독일어 'Universitätsverfassung'을 옮긴 것이다. 여기서 말하는 "헌법"은 일반적으로 생각하는 것처럼 국가의 최상위 법이자 근본규범이 아니라 국가를 포함하는 모든 단체의 기본질서를 규정한 것으로 우리나라의 대학정관에 해당한다. 대학의 헌법은 대학의 이념 및 목표, 기구와 행정, 교수진, 학부와 학과 및 연구소 등을 규정한다. 베버의 — 사회학적 — 헌법 개념에 대해서는 베버, 『이해사회학』,

그러나 대학교원 **경력**에 특유한 한 가지 측면은 그대로 남아 있으며 심지어 훨씬 더 강화되었습니다: 사강사, 더더군다나 조수가 언젠가 정교수나 더 나아가 자신이 속한 과학분야의 장(長)의 자리에까지 오를 수 있는지는 그야말로 **요행**의 문제입니다.[16] 물론 우연만이 지배하는 것은 아닙니다만, 그것이 엄청난 정도로 지배하는 것이 사실입니다. 이 세상에서 우연이 그토록 큰 역할을 하는 직업은 아마 없을 것입니다. 나는 다음과 같은 나 자신의 경험 때문에 더더욱 이런 말을 할 수 있습니다. 즉 나는 매우 젊은 나이에 한 분야의 정교수로 초빙되었는데, 그것도 나의 동년배들이 이 분야에서 나보다 의심할 바 없이 더 많은 업적을 이루었음에도 불구하고 그리되었는데, 사실 이는 개인적으로 몇 가지 순전한 우연 덕분이었습니다.[17] 물론 나는 이 경험을 통해 많은 사람의 부당한 운

152쪽(주 67), 256쪽(주 150), 257~58쪽(주 153)을 볼 것. 전통적인 독일의 대학헌법은 과학의 통일성 그리고 연구와 교육 및 교사와 학생의 통일성이라는 이념이 그 핵심을 이루고 있었다(이 가운데 과학의 통일성이라는 이념은, 비록 다양한 과학들이 존재하고 점점 더 많은 과학이 탄생하지만, 이것들의 통일성을 추구해야 한다는 이념을 가리킨다). 이 전통적인 독일 대학을 구성하는 최소단위는 학과가 아니라(!) 학부 내에 설치된 교수직 또는 강좌(Lehrstuhl)인데 — 예컨대 철학부에 설치된 경제학 교수직 또는 강좌처럼 —, 그 보유자인 정교수(Ordinarius)는 자신의 과학분야의 연구와 교육을 대표했다. 그러나 19세기와 20세기 전환기에 대학이 — 특히 프로이센의 대학들이 — 조직적으로 과학적 대기업으로 전환되었고, 이에 따라 한 사람의 정교수가 개별적인 과학분야를 대표한다는 전통적인 원리는 점차로 약화될 수밖에 없었다.

16 이는 독일의 대학이 — 바로 앞의 주 15에서 언급한 바와 같이 — 과학적 대기업의 형태로 전환되었음에도 불구하고 전통적인 교원 충원방식이 그대로 유지되었으며, 심지어 훨씬 더 강화되었다는 뜻으로 읽으면 된다.

17 베버는 막 30세가 되던 1894년 4월 25일(그는 1864년 4월 21일생이다)에 프라이부르크 대학의 경제학 및 재정학 정교수에 임명되었다. 다음과 같은 사실, 즉 베버가 원래 경제학이 아니라 법학에서 박사학위와 대학교수 자격을 취득했다는 점을 감안한다면 그가 — 프라이부르크 대학 철학부에 단 하나밖에 없는 — 경제학 및 재정학 정교수직에 임용되었다는, 그것도 약관 30세에 임용되었다는 것은 이례적인 사건이었다. 베버가 이처럼 그의 말대로 — 매우 젊은 나이에 — '출세하는' 데에는 1892년에 출판된『엘베강 동쪽 지역의 농업노동자 실태』라는 경제학적 저서가 결정적인 역할을 했다(이것은 사회정책학회가 기획한 광범위한 연구 프로젝트의 일환이었다). 베버가 프라이부

명을 통찰할 수 있는 날카로운 눈을 갖게 되었다고 자부합니다: 그들에게는 우연이 정반대로 작용했고 또 아직도 정반대로 작용하고 있으며, 이로 인해 그들은 유능함에도 불구하고 이 선발장치 안에서는 그들에게 마땅히 돌아가야 할 자리를 차지하지 못하고 있습니다.

그런데 다른 모든 선발과정에서와 마찬가지로 대학교수 선발과정에서도 당연히 인간의 불완전성이라는 요소가 작용합니다만, 후자의 경우 유능함 자체가 아니라 요행이 그토록 큰 역할을 한다는 사실은 전적으로 인간의 불완전성이라는 요소에서 비롯되는 것도 아니고 심지어 일차적으로 그 요소에서 비롯되는 것도 아닙니다. 대학에서 그처럼 많은 평범한 사람이 주도적인 역할을 한다는 것은 의심할 바 없는 사실입니다만, 이에 대한 책임을 학부나 교육부 당국의 책임자들의 인격적 저열함에 돌린다는 것은 부당한 일입니다. 오히려 인간의 공동작업을 지배하는 법칙, 특히 여러 기구의 공동작업을 지배하는 법칙, 이 경우에는 추천권을 갖고 있는 학부와 교육부 당국의 공동작업을 지배하는 법칙에 그 원인이 있습니다.[18] 우리는 여러 세기 동안에 걸쳐 진행된 교황선출에서 이와 짝을 이루는 경우를 찾아볼 수 있습니다: 그것은 독일 대학의 교수 선발과 동일한 성격을 보여주는 인선들 중에서 역사적으로 검색할 수 있는 가장 중요한 사례입니다.[19] 거기서는 "가장 유력한 후보"라고 일컬

르크 대학의 경제학 및 재정학 정교수로 초빙되는 과정에 대해, 그리고 엘베강 동쪽 지역의 농업노동자 실태에 대한 베버의 연구에 대해서는 각각 다음을 볼 것: 김덕영, 『막스 베버, 이 사람을 보라: 과학과 지식은 세계를 어떻게 바꾸는가?』, 77쪽 이하; 김덕영, 『막스 베버: 통합과학적 인식의 패러다임을 찾아서』, 195쪽 이하.

18 이 문장은 "교육부 당국의" 바로 앞에 "최종 결정권을 갖고 있는"을 첨가해야 의미를 갖는다. 왜냐하면 독일 대학에서는 교수를 채용하는 경우 해당 학부가 소수의 후보자 명단을 제출하고 그 대학이 소속된 영방국가의 — 오늘날에는 주나 자치도시의 — 교육부가 최종 결정을 하기 때문이다.

19 로마교황은 13세기부터 콘클라베(conclave)라는 추기경들의 비밀회의에서 선출되고 있다. 콘클라베는 라틴어로 "열쇠로 문을 잠근 방"을 뜻하는데, 이는 선거인단인 추기경들이 바티칸궁의 시스티나 성당의 문을 걸어 잠그고 외부와 완전히 차단된 채 외부

어지는 추기경이 교황으로 선출될 가망성이 매우 희박합니다. 오히려 제2의 또는 제3의 후보가 선출되는 것이 일반적입니다. 이것은 미국의 대통령 선거에서도 마찬가지입니다: 제1의, 그러니까 가장 두드러진 후보자가 전당대회에서 "지명"을 받는 경우는 단지 예외적일 뿐이며, 대개는 제2의 후보자가, 때로는 제3의 후보자가 지명을 받아 나중에 대통령 선거에 출마합니다: 미국인들은 후보자의 이러한 범주들을 표현하기 위해 이미 기술적-사회학적 용어를 고안해냈습니다.[20] 이러한 예들에 비추어 집단의지의 형성을 통한 선출방식을 지배하는 법칙을 연구한다면 매우 흥미로울 것입니다만, 오늘 여기에서 우리의 관심사는 아닙니다. 그런데 이 법칙은 대학 교수진에도 적용됩니다. 그리고 놀라운 점은 종종 실책이 일어난다는 것이 아니라 어쨌든 **적임자**가 임용되는 숫자가 그 모든 것에도 불구하고 비교적 매우 많다는 것입니다. 단지 다음과 같은 경우에만, 즉 몇몇 나라에서처럼 의회 또는 종래 우리나라에서처럼 군주들이 **정치적인** 이유에서 교수 선발과정에 개입하는 경우 (이 둘이 그 과정에서 초래하는 결과는 완전히 동일합니다) 아니면 현재 우리나라에서처

로부터는 음식만 제공받으면서 비밀투표를 통해 교황을 선출하는 방식에서 유래한 것이다. 추기경들은 교황이 선출될 때까지 장소를 이탈할 수 없다. 현재 교황은 3분의 2 이상 득표로 선출된다.

20 영국의 역사학자이자 정치가인 제임스 브라이스(1838~1922)는 미국 대통령 선거 몇 달 전에 개최되는 전당대회에서 대통령 후보로 지명받기 위해 경쟁하는 사람들을 "Favourite", "Dark Horse" 그리고 "Favorite Son"의 세 범주로 분류했다. 이 각각은 "유력자", "다크호스", 그리고 "자기 주 대의원들의 지지를 받는 사람"을 가리킨다. 유력자는 "전국적으로 잘 알려져 있고, 모든 지역이나 대부분의 지역으로부터 지지를 받는" 정치인이고, 다크호스는 "아주 유능하지만 인기를 얻는 특별한 재주가 없는", 따라서 "전국적으로 그렇게 잘 알려져 있지 않은" 정치인이며, 자기 주 대의원들의 지지를 받는 사람은 "자신의 주에서는 존경을 받지만 그를 넘어서는 거의 주목을 받지 못하는" 정치인이다. 전당대회에서 둘 이상의 유력자가 있는 경우는 좀처럼 없고, 셋 이상의 유력자가 있는 경우는 필내 없다. 또한 자기 주 대의원들의 지지를 받는 사람은 그보다 많은바, 넷이나 다섯이 있는 경우도 드물지 않고 심지어 일곱이 있는 경우도 있다. 그리고 다크호스의 숫자는 사실상 무제한하다. 브라이스, 『미연방』, 제2권, 181쪽 이하. 참고로 이 책은 1888년 총 3권으로 나온 작품으로 미국의 다양한 제도를 분석하고 있다.

럼 혁명으로 권력을 잡은 사람들이 그리하는 경우에만,[21] 단지 이러한 경

---

21 여기에서 "군주들"은 독일제국(1871~1918)과 그 이전 시대의 지배자들을 가리킨다.
독일제국의 군주들은 독일제국의 황제를 위시해 22개 영방국가의 지배자(4명의 국왕,
6명의 대공작, 5명의 공작, 7명의 후작)인데, 이들은 자신의 영방국가에 속하는 대학
의 교수 임명권을 갖고 있었다(물론 모든 영방국가에 대학이 있었던 것은 아니다); 황
제의 경우는 제국 직속령인 알자스-로렌에 속하는 슈트라스부르크 대학의 교수 임명
권을 갖고 있었다. 그리고 "혁명으로 권력을 잡은 사람들"은 1918년 11월혁명으로(이
에 대해서는 이 책의 103쪽, 주 27을 볼 것) 들어선 총 18개 공화국의 혁명정부와 임시
연방정부에 해당하는 인민대표 평의회의 구성원들이나 또는 각지에서 형성된 자치기
구인 노동자-병사평의회의 구성원들을 가리킨다(노동자-병사평의회에 대해서는 이
책의 187쪽, 주 241을 볼 것). 첫째, 군주들이 교수 선발과정에 개입하는 경우로는 아론
스 사건과 슈판 사건을 들 수 있다. 먼저 아론스 사건은 교수임용을 둘러싼 프로이센 정
부와 베를린 대학 간의 갈등을 말한다. 이 대학의 철학 교수들은 교육부에 물리학 사강
사인 레오 아론스(1860~1919)를 부교수로 임명해줄 것을 제안했으나 교육부는 아론
스가 사회주의자라는 이유로 거절했다. 그리하여 정부와 대학 사이에 2년 동안의 분쟁
이 계속되었지만 프로이센 정부가 아론스와 같은 사람들을 해고할 수 있는 이른바 아
론스법(Lex Arons)을 제정해 아론스를 해고함으로써 종결되었다. 또한 슈판 사건은 교
수임용을 둘러싼 독일제국과 슈트라스부르크 대학 간의 갈등을 가리킨다. 독일제국은
이 대학 철학부의 역사학 분야에 가톨릭 교수직을 신설하고 가톨릭교도인 마르틴 슈판
(1875~1945)을 임명했다. 이에 철학부 교수들은 특정 종파를 위해 교수직을 만드는
것은 대학의 이념에 어긋난다는 이유를 들어 반대했다. 그러나 독일제국의 황제는 자
신의 의지를 관철했다. 변우희, 「독일제국 시기(1870~1914)의 대학과 학문: 알트호프
(Friedrich Althoff)의 대학개혁정책」, 245~47쪽. 둘째, 혁명으로 권력을 잡은 사람들
이 교수 선발과정에 개입하는 경우로는 먼저 인민대표평의회를 들 수 있다. 이 임시연
방정부는 다수파사회민주당의 대표 3명과 독립사회민주당의 대표 3명으로 구성되었
는데(사회민주당은 1917년 2월에 전쟁을 찬성하는 전자와 전쟁을 반대하는 후자로 분
열되었다), 다수파사회민주당 소속의 인민대표평의회원들의 개입으로 사회민주주의
자 저널리스트인 하인리히 쿠노브(1862~1936)와 파울 렌슈(1873~1926)가 베를린
대학의 사회사 및 경제사 부교수로 임명되었다. 카를 카우츠키(1854~1938)에 따르면
독립사회민주당 소속의 인민대표평의회원들이 자신에게 베를린 대학의 교수가 되고
싶으면 적극적으로 후원하겠다고 말했는데 자신은 그럴 의향과 능력이 없다는 이유로
거절했다고 하며, 또한 자유국가 바이에른의 초대 총리인 독립사회민주주의자 쿠르트
아이스너(1867~1919)가 자신을 루요 브렌타노(1844~1931)의 후임으로 뮌헨 대학
의 교수로 임명하고자 했는데 역시 같은 이유로 거절했다고 한다. 카우츠키, 『한 마르크
스주의자가 걸어온 길』, 제10절. 셋째, 노동자-병사평의회가 대학교수 선발에 개입하
는 대표적인 경우로는 베버를 들 수 있다. 자유국가 바이에른의 정부는 베버를 브렌타
노의 후임으로 뮌헨 대학의 경제학 교수로 임명하려고 했다. 이에 1919년 3월 26일 개

우에만 나태하고 평범한 사람들이나 야심가들이 교수로 임용될 기회를 갖는다고 확신할 수 있습니다.

그 어떤 대학교수도 자신의 임용과 관련되어 진행된 논의를 회상하고 싶어 하지 않는데, 그 이유는 이러한 토론이 유쾌한 경우가 드물기 때문입니다. 그럼에도 불구하고 나는 내가 알고 있는 수많은 경우에는 순수하게 객관적인 근거들에 입각해 결정하려는 **선의지**가 예외 없이 있었다고 말할 수 있습니다.

게다가 우리는 다음을 확실히 해두어야 할 필요가 있습니다: 대학에

최된 바이에른 노동자-병사평의회의 집단행동추진위원회의 회의에서 베버의 초빙을 격렬하게 비판했다. 예컨대 그 위원회의 의장인 에른스트 니키슈(1889~1967)는 다음과 같이 말했다: "이 분야[경제학]는 미래에 대해 지극히 큰 의의를 갖는다. 이 학부[경제학부]의 학생들은 나중에 매우 중요한 경제관료가 될 것이며, 아주 많은 것이 그들의 정신에 달려 있다. 그러므로 이 책임감 있는 자리는 청년들의 사고를 사회주의적 정신으로 흠뻑 적셔줄 줄 아는 사람에게 돌아가야 한다. 브렌타노는 우리의 학생들을 [부르주아적-자본주의적 사고로] 중독시켰으며, 막스 베버 역시 부르주아적-자본주의적 사고노선을 따른다. 그는 평의회가 추구하는 이념의 적이며 혁명이 일어나기 직전까지 군주제를 옹호했다." 울리히 린제, 「대학혁명」, 11쪽에서 재인용. 집단행동추진위원회는 회의의 결과를 공개 성명서로 발표했는데, 이 성명서는 베버의 "반동적인 인생관"—그들이 보기에 "새로운 삶의 질서를 추구하는 민중으로부터 건널 수 없는 심연에 의해 괴리된" 인생관—에 대해 맹비난을 퍼부은 후 다음과 같은 말로 맺고 있다: "집단행동추진위원회는 다음을, 즉 공석이 된 경제학 교수직은 고군분투하는 민중의 곤궁에 대한 깊은 이해를 가진, 그리고 무엇보다도 사회주의에 적대적이지 않은 사람에게 반드시 돌아갈 것을 요구할 수밖에 없다." 같은 글, 11~12쪽에서 재인용. 이렇듯이 바이에른의 노동자-병사평의회가 "반동분자"이자 "평의회의 적"인 "부르주아적-자본주의적" 경제학자 베버의 뮌헨 대학 교수직 임용에 반대해 투쟁을 벌인 것은 11월혁명이 추구한 사회주의적 "대학혁명"의 절정이자 상징적인 사건이었다. 참고로 울리히 린제(1939~)는 독일의 역사학자이다. 그리고 베버는 바이에른 노동자-병사평의회의 격렬한 반대에도 불구하고 뮌헨 대학의 정교수로 초빙되어 1919년 여름학기부터 강의를 했다. 그리고 평의회가 생각한 바와 전혀 다르게 베버는 대학에서 특정한 세계관을 설파하지 않고 사회주의에도 개방적이었다. 베버가 뮌헨 대학으로 부임한 지 얼마 되지 않아 바이에른의 혁명정부가 반동세력에 의해 무너지고 바이에른이 극보수 세력의 아성이 되었는데, 그럼에도 불구하고 베버는 자신의 제자에게 혁명기의 바이에른 농민평의회에 대한 박사학위 논문을 쓰도록 격려하기도 했다. 같은 글, 12쪽.

서의 운명이 그토록 광범위하게 "요행"에 의해 결정된다는 사실은 비단 집합의지의 형성을 통해 선발하는 방식의 결함에만 그 원인이 있는 것이 아닙니다. 오히려 학자가 자신의 천직이라고 느끼는 젊은이라면 누구나 자신을 기다리는 과제가 이중적인 측면을 갖고 있다는 점을 분명히 알아야 합니다. 그는 학자로서뿐만 아니라 교사로서도 자질을 갖추어야 합니다. 그런데 이 두 자질은 결코 일치하지 않습니다. 어떤 사람은 학자로서는 매우 탁월하면서도 교사로서는 정말이지 끔찍하리만치 무능할 수도 있습니다. 나는 여러분께 헬름홀츠나 랑케와 같은 사람들의 교사로서의 활동을 상기시키고자 합니다.[22] 그리고 이들은 결코 드문 예외가 아닙니다. 그런데 우리나라의 실정은 다음과 같습니다.[23] 첫째, 우리나라의 대학들, 특히 작은 대학들은 학생들을 끌어모으기 위해 서로 간에 참으로 어처구니없는 방식으로 경쟁을 벌이고 있습니다. 대학도시에서 임대주들은 해당 대학에 1,000번째 학생이 등록하면 잔치를 열어 축하해주며, 2,000번째 학생이 등록하면 기꺼이 횃불행진을 열어 축하해줍니다.[24] 둘째, 수강료 액수는 — 우리는 이것을 솔직히 인정해야만 합니다 — 인접 과학분야들에 "학생들을 끌어모으는" 교사가 있다는 사실에

---

22 여기에서 베버가 말하고자 하는 바는 헬름홀츠와 랑케는 모두 학자, 즉 연구자로서는 매우 탁월했지만 교사, 즉 교육자로서는 극히 무능했다는 점이다(헬름홀츠와 랑케의 자세한 인적 사항은 이 책의 뒷부분에 나오는 "인명목록"을 볼 것).

23 이 문장은 다음과 같이 읽으면 의미하는 바가 보다 명확해질 것이다: "그런데 학자로서의 자질 및 교사로서의 자질과 관련해 우리나라 대학의 실정은 다음과 같이 두 가지로 정리해볼 수 있습니다."

24 1914년 현재 22개의 독일 대학 가운데 학생 수가 2,000명이 넘는 곳은 14곳이었다. 이 가운데 베를린 대학(8,024), 뮌헨 대학(6,626), 라이프치히 대학(5,359)이 5,000명을 넘었으며, 전형적인 대학도시 소재 대학이라 할 수 있는 괴팅겐 대학, 마르부르크 대학, 튀빙겐 대학, 하이델베르크 대학은 각각 2,733명, 2,464명, 2,219명, 2,668명이었다. 가장 학생 수가 적은 대학은 로스토크 대학으로 1,009명이었다(프랑크푸르트 대학은 618명밖에 되지 않았는데, 그해에 개교했기 때문이다). 에른스트 루돌프 후버, 『1789년 이후의 독일 헌법사』, 제4권, 942쪽(여기에는 1871년 이후 독일 대학들의 학생 수 추이가 일목요연하게 도표로 정리되어 있다).

의해서도 영향을 받습니다. 설사 이 점을 차치하더라도 수강생의 규모가 교사로서의 자질을 숫자상으로 파악할 수 있는 증명의 표지인 것은 사실입니다. 이에 반해 학자로서의 자질은 계량할 수 없으며, 특히 대담한 개혁자들의 경우에는 종종 (그리고 지극히 당연하게도) 학자로서의 자질이 논란의 대상이 됩니다. 바로 이런 이유로 대학 내의 거의 모든 것이, 수강생이 많다는 것은 대학에 엄청난 축복이자 대학의 가치를 엄청나게 높인다는 암묵적인 전제에 의해 지배됩니다. 만약 어떤 교원에 대해 그가 형편없는 교사라는 평판이 나돈다면, 설령 그가 세계 최고의 학자라 할지라도, 그것은 대개의 경우 그에게 대학 내에서의 사형선고나 진배없습니다. 그런데 어떤 사람이 뛰어난 교사인지 아니면 형편없는 교사인지는 다음에 따라, 즉 많은 학생이 그의 강의를 듣는지 아닌지에 따라 판가름 납니다. 그러나 학생들이 대부분은 ─ 믿을 수 없을 정도로 ─ 순전히 과학 외적인 요인들, 가령 기질이나 심지어 목소리의 억양 때문에 어느 한 교사에게 몰려드는 것이 현실입니다. 나는 어쨌든 상당히 풍부한 경험과 냉정한 성찰을 통해 학생들로 붐비는 강의를 깊이 불신하게 되었습니다 ─ 물론 이러한 강의가 불가피하다는 것임에는 의심의 여지가 없습니다.[25] 민주주의는 맞는 곳이 따로 있지 아무 곳에서나 맞는 것은 아닙니다. 그런데 우리가 독일 대학의 전통에 따라 대학에서 제공해야 하는 과학적 훈련은 **정신적**[26] **귀족제**의 문제입니다; 우리는 이것을 숨겨

---

25 사실 베버는 대학에서 그리 오래 강의를 하지 않았다. 이 강연을 하기 전에는 베를린 대학에서 1892~94년, 프라이부르크 대학에서 1894~97년, 하이델베르크 대학에서 1897~1900년에 강의를 했으며, 또한 이 강연 이후에는 빈 대학에서 1898년 여름학기에 그리고 뮌헨 대학에서는 1919~20년에 강의를 했다. 아마도 이처럼 ─ 다른 대학교원들에 비해 ─ 별로 강의를 하지 않았기 때문에 그냥 "상당히 풍부한 경험"이라고 하지 않고 "어쨌든 상당히 풍부한 경험"이라고 하는 것 같다. 베버의 강의 목록은 김덕영, 『마스 베버: 통합과학적 인식의 패러다임을 찾아서』, 118~20쪽에 수록되어 있으니 참고할 것.
26 이 바로 앞에 "민주주의의 문제가 아니라 오히려"를 첨가해 읽으면 의미하는 바가 보다 명확해질 것이다.

서는 안 됩니다. 물론 다른 한편으로는 다음도 역시 엄연한 사실입니다. 즉 과학적인 문제들을, 훈련되지는 않았지만 수용능력이 있는 학생들에게 이해할 수 있도록 그리고 —이것이 우리에게 결정적인 중요성을 갖는 유일한 것입니다— 이 학생들이 그 문제들에 대해 독자적으로 생각할 수 있도록 설명하는 것은 아마도 모든 교육적 과제 가운데 가장 어려운 과제일 것이라는 점도 역시 엄연한 사실입니다. 이에 대해서는 조금도 의심의 여지가 없지만, 그 과제가 달성되었는지 아닌지를 결정하는 것은 수강생의 수가 아닙니다. 그리고 —우리의 주제로 다시 돌아가자면— 방금 언급한 설명의 기술은 개인의 천부적인 재능일 뿐 학자의 과학적 자질과는 결코 일치하지 않습니다. 프랑스와 달리 독일에는 "불사자들"[27]과 같은 과학단체가 없고, 대학들이 우리의 전통에 따라 연구와 교육이라는 두 가지 요구 모두에 부응해야 합니다. 그러나 한 사람이 이 두 가지 능력을 겸비하고 있는가는 전적으로 우연에 달려 있습니다.

이처럼 대학에서의 삶은 거친 요행에 내맡겨져 있습니다. 젊은 학자들이 대학교수 자격을 취득할 목적으로 상의하러 올 때 그렇게 하도록 권유하는 것은, 거의 책임질 수 없는 일을 하는 것입니다. 만약 그 젊은 학자가 유대인이라면 당연히 "모든 희망을 버릴지어다"[28]라고 말합니다.

---

27 "불사자들"(Les immortalité)은 아카데미 프랑세즈(Académie française)를 가리키는 것으로, 보다 정확히 말하자면 그 회원들의 별칭으로 1635년 설립 당시 헌장의 관인에 새겨져 있는 "영원불멸하게"(À l'immortalité)라는 글귀에서 유래했다. 프랑스어의 발전과 영향력에 기여하는 것을 목표로 하는 아카데미 프랑세즈는 40명의 종신회원으로 구성되고 결원이 생기면 전 회원의 투표로 신임회원을 선출한다. 이 책의 126~27쪽, 주 84에서 언급되는 바와 같이, 15세기 중엽부터 이탈리아의 여러 도시에서 아카데미가 생겨나고 그 영향으로 15세기 말부터는 영국, 프랑스, 독일 등의 다른 유럽 국가들에도 아카데미가 세워졌는데, 아카데미 프랑세즈는 그 가장 대표적인 예라고 할 수 있다.

28 이것의 원어는 "Lasciate ogni speranza"로 단테의 『신곡』, 「지옥」 제3곡, 제9행에 나오는 "Lasciate ogni speranza, voi ch'intrate" —"여기 들어오는 너희들은 모든 희망을 버릴지어다"— 를 줄인 것이다. 이 구절은 지옥의 입구에 새겨진 시구(제1~9행)의 마지막 부분이다. 그 시구를 모두 인용하면 다음과 같다(밑줄 친 부분이 베버가 인용한 것이다): "나를 거쳐 고통의 도시로 들어가고/나를 거쳐 영원한 고통으로 들어가고/나를

그러나 유대인이 아닌 다른 모든 젊은 학자에게도 그들의 양심에 대고 다음과 같이 물어야 합니다: 당신은 평범한 동료들이 해마다 차례로 당신을 앞질러 승진하는 것을 보고도 속이 찢어지거나 문드러지지 않고 견뎌낼 수 있다고 생각합니까? 그러면 말할 나위도 없이 매번 다음과 같은 대답을 듣게 될 것입니다: 물론입니다, 나는 다른 것이 아니라 오로지 나의 "천직"을 위해 살아갈 것입니다;—그렇지만 적어도 내 개인적인 경험에 따르면 단지 매우 소수만이 마음의 상처를 입지 않고 그것을 견뎌냈습니다.

학자라는 직업의 외적 조건들에 대해서는 이 정도는 말할 필요가 있다는 생각이 들었습니다.

2. 과학에의 내적 소명

그러나 내가 보기에 여러분이 진정으로 듣고 싶어 하는 바는 다른 어떤 것, 즉 과학에의 **내적** 소명에 대해서일 것입니다. 오늘날 직업으로서의 과학이 추진되는 내적 상황은 무엇보다도 다음과 같은 사실에 의해, 즉 과학이 예전에는 볼 수 없었던 전문화의 단계에 들어섰으며 앞으로도 지속적으로 전문화가 진행될 것이라는 사실에 의해 결정됩니다.[29] 외

거쳐 길 잃은 무리 속에 들어가노라/정의는 높으신 내 창조주를 움직여/성스러운 힘과 최고의 지혜/최초의 사랑이 나를 만드셨노라/내 앞에 창조된 것은 영원한 것들뿐, 나는 영원히 지속되리니/<u>여기 들어오는 너희들은 모든 희망을 버릴지어다.</u>" 단테, 『신곡』, 21쪽(원서에 맞게 8행의 일부를 9행으로 옮겼음을 일러두는 바이다). 당시 유대인은—이 책의 14쪽, 주8에서 언급한 짐멜의 경우처럼—대학교수 자격을 취득해 사강사가 되고 부교수가 될 수는 있었으나 정교수가 되는 것은 하늘의 별 따기나 마찬가지였다.

29   19세기에 들어와 과학적 인식의 분화과정이 점증함에 따라 대학의 조직도 점차로 전문화의 길을 걸을 수밖에 없게 되었다. 그리하여 예컨대 원래 하나의 통일적인 분야였던 어문학이 독어독문학, 불어불문학, 영어영문학, 문학사 그리고 동양어문학 등으로 분리

적으로뿐만 아니라 내적으로도, 아니 특히 내적으로 사정은 다음과 같습니다: 개인이 과학의 영역에서 진정으로 무엇인가를 완성했다는 확신을 가질 수 있는 것은, 어디까지나 그가 아주 엄격하게 전문화된 작업을 수행하는 경우에만 가능한 일입니다. 인접영역을 넘나드는 모든 연구작업에는——우리는 때때로 이러한 연구작업을 수행하며, 예컨대 특히 사회학자들은 부득이하게 계속해서 이러한 연구작업을 수행할 수밖에 없습니다——다음과 같은 체념적 의식이 깔려 있습니다. 즉 그러한 연구작업은 기껏해야 인접영역의 전문가에게 그의 전문적 관점에서는 그렇게 쉽게 떠오르지 않는 유용한 **문제제기**를 제공할 뿐이며, 또한 그러한 연구작업 자체도 불가피하게 지극히 불완전한 상태에 머물 수밖에 없다는 의식이 깔려 있습니다. 과학에 종사하는 사람이 이번에 나는 **지속적인 가치를 갖는** 무엇인가를 성취했다는 만족감을 일생에 단 한 번만이라도 진정으로 느낄 수 있는 것은, 어디까지나 그가 엄격하게 전문화된 작업을 수행해야만 가능한 일입니다. 오늘날 참으로 결정적이고 유용한 업적은 언제나 전문가에 의한 업적입니다. 그러므로 일단 말하자면 차안대[30]를 쓰고서, 이 필사본의 이 구절을 옳게 판독해내는 것, 바로 그것에 자기 자신의 영혼의 운명이 달려 있다는 생각에 빠져들 능력이 없는 사람은, 이런 사람은 아예 과학을 멀리하기 바랍니다. 그런 사람은 우리가 과학의 "체험"이라고 부를 수 있는 것을 결코 내적으로 느낄 수 없을 것입니다. 과학에 문외한인 모든 사람으로부터 비웃음을 사는 이 기이한 도

되었으며, 이 각각의 분야도 점점 더 세분화되어갔다. 그리고 전통적으로 인문사회과학과 자연과학이 통합되었던 철학부가 철학부와 자연과학부로 분리되었으며, 시간이 지남에 따라 점점 더 많은 학부가 생겨났다. 이처럼 심화하는 분화와 전문화의 과정에서 각각의 학자는 점점 더 작은 영역, 점점 더 작은 문제, 점점 더 작은 주제에 초점을 맞출 수밖에 없게 되었다.

30 차안대(遮眼帶)는 말이나 당나귀가 옆을 보지 못하도록, 그러니까 다른 곳에 시선을 빼앗기지 않고 일이나——말의 경우——경주에 집중하도록 양쪽 눈 옆을 가리는 가죽 안대이다.

취, 이 열정, "네가 이 세상에 태어나기까지 수천 년이 지나가야 했으며", 또한 네가 그 판독에 성공하는지를 보기 위해 "또 다른 수천 년이 침묵하면서 기다리고 있다"는 이 확신[31] ―그런 것이 없는 사람은 과학에 대한 소명이 **없는** 것이니 다른 어떤 일을 하기 바랍니다. 왜냐하면 **열정**이 없이도 할 **수 있는** 것은 인간으로서의 인간에게 가치 있는 것이 아니기 때문입니다.

그러나 열정이 제아무리 많고 순수하며 깊다고 할지라도, 그것만으로는 그 어떤 결과도 억지로 얻어낼 수 없다는 것은 엄연한 사실입니다. 물론 열정은 "영감"이라는 결정적인 요소의 전제조건입니다. 오늘날 젊은

---

31 여기에서 "'네가 이 세상에 …… 기다리고 있다'는 이 확신", 이 구절은 원서에는 다음과 같이 되어 있다: "이 확신, 즉 '네가 이 세상에 태어나기까지 수천 년이 지나가야 했으며 또 다른 수천 년이 침묵하면서 기다리고 있다' ― 네가 그 판독에 성공하는지를 보기 위해서라고 확신하는 것." 이처럼 "네가 이 세상에 …… 기다리고 있다"라는 구절이 따옴표로 처리되어 있는 것을 보면, 그것은 베버가 어딘가에서 인용한 것임이 확실하다. 베버는 1906년에 발표한 「러시아에서 시민적 민주주의의 상황에 대하여」, 273쪽에서 ― 이것은 1905년 러시아혁명의 발발을 계기로 쓴 것이다 ― 다음과 같이 말하고 있다: "네가 이 세상에 태어나기까지 수천 년이 지나가야 했으며, 또한 네가 태어나서 무언가를 시작하기까지 또 다른 수천 년이 침묵하면서 기다리고 있다 ― 열정적인 인격 숭배자인 칼라일이 모든 새로운 인간에게 소리쳐 알리고자 했던 이 문장은, 미국의 현 상황과 마찬가지로 ― 부분적으로는 현재 그러하고 부분적으로는 또 한 세대가 지나고 난 다음에 있음직할 ― 러시아의 현 상황에도 과장 없이 적용될 수 있다." 그러니까 베버는 영국의 역사학자 토머스 칼라일(1795~1881)을 직업으로서의 과학이라는 강연에 적합하도록 약간 수정해 인용하고 있는 셈이다. 그러나 이 인용구절은 칼라일의 작품 그 어디에서도 확인할 수 없다. 다만 칼라일이 『영웅숭배론』(1841)에서 단테에 대해 다음과 같이 말한 구절들을 베버의 인용구절과 연관 지을 수는 있을 것이다: "이 '침묵에 싸인 1,000년의 소리'는 그런 표정을 짓고, 우리에게 '신비스럽고 깊이를 모를 노래'를 불러줍니다."(152쪽); "만일 만사가 그의 희망대로 되었다면 그는 피렌체의 행정 장관 같은 고위직에 올라 사람들에게 훌륭한 대우를 받았을 것입니다. 그리하여 세상은 유사 이래 가장 위대한 시인 하나를 잃었을 것입니다. 피렌체는 한 사람의 훌륭한 시장을 얻고, 침묵의 1,000년은 아무 소리도 없이 계속되어 『신곡』을 들을 수 없게 되었을 것입니다."(153~54쪽); "…… 침묵의 10세기는 단테에게서 극히 이상스러운 방식으로 목소리를 찾아냈습니다. 『신곡』은 단테의 저작입니다. 그러나 실제로 그것은 그리스도교의 10세기에 속하는 것으로, 그저 작품이 단테의 손으로 이룩된 것입니다"(169쪽).

이들 사이에는 다음과 같은 생각이, 즉 과학은 마치 "공장에서"에서 상품이 제조되듯이 그렇게 실험실이나 통계실에서 일체의 "영혼"이 배제된 채 단지 냉정한 지성의 힘만으로 제조되는 계산문제가 되어버렸다는 생각이 매우 널리 퍼져 있습니다. 이에 대해서는 무엇보다도 다음을, 즉 그렇게 생각하는 사람들 대부분은 공장이나 실험실에서 무엇이 어떻게 돌아가는지를 분명하게 알고 있지 못하다는 점을 언급해야 할 것입니다. 공장에서든 실험실에서든 거기에서 일하는 누군가가 어떤 가치 있는 것을 해내기 위해서는 그의 머리에 무엇인가가 — 그것도 적절한 무엇인가가 — **떠올라야** 합니다. 그러나 이러한 착상은 억지로는 일어나지 않습니다. 착상은 그 어떤 냉정한 계산과도 관계가 없습니다. 물론 계산도 역시 필수 불가결한 전제조건입니다. 예컨대 사회학자라면 누구나, 설령 나이가 아주 많다 할지라도, 수만 개의 아주 시시한 계산문제를 머릿속에서 해결한다는, 어쩌면 몇 개월이 걸릴 수도 있는 일에 매달리기에는 자신이 너무 아깝다고 생각해서는 결코 안 됩니다. 어떤 결과를 얻고자 할 때, 그에 필요한 작업을 전적으로 기계적 보조수단에 맡겨 버린다면 응분의 대가를 치르게 마련입니다 — 그리고 마침내 나오는 결과도 대개는 극히 미미합니다. 그러나 자신이 하는 계산의 방향에 대해 그리고 계산하는 도중에 나오는 개별적인 결과들의 의의에 대해 어떤 명확한 생각이 "떠오르지" 않는다면, 이 극히 미미한 결과마저도 나오지 않습니다. 일반적으로 착상은 매우 힘들게 작업을 해야만 일어나는 법입니다. 물론 늘 그런 것은 아닙니다. 아마추어의 착상이 과학적으로 전문가의 착상과 똑같은 의의를 가질 수 있거나 심지어 더 큰 의의를 가질 수도 있습니다. 우리의 가장 좋은 문제제기들과 인식들 중 많은 것이 바로 아마추어들 덕분에 형성되고 획득된 것입니다. 아마추어가 전문가와 구별되는 것은 단지 — 헬름홀츠가 로베르트 마이어에 대해 말한 바와 같이[32]

---

32 로베르트 마이어는 아마추어로서 과학사에 길이 빛나는 큰 업적을 남긴 가장 대표적인

—, 아마추어는 확실하고 신뢰할 만한 연구방법을 결여하며, 따라서 대개의 경우 착상을 사후검증하고 평가하거나 실현할 수 없다는 점뿐입니다. 착상이 작업을 대신하지는 못합니다. 또한 역으로 작업이 착상을 대

예라고 해도 과언이 아닐 것이다. 마이어는 독일의 의사이자 물리학자로 1840년 자카르타로 항해하는 네덜란드 범선의 선의(船醫)가 되었는데, 그때까지 물리적 세계에 대해 거의 관심이 없던 그는 이 항해에서 여러 가지 흥미로운 현상을 관찰하게 되었고(예컨대 폭풍에 의해 일어나는 파도는 조용한 바다보다 더 따뜻하다는 것과 같은, 운동에너지가 열에너지로 전환되는 현상을) 이는 자연법칙, 특히 열(熱)이라는 물리적 현상에 대해 깊이 숙고하는 계기가 되었다. 1841년 항해에서 돌아온 후 의사로 일하면서 열에 대한 연구에 매달렸으며, 그 결과로 1842년에 나온 논문「무생물계의 에너지에 대한 메모」와 1845년에 나온 작은 책자『유기체가 신진대사와의 관계 속에서 하는 운동』에서 에너지보존법칙(열역학 제1법칙)을 제시할 수 있었다. 이 법칙은 물리학뿐만 아니라 자연과학 전반에 적용되는 법칙으로 19세기에 이룩한 가장 큰 과학적 업적들 가운데 하나로 간주된다. 그러나 마이어는 엄밀하고 신뢰할 만한 과학적 방법을 결여하고 있었고 형이상학적인 사고에 의존했기 때문에 처음에는 인정받지 못하다가 1850년대 중반부터 서서히 알려지게 되었고, 그 결과 1860년대에는 걸맞은 평가를 받게 되었다. 마이어의 두 번째 저작이 나온 지 불과 2년 후인 1847년에『에너지보존에 대하여』라는 헤르만 폰 헬름홀츠의 저작이 나왔다. 그러나 헬름홀츠는 거기에서 마이어를 전혀 언급하지 않았는데, 후일「로베르트 마이어의 우선권」(1896)이라는 글에서 자신은『에너지보존에 대하여』를 쓸 당시 그 이전에 나온 마이어의 두 저작을 전혀 알지 못했노라고 고백한다. 헬름홀츠,「로베르트 마이어의 우선권」, 402쪽. 실상이야 어떻든 헬름홀츠는 에너지보존법칙에서 마이어의 우선권을 인정한다. 다만 마이어의 형이상학적인 사고를 비판한다. 헬름홀츠에 따르면 마이어의 첫 저작은 "그가 이미 1842년에 에너지보존법칙의 의미와 타당성을 …… 사실상 올바르게 파악했음을 인정하기에 충분하다; 비록 그가 자신의 인식을 표현하려고 노력한 방식이 당시의 의학자들과 자연철학자들의 잘못된 합리주의에 상당히 강하게 사로잡혀 있음에도 불구하고 그렇다." 같은 글, 410쪽. 마이어의 첫 번째 저작은 "Causa aequat effectum"(원인과 결과는 동일하다)이라는 형이상학적 명제에 의해 주도되고 있으며, 두 번째 저작은 "Ex nihilo nil fit, nil fit at nihilum"(무에서는 아무것도 생겨나지 않으며, 아무것도 무가 되지 않는다)이라는 형이상학적 명제에 의해 주도되고 있다. 같은 책, 408~10쪽. 그런데 마이어가 이처럼 형이상학적인 사고에 의존한 이유는 그가 형이상학자이거나 형이상학의 추종자였기 때문이 아니라 자신의 법칙을 증명할 경험적 자료가 불충분했기 때문이다. 같은 글, 409쪽. 그림에도 불구하고 마이어는 무분별으로 올바른 과학적 일반화에 성공했다. 같은 글, 409쪽. 그러므로 마이어를 "순수한 [형이상학적] 사고의 영웅"으로 간주해서는 안 된다. 같은 글, 401쪽(마이어와 헬름홀츠의 자세한 인적 사항에 대해서는 이 책의 뒷부분에 나오는 "인명목록"을 볼 것).

신하거나 억지로 불러일으킬 수는 없는데, 이것은 열정이 그렇게 할 수
없는 것과 마찬가지입니다. 이 둘이 — 특히 그 둘이 **합쳐져** — 착상을
유발합니다. 그러나 착상은 때가 되어야 나타나지 우리가 원한다고 해서
아무 때나 불쑥 나타나는 것이 아닙니다. 가장 좋은 착상은 예링이 서술
하는 바와 같이 소파에서 시가를 피우고 있을 때라든지,[33] 또는 헬름홀츠

---

33 독일의 법학자인 루돌프 폰 예링은 『법학에서의 익살스러움과 진지함』(1884), 124~
26쪽에서 다음과 같이 말하고 있다: "로마 법제사와 관련해 나는 나만의 고유한 연구
방법을 갖고 있다. 그것은 지배적인 방법으로부터 벗어나지만 그 유용성은 입증되었
다. 나는 그것을 지금까지 비밀로 간직해왔는데, 이제는 다른 사람들을 위해 그것을 널
리 알릴 시간이 되었다고 생각한다./여기에서 중요한 것은 너무 독하지도 너무 약하지
도 않은 연하고 부드러운 좋은 시가와 소파이다. 실증적인 법제사 자료를 충분히 포식
하고 난 다음, 다른 사람들로부터 방해를 받지 않도록 문을 닫고 시가를 피워 물고 소파
에 몸을 누인다; 이때 두 발을 높이 뻗을까 말까는 사람마다의 개성에 달려 있는데, 나
의 경우에는 그렇게 하는 것이 효능이 있다는 것이 입증되었다. 그러고는 정신적 에너
지를 다해 모든 사고를 고대에 집중하여 자기 주변의 모든 것과 자기 자신을 잊어버린
다. 그리하여 다음과 같은 생각에 깊이 잠긴다: 나 자신은 그 시대에 살았는데 자연의
기이한 변덕으로 인해 윤회를 하여 19세기에 이 대학이나 저 대학의 사강사나 교수로
다시 나타났다; 나는 원래 고대 로마인이었고 내가 책을 통해 알게 된 고대에 관한 적은
지식은 단지 나 자신의 기억의 마지막 잔재일 뿐인데, 이 기억을 정력적인 노력을 통해
다시 되살리는 것이 중요하다 — 이미 그리스 철학에서 발전한 윤회설은 그렇게 하는
것이 가능하다고 주장했다. 이런 식으로 한동안 눈을 뜨고 공상에 잠긴 채 소파에 누워
있으면, 고대에 대한 기억이 정말로 다시 깨어나고 고대의 광경들이 영원의 근저에서
("무의식적인 것"의 영역에서) 다시 올라와 자욱하게 내뿜는 시가의 연기에 비친다; 그
러면 자기 자신이 고대 로마의 이 길 저 길을 거닐면서 …… 로마 법제사의 온갖 매력적
인 사안들에 참여하는 모습이 보인다. 단 한 대의 시가를 피우면서 온갖 것을 경험할 수
있다는 것은 참으로 믿기지 않는 일이다! 물론 시가를 **피우는** 법을 알아야 한다; 그러나
많은 사람이 그 법을 모르고 있다. 그렇기 때문에 그들은 시가에 불을 붙이고 소파에 누
워서도 시가 피우는 법을 아는 사람들보다 더 많은, 엄청난 양의 연기구름을 뿜어대지
만 그 안에서 아무런 광경도 보지 못한다. 그러면 그들은 다른 사람들도 시가의 연기 안
에서 그 어떤 광경도 볼 수 없다고 주장한다; 또는 다른 사람들이 그렇게 할 수 있다고
말하면, 그 광경들은 담배에 마취되어 생겨난 환상에 불과하며, 과학은 이 환상에 저항
하고 그것을 거부해야 한다고 주장한다 — 그들에 따르면 원천이 끝나는 곳에서 과학
도 끝난다. 이에 반해 나 자신은 다음과 같이 주장한다: 그곳에서 비로소 진정으로 진정
으로 시작된다 — — — 나는 흡연에 충실하다." 참고로 로마 법제사와 관련된 예링의
저작으로는 1852~65년에 총 4권으로 나온 대작 『다양한 발전단계에서의 로마법의 정

가 자신의 경험에 비추어 정밀한 자연과학의 경우에 대해 서술하는 바와 같이 완만한 오르막길을 산책하고 있을 때라든지,[34] 아니면 이와 비슷한 상황에서 나타납니다; 어쨌든 착상은 책상머리에 앉아 골똘히 생각하며 연구할 때 나타나지 않고 오히려 그것을 기대하고 있지 않을 때 나타난다고 하는 것은 실로 옳은 말입니다. 물론 책상에 앉아 골똘히 생각하면서 열정적으로 직면한 문제를 해결하고자 하지 않는다면 착상은 일어나지 않을 것입니다. 어쨌든 학자는 모든 과학적 연구에서 작용하는 이러한 요행, 즉 "영감"이 떠오르느냐 안 떠오르느냐라는 요행도 감수하지 않으면 안 됩니다. 어떤 사람은 탁월한 학자이면서도 독창적이고 가치 있는 착상을 단 한 번도 가져보지 못했을 수도 있습니다. 그런데 이 모든 것은 과학에만 해당될 뿐, 예컨대 사무실에서는 실험실에서와 사

신』이 있다(예링의 자세한 인적 사항에 대해서는 이 책의 뒷부분에 나오는 "인명목록"을 볼 것).

34 독일의 의학자이자 생리학자이며 물리학자인 헤르만 폰 헬름홀츠는 「70회 생일 축하연에서 행한 연설」, 15~16쪽에서 다음과 같이 말하고 있다(이 연설은 1891년 베를린에서 했다): "나는 유익한 우연이나 착상을 신뢰할 필요가 없는 영역이 나에게는 항상 더 편안한 작업분야였다고 말할 수밖에 없다. 그러나 나는 상당히 자주 유익한 착상을 고대해야 하는 불편한 상황에 처했으며, 따라서 언제 그리고 어디에서 그런 착상이 일어나는가에 대해 몇 번 경험을 했는데, 이 경험들은 아마도 다른 사람들에게 도움이 될 수 있을 것이다. 그것들은 사고영역으로 조용히 몰래 들어오기 때문에 처음부터 즉시 그 의미를 깨닫지 못하는 경우가 자주 있다; 그러면 나중에 때때로 우연한 기회에 그것들이 언제 그리고 어떠한 상황에서 나의 사고영역에 들어왔는가를 깨닫게 된다; 그렇지 않으면 그것들이 어디에서 왔는가를 알 수 없게 된다. 그러나 다른 경우들에는 그것들이 마치 영감처럼 아무런 노력도 없이 갑자기 나타난다. 내가 경험한 바로는 지친 두뇌나 책상머리에서는 일어나지 않는다. 언제나 나는 우선 나의 문제를 모든 방향에서 철저하게 검토하고 그럼으로써 그 모든 변이와 착종을 머릿속에서 조망할 수 있고 이 변이들과 착종들을 쓰지 않고도 자유롭게 꿰뚫어 볼 수 있어야 했다. 이렇게 되기까지는 대개의 경우 비교적 오랜 시간이 걸리는 사전작업이 필요했다. 그렇게 되고 나면 이 작업으로 인해 생기는 피로가 막 가시고 흰 시간 정도의 육체적 신선함과 고요한 쾌감을 맞보게 되고 마침내 좋은 착상이 떠올랐다. 이것은 종종 …… 아침에 일어날 때 떠올랐다. 그러나 …… 햇빛이 내리쬐는 날씨에 숲이 우거진 산을 유유히 오를 때 특히 잘 떠올랐다."

정이 다르다고 생각하는 것은 심각한 오류입니다. "상인적 상상력"이 없는, 다시 말해 독창적인 착상이 없는, 또는 적어도 그 어떤 착상도 없는 상인이나 대공장 경영주는 차라리 평생 점원이나 기술관료로 머물러 있는 편이 가장 좋을 법한 그런 사람에 지나지 않습니다: 이런 사람은 결코 조직상의 혁신을 창출할 수 없습니다. 영감이 ― 학자들이 그 오만함으로 인해 착각하는 것처럼 ― 근대적 기업가가 실천적인 삶의 문제를 해결하는 영역에서보다 과학의 영역에서 더 큰 역할을 하는 것은 절대로 아닙니다. 그리고 다른 한편으로는 ― 이것도 자주 오해되곤 하는데 ― 영감이 과학의 영역에서는 예술의 영역에서보다 더 작은 역할을 하는 것도 아닙니다. 만약 다음과 같이 생각한다면, 즉 수학자는 책상머리에 앉아 자[尺]나 다른 기계적 수단 또는 계산기를 조작함으로써 과학적으로 가치 있는 어떤 결과에 도달한다고 생각한다면, 그것은 유치한 생각입니다: 바이어슈트라스와 같은 학자의 수학적 상상력은 당연히 예술가의 상상력과는 전혀 다른 의미를 갖고 전혀 다른 결과를 가져왔으며 또한 질적으로도 예술가의 상상력과는 근본적으로 다릅니다.[35] 그러나 심리학적 과정은 조금도 다르지 않습니다. 둘 다 도취(플라톤의 "마니아"[36]

---

35 카를 바이어슈트라스는 현대 해석학의 아버지로 간주된다. 그는 해석함수론과 타원함수론에 대한 중요한 업적을 남긴 독일의 수학자로 수학에서 직관보다는 엄밀한 논리적 정초와 해석적 표현을 중시했다. 그러나 동시에 "시인의 기질을 갖추지 못한 수학자는 결코 완벽한 수학자가 될 수 없다"라는 말을 남길 정도로 수학적 연구에서 상상력이 불가피함을 강조했다(바이어슈트라스의 자세한 인적 사항은 이 책의 뒷부분에 나오는 "인명목록"을 볼 것).

36 여기에서 "마니아"(mania; 그리스어는 μανία)는 광기(狂氣), 보다 정확히 말하자면 신적인 광기라는 의미이다. 플라톤, 『파이드로스』 244a-245a에서 소크라테스는 파이드로스에게 다음과 같이 세 가지 형태의 신적인 광기에 대해 말하고 있다: "…… 내가 해야 할 말은 이런 것이네. '옆에 있는 사랑하는 사람보다 사랑하지 않는 사람에게 더 큰 호의를 베풀어야 하는데, 그 까닭은 한 사람은 미쳐 있고 다른 한 사람은 분별이 있기 때문이다'라는 말은 참말이 아니라는 것이네. 그 이유는 이렇지. 만일 광기가 무조건 나쁜 것이라면, 그 말이 옳을 걸세. 하지만 광기, 즉 신의 선물로 제공되는 광기 덕분에 우리에겐 좋은 것들 가운데 가장 큰 것들이 생겨난다네. 델포이의 예언녀나 도도나의 신

34

라는 의미에서의)와 "영감"입니다.

그런데 어떤 사람이 과학적 영감을 얻게 될지 아닐지는 우리로서는 알 길이 없는 운명에 달려 있지만, 그 밖에 "천부적 재능"에도 달려 있습니다. 마지막으로 언급해야 할 그렇지만 마찬가지로 중요한 것은, 상기한 의심할 바 없는 엄연한 사실로 인해[37] ─ 충분히 이해할 수 있는 일이지 만 ─ 특히 젊은이들 사이에서 매우 통속적인 사고방식이 생겨났고 이 사고방식은 다시금 몇몇 우상을 섬기는 행동으로 이어졌는데, 오늘날에 는 이 우상들에 대한 숭배가 온갖 길모퉁이와 온갖 잡지에 널리 퍼져 있 음을 볼 수 있다는 점입니다. 그 우상들이란 "인격"과 "체험"입니다. 이 둘은 서로 밀접하게 결합되어 있습니다: 체험이 인격의 본질을 이루며 체험이 인격의 일부분이라는 관념이 지배합니다. 사람들은 체험하기 위 해 고통스러우리만큼 애를 쓰는데, 그 이유는 그것이 인격을 가진 사람 의 신분에 걸맞은 생활양식이라고 생각하기 때문입니다 ─ 그리고 체험 하는 데 성공하지 못하면, 적어도 이 은총의 선물을 갖고 있는 듯이 행동 해야 한다고 생각합니다.[38] 예전에 독일에서는 이 "체험"을 "센세이션"

녀들은 광기에 사로잡힌 뒤 사적으로나 공적으로나 헬라스를 위해 훌륭한 일을 많이 이루어냈지만, 분별이 있는 상태에서 한 일은 보잘것없거나 아니면 아무것도 없다네. …… 둘째로, 무언가 과거의 죄과 때문에 어떤 가계(家系)에 내린 질병과 고난이 비할 수 없이 크다면, 곤경에 처한 사람들에게 광기가 생겨나 예언을 내려주고, 신들에게 기 도와 제사를 바치도록 이끌어 출로를 찾아주었지. 그 결과 그런 광기는 정화의식이나 비의예식을 만난 뒤 고통받는 사람을 당면한 시기뿐만 아니라 다가올 시간에도 안전하 게 지켜주었다네. 광기는 진실로 광기에 사로잡힌 사람에게 눈앞의 어려움들에서 벗어 날 해결책을 찾아주었던 것이지. 셋째로, 뮤즈 여신들에게서 오는 신들림과 광기가 있 네. 이것은 여리고 순결한 영혼을 사로잡아 그 영혼을 일깨워 도취상태에 빠뜨려 여러 가지 노래와 다른 시를 짓게 하지. 갖가지 옛사람들의 일을 꾸며내어 후대 사람들을 가 르치네. 뮤즈 여신들에게서 오는 광기 없이, 기술만 가지고도 충분히 시인이 될 수 있으 리라 확신하고서 시작(詩作)의 문턱에 다가서는 사람이 있다면, 그는 그 자신도 완성에 이르지 못할뿐더러 분별이 있는 그 사람의 시작은 광기에 사로잡힌 자들의 시작에 가 려 그 빛을 잃게 될 걸세." 플라톤, 『파이드로스』, 53~57쪽.

37 이 부분에서 "상기한 …… 사실"은 "과학, 예술, 상업, 기업 등 다양한 영역에서 영감이 중요한 역할을 한다는 사실"로 읽으면 된다.

이라고 불렀습니다. "인격"이 무엇이며 무엇을 뜻하는지에 대해서는 예전 사람들이 더 적절한 관념을 지녔다고 나는 생각합니다.

존경하는 참석자 여러분! 과학의[39] 영역에서는 **전적으로 일**에 헌신하는 사람만이 "인격"을 갖습니다. 그리고 비단 과학의 영역에서만 그런 것이 아닙니다. 우리가 알고 있는 위대한 예술가치고 자신의 일에 그리고 오로지 자신의 일에만 헌신한 것 이외에 다른 어떤 것을 했다는 사람은 단 한 명도 없습니다. 심지어 괴테 같은 위상의 인물에게서조차도 자유롭게 자신의 "삶" 자체를 예술작품으로 만들려고 했던 것이 예술에 관한 한 좋지 않은 결과를 가져왔습니다.[40] 물론 이 말이 정말일까 하고 의심할 수도 있습니다 — 그러나 어쨌든 괴테 정도는 되어야만 감히 그럴 수 있으며, 또한 누구나 적어도 다음을, 즉 심지어 괴테처럼 천년에 한 번 나타나는 인물조차도 그렇게 한 것에 대한 대가를 치르지 않을 수 없었다는 점을 인정할 것입니다. 정치의 경우도 사정은 다르지 않습니다만, 오늘은 이에 대해 말하지 않겠습니다.[41] 아무튼 과학의 영역에서 다음과 같은 사람은 "인격"을 가진 사람이 아님이 분명합니다. 즉 자신이 헌신해야 할 일의 흥행주로서 무대에 함께 등장하고, "체험"을 통해 자신을 정당화하려고 하며, 또한 어떻게 하면 내가 단순한 "전문가"와는 다른 어떤 존재임을 증명할 수 있을까, 어떻게 하면 나는 형식이나 내용면에서 아직 그 누구도 말하지 않은 것을 말할 수 있을까 묻는 사람, 이

---

38 이 부분에서 "적어도"는 "갖고 있는"에 걸리지 않고 "행동해야"에 걸린다.

39 이 단락에는 "일"이라는 단어가 여러 차례 나오는데, 이는 'Sache'를 옮긴 것이다. 이 독일어는 본분, 과업, 과제, 책무, 일 등으로 아주 다양하게 옮길 수 있는데, 여기서는 그 바로 앞 단락에 나오는 "체험"(Erleben)과 구별하기 위해, 그리고 이 단락의 끝부분에 나오는 "과업"(Aufgabe)과 구별하기 위해 "일"로 옮겼음을 일러두는 바이다. 그러니까 온갖 체험을 추구하는 사람이 인격을 갖는 것이 아니라 전적으로 (자신의) 일에 헌신하는 사람이 인격을 갖는다는 것이 베버가 내세우는 바이다.

40 이에 대해서는 이 책의 뒷부분에 나오는 "해제"를 볼 것.

41 베버는 1919년 1월 28일에 행한 — 그리고 이 책에 번역되어 실린 — 강연 「직업으로서의 정치」에서 이 문제를 다루게 된다. 이 책의 177쪽 이하를 볼 것.

36

런 사람은 "인격"을 가진 사람이 아님이 분명합니다 ─ 이는 오늘날 광범위하게 나타나는 현상인데, 그것은 어디에서나 천박한 인상을 주며 그렇게 묻는 사람의 가치를 떨어뜨립니다; 이에 반해 내적으로 과업에 그리고 오로지 과업에만 헌신하는 사람은 자신이 헌신한다고 내세우는 일의 정점에 오르고 그것의 품위를 드높이게 됩니다. 이는 예술가의 경우에도 마찬가지입니다.

3. 과학의 운명과 의미문제

그런데 이처럼 과학과 예술에 공통되는 전제조건들이 있는 반면, 과학적 작업을 예술적 작업과 결정적으로 구분 짓는 한 가지 운명이 있습니다. 과학적 작업은 **진보**의 과정에 단단히 결속되어 있다는 사실이 그것입니다. 이에 반해 예술의 영역에는 ─ 이러한 의미에서의 ─ 진보가 존재하지 않습니다. 새로운 기술적 수단이나 가령 원근법을 사용한 한 시대의 예술작품이 이런 이유로 해서 그 같은 수단과 법칙에 대한 지식이 전혀 없는 예술작품보다 순수한 예술적 관점에서 더 뛰어난 것은 결코 아닙니다 ─ 다만 후자의 예술작품이 자신의 대상을 그에 적합한 재료를 가지고 그에 적합한 형식에 담아내기만 **했다면**, 다시 말해 상기한 조건과 수단을 사용하지 않고서도 예술의 원리에 따라 예술성을 충족할 수 있도록 자신의 대상을 선택하고 형상화했다면 그렇습니다.[42] 진정

---

42 베버에 따르면 예술의 영역에서도 진보가 존재함은 물론인데 그것은 다름 아닌 기술적 수단의 진보, 즉 기술적 진보이다. 이와 관련해 베버는 1917년에 나온 글 「사회학 및 경제학에서 "가치자유"의 의미」에서 다음과 같이 말하고 있다: "…… **예술**의 영역에서는 (평가라는 의미에서의) '진보' 개념의 적용 가능성 문제가 다른 영역들에서보다 좀 더 복잡해진다. 때때로 이 가능성은 강력하게 부인되는데, 이는 그 의미하는 바에 따라 옳을 수도 있고 그를 수도 있다. 지금까지 예술에 대한 그 어떤 **가치판단적** 고찰도 '예술'과 '비예술'이라는 배타적인 대립쌍에 근거해서는 제대로 이루어질 수 없었을 것이

으로 "성취된" 예술작품은 능가되는[43] 일이 결코 없을 것이며, 낡아빠지는 일도 결코 없을 것입니다; 각각의 사람들은 그 예술작품의 의의를 저마다 다르게 평가할 수 있습니다; 그러나 그 누구도 예술적 의미에서 진정으로 "성취된" 하나의 예술작품이 다른 하나의, 역시 "성취된" 예술작품에 의해 "추월당했다"고 말할 수 없을 것입니다. 이에 반해 과학의 영

다; 그것은 거기에 더해 다음과 같은 구별들, 즉 시도와 성취 사이의 구별, 다양한 성취가 갖는 가치들의 구별, 그리고 완벽한 성취와 어느 한 특정한 측면 또는 많은 측면에서, 심지어 중요한 측면들에서 실패했지만 그렇다고 해서 전적으로 무가치하지는 않은 성취 사이의 구별을 사용해왔는데, 그것도 어떤 구체적인 형성의지뿐만 아니라 각각의 시대들 전체를 지배하는 예술의지에 대해서도 사용해왔다. 확실히 '진보'라는 개념은 방금 언급한 사실들[방금 열거한 구별들]에 적용되면 사소한 것으로 보이는데, 그 이유는 이 개념이 일반적으로 순수하게 기술적인 문제들에 사용되기 때문이다. 그렇다고 해서 그것 자체가 무의미한 것은 아니다. 반면 순수한 경험적 예술**사**와 경험적 예술**사회학**의 경우에는 문제가 달라진다. 당연히 전자에서는 유의미한 성취로서의 예술작품을 미학적으로 가치판단한다는 의미에서의 예술의 '진보'가 인정되지 않는다; 왜냐하면 이러한 가치판단은 경험적 고찰의 수단으로는 수행될 수 없는 것이며, 따라서 예술사의 과제를 완전히 벗어나는 일이기 때문이다. 이에 반해 예술사야말로 모든 측면에서 순전히 기술적이고 합리적이며 따라서 명확한 '진보' 개념을 사용할 수 있는데, 이 개념이 …… 경험적 예술사에서 사용될 수 있는 이유는 바로 다음과 같다: 그것은 전적으로 한 특정한 예술의지가 확고하게 주어진 의도를 실현하기 위해 사용하는 기술적 **수단**을 규명하는 데에 한정된다. 이처럼 엄격하게 자기 분수를 지키는 연구가 예술사에 대해 지니는 의의는 쉽게 과소평가되거나 또는 현재 유행하고 있는, 아주 저급하고 진짜가 아닌 자칭 '전문가들'이 의미하는 연구로 오해되는데, 이들은 어떤 예술가의 아틀리에의 커튼을 열어젖히고 그의 외적 표현수단, 즉 그의 '기법'을 면밀히 조사하면 그 예술가를 '이해할' 수 있다고 주장한다. 그러나 올바로 이해된 '기술적' 진보가 예술사의 진정한 전문분야인데, 그 이유는 이 기술적 진보와 이것이 예술의지에 끼치는 영향이야말로 예술의 발전과정에서 순수하게 경험적으로, 다시 말해 미학적 평가 없이 규명될 수 있는 유일한 부분이기 때문이다." 베버, 『가치자유와 가치판단』, 68~70쪽 (이 주의 12번째 줄에 나오는 "예술의지"라는 개념에 대해서는 같은 책, 69쪽, 주 48을 볼 것). 이어서 ─ 같은 책, 70~77쪽에서 ─ 베버는 기술적인 것이 예술사에 대해 지니는 실제적인 의의를 살펴보고 있으니 참고할 것. 그리고 「사회정책학회 위원회에서의 가치판단 논의를 위한 소견서」(1913)에서도 예술적 진보에 대해 간략하게 논의하고 있다. 같은 책, 175~76쪽을 볼 것.

43 이 바로 앞에 "다른 예술작품에 의해"를 첨가해 읽으면 의미하는 바가 보다 명확해질 것이다.

역에서는 우리가 작업한 것이 10년, 20년, 50년이 지나면 낡아빠진 것이 된다는 사실을 우리 모두는 잘 알고 있습니다. 바로 이것이 과학적 작업의 운명입니다; 아니 그것은 더 나아가 과학적 작업이, 역시 똑같은 운명에 처해 있는 여타의 모든 문화요소와 달리 매우 특수한 의미에서 종속되고 헌신하는 **목적**입니다[44]: 모든 과학적 "성취"는 새로운 "질문"을 뜻하며, 또한 "능가되고"[45] 낡아빠지기를 **원합니다**.[46] 과학에 헌신하고자 하는 사람은 누구나 이것을 감수해야만 합니다. 물론 과학적 작업의 결과물이 그 예술적 특성 때문에 "향유수단"으로서 또는 과학적 작업의 훈련을 위한 수단으로서 지속적으로 그 중요성을 유지할 수도 있습니다. 그러나 과학의 영역에서는 추월된다는 것이 ─다시 한번 말하자면─ 우리 모두의 운명일 뿐만 아니라 우리 모두의 목적이기도 합니다. 우리는 다른 사람들이 우리보다 더 멀리 나아가기를 바라지 않고서는 작업을 할 수가 없습니다. 원칙적으로 이러한 진보는 무한히 계속됩니다. 그리고 이로써 우리는 과학의 **의미문제**에 당면하게 됩니다. 왜냐하면 그러한 법칙에 예속되는 어떤 것이 내적인 의미와 논리를 갖고 있다는 사실은 저절로 이해가 될 만큼 그렇게 자명한 것이 아니기 때문입니다. 왜 우리는 사실상 결코 종결되지 않고 또 종결될 수도 없는 일에 종사합니까? 그것은 우선 순수하게 실천적인, 보다 넓은 의미에서의 기술적인 목적을 위해서입니다: 그것은 우리가 과학적 경험이 우리에게 제공하는 예측에 준거해 실천적으로 행위할 수 있기 위해서입니다. 좋습니다. 그렇지만 그것은 단지 실천가에게만 의미를 지닐 뿐입니다. 그러면 학자 자

---

44 이 구절의 마지막 부분에 나오는 "종속되고 헌신하는"은, 달리 "지향하고 추구하는"으로 읽을 수 있다.

45 이 바로 앞에 "다른 과학적 성취에 의해"를 첨가해 읽으면 의미하는 바가 보다 명확해질 것이다.

46 이 구절의 앞부분은 ─"새로운 '질문'을 뜻하며"는─ 과학적 작업의 운명을, 그리고 뒷부분은 ─"'능가되고' 낡아빠지기를 **원합니다**"는─ 과학적 작업의 목적을 가리킨다고 읽으면 된다.

신이 그의 직업에 대해 취하는 내적 입장은 무엇입니까? — 물론 이 질문은 만약 그가 어떻게든 그런 내적인 입장을 정립하려고 한다는 조건 아래에서만 제기할 수 있습니다. 그는 다음과 같이 주장합니다: "과학 그 자체를 위해" 과학에 종사하는 것이지 단순히 다른 사람들이 과학에 힘입어 사업적 또는 기술적 성공을 거두도록 하기 위해 또는 더 잘 먹고 더 잘 입고 더 잘 조명하며 더 잘 통치하도록 하기 위해 과학에 종사하는 것이 아니라고. 그렇다면 그는 언제라도 낡아빠질 수밖에 없는 운명인 이 창조물들을 통해, 그러니까 말하자면 다양한 전문영역들로 분화되어 있고 무한히 진행되는 이 사업에 자신을 얽어맴으로써 도대체 어떤 의미 있는 것을 성취할 수 있다고 믿습니까? 이에 답하기 위해서는 약간의 일반적인 논의가 필요합니다.

4. 합리화 과정과 과학

(1) 주지주의적 합리화

과학의 진보는 수천 년 전부터 진행되어오면서 우리에게 영향을 끼쳐온, 그리고 오늘날 사람들이 거기에 대해 일반적으로 지극히 부정적인 입장을 취하는 주지주의화[47] 과정의 한 단편, 그것도 가장 중요한 단편입니다.

우선 과학과 과학기술에 의한 이 주지주의적 합리화가 실제로 무엇을

---

[47] 주지주의(主知主義; 독일어 Intellektualismus)는 달리 지성주의라고도 하며 지성, 이성 또는 오성을 감정이나 의지보다 상위에 두는 입장을 가리킨다. 이에 반해 감정을 우위에 두는 입장을 주정주의, 그리고 의지를 우위에 두는 입장을 주의주의라고 한다. 철학에서는 주지주의가 합리주의와 동의어로 사용되기도 한다. 일반적으로 소크라테스를 주지주의의 출발점으로 본다.

뜻하는가를 분명히 해봅시다. 가령 그것은 오늘날 우리가, 예컨대 여기 강당에 앉아 있는 여러분이 인디언이나 호텐토트인[48]보다 자신이 살아가는 삶의 조건들에 대해 더 잘 알고 있다는 것을 뜻합니까? 그렇게 말하기는 힘들 것입니다. 전차를 타는 우리 중의 어느 누구도 — 그가 전문 물리학자가 아니라면 — 전차가 어떻게 해서 움직이게 되는지를 전혀 알지 못합니다. 그리고 그것에 대해 알 필요도 없습니다. 그가 전차의 작동을 "신뢰할" 수 있으면 그걸로 충분하며 그는 이 신뢰에 따라 행동합니다; 그러나 그는 어떻게 전차가 이렇게 움직이도록 만들어지는지에 대해서는 아무것도 모릅니다. 이에 반해 미개인은 자신이 사용하는 도구들에 대해 우리보다 비교가 안 되리만치 훨씬 더 잘 알고 있습니다. 오늘날 우리가 돈을 지불하고 무엇인가를 — 때로는 많이, 때로는 적게 — 살 수 있는 일이 어떻게 가능한가라는 질문에 대해서는 거의 모두가 다르게 대답할 것이라고 나는 장담합니다; 설사 이 강연장에 동료 경제학자들이 있더라도 그들 역시 거의 모두가 다르게 대답할 것입니다. 반면 미개인은 매일매일 식량을 얻을 수 있기 위해서는 어떻게 해야 하는지 그리고 어떤 제도들이 그렇게 하는 데 도움이 되는지를 잘 알고 있습니다. 요컨대 주지주의화와 합리화의 증대는 우리가 살아가는 삶의 조건들에 대한 일반적인 지식의 증대를 뜻하는 것이 **아닙니다**. 그것은 오히려 다른 어떤 것, 즉 다음을 알게 되거나 또는 그렇게 믿게 되는 것을 뜻합니다: 만약 우리가 **원하기만 한다면** 우리는 언제라도 우리 삶의 조건들에 대한 지식을 얻을 **수 있다**는 것, 따라서 우리의 삶에서 작용하는 그 어떤 힘도 원칙적으로는 신비하고 계산할 수 없는 힘이 아니라는 것, 오히려 모든 사물은 — 원칙적으로는 — **계산**을 통해 **지배**할 수 있다는 것을 알게 되거나 또는 그렇게 믿게 되는 것을 뜻합니다. 이것이 뜻하는 바는 다

---

48 호텐토트족(Hottentotten)은 남아프리카 서해안에 널리 분포되어 살던 유목민족이었는데, 현재는 소수가 나미비아 일부와 보츠와나에서 대부분 정착생활을 하고 있다.

름 아닌 세계의 탈주술화입니다.[49] 그러한 힘의 존재를 믿는 미개인과 달리, 우리는 더 이상 정령을 지배하거나 정령에게 간청하기 위해 주술적 수단에 호소하는 일 따위를 할 필요가 없습니다. 우리는 주술적 수단이 아니라 기술적 수단과 계산에 호소해 목적을 이루고자 합니다. 무엇보다도 이것이 주지주의화가 뜻하는 바입니다.[50][51]

---

49 세계의 탈주술화에 대한 자세한 논의는 김덕영, 『막스 베버: 통합과학적 인식의 패러다임을 찾아서』, 667~84쪽을 볼 것.

50 이 문장은 다음과 같이 읽으면 의미하는 바가 보다 명확해질 것이다: "바로 이것이 주지주의화가 갖는 일차적인 의미입니다."

51 베버는 1913년에 발표한 「이해사회학의 몇 가지 범주에 대하여」에서 다음과 같이 매우 유사한 논리를 전개하고 있다: "사회적 분화와 합리화의 진전이 의미하는 바는 …… 전체적으로 보아 합리적인 기술과 질서에 의해 실제적으로 영향을 받는 사람들이 그 기술과 질서의 합리적인 토대로부터 점점 저 멀어진다는 것이다; 그리고 전체적으로 보아 그들에게 이 토대가 알려져 있는 정도는 '미개인'에게 그의 마법사의 주술적 절차가 갖는 의미가 알려져 있는 정도보다 적다. 그러니까 공동체적 행위의 합리화는 그 조건과 맥락에 대한 지식의 보편화를 야기하는 것이 결코 아니고, 오히려 대개는 그 정반대이다. '미개인'은 통상적인 의미에서의 '문명인'보다 그 자신의 존재의 경제적 및 사회적 조건에 대해 엄청나게 많은 것을 알고 있다. 그리고 더 나아가 '문명인'의 행위는 철두철미하게 주관적으로 그리고 더 목적합리적으로 진행된다는 주장도 보편적으로 들어맞는 것이 아니다. 오히려 행위의 개별적인 영역마다 사정이 다르다: 그것은 별도의 논의를 필요로 하는 문제이다. 오히려 이 점에서 '문명인'의 상황에 특수한 '합리적' 색조를 부여하는 것은 '미개인'의 그것과 달리 다음과 같다: (1) 그의 일상적 삶의 조건들, 이를테면 전차, 승강기, 돈, 법정, 군대, 의약품이 **원칙적으로** 합리적인 성격의 것이라고, 다시 말해 합리적으로 알 수 있고 창출할 수 있으며 통제할 수 있는 인공물이라고 **믿는 것**에 일반적으로 친숙하다 ……; (2) 그와 같은 조건들이 합리적으로, 다시 말해 잘 알려진 규칙에 따라 기능하는 것이지 미개인이 그의 마법사를 통해 영향을 끼치려고 하는 힘들처럼 비합리적으로 기능하지 않는다고 믿으며, 또한 적어도 원칙적으로 그것들을 '예측할' 수 있고 그것들의 작동을 **'계산할'** 수 있으며 그것들에 의해 창출된 명확한 기대에 준거하여 행위할 수 있다고 믿는다. 그리고 바로 이 점 때문에 합리적인 자본주의적 '기업'이 '합리적' 질서에 특별히 관심을 갖는데, 그 기업은 이 질서가 실제로 기능할 가망성을 기계의 그것과 마찬가지로 계산할 수 있다." 베버, 『이해사회학』, 157~58쪽.

42

(2) 근대과학과 의미의 문제

그렇다면 서구문화에서 수천 년 동안 계속되어온 이 탈주술화 과정이 그리고 일반적으로 말해 과학이 그 일부분인 동시에 추진력으로서 속해 있는 이 "진보"가 이처럼 순수하게 실천적이고 기술적인 것을 넘어서는 어떤 의미를 갖고 있습니까?[52] 이 질문은 레프 톨스토이의 작품들 속에 가장 근본적으로 제기되어 있습니다. 그는 독특한 경로를 통해 이 질문에 도달했습니다. 그의 모든 문학적 사유는 점점 더 다음과 같은 질문을 중심으로 전개되었습니다: **죽음**은 의미 있는 현상인가 아닌가? 그의 대답은 문화인간에게는 죽음이 의미 있는 현상이 아니라는 것이었습니다.[53] 그리고 그 이유로 "진보", 그러니까 무한히 지속되는 과정 속에 편입된 개인의 문명화된 삶은 그 자체의 내재적인 의미상 결코 종결될 수 없다는 점을 제시했습니다. 정말이지 진보의 과정 속에 있는 사람의 앞에는 항상 그다음 단계의 진보가 기다리고 있습니다; 죽음에 임박한 사람은 그 누구도 절정에 서지 못하는데, 그 이유는 절정이 무한히 먼 곳에

---

52 베버에 따르면 세계의 탈주술화는 고대 유대교의 예언자들에 의해 시작되었다. 바로 이런 까닭에 베버는 고대 유대교를 "서구의 전체적인 문화발전의 선회점"으로 간주하며, 그 역사적 위치를 다음과 같이 평가한다: "역사적 의미에서 고대 유대교에 필적할 수 있는 것은 오직 헬레니즘 정신문화 ……, 로마법, 로마의 관직개념에 기초하는 로마 교회의 발전, 그 후 중세적 신분질서의 발전, 그리고 마지막으로 이 질서를 타파하지만 그 제도를 종교적 영역에서 계속해서 발전시킨 세력, 즉 프로테스탄티즘의 발전뿐이다." 베버, 『종교사회학 논총』, 제3권, 7쪽. 세계의 탈주술화 과정이 어떤 단계를 거쳐 진행되었는가에 대해서는 김덕영, 『막스 베버: 통합과학적 인식의 패러다임을 찾아서』, 678~80쪽을 볼 것. 그리고 과학과 탈주술화 과정의 관계에 대해서는 같은 책, 681~84쪽을 볼 것.

53 여기에서 베버는 『세 죽음』(1859), 『이반 일리치의 죽음』(1886), 『부활』(1899) 같은 톨스토이의 작품을 염두에 두고 있는 것이 분명하다. 베버는 1909년 발표한 「"에너지론적 문화이론들」에서 ─ 오귀스트 콩트(1798~1857), 피에르-조제프 프루동(1809~65) 및 빌헬름 오스트발트(1853~1932)와 더불어 ─ 톨스토이의 예술관을 비판적으로 언급하고 있다. 베버, 『이해사회학』, 72~73쪽과 그에 따르는 주 72(옮긴이 주)를 볼 것.

있기 때문입니다. 아브라함이나 고대의 그 어떤 농부도 "한껏 오래 그리고 가득 찬 삶을 살다가"[54] 죽었는데, 그 이유는 그들이 생명의 유기적 순환 속에 있었고, 그들의 삶도 말년에는 그들에게 줄 수 있는 모든 의미를 주었으며, 또한 그들에게는 풀고 싶은 수수께끼가 더 이상 남아 있지 않았으므로 그들은 삶에 "만족할" 수 있었기 때문입니다. 그러나 사상들, 지식들 그리고 문제들로 끊임없이 풍부해지는 문명 속에 편입되어 있는 문화인간은 "삶에 지칠" 수는 있어도 가득 찬 삶을 살 수는 없습니다. 왜냐하면 그는 정신적 삶이 항상 새롭게 창출하는 것 중에서 단지 극히 작은 부분만을, 그것도 언제나 최종적인 것이 아니라 단지 일시적인 것만을 낚아챌 수 있으며, 따라서 죽음이 그에게는 의미 없는 하나의 사건이기 때문입니다. 그리고 죽음이 의미가 없기 때문에 문화적 삶 자체도 의미가 없습니다; 문화적 삶은 바로 자신의 의미 없는 "진보성"을 통해 죽음을 의미 없는 것으로 낙인찍습니다. 이러한 사상은 톨스토이 예술의 기조로서 그의 후기 소설들에서는 어디에서나 찾아볼 수 있습니다.

이에 대해 우리는 어떤 입장을 취해야 할까요? "진보" 자체가 기술적인 것을 넘어서는 어떤 인식 가능한 의미를 갖고 있으며, 따라서 진보에 대한 헌신이 의미 있는 직업이 될 수 있습니까?[55] 이러한 질문은 반드시 제기되어야 합니다. 그러나 이것은 더 이상 과학에 **대한** 소명을 묻는 것, 다시 말해 과학에 헌신하는 사람에게 직업으로서의 과학은 무엇을 뜻하는가 하는 문제에만 국한되는 것이 아니라 이미 다른 것, 즉 인류의 전체적인 삶 속에서 **과학의 사명**은 무엇이며 또 과학의 가치는 무엇인가를

---

54 이 구절은 구약성서 「창세기」 제25장 제8절에 나오는데, 그 전체는 다음과 같다: "아브라함은 한껏 오래 그리고 가득 찬 삶을 살다가 죽어서 선조들 곁으로 갔다."

55 베버는 1917년 발표한 「사회학 및 경제학에서 "가치자유"의 의미」에서 진보에 대한 자세한 논의를 전개하고 있다. 베버, 『가치자유와 가치판단』, 65쪽 이하를 볼 것. 그리고 「사회정책학회 위원회에서의 가치판단 논의를 위한 소견서」(1913)에서도 진보에 대한 논의를 찾아볼 수 있다. 같은 책, 174쪽 이하를 볼 것.

묻는 것이기도 합니다.

그런데 이 문제에 관해서는 과거와 현재 사이에 엄청난 차이가 존재합니다. 플라톤의 『국가』 제7편 서두에 나오는 놀라운 비유, 즉 동굴 속에서 쇠사슬에 묶여 있는 사람들의 비유를 상기해 보십시오[56]: 그들의 얼굴은 그들 앞에 있는 암벽을 향하고 있고, 그들의 뒤에는 광원(光源)이 있지만 그들은 그것을 볼 수 없으며, 따라서 그들은 단지 그 빛이 벽에 드리우는 그림자들에만 몰두하고 그 그림자들 간의 관계를 밝혀내려고 애씁니다. 그러다가 그들 중 한 명이 사슬을 끊어버리는 데 성공하고는 뒤돌아서 태양을 바라봅니다. 그는 눈이 부셔 주위를 더듬으면서 자신이 본 것에 대해 중얼거립니다. 다른 사람들은 그가 미쳤다고 말합니다. 그러나 그는 차츰 빛을 보는 것에 익숙해지는데, 그러고 나자 동굴에 있는 사람들에게 내려가서 그들을 인도해 광명의 세계로 올라오는 것이 그의 임무가 됩니다. 그는 철학자이며 태양은 과학의 진리인데, 과학만이 허상과 그림자가 아닌 진정한 존재를 붙잡으려고 합니다.

그런데 오늘날 과연 누가 과학을 그런 식으로 봅니까? 오늘날에는, 특히 젊은이들이 오히려 그 정반대로 생각하고 있습니다: 과학의 사유구성물들은 인위적인 추상들의 비현실적인 왕국이며, 이 인위적인 추상들은 그 깡마른 손으로 현실적인 삶의 혈(血)과 액(液)을 담아내려고 하지만 결국 다 빠져나가버린다는 것입니다. 그러나 바로 여기 이 삶 속에서, 그러니까 플라톤에게는 동굴 벽에서 펼쳐지는 그림자 연극이었던, 바로 그 속에서 진정한 실재가 고동치고 있다는 것입니다: 다른 모든 것은 이 진정한 실재로부터 파생된 생명 없는 유령일 뿐 그 밖에 아무것도 아니라는 것입니다. 그렇다면 이러한 변화는 어떻게 일어났습니까? 플라톤이 『국가』에서 보여준 열정과 열광은 궁극적으로 다음과 같은 사실에, 즉 당시에 처음으로 모든 과학적 인식이 중대한 수단들 중 하나이 이

---

56 플라톤, 『국가』, 384~89쪽(514a-517a).

미가 의식적으로 발견되었다는 사실에 의해 설명되는데, 그 수단은 다름 아닌 **개념**입니다.[57] 그것의 중요성을 알아낸 사람은 소크라테스였습니다.[58] 물론 세계에서 그 혼자만이 그랬던 것은 아닙니다. 우리는 인도에서도 아리스토텔레스의 그것과 매우 유사한 논리학의 맹아를 찾아볼 수 있습니다.[59] 그러나 그리스 이외의 그 어디에서도 개념의 의의에 대한 그

---

57 물론 소크라테스나 플라톤은 — 그리고 아리스토텔레스도 — 오늘날 우리가 개념이라고 부르는 것에 대한 표현을 갖고 있지는 않았다. 그러나 소크라테스와 플라톤에게서 사물과 행위의 보편적인 특성들에 대한 물음이 처음으로 명확하게 나타났다. 플라톤에 따르면 감각적 세계는 끊임없이 변하기 때문에 지식 또는 확실한 인식의 대상이 될 수 없다. 그것이 될 수 있는 것은 단지 로고스 또는 이성에 의해 개념적으로 파악할 수 있는 절대적이고 보편타당하며 변하지 않는 존재뿐이다. 플라톤은 이 존재를 이데아라고 부른다. 이데아는 경험세계에 존재하는 모든 것을 파악하거나 인식하는 매개물이다. 그러니까 개념인 것이다.

58 소크라테스는 어떤 것이 무엇으로 형성되었느냐뿐만 아니라 그것이 무엇인가도 물은 최초의 사람이다. 그는 보편타당하고 의심할 바 없이 확실한 정의(定義)를 추구했으니, 예컨대 정의로운 행위의 예들을 물을 뿐만 아니라 정의 그 자체가 무엇인가를 물었다. 그러니까 정의에 대한 개념을 구성하려고 했던 것이다.

59 아리스토텔레스의 『오르가논』(논리학)은 『범주론』, 『명제론』, 『분석론 전서』, 『분석론 후서』, 『변증론』, 그리고 『소피스트식 논박』으로 구성되어 있다. 첫째, 『범주론』은 논리학의 맨 앞에 위치하며, "문장을 이루는 주어와 술어로서 언어를 분석하기 위한 논리, 문법적 도구로 볼 수도 있고, 존재하는 것을 분석하기 위한 형이상학적 도구로 볼 수도 있다." 둘째, 『명제론』은 — "문장 형성 이전의 주어와 술어를 낱말 형태로 다루는 『범주론』과 달리 — "주어와 술어로 이루어진 문장들을 다룬다." 셋째, 『분석론 전서』는 추론의 분석에 대한 것이고 『분석론 후서』는 논증과 그 원리들에 대한 것이다. 넷째, 『변증론』은 "논의의 출발점이 되는 '공통의 터'"인 토포스를 다룬다. 조대호, 「해제: 균형 잡힌 아리스토텔레스 철학 이해를 위한 길라잡이」, 『아리스토텔레스 선집』, 14쪽 이하. 그런데 기원전 1세기경에 성립된 힌두교의 바이세시카학파(Vaiśeṣika)는 아리스토텔레스의 논리학과 마찬가지로 범주론에서 출발한다. 구체적으로 실체, 성질, 운동, 보편, 특수, 결합의 여섯 가지의 범주를 설정하고(이를 육구의[六句義]라고 한다), 다시금 실체를 흙, 물, 불, 공기, 아카사(허공), 시간, 공간, 아트만(我), 의식의 아홉 가지로 세분화한다. 이 실체들 가운데 흙, 물, 불, 공기는 새로운 실체를 만드는, 그러니까 세계의 원인으로서의 실체이다. 바이세시카학파에 따르면 불가견력(不可見力)에 의해 이 네 가지 범주가 결합해 현상계를 구성하는 모든 사물이 생성되고 다시금 불가견력에 의해 그 범주들이 분리되어 우주만물이 소멸한다. 이러한 바이세시카학파의 논리적 사고는 그 후 1세기경에 성립된 니야야학파(Nyāya)에 의해 계승, 발전되어 인도 철학 전체에 큰 영

러한 의식은 없었습니다. 그리스에서 처음으로 다음과 같은 수단이, 즉 자신이 아무것도 모른다는 것을 인정하거나 아니면 다른 어떤 것이 아닌 바로 이것이 진리라는 것, 눈먼 인간들의 행동이나 거동과 달리 결코 사라지지 않을 **영원한** 진리라는 것을 인정하지 않고서는 빠져나올 수 없도록 누군가를 논리적 나사바이스[60]에 집어넣어 꽉 조일 수 있는 수단이 사용되었습니다. 이것은 소크라테스 제자들에게 일어난 실로 엄청난 체험이었습니다. 그리고 그들은 이 수단을 이용해 진(眞), 선(善) 또는 가령 용기나 영혼—아니면 그 어떤 것이든—에 대한 올바른 개념을 찾아내기만 한다면, 이것들의 진정한 존재도 파악할 수 있으며, 또한 그 존재를 파악할 수 있다면 결과적으로 삶에서, 특히 국민으로서 올바르게 행위하려면 어떻게 해야 하는지를 알고 가르칠 수 있는 방법을 얻을 수 있다는 결론을 이끌어냈습니다. 사실 철두철미하게 정치적으로 사고하는 고대 그리스인들에게는 모든 것이 이 문제로 귀결되었습니다.[61] 그들이 과학에 힘쓴 것도 바로 이 때문이었습니다.

고대 그리스 정신의 이러한 발견에 이어 과학적 연구작업의 두 번째 중대한 도구가 르네상스 시대의 산물로서 등장했습니다: 그것은 신뢰할 수 있는 방식으로 경험을 검증하는 수단인 합리적 실험인데, 이것이 없다면 오늘날의 경험과학은 불가능할 것입니다. 물론 그 이전에도 실험은 있었습니다: 예컨대 인도에서는 요가 수행자들의 금욕술을 발전시키기 위해 생리학적 실험을 했으며, 또한 고대 그리스에서는 전쟁기술상의 목적에서 그리고 중세에는 예컨대 광산업상의 목적에서 수학적 실험을 했습니다. 그러나 실험을 연구 그 자체의 원리로 승화시킨 것은 르네상스의 업

향을 끼쳤다. 바이세시카학파의 범주론에 대해서는 아카마쓰 아키히코, 『인도철학강의』, 243쪽 이하; 리디그리슈닌, 『인도철학사 III』, 275쪽 이하를 볼 것.

60 나사바이스는 나사를 이용해 공작물을 고정하는 공구이다.
61 이 문장의 "이 문제로"는 "삶에서, 특히 국민으로서 올바르게 행위하려면 어떻게 해야 하는지라는 문제로"라고 읽으면 된다.

적이었습니다. 그리고 그 선구자들은 레오나르도 다빈치를 위시한 **예술**
영역에서의 위대한 개혁자들이었으며, 특히 실험건반을 사용한 16세기
의 음악 실험자들이 독특했습니다.[62] 이들로부터 시작된 실험은 특히 갈
릴레이에 의해 과학에 도입되었으며 베이컨에 의해 이론적으로 정립되었
습니다[63]; 그 후 유럽 대륙의 대학들에서, 처음에는 특히 이탈리아와 네덜
란드의 대학들에서 정밀과학적[64] 개별 분야들이 실험을 채택했습니다.

그렇다면 과학은 근대의 문턱에 서 있던 이 사람들에게는 무엇을 뜻했
을까요? 레오나르도 다빈치 같은 예술영역의 실험자들과 음악영역의 개
혁자들에게 그것은 **진정한** 예술에 도달하는 길을 뜻했으며, 이 길은 다
시금 그들에게 진정한 **자연**에 도달하는 길을 뜻했습니다. 그리하여 그들
은 예술이 과학의 지위로 격상되어야 한다고 생각했는데, 이는 동시에
그리고 무엇보다도 예술가가 사회적으로나 그의 삶이 갖는 의미의 측면
에서나 독토르[65]의 지위로 격상되어야 한다는 것을 뜻했습니다. 이것은
예컨대 레오나르도 다빈치의 회화에 관한 저서에도 깔려 있는 명예심입
니다.[66] 그러면 오늘날에는 어떻습니까? "자연에 도달하는 길로서의 과

---

62 베버에 따르면 16세기 음악에서는 ─ 특히 건반을 이용한 ─ 실험이 일반화되었는데,
   그 목표는 무엇보다도 "다성음악을 연주하기 위한 순정률(純正律)의 악기를 생산하는
   데에" 있었다. 베버, 『음악사회학에 대하여』, 273쪽. 참고로 순정률은 각 음 사이의 비가
   간단한 정수의 비를 갖는 음률로 순수하고 아름다우나 여러 가지 불협화음이 생기고
   이를 완전히 해결할 수 있는 방법이 사실상 없으며, 따라서 피아노나 관악기처럼 음높
   이가 고정된 악기에서는 사용될 수 없다. 오늘날에는 일반적으로 한 옥타브를 12등분
   한 평균율이 사용되고 있다.

63 갈릴레이는 도구를 통한 실험의 방법을 과학적 연구에 도입했는데(그 대표적인 예가
   피사의 사탑에서 실시한 자유낙하운동 실험이다), 이는 『새로운 두 과학: 고체의 강도
   와 낙하법칙에 대하여』(1638)에 잘 정리되어 있다. 그리고 베이컨은 『신기관』(1620)에
   서 신기관 또는 신논리, 즉 ─ 아리스토텔레스의 연역적 추론과 달리 ─ 감각과 경험에
   의존하는 귀납적인 실험과 관찰로 자연에 대한 과학적 지식을 축적하고, 이 축적된 지
   식은 다시금 기술의 개별로 이어진다는 경험주의적 과학철학을 정립했다.

64 이는 "자연과학적"이라고 읽으면 된다.

65 독토르(Doktor)는 대학에서 박사학위를 취득한 사람을 가리킨다.

66 이 문장에 나오는 "레오나르도 다빈치의 회화에 관한 저서"는 이탈리아 르네상스의 화

학"——이것은 젊은이들에게는 신성모독처럼 들릴 것입니다. 아니, 그 정반대입니다: 오늘날의 젊은이들은 자신의 본성으로 되돌아가고 이를 통해 자연 일반으로 되돌아가기 위해서는 과학의 주지주의로부터 해방되어야 한다고 생각합니다! 더욱이 그들은 과학이 예술에 도달하는 길이라는 말에 대해서는 아예 논평조차 할 필요가 없다고 봅니다. ——그러나 정밀한 자연과학들이 탄생한 시대에는 사람들이 과학으로부터 더 많

가이자 다빈치의 제자인 프란체스코 멜치(1491~1570)가 다빈치 사후인 1530년경에 그의 원고들을 모아 편찬한 책 『회화에 관한 논고』를 가리킨다. 이것은 1882년 빈에서 『레오나르도 다빈치: 회화에 관한 저서』라는 제목 아래 이탈리아어-독일어 대역이 나왔는데(총 3권 가운데 두 권은 텍스트와 번역이고 나머지 한 권은 해설이다), 아마도 베버는 이 대역본을 참고한 것으로 보인다. 그 가운데 제1권은 총 다섯 부분으로 구성되어 있는데, 다시금 그 첫 번째 부분은 회화와 과학의 관계를 다루고 있다. 다빈치는 이 첫 번째 부분을, 그러니까 자신의 회화에 관한 논고를 과학의 정의와 더불어 시작한다: "과학은 마지막 원천에서, 즉 자연에서 그것을 넘어서는 것은 아무것도 찾을 수 없는 것에서 시작하는 지적 담론인데, 만약 이 원천을 넘어서는 것이 있다면 이 역시 과학의 일부가 될 것이다. 예컨대 연속양들에 관한 과학, 즉 기하학이 그렇다. 이 경우 물체의 평면에서 시작하면, 이 평면은 그것의 종점인 선에 그 원천이 있음을 알게 된다; 그러나 아직 여기에서 그칠 수가 없는데, 왜냐하면 우리는 선이 점에 그 종점이 있다는 사실을 그리고 점보다 더 작은 것은 아무것도 없다는 사실을 인식하게 되기 때문이다. 요컨대 점이 기하학의 마지막 원천이며, 자연에서든 인간의 정신에서든 점의 원천이 되는 다른 어떤 것도 존재할 수 없다." 다빈치, 『레오나르도 다빈치: 회화에 관한 저서』, 제1권, 2~3쪽. 그런데 다빈치가 이해하는 과학은 자연에 대한 인간의 경험이나 실험을 수학적 방법으로 진술하고 증명하는 지적 담론이다. 같은 책, 4~5쪽. 그리고 회화에 관한 다빈치 저작의 대역본을 편집하고 번역하고 해설한 독일의 화가이자 예술사학인인 하인리히 루트비히(1829~97)는 다음과 같이 말하고 있다: "회화는 응용과학이다; 따라서 [응용과학인] 조형예술가가 학자로부터 가장 명료하게 구별되는 점은, 전자가 개념공식들을 그 자체를 위해서가 아니라 그것들이 자신의 목적에 쓸모가 있는 한에서 수단으로 사용하며, 이 개념공식들이 자신의 목적을 달성하는 데에 불충분하다는 것이 드러나면 곧바로 새로운 개념적 보조수단을 고안해낸다는 사실이다." 루트비히(해설), 『레오나르도 다빈치: 회화에 관한 저서』, 제3권, 60쪽. 그리고 다음과 같이 말하고 있다: "레오나르도 다빈치는 르네상스의 조형예술을 번성케 하고 그 시대의 다른 어떤 예술보다도 큰 명성을 누 디게금 된 신고를 다음과 같이 소박하면서도 핵심적으로 진술한다: "[예술적 표현 기술이나 수단의] 발명은 자유롭고 예술에서 가장 쉬운 일이다. 가장 어렵고 고상한 일은 구체적이고 완결된 실행이다. 이 완결을 위해 다양한 회화의 과학이 존재한다." 같은 책, 148쪽.

은 것을 기대했습니다. 여러분이 슈밤메르담의 다음과 같은 단언, 즉 "나는 여기에서 여러분에게 한 마리 이의 신체구조 속에 들어 있는 신의 섭리를 증명하겠습니다"[67]라는 단언을 상기한다면, 여러분은 (간접적으로) 프로테스탄티즘과 청교주의로부터 영향을 받은 과학적 연구가 당시에 무엇을 자신의 과제로 삼았는지 알게 됩니다: 그것은[68] 신에 도달하는 길을 찾아내는 것이었습니다. 당시 사람들은 철학자들과 그들의 개념 및 연역에서는 더 이상 그 길을 찾아낼 수 없었습니다 — 중세가 신을 찾으려고 했던 이 길을 통해서는 신을 찾아낼 수 없다는 것을 그 당시의 모든 경건주의 신학자, 특히 슈페너는 잘 알고 있었습니다.[69] 그들에게 신은

---

67 이는 얀 슈밤메르담의 저서 『자연의 성서』의 독일어 번역본, 30쪽을 약간 변형해 인용한 것으로 그 원문은 다음과 같다: "나는 여기에서 여러분에게 한 마리 이의 신체구조 속에 들어 있는 전능한 신의 손가락을 보여주겠습니다." 슈밤메르담은 네덜란드의 박물학자이자 해부학자이며 곤충학자인데, 작은 생물에서 신의 창조계획을 밝혀내는 것이 그의 연구가 추구한 궁극적인 목표였다(슈밤메르담의 자세한 인적 사항은 이 책의 뒷부분에 나오는 "인명목록"을 볼 것). 사실 원문을 그대로 옮기면 다음과 같다: "나는 여기에서 한 마리 이를 해부해 여러분에게 전능한 신의 손가락을 보여주겠습니다." 그런데 내가 보기에는 "해부해"보다는 "신체구조 속에 들어 있는"으로 옮기는 것이 우리말 어감에 보다 잘 맞는 것 같다. 물론 이는 어디까지나 주관적인 견해일 따름이다.

68 이 아래에 나오는 "찾다"와 "찾아내다"는 각각 'suchen'과 'finden'을 옮긴 것이며, "실마리를 알아내다"는 'auf die Spur kommen'을 옮긴 것이다. 이 가운데 "찾다"는 "탐색하다", "찾아내다"는 "발견하다"는 뜻이다.

69 경건주의(Pietismus)는 17세기 후반 독일에서 등장한 종교운동으로 경건하고 실천적인 삶을 중시했는데, 그 창시자가 필리프 야코프 슈페너이다. 슈페너는 "루터와 마찬가지로 성서와 설교를 존중했다. 그러나 다른 한편 교리에서 실천적인 삶으로 머리에서 가슴으로 그 중심이 옮아가야 한다고 역설했다. 그리고 슈페너는 루터와 마찬가지로 칭의(稱義; [인간이 신에 의해 의롭다고 칭함을 받는 것, 즉 죄인인 인간이 신에 의해 의인으로 인정받는 것])를 존중했다. 그러나 다른 한편 기독교인들은 칭의를 바탕으로 하면서 회개를 통한 거듭남과 갱신을 체험해야 한다고 역설했다. 슈페너가 보기에 이를 가능케 하는 것이 '경건한 자들의 집회'라는 소그룹이다. 거기에서 함께 성서를 읽고 사유하면서 신의 말씀을 가슴으로 느낄 수 있고 거듭남과 갱신의 체험을 할 수 있기 때문이라는 것이다." 이는 베버, 『프로테스탄티즘의 윤리와 자본주의 정신』, 168쪽, 주 1(옮긴이 주)을 약간 변경해서 인용한 것임. 이처럼 경건, 실천, 감정, 체험을 중시하는 슈페너와 경건주의자들은 아리스토텔레스 철학에 기반하는 중세의 스콜라주의를 단

숨겨져 있고, 그의 길은 우리의 길이 아니며, 그의 생각은 우리의 생각이 아니었습니다.[70] 그러나 사람들은 신의 역사(役事)를 물리적으로 포착할 수 있는 정밀한 자연과학들에서는 세계에 대한 신의 의도가 무엇인지 그 실마리를 알아낼 수 있기를 희망했습니다. 그러면 오늘날에는 어떻습니까? 오늘날 누가 아직도 —특히 자연과학들에서 볼 수 있는 몇몇 애어른을 제외하면—천문학, 생물학, 물리학 또는 화학 등의 지식이 우리에게 세계의 **의미**에 대해 무엇인가를 가르쳐 줄 수 있다고, 아니 하다 못해 어떠한 방법으로 세계의 "의미"—혹시 있다면—의 실마리를 알아낼 수 있는지를 가르쳐줄 수 있다고 믿습니까? 만약 세계의 의미와 같

호히 거부했다. 슈페너에 따르면 신과 그 창조물을 인식하는 데 적합한 것은 아리스토텔레스의 형이상학이 아니다(그리고 형이하학, 즉 실험과 관찰에 기반하는 경험과학도 아니다); 물론 추상적이고 사변적이며 초월적인 형이상학은 나름대로의 유용성을 갖고 있다. 슈페너, 『신학적 숙고』, 제1권, 232쪽. 슈페너의 신학사상은 경건주의의 시발점으로 간주되는 『경건한 열망』(1675)에 잘 나타나 있다. 그런데 이처럼 아리스토텔레스적 스콜라주의에 기반하는 중세 신학을 거부한 것은 슈페너와 경건주의자들이 처음이 아니다. 슈페너 자신이 인정하듯이, 그것은 다름 아닌 종교개혁의 횃불을 높이 든 마르틴 루터였다. 슈페너에 따르면 루터는 이미 1517년에 스콜라주의적 신학을 논박하는 글 (『마르틴 루터 박사 저작집: 비평적 전집』, 제1권, 224~28쪽)에서 아리스토텔레스 철학에 지배되는 스콜라주의를 비판하고 거부했으며, 그 후에 수많은 사람이 그를 따랐다. 슈페너, 『1666~86년 프랑크푸르트 시절의 편지』, 제5권(1681), 456쪽과 그에 따르는 주 10. 루터에 따르면 "아리스토텔레스는 기독교 신학이 준거할 수 있는 사상가이기는커녕 그 정반대로 기독교에 막대한 해악을 끼치는 '이교도'에 지나지 않는다: '이 저주스럽고 건방지고 교활한 이교도가 거짓말로 아주 많은 선량한 기독교인을 유혹하고 우롱하는 데 대해 나는 매우 가슴 아프게 여긴다. 신이 우리의 죄로 인하여 그를 보내 우리를 벌하는 것이다.'" 김덕영, 『루터와 종교개혁: 근대와 그 시원에 대한 신학과 사회학』, 104쪽(이 인용구절 안에 들어 있는 작은 인용구절은 루터, 『독일 기독교 귀족에게 고함』, 127쪽에서 온 것이다). 요컨대 슈페너와 경건주의자들은 신에 이르는 중세적 길을 거부한 최초의 또는 유일한 경우가 아니라 수많은 사람과 종교개혁 이후의 탈스콜라주의적이고 탈형이상학적인 신학적 사고를 공유했던 것이다. 경건주의에 대해서는 베버, 『프로테스탄디즘의 윤리와 자본주의 정신』, 219·91쪽을, 그리고 슈페너의 사세한 인적 사항에 대해서는 이 책의 뒷부분에 나오는 "인명목록"을 볼 것.

70 구약성서 「이사야서」 제55장 제8절은 다음과 같다: "내 생각은 너희의 생각과 다르며 내 길은 너희의 길과 다르다. 여호와의 말씀이다."

은 것이 있다는 **믿음**을 근절하기에 적합한 것이 있다면 그것은 방금 언급한 것들과 같은 자연과학입니다! 그러면 오늘날 과학은 "신에 도달하는" 길입니까? 아니면 과학, 그것은 특별히 신과 이질적인 힘입니까? 과학이 특별히 신과 이질적이라는 점에 대해 — 이것을 고백하든 안 하든 상관없이 — 자신의 저 내면 깊숙한 곳에서 의심하는 사람은 오늘날 아무도 없을 것입니다. "과학이 합리주의와 주지주의로부터 해방되는 것이 신적인 것과 연합하는 삶의 근본적인 전제조건이다"[71] — 이것 또는 의미상 동일한 것이 종교적인 감정을 가진 또는 종교적인 체험을 추구하는 우리의 젊은이들에게서 들을 수 있는 기본적인 슬로건들 중의 하나입니다. 그리고 그들은 종교적인 체험만이 아니라 더 나아가 체험 일반을 갈망합니다. 다만 의아한 것은, 그들이 택하는 길입니다: 그 길이란 지금까지 주지주의가 여전히 건드리지 않은 유일한 것, 즉 바로 비합리적인 것의 영역을 이제 의식의 차원으로 끌어올려 주지주의의 눈으로 자세하게 관찰하는 것입니다. 비합리적인 것에 대한 현대의 주지주의적 낭만주의가 실제로 도달하는 곳이 바로 이것입니다.[72] 주지주의로부터 우리를 해방하는 이러한 길은 그 길을 걷는 사람들이 그 목표라고 생각하는 것과는 정반대의 결과를 가져다줍니다. — 마지막으로, 사람들은 순진하게도 낙관적으로 과학을, 보다 정확히 말하자면 과학에 기반하는 삶의 지배기술을 **행복**에 도달하는 길이라고 찬미했는데 — 이 순진한 낙관주의는 "행복을 찾아낸" 저 "최후의 인간들"에 대한 니체의 통렬

---

71 이 부분의 따옴표는 원문에 없는 것을 옮긴이가 첨가한 것인데, 이는 그 안에 들어 있는 문장이 슬로건임을 나타내기 위함이다.

72 베버가 말하는 낭만주의는 18세기 말에 일어나 19세기 중반까지 이어진 문화운동이 아니라 체험의 비분리성을 강조하고 체험을 중시하는 풍조를 가리킨다. 그러니까 본문에 나오는 "비합리적인 것에 대한 주지주의적 낭만주의"는, 비합리적인 것을 주지주의적으로 해석하고는 이에 기반해 체험을 하려는 풍조라고 읽으면 된다. 베버가 말하는 낭만주의에 대한 보다 자세한 논의는 김덕영,『막스 베버: 통합과학적 인식의 패러다임을 찾아서』, 416~18쪽을 볼 것.

한 비판이 있고 난 이후로는 완전히 무시해도 괜찮다고 나는 생각합니다.[73] 강단이나 편집실에 있는 몇몇 애어른 말고 누가 또 그것을 믿겠습니까?

이제 우리의 주제로 되돌아갑시다. 이 모든 이전의 환상, 즉 "진정한 존재로의 길", "진정한 예술로의 길", "진정한 자연으로의 길", "진정한 신으로의 길", "진정한 행복으로의 길"이라는 과학에 대한 환상이 모두 소멸되어버린 마당에 상기한 내적 전제조건들 아래에서 직업으로서의 과학의 의미는 무엇이란 말입니까? 이에 대한 가장 간단한 답은 톨스토이가 제시했는바, 그것은 다음과 같습니다: "과학은 의미가 없다; 왜냐하면 그것은 우리에게 유일하게 중요한 문제, 즉 '우리는 무엇을 해야 하는가?', '우리는 어떻게 살아야 하는가?'에 대해 어떤 답도 주지 못하기 때문이다."[74] 과학이 이에 대한 답을 줄 수 없다는 사실에는 전혀 이론의

---

73 여기에 언급된 니체의 비판은 『차라투스트라는 이렇게 말했다』(1883~85)의 서두인 「차라투스트라의 머리말」에 나오는데, "최후의 인간들"(die letzten Menschen; 니체는 이 복수형과 단수형 der letzte Mensch를 병행해 사용한다)은 달리 "마지막 (단계의) 인간들"이나 "말종인간들" 또는 "인간말종들"로 옮길 수 있다. 차라투스트라는 — 그 머리말에서 니체는 쓰기를 — 군중에게 다음과 같이 말했다("인간말종[들]"을 "최후의 인간[들]"로 바꾸었음을 일러둔다): "…… 보라! 나 너희에게 **최후의 인간**을 보여주겠으니./'사랑이 무엇인지? 창조가 무엇인지? 동경이 무엇인지? 별은 무엇이고?' 최후의 인간은 이렇게 묻고는 눈을 깜박인다./대지는 작아졌으며 그 위에서 모든 것을 작게 만드는 저 최후의 인간이 날뛰고 있다. 이 종족은 벼룩과도 같아서 근절되지 않는다. 최후의 인간이 누구보다도 오래 산다./'우리는 행복을 찾아냈다.' 최후의 인간들은 이렇게 말하고는 눈을 깜박인다. …… 돌볼 목자는 없고 가축의 무리가 있을 뿐! 모두가 평등하기를 원하며 실제로 평등하다. 어느 누구든 특별하다고 느끼는 사람은 제 발로 정신병원으로 가게 마련이다. …… 사람들은 낮에는 낮대로 밤에는 밤대로 조촐한 환락을 즐긴다. 그러면서도 건강은 끔찍이도 생각한다./'우리는 행복을 찾아냈다.' 최후의 인간들은 이렇게 말하고는 눈을 깜박인다." 같은 책, 24~26쪽.

74 톨스토이에 따르면 그는 자신이 갖고 있는, 그러나 비단 자신만이 아니라 "철없는 어린 아이부터 지혜로운 노인까지 모두의 마음속에 놓여 있는 아주 단순한" 질문에 대한 답을 온갖 과학적 지식 속에서 찾았다고 한다(이 질문은 그를 50세 때 자살 시도로 이끌었다고 한다). 그 질문이란 "나는 왜 살고, 왜 뭔가를 원하고, 왜 뭔가를 하는가?"이다. 그러나 이 질문에 대한 해답을 주는 과학은 단 하나도 없었다고 한다: "어떤 계통의 지식은

여지가 없습니다. 문제는 다만 과학이 어떤 의미에서 답을 주지 "못하는가"라는 것이며, 또한 과학은 그에 대한 답을 주지는 못하지만 질문을 올바르게 제기하는 사람에게는 어쩌면 도움이 될 수도 있지 않을까라는 것입니다. ── 오늘날에는 빈번하게 "무전제적" 과학에 대해 말하는 경향이 있습니다.[75] 그런 과학이 존재합니까? 이것은 우리가 무전제적 과학을 어떻게 이해하느냐에 달려 있습니다. 모든 과학적 작업에는 항상 논리적 규칙들 및 방법론적 규칙들의 타당성이 전제되어 있는데, 이 규칙들은 우리가 세계에서 방향을 정하는 데 일반적인 기초가 됩니다. 그런데 이 전제조건들은, 적어도 우리가 여기에서 다루고 있는 특수한 질문에 비추어볼 때, 어떤 문제가 있는 것은 아닙니다.[76] 그 전제조건들에 더해 모든 과학적 작업에는 다음이, 즉 그 어떤 과학적 작업에서 나오는 결과도 "알 만한 가치가 있다"는 의미에서 **중요하다**는 점이 전제되어 있습니다. 그리고 분명히 바로 여기에 우리의 모든 문제가 얽혀 있습니다. 왜냐하면 이 전제조건 자체는 과학의 수단으로는 증명될 수 없기 때문입니다. 이것은 단지 그것의 궁극적인 의미에 입각해, 다시 말해 우리가 삶에 대한 우리 자신의 궁극적인 입장에 따라서 거부하거나 받아들여야 하는 의미에 입각해 **해석될** 수 있을 뿐입니다.

──────────

이런 질문의 존재를 인정하지 않는 것처럼 보인다. 그러나 스스로 제기한 문제에 대해서는 명쾌하고 정확한 답을 내놓는다. 경험적 지식이 그러하고 그 극점에 수학이 있다. 또 어떤 계통의 지식은 이런 질문의 존재는 인정하지만 답을 내놓지는 않는다. 사변적 지식이 그러하고 그 극점에 형이상학이 있다." 톨스토이, 『참회록』, 41~42쪽.

75 베버는 문화과학 및 사회과학의 논리와 방법론에 관한 여러 글에서 "무전제적" 과학은 불가능하다는 논리를 전개하고 있다. 그에 따르면, "현실을 과학적으로 다룰 때는 논리적 의미에서 '무전제성'이란 있을 수 없고 심지어 가장 간단한 서류 발췌나 문서요약도 '의의'와의 연관을 통해서만, 그리고 궁극적으로는 가치이념과의 연관을 통해서만 어떤 과학적 의미를 가질 수 있음을" 인정해야 한다. 베버, 『문화과학 및 사회과학의 논리와 방법론』, 309~10쪽. 그리고 같은 책, 54, 78(주 96), 105, 286, 288, 425쪽도 볼 것.

76 이 문장의 "이 전제조건들"은 바로 그 앞 문장에 나오는 "논리적 규칙들의 타당성"과 "방법론적 규칙들의 타당성"을 가리킨다. 그러니까 이 두 가지 타당성이 전제된다는 것이다.

그리고 더 나아가 과학적 작업이 이러한 전제조건들과 맺는 관계의 성격은 해당 과학의 구조에 따라 매우 다양합니다. 가령 물리학, 화학, 천문학 같은 자연과학은 우주의 현상들에 대한—과학적으로 구성할 수 있는—궁극적 법칙들이 알려질 가치가 있다는 것을 자명한 것으로 전제합니다. 이렇게 하는 이유는 단지 이러한 지식으로 기술적 성과를 달성할 수 있기 때문만이 아니라 만약 지식의 추구가 "소명"이라고 한다면, "지식 그 자체를 위해서"이기도 합니다. 그러나 우주의 현상들에 대한 궁극적인 법칙들이 알려질 가치가 있다는 전제 자체는 결코 증명될 수 없습니다. 그리고 자연과학이 기술하는 이 세계가 존재할 가치가 있는 것인지, 그 세계가 "의미"를 가지고 있는 것인지, 그 세계에서 살아가는 것이 의미가 있는 것인지는 더더욱 증명될 수 없습니다. 자연과학은 이런 것들에 대해 묻지 않습니다. 또는 현대 의학과 같이 과학적으로 매우 발달한 실천적 기술학을 생각해 봅시다. 의료의 일반적인 "전제"는, 상투적으로 표현하자면, 생명 자체를 유지하고 고통 자체를 가능한 한 경감시키는 것이 그 임무라는 것입니다. 그러나 바로 여기에 문제가 있습니다. 설사 위독한 환자가 삶으로부터 해방되기를 간청할지라도, 그리고 그의 친척들이 명백하게든 또는 명백하지 않게든 그의 죽음을 바라고 또 바랄 수밖에 없을지라도, 의사는 그가 가용할 수 있는 모든 수단을 동원해 위독한 환자를 살려냅니다; 이 환자의 친척들이 그의 죽음을 바라는 것은 그들이 보기에 이 삶은 가치가 없고, 따라서 그들은 그를 고통으로부터 해방하고자 하거나 또는—이 경우에는 그 환자가 아마도 몹시 가련한 미치광이일 것입니다—그들은 가치 없는 생명의 유지에 드는 비용을 부담하는 것을 참을 수 없기 때문입니다. 그러나 상기한 의학의 전제와 형법전은 의사가 그의 생명을 유지하는 데 필요한 조치를 중단하는 것을 허용하지 않습니다. 삶은 가치가 있는지 그리고 언제 그러한지—의학은 이에 대해 묻지 않습니다. 모든 자연과학은 다음과 같은 물음에, 즉 **만약** 우리가 삶을 **기술적으로** 지배하고자 한다면 우리가 무엇을 해야 하는가라는 물음에 답을 줍니다. 그러나 우리가 삶을 기술적으로 지배해야 하는지 또한 지배하고자 하는지, 그리고 이렇게 하는 것이 궁극적으로 참된 의미가 있는지 — 이 문제는 완전히 젖혀두거나 아니면 자명한 것으로 전제합니다. 또는 예술학 같은 과학분야를 생각해봅시다. 미학에서는 예술작품이 존재한다는 사실이 주어져 있습니다.[77] 미학은 어떠한 조건 아래에서 예술작품이 존재하는가를 규명하고자 합니다. 그러나 미학은 예술의 영역이 혹시 악마의 영광의 왕국, 이 세상의 왕국이 아닌지, 따라서 예술은 그 가장 깊은 내면에서는 신에게 적대적이 아닌지, 또한 그 근본적인 귀족주의적 정신을 두고 볼 때 반(反)형제애적인 것이 아닌가라는 질문을 제기하지 않습니다. 요컨대 미학은 예술작품이 존재해야 **하느냐**고 묻지 않습니다. — 또는 법학을 생각해 봅시다. 법학은 부분적으로는 논리적이고 필연적으로 주어진 그리고 부분적으로는 관습적으로 주어진 규준에 의해 정립된 법률적 사고의 규칙에 따라 무엇이 타당한가를 확정합니다: 다시 말해 특정한 법규와 그것에 대한 특정한 해석방법이 **언제** 구속력 있는 것으로 인정되는가를 확정합니다. 그러나 법이 존재해야 **하는지 아닌지**, 바로 어떤 특정한 규칙을 정해야 **하는지 아닌지**에 대해 법학은 대답하지 않습니다; 법학은 다만 우리가 어떤 결과를 원할 때, 우리 법사고의 규범에 비추어보면 이러이러한 법규가 그 결과를 달성하기에 적합한 수단이라고 말해 줄 수 있을 뿐입니다. 또는 역사적 문화과학들을 생각해 봅시다. 이 과학들은 정치적, 예술적, 문학적 및 사회적 문화현상들을 그 형성조건으로부터 이해하는 것을 가르쳐 줍니다. 그러나 그 문화현상들이 존재할 **가치**가 있었는지 또는 있는지라는 물음에 대해서는 스스로 답을 주지 못하며, 또한 그 문화현상들을 알기 위해 노력할 가치가 있는지라는 물음에 대해서도 답을 주지 못합니다. 역사적 문화과학들은 이러한 방법을 통해 "문화인간들"

---

77 이에 대한 자세한 논의는 이 책의 78~79쪽과 그에 따르는 주 118을 볼 것.

의 공동체에 관여하는 것은 유용한 일이라고 전제합니다.[78] 그러나 이 과학들은 실제로 그러한지를 어느 누구에게도 "과학적으로" 증명할 수 없으며, 또한 이 과학들이 그것을 전제한다는 사실이 그것의 자명함을 증명하는 것은 절대로 아닙니다. 정말이지 그것은 결코 자명하지가 않습니다.

5. 과학과 가치판단

(1) 강단과 정치

일단 나에게 가장 가까운 과학분야들, 즉 사회학, 역사학, 경제학, 국가학 및 이 과학분야들의 해석을 과제로 삼는 다양한 종류의 문화철학에 머무르면서 논의를 전개하기로 합시다. 정치는 강의실에 발을 들여놓아서는 안 된다고 사람들은 말하는데, 나도 이에 동의합니다. 학생들로서는 정치가 강의실에 발을 들여놓게 해서는 안 됩니다. 한 가지 예를 들어봅시다: 만약 가령 나의 옛 동료이자 현재는 베를린 대학에 재직 중인 디트리히 셰퍼[79]의 강의실에서 평화주의적 학생들이 강단을 둘러싸

---

78 이 문장의 "이러한 방법"은 그 앞의 앞 문장에 제시된 이해의 방법, 즉 "정치적, 예술적, 문학적 및 사회적 문화현상들을 그 형성조건으로부터 이해하는 것"을 가리킨다.

79 디트리히 셰퍼는 반유대주의자였고 자신을 독일 민족의 교육자로 간주했다. 또한 전독일연맹(Alldeutscher Verband)이 창립될 때부터 회원이었고 — 제1차 세계대전 당시 제국주의적 합병정책을 추진하기 위해 설립된 극우파 정당인 — 독일조국당(Deutsche Vaterlandspartei)의 창립 멤버였으며, 쇼비니즘적 정치관을 고수했다. 그는 예나 대학, 브레슬라우 대학, 튀빙겐 대학에서 역사학을 가르치다가 1896년에 하이델베르크 대학의 역사학 정교수가 되었으며 1903년부터 1921년까지 베를린 대학의 정교수로 재직했다. 그리고 베버는 1897년부터 1903년까지 하이델베르크 대학의 경제학 정교수로 재직했다. 그러니까 셰퍼는 베버의 하이델베르크 대학의 "옛 동료"가 되는 셈이다. 참고로 셰퍼는 반유대주의자로서 짐멜이 하이델베르크 대학의 철학 제2정교수로 물망에

고서, 반평화주의적 학생들이 푀르스터 교수에게 했다고 하는 방식으로 소동을 일으킨다면, 나는 그것을 푀르스터 교수 —— 나는 많은 측면에서 그와 전적으로 다른 견해를 가지고 있습니다[80] —— 에 대해 일으켰다고 하는 소동과 똑같이 한탄할 것입니다.[81] 그러나 물론 교원으로서도 정치가 강의실에 발을 들여놓게 해서는 안 됩니다. 그가 정치를 과학적으로 다룰 때에는 특히 그러하며, 아니 이때에는 절대로 정치가 강의실에 발을 들여놓지 못하게 해야 합니다. 왜냐하면 실천적-정치적 입장을 취하는 것과 정치구조와 정당정책을 과학적으로 분석하는 것은 서로 다른 사안이기 때문입니다. 만약 누군가 대중집회에서 민주주의에 대해 말한다면, 그의 개인적인 입장을 숨길 필요가 없습니다: 아니 이때에는 분명하게 알아볼 수 있도록 편을 드는 것이야말로 저주받은 의무이자 책무입니다. 그러한 경우에 사용되는 말은 과학적 분석의 수단이 아니라 다른 사람들로 하여금 자신의 입장을 지지하도록 호소하는 정치적 수단입니다. 이 말들은 관조적 사유의 토지를 갈기 위한 보습이 아니라 적에 대

올랐을 때 바덴 대공국 교육부의 의뢰를 받고 제출한 소견서에서 짐멜을 상당히 부정적으로 —— 아니 악의적으로 —— 평가해 짐멜의 초빙이 좌절되는 데 결정적인 역할을 했다. 이에 대한 자세한 내용은 김덕영, 『게오르그 짐멜의 모더니티 풍경 11가지』, 44쪽 이하를 볼 것. 그리고 셰퍼의 자세한 인적 사항은 이 책의 뒷부분에 나오는 "인명목록"을 볼 것.

80 이에 대해서는 이 책의 196쪽과 그에 따르는 주 259를, 그리고 200~01쪽을 볼 것.

81 프리드리히 빌헬름 푀르스터는 독일의 철학자, 교육학자이자 평화주의자이다. 1914년부터 뮌헨 대학의 정교수로 철학과 교육학을 가르치던 그는 1916년 독일제국의 정치에 대한 비판으로 말미암아 두 학기 동안 강제로 휴직을 당했는데, 이 시기를 스위스에서 보내면서 독일이 제1차 세계대전의 발발에 대해 어떤 책임이 있는가에 대해 숙고했다. 당시 오스트리아 제국의 황제인 카를 1세(1887~1922)가 푀르스터의 평화주의적 활동에 주목해 그의 자문을 구했으며, 둘은 1917년 여름에 오스트리아의 수도인 빈에서 만나 강화에 대한 대화를 나누었다. 그러고는 1917년 가을에 복직했는데, 이때 그를 둘러싸고 우파 학생들과 좌파 학생들이 격렬하게 대립해 그의 강의에서 우파 학생들이 고함을 지르고 각종 악기로 소음을 내면서 소동을 벌였다고 한다(푀르스터의 자세한 인적 사항은 이 책의 뒷부분에 나오는 "인명목록"을 볼 것).

항하기 위한 칼, 즉 투쟁수단입니다.[82] 이에 반해 강의에서나 강의실에서 말을 이런 식으로 사용한다면 그것은 남용일 것입니다. 강의나 강의실에서 가령 "민주주의"에 말할 때에는 먼저 민주주의의 다양한 형태를 검토하고, 그것들이 기능하는 방식을 분석하며, 또한 각각의 민주주의 형태가 우리 삶의 조건에 어떠한 구체적인 결과를 가져오는지를 규명할 것입니다; 그러고 나서 이 민주주의의 형태들을 비민주적 정치질서의 형태들과 비교하며, 또한 가능한 한 청중이 **자신의** 궁극적인 이상에 입각해 **스스로** 민주주의에 대해 입장을 취할 수 있는 능력을 갖추는 정도까지 강의를 끌고 갈 것입니다; 그러나 진정한 교사라면 높은 곳에 있는 강단에서 낮은 곳에 있는 청중에게 노골적으로든 암시를 통해서든 어떠한 입장을 강요하는 것을 삼갈 것입니다 — 이 가운데 "사실로 하여금 말하게 한다"고 가장한 채 특정한 입장을 암시하는 방식이 있는데, 자명한 일이지만 이것이야말로 교사의 직분에 가장 어긋나는 방식입니다.

그렇다면 도대체 왜 그렇게 해서는 안 된다는 것일까요? 미리 말해 두지만, 매우 존경하는 나의 많은 동료는 다음과 같은 견해를, 즉 이러한 자기억제를 실현하는 것은 전혀 불가능하며, 또한 설사 가능하다 하더라도 그것을[83] 피하는 것은 괴벽일 뿐이라는 견해를 갖고 있습니다.[84] 그런데 우리는 그 어떤 대학교사에게도 대학교사로서의 그의 의무가 무엇인지 과학적으로 증명할 수가 없습니다. 우리는 단지 그에게 지적 성실성을 요구할 수 있을 뿐입니다. 즉 한편으로는 사실규명, 수학적 또는 논리적 사태의 규명 또는 문화적 재화의 내적 구조의 규명, 다른 한편으로

---

82 구약성서「이사야서」제2장 제4절은 다음과 같다: "그분께서[여호와께서] 민족들 사이를 재판하시며 백성들 사이를 판결하시리라. 그러면 그들은 칼을 쳐서 보습을 만들고 창을 쳐서 낫을 만들리라. 그리하여 다시는 한 민족이 다른 민족을 향하여 칼을 들지 아니하며 더 이상 전쟁하는 법을 배우지도 아니하리라."

83 이는 바로 앞 문단의 마지막 문장에 나오는 "어떠한 입장을 강요하는 것을"을 가리킨다.

84 이에 대한 자세한 논의는 베버, 『가치자유와 가치판단』을 볼 것.

는 문화 및 그 개별적 내용들의 **가치**에 대한 물음과 문화 공동체 및 정치적 단체에서는 어떻게 **行爲해야** 하는가라는 물음에 대한 대답—이 둘은 완전히 **이질적인** 문제라는 점을 통찰할 것을 요구할 수 있을 뿐입니다. 그런데도 그가 왜 강의실에서는 그 둘을 함께 다루어서는 안 되는가라고 계속해서 묻는다면 다음과 같이, 즉 예언자와 선동가는 강의실에 발을 들여놓아서는 안 되기 때문이라고 대답할 수 있습니다. 항간에서는 예언자와 선동가에게 "길거리로 나가 대중에게 연설하라"고 말합니다.[85] 이것은 비판이 가능한 곳에서 연설하라는 뜻입니다. 이에 반해 교사가 수강생들을 마주 보고 있는 강의실에서는 수강생들은 침묵해야 하고 교사는 말하도록 되어 있습니다. 그런데 교사가 다음과 같이 한다면, 나는 그것을 무책임한 짓이라고 생각합니다. 즉 학생들이 자신의 장래를 위해 어떤 교사의 강의를 들을 수밖에 없다는 점, 그리고 강의실에는 교사에게 비판적으로 맞설 사람이 아무도 없다는 점, 바로 이러한 사정을 이용해 교사가 자신의 지식과 과학적 경험으로 청중에게 도움을 주지는 않고—사실 이것이 그의 과제입니다—그들에게 자신의 개인적인 정치적 견해를 주입하려고 한다면, 나는 이를 무책임한 짓이라고 생각합니다. 물론 개인이 자신의 주관적인 호오(好惡)를 충분히 배제하지 못하는 경우가 있을 수 있습니다. 이럴 경우에 그는 자기 자신의 양심의 법정으로부터 매우 날카로운 비판을 받을 것입니다. 그리고 이것은 아무것도 증명하지 못하는데 왜냐하면 그 밖에도 다른, 즉 순수하게 사실적인 오류도 있을 수 있기 때문입니다; 그럼에도 불구하고 이 오류는 진리의 추구라는 우리의 의무에 대해 아무것도 반증하지 못합니다. 나는 과학 자체의 발전을 위해서도 그리고 특히 과학 자체의 발전을 위해 과학적 인식에 가치판단을 개입시키는 것을 거부합니다. 나는 우리 역사학자들의 저

---

85 구약성서 「예레미야서」 제2장 제1~2절에는 다음과 같은 구절이 나온다: "여호와의 말씀이 나에게 내렸다: 예루살렘에 가서 대중에게 설교하라."

작을 예로 들어 학자가 자신의 가치판단을 개입시킬 때마다 사실에 대한 완전한 이해가 **중단된다**는[86] 것을 입증할 용의가 있습니다. 그렇지만 그 것은 오늘 저녁의 주제를 벗어나며, 또한 긴 설명을 필요로 할 것입니다.

나는 단지 다음만을 묻고자 합니다: 한편으로는 독실한 가톨릭 신자 와 다른 한편으로는 프리메이슨 비밀결사단원[87]이 교회형태 및 국가형 태 또는 종교사에 대한 강의를 들을 경우, 어떻게 강의를 담당하는 교사 가 그들로 하여금 이 현상들에 대해 똑같은 **가치평가**를 내리도록 만들 수 있겠습니까?! 이것은 전적으로 불가능합니다. 그럼에도 불구하고 대 학교사는 자신의 지식과 방법이 그 둘 모두에게 유익하길 바라야 하며, 또한 그렇게 되도록 하라고 자기 자신에게 요구해야 합니다. 그렇지만 여러분은 당연히 다음과 같이, 즉 독실한 가톨릭 신자는 기독교의 발생 과정과 관련된 사실들에 대해서도 자신의 교리적 전제를 공유하지 않는 교사가 제시하는 견해는 결코 받아들이지 않을 것이라고 말할 것입니다. 물론 그렇습니다. 그러나 차이는 다음과 같은 것에 있습니다: 종교에 속 박되는 것을 거부한다는 의미에서의 "무전제적" 과학은 사실상 "기적" 이나 "계시"를 모릅니다. 만약 안다면, 과학은 그 자신의 "전제들"에 충 실하지 않은 것이 될 것입니다. 반면 신자는 기적과 계시 둘 다 알고 있

---

86 이는 달리 **"불가능해진다"**라고 읽으면 된다.

87 프리메이슨(Freemason; Freimaurer)은 18세기 영국 런던의 석공(mason) 길드에서 형 성된 조직으로서 "석공자유연합" 정도로 옮길 수 있을 것이다. 1717년 7월 24일에 석 공 길드를 구성하는 단위인 "로지"(lodge) 4개가 모여 대(大)로지를 결성함으로써 프 리메이슨이 탄생하게 되었다. 그러나 18세기 중엽에는 이미 영국 전역으로 확산되었을 뿐만 아니라 유럽 각국과 미국으로까지 전파되었는데, 이때는 석공들의 결사체라는 성 격을 벗어나 다양한 사회집단을 포괄하는 조직으로 발전했다. 이는 모든 사회계층, 교 육수준 및 신앙고백(종파 또는 교파)의 사람들을 결합하고자 했기 때문이다. 프리메이 슨은 기존의 종교, 특히 가톨릭으로부터 탄압을 받으면서 비밀결사의 형태로 발전하게 되었다. 프리메이슨이 추구한 가치는 대부분 계몽주의로부터 기인했다. 자유, 평등, 형 제애, 관용 및 인도주의가 프리메이슨의 이념적 토대이다. 프리메이슨은 전통적으로 폐 쇄적인 남성조직이다. 즉 절대자의 존재와 영혼불멸을 믿는 성인 남자에게만 가입을 허용한다.

습니다. 그리고 방금 언급한 의미에서의 "무전제적" 과학은 신자에게 덜도 말고 — 그리고 또한 **더도 말고**— 다음을 인정할 것을 요구합니다. 즉 **만약** 우리가 기독교의 발생과정을 방금 언급한 초자연적인 현상들을, 그러니까 경험적 설명에서는 인과적 요인이 될 수 없는 현상들을 개입시키지 않고서 설명해야 한다면, 그 발생과정은 자신[88]이 시도하는 대로 설명될 수밖에 없다는 점을 인정할 것을 요구합니다. 그리고 신자는 자신의 신앙에 불충실하지 않고서도 그렇게 할 수 있습니다.

그렇다면 과학의 성과는 사실 그 자체는 아무래도 상관없고 실천적 입장만이 중요한 사람에게는 아무런 의미도 없을까요? 아마 그렇지는 않을 것입니다. 우선 한 가지를 지적할 수 있습니다. 만약 누군가가 유능한 교사라면, 그의 첫 번째 과제는 학생들에게 **불편한** 사실들을, 정확히 말하면 그들 자신의 당파적 견해에서 볼 때 불편한 사실들을 인정하는 것을 가르치는 데에 있습니다; 실상 그 어떤 당파적 견해에서 — 나의 견해도 포함해 — 보더라도 극도로 불편한 사실은 있기 마련입니다. 만약 대학교사가 자신의 수강생들을 그러한 사실들에 익숙해지도록 만든다면, 그는 단순한 지적 과제 그 이상을 해내는 것이라고 나는 생각합니다; 아니 그처럼 소박하고 자명한 일에 대한 표현치고는 어쩌면 너무나 장중하게 들릴지 모르지만, 나는 심지어 조금도 주저하지 않고 그렇게 하는 것을 "도덕적 업적"이라고 표현하고자 합니다.

(2) 가치다신주의 시대와 과학

지금까지 나는 단지 개인적인 입장의 강요를 피해야 하는 **실제적인** 이유에 대해서만 말했습니다. 그러나 이것으로 끝난 것이 아닙니다. 실천적인 입장을 "과학적으로" 옹호하는 것이 불가능하다는 사실에는 — 확

---

88 이는 그 바로 앞 문장에 나오는 "방금 언급한 의미에서의 '무전제적' 과학"을 가리킨다.

고하게 **주어진** 것으로 전제되는 목적에 대한 수단을 논의하는 경우를
제외하고는 ─ 훨씬 더 깊은 이유가 있습니다. 세계의 다양한 가치질서
들이 서로 해소될 수 없는 투쟁 속에 있기 때문에 실천적인 입장의 과학
적 옹호는 원칙적으로 무의미합니다. 노년의 밀이 언젠가 다음과 같이,
즉 만일 우리가 순수한 경험에서 출발한다면 다신교에 도달할 것이라고
말했는데,[89] 나는 다른 점에서는 그의 철학을 높이 평가하지는 않지만 이
점에서는 그가 옳습니다. 이것은 피상적으로 표현되어 있고 역설적으로
들리지만, 그 속에는 진리가 담겨 있습니다. 오늘날 우리가 다시 알게 된
무엇인가가 있다면, 그것은 다음과 같은 것입니다: 어떤 것은 아름답지
않음에도 불구하고 신성할 수 있을 뿐만 아니라 아름답지 않기 **때문에**

---

89 여기에서 말하는 밀은 저명한 영국의 철학자이자 경제학자이며 정치사상가인 존 스튜
    어트 밀(1806~73)이다. 밀은 종교문제에도 천착했는데, "그 결실이 1850년대에 「자
    연」과 「종교의 유용성」이라는 두 편의 에세이로, 그리고 1860년대 말에는 「인격신」이
    라는 에세이로 나타났다. 1873년 밀은 이 세 편의 글을 수정, 보완해 책으로 펴내는 작
    업을 했으나 그해 5월 7일 세상을 떠나면서 마무리 짓지 못했다. 이들 에세이는 그다
    음 해인 1874년『종교에 대한 세 편의 에세이』라는 유고작으로 세상의 빛을 보게 되었
    으며, 즉시 독일어로 번역되어 1875년 출간되었다. 이 가운데 세 번째 에세이인 「인격
    신」에서 밀은 일신교와 다신교의 관계를 다루고 있다. 베버가 '노년의 밀'이라고 말할
    때 염두에 두고 있는 것은 바로 이것이다./밀은 경험주의자로서 다신교가 일신교보다
    인간의 경험에 더 적합하다는 점을 잘 인식했다: '자연에 단 한 명의 입안자와 지배자
    가 존재한다고 믿는 것보다는 신들이 존재한다고 믿는 것이 인간의 정신에 훨씬 더 자
    연스러운데, 이에 대한 역사적 증거는 무수히 많다.' 그러나 밀은 그 냉철한 경험적 통
    찰에도 불구하고 일신교와 다신교 가운데 어느 것이 근대과학과 양립할 수 있는가라는
    질문을 던진다. 그에 따르면 다신교는 과학 이전 시대의 무지한 인간정신에서 연유하
    고 일신교는 과학적 사고에서 연유한다. 이처럼 과학에 의해 다신교를 논박하려는 시
    도는 베버가 보기에 다양한 삶의 영역에서 장기간에 걸쳐 이루어진 문화사적 과정을
    간과하는 소치에 불과하다. 합리화되고 탈주술화된 오늘날의 세계에서 서로 다른 신들
    이 영원히 투쟁하고 개인들이 그 신들 가운데에서 결단하고 선택해야 하는 것은 인간
    적 삶의 문화적-실존적 전제조건이다. 바로 이런 연유로 베버는 밀의 철학을 높이 평가
    하시 않는다." 이는 김덕영,『막스 베버: 통합과학적 인식의 패러다임을 찾아서』, 724~
    25쪽을 수정, 보완해 인용한 것이며, 이 인용구절에 들어 있는 작은 인용구절은 밀,『종
    교에 대한 세 편의 에세이』, 130쪽에서 온 것이다. 그리고 다신교의 전(前) 과학성 또는
    비과학성과 일신교의 과학성에 대한 자세한 논의는 밀, 같은 책, 130~37쪽을 볼 것.

그리고 아름답지 않은 **한에서** 신성할 수 있습니다: 여러분은 「이사야서」 제53장과 「시편」 제22편에서 이에 대한 증거를 찾을 수 있습니다[90]; — 또한 어떤 것은 선한 것이 아님에도 불구하고 아름다울 수 있을 뿐만 아니라 심지어 선한 것이 아닌 바로 그 점에서 아름다울 수 있습니다: 우리는 이것을 니체 이래로 다시 알게 되었으며,[91] 그 이전에는 보들레르가 『악의 꽃』이라고 이름 붙인 그의 시집에서 형상화했다는 것을 여러분은 확인할 수 있을 것입니다[92]; — 그리고 어떤 것은 아름답지도 않고 신성하지도 않으며 선하지 않음에도 불구하고, 또 그렇기 때문에 참될 수 있다는 것은 일상적인 상식에 속하는 일입니다. 그러나 이것들은 다양한 질서 및 가치의 신들 간에 벌어지는 투쟁의 가장 기본적인 경우에 불과합니다. 어떻게 프랑스 문화와 독일 문화를 비교해 그 **가치**의 차이를 "과학적으로" 결정할 수 있을지 나는 모릅니다. 여기에서도 역시 다른 신들이 서로 싸우고 있으며, 더구나 이 싸움은 영원히 계속될 것입니다. 이러한 상황은 신들과 데몬들로부터 탈주술화되지 못했던 고대 세계의 상황과 똑같은데, 다만 그 의미가 달라졌을 뿐입니다: 고대 그리스 사람들이

90 구약성서 「이사야서」 제53장은 예수의 수난과 영광을 예언하는데, 그 제3절은 다음과 같다: "그는[구세주는] 가장 멸시받고 가장 무가치한 자로 세상에 나타나 수많은 고통과 병고를 겪을 것이니라. 그는 사람들이 그를 보고 얼굴을 가릴 만큼 멸시를 받을 것이다; 그리하여 우리도 그를 대수롭지 않게 여길 것이다." 그리고 구약성서 「시편」 제22편도 예수의 수난과 영광을 예언하는데, 그 제6절은 다음과 같다: "[구세주는 말하기를] 나는 벌레요 인간이 아니고, 사람들의 우셋거리요 백성의 조롱거리니이다."

91 예컨대 니체, 『유고(1885년 가을~1887년 가을)』, 368쪽에 따르면 "최대의 사기와 자기기만은 선한 것, 참된 것과 아름다운 것 사이에 동일성을 설정하고 이 일치를 **서술하는 것이다**"(독일어 원본을 참조해 번역을 약간 수정했음을 일러두는 바이다).

92 샤를 보들레르의 시집 『악의 꽃』은 1857년에 나왔는데, 그는 자신이 생전에 남긴 이 단 한 권의 그리고 시인으로서의 자신의 삶이나 마찬가지인 이 시집에서 고전적인 미(美)의 개념을 넘어서 악한 것과 추한 것에도 미학적 가치를 부여하는 새로운 미학을 구축했다. 예컨대 『악의 꽃』의 서문 격인 "독자에게"의 제7연은 다음과 같다: "강간과 독약이, 비수와 방화가/비참한 우리 운명의 초라한 캔버스를/그들의 짓궂은 구상으로 아직 수놓지 않았다면, 아! 그건 우리의 넋이 그만큼 대담하지 못하기 때문!" 보들레르, 『악의 꽃』, 37쪽.

어떤 때에는 아프로디테에게 다른 때에는 아폴론에게 그리고 특히 자신의 도시의 신들에게 제물을 바쳤듯이, 오늘날에도 사람들은 여전히 자신의 신들에게 제물을 바칩니다 — 다만 그들은 주술로부터 해방되었으며 그들이 신을 모시는 태도도 고대 그리스 사람들이 신을 모시는 태도에서 볼 수 있는 저 신비적인, 그러나 내적으로 진정한 구상성을 보이는 모습을 탈피했다는 차이점이 있을 뿐입니다.[93] 그런데 이 신들과 그들의 투쟁을 지배하는 것은 운명이지 확실히 그 어떤 "과학"도 아닙니다. 우리가 할 수 있는 것은 단지, 이런 질서에 대해서는 그리고 저런 질서에 대해서는, 또는 이런 질서에서는 그리고 저런 질서에서는 **무엇이** 신적인 것인지 이해하는 것뿐입니다. 물론 이렇게 한다고 해서 거기에[94] 담겨 있는 중차대한 **삶**의 문제 자체가 끝나는 것은 아니지만, 교수가 강의실에서 할 수 있는 모든 논의는 그것으로 완전히 끝이 납니다. 그러나 삶의 문제에 대해서는 대학 강단 이외의 힘들이 발언권을 가집니다. 그 누가 주제넘게 산상수훈[95]의 윤리를, 가령 "악인에게 맞서지 마라"라는 계

93　이 문장은 약간의 설명이 필요하다. 고대에는 다신교가 지배했고 중세에는 일신교가 지배했으며, 근대에는 다시 다신주의(다신교)가 지배하게 되었다. 그런데 근대에 들어오면서 일신교가 다신주의에 자리를 내어주었다는 사실은 "고대 그리스에서와 같은 다신교가 부활했음을 의미하는 것은 결코 아니다. 이 둘 사이에는 근원적인 차이점이 존재한다. 고대 그리스의 다신교는 구체적이고 구상적인 특성을 지녔다. 즉 당시에는 아테나, 아폴론, 아프로디테 등의 신에게 제물을 바쳤다. 그런데 이 고대적 다신주의가 중세에는 기독교의 추상적이고 비구상적인 일신교로 대체되었다. 그리고 이 중세적 일신교는 다시금 추상적이고 비구상적인 근대의 다신주의에 의해 대체되었다. 즉 오늘날에는 종교적, 예술적, 윤리적, 에로스적 가치 등이 우리의 삶과 행위를 지배하고 있다." 이는 김덕영, 『막스 베버: 통합과학적 인식의 패러다임을 찾아서』, 722쪽을 약간 변경해 인용한 것이다.

94　이는 그 앞의 문장과 연결해 "이런 질서에 대해서는 그리고 저런 질서에 대해서는, 또는 이런 질서에서는 그리고 저런 질서에서는 **무엇이** 신적인 것인지에"라고 읽으면 된다.

95　산상수훈(山上垂訓)은 산에서 한 설교란 뜻으로 산상설교라고도 불리며 신약성서 「마태복음」 제5~7장에 실려 있다. 예수가 갈릴리의 한 작은 산에서 제자들과 군중에게 행한 이 설교는 그의 가르침이 집약되어 있으며, "성서 중의 성서"로 일컬어진다.

명이나 또는 한쪽 뺨을 맞으면 다른 쪽 뺨도 돌려 대라는 비유를 "과학적으로 반박하려고" 하겠습니까?[96] 그러나 세속적 관점에서 보면, 여기에서 설교되고 있는 것이 비굴함의 윤리라는 것이 분명합니다. 그러므로 우리는 이 윤리가 제공하는 종교적 위엄과 이와는 전혀 다른 것, 즉 "악한 자에 맞서라 — 그러지 않으면 너도 그의 폭정에 책임이 있느니라"를 설교하는 인간적 위엄 사이에서 어느 한 가지를 선택해야만 합니다.[97] 각 개인에게는 그의 궁극적인 입장에 따라 방금 언급한 두 가지 가운데 하나는 악마가 되고 다른 하나는 신이 되며, 또한 각 개인은 **자신에게는** 무엇이 신이고 무엇이 악마인지를 결정해야만 합니다. 그리고 이것은 삶의 모든 질서에 걸쳐 일어납니다. 모든 종교적 예언에서 연원하는 윤리적-조직적인 생활양식의 위대한 합리주의가 이 다신교를 "필요한 한 가지"를 위해 퇴위시켜버렸습니다[98] — 그 후 이 합리주의는 외적이고 내적인 삶의 현실에 직면하면서 우리 모두가 기독교의 역사에서 알고 있는 저 타협과 상대화의 길을 갈 수밖에 없었습니다.[99] 그러나 오늘날에는 각 개인이 자신에게 무엇이 신이고 무엇이 악마인지를 선택해야 하는 종교가 "일상"이 되었습니다. 왜냐하면 옛날의 많은 신이 그 주술적 힘을 잃어버리고 따라서 비인격적인 힘의 형태로 그들의 무덤에서 걸어나와 우리

96　여기에서 말하는 계명과 비유는 신약성서 「마태복음」 제5장 제39절에 나온다.

97　1919년 1월 28일에 한 강연인 「직업으로서의 정치」에서도 이러한 논리가 전개되고 있다. 이 책의 186쪽 이하를 볼 것.

98　이 구절의 "모든 종교적 예언에서 연원하는"은 "고대 유대교의 예언자들에게서 연원하는"으로 읽으면 된다(이 책의 43쪽, 주 52 볼 것). 그리고 문장의 "필요한 한 가지"는 베버가 신약성서 「누가복음」 제10장 제42절의 한 부분을 문맥에 따라 맞게 인용한 것으로 중세의 기독교 유일신을 가리킨다. 「누가복음」 제10장 제42절에는 다음과 같은 말이 나온다: "그러나 필요한 것은 한 가지뿐이다. 마리아는 좋은 몫을 선택하였다. 그리고 그것을 빼앗기지 않을 것이다."

99　이 구절은 다음과 같이 읽으면 된다: "그 후 이 합리주의는, 우리 모두가 기독교의 역사에서 잘 알고 있듯이, 외적이고 내적인 삶의 현실에 직면하면서 다른 신이나 악마와 타협하고 자신을 상대화할 수밖에 없었습니다."

의 삶을 지배하고자 하며 또다시 서로 간의 영원한 투쟁을 벌이고 있기 때문입니다. 현대인에게 매우 힘든 것은, 그리고 그 가운데에서도 젊은 세대에게 가장 힘든 것은, 그러한 **일상**을 감당해내는 것입니다. "체험" 에 대한 모든 추구는 바로 이러한 나약함에서 나오는 것입니다. 왜냐하 면 나약하다는 것은 시대의 운명을 진지하게 정면으로 응시할 수 없다 는 것이기 때문입니다.

다음은, 즉 우리가 지난 천년 동안 ─ 표면상 또는 추정상 ─ 전적으로 기독교 윤리의 웅대한 열정에 지향해왔기 때문에 상기한 상황을 볼 수 있는 눈이 멀어버렸지만, 이제 다시 그 상황을 더욱더 명료하게 의식하 는 것, 이것은 우리 문화의 운명입니다.[100]

(3) 교사와 지도자

그렇지만 매우 멀리까지 나아가는 이 문제들에 대한 논의는 이 정도 로 해둡시다. 만약 우리 젊은이들의 일부가 지금까지 말한 모든 것에 대 해 다음과 같이 반응한다면, 즉 "예, 좋습니다; 그러나 우리가 강의실에 들어가는 것은, 어쨌든 단순한 분석이나 사실규명과 다른 어떤 것을 체 험하기 위해서입니다"라고 반응한다면 ─ 그들은 교수에게서 그가 그곳 에서 수행하는 직분과 다른 어떤 것을 찾는 오류를 범하는 것입니다: 그 들은 **교사**가 아니라 **지도자**를 찾고 있는 것입니다. 그러나 우리는 단지 **교사**로서만 강단에 섭니다. 이 둘은 서로 다른 것입니다; 그리고 이 둘이 서로 다르다는 것은 쉽게 납득할 수 있는 일입니다. 내가 여러분을 다시 한번 미국으로 인도하는 것을 양해해주시기 바랍니다. 왜냐하면 거기서

---

100 이 문장의 "상기한 상황을"은 그 바로 앞 문단의 뒷부분과 연결해 "신과 악마를 선택 해야 하는 종교가 일상이 된 상황을", 그러니까 "비인격적인 신들이[다양한 가치들이] 우리의 삶을 지배하며 서로 간에 영원한 투쟁을 벌이는 상황을"이라고 읽으면 된다.

는 그러한 일을 종종 가장 순수한 그리고 원초적인 형태로 볼 수 있기 때문입니다. 미국의 젊은이는 우리나라의 젊은이보다 훨씬 더 적게 배웁니다. 그러면서 엄청나게 많은 시험을 치르는데, 그럼에도 불구하고 학창 생활의 **의미**에 따라서 볼 때 아직은 독일의 젊은이처럼 절대적인 시험 인간은 되지 않았습니다. 왜냐하면 시험합격증서를 관직봉록의 왕국으로 들어가는 입장권으로 전제하는 관료제가 그곳에서는 겨우 시작단계에 있기 때문입니다.[101] 미국의 젊은이는 그 어떤 것에 대해서도, 그 누구에 대해서도, 그 어떤 전통에 대해서도, 그리고 그 어떤 직위에 대해서도 존경심을 갖지 않습니다 ─ 그가 존경심을 갖는 것은 단 한 가지, 문제되는 사안과 관련된 사람의 개인적인 업적에 대해서뿐입니다: 미국인들은 **이것**을 "민주주의"라고 부릅니다. 민주주의라는 말의 참된 의미에 비해 미국의 현실이 제아무리 왜곡된 상태에 있다고 하더라도, 미국인들이 민주주의에 부여하는 의미는 바로 이것이며, 여기에서 중요한 것도 바로 이것입니다. 미국의 젊은이는 자기와 마주하고 있는 교사에 대해 다음과 같이 생각합니다: 그는 자신의 지식과 방법을 내 아버지의 돈을 받고 나한테 파는데, 이는 채소장수 아주머니가 내 어머니에게 양배추를 파는 것과 조금도 다르지 않다라고. 그것으로 끝입니다. 물론 교사가 가령 미식축구의 거장이라면, 미국의 젊은이는 그 교사를 이 분야에서의 자신의 지도자로 간주하는 것을 주저하지 않을 것입니다. 그러나 그가 미식축구의 거장이 아니라면 (또는 다른 스포츠 분야에서 그와 비슷한 위상이 아니라면), 그는 단지 교사에 불과할 뿐 그 이상 아무것도 아닙니다. 그러므로 그 어떤 미국의 젊은이도 이 교사로 하여금 자신에게 "세계관"이나 또는 자신이 삶을 영위하는 데 기준이 될 규칙을 팔도록 할 생각은 하지 않을 것입니다. 물론 미국 젊은이들의 사고방식을 이렇게 표현하면 여러분은 그것을 거부할 것입니다. 그러나 내가 여기에서 의도적으로 약간 극단적

---

101 이에 대한 자세한 논의는 이 책의 166~67쪽을 볼 것.

으로 묘사한 이러한 사고방식에 그래도 일말의 진리가 들어 있지 않을까 자문해볼 수 있을 것입니다.

남녀 학생 여러분! 여러분은 우리에게 지도자의 자질을 요구하며 우리의 강의에 들어오면서 그 전에 스스로에게 다음을 말하지 않습니다. 즉 100명의 교수 중 적어도 99명은 삶의 미식축구 거장이라고 자처하지 않고 또 자처해서도 안 될 뿐만 아니라 더 나아가 그들은 삶을 살아가는 방식이라는 문제에 대한 "지도자"라고 결코 자처하지 않고 또 자처해서도 결코 안 된다는 점을 스스로에게 말하지 않습니다. 유념하시기 바랍니다: 인간의 가치는 그가 지도자의 자질을 갖고 있느냐에 달려 있는 것이 아닙니다. 그리고 어쨌든 어떤 사람을 탁월한 학자와 대학교사로 만들어주는 자질은 실천적 삶의 정향(定向)이라는 영역에서, 특히 정치의 영역에서 그를 지도자로 만들어주는 자질이 아닙니다. 만약 어떤 교사가 지도자로서의 자질도 갖고 있다면, 그것은 순전한 우연입니다; 그리고 만약 강단에 서는 사람마다 자신이 지도자로서의 자질을 갖도록 요구받고 있다고 느낀다면, 그것은 매우 우려스러운 일입니다. 그보다 더 우려스러운 일은, 모든 대학교사로 하여금 강의실에서 지도자인 양 행세하도록 내버려두는 것입니다. 왜냐하면 자신을 지도자로 가장 적격이라고 생각하는 사람들이야말로 지도자로 가장 부적격인 경우가 자주 있으며, 또한 무엇보다도 강단에서의 상황은 그들이 지도자인지 아닌지를 **검증할** 수 있는 가능성을 전혀 제공하지 않기 때문입니다. 자신이 젊은이들의 조언자로 소명받았다고 느끼며 또한 그들의 신뢰를 받는 교수는 그들과의 인간 대 인간으로서의 개인적인 교제를 통해 조언자로서의 의무를 다하는 것이 좋습니다. 그리고 만약 그가 세계관들이나 당파적 견해들의 투쟁에 개입하는 것이 자신의 소명이라고 느낀다면, 그는 강의실 밖으로 나가 '삶의 시장'[102]에서, 즉 인론에서, 집회에서, 협회에서, 그 밖에 그가 원하

---

102 "삶의 시장"(Markt des Lebens)은 요한 고트프리트 헤르더의 시의 제목이다: "찬란한

는 어느 곳에서나 그렇게 하는 것이 좋습니다. 그러나 참석자들이 설사 그와 달리 생각할지라도 어쩔 수 없이 침묵해야만 하는 곳에서 신념 고백자로서의 용기를 보여주는 것은 아무래도 너무 안이한 태도입니다.

(4) 과학의 실천적 의미

여러분은 마지막으로 다음과 같은 질문을 제기할 것입니다: 사정이 그러하다면, 과학은 실천적-개인적 "삶"에 도대체 어떤 적극적 기여를 하는가? 이러한 질문과 더불어 우리는 다시 과학의 "소명"이라는 문제로 돌아갑니다. 첫 번째로는 물론 다음을 지적해야 할 것입니다: 과학은 우리가 어떻게 삶을, 즉 외적인 사물과 인간의 행위를 계산을 통해 지배할 수 있는가에 대한 기술적 지식을 제공합니다 ― 그렇지만 그것은 앞에서 예로 든바 미국 젊은이의 어머니에게 양배추를 파는 채소장수 아주머니의 역할에 불과한 것이라고 여러분은 말할 것입니다. 나도 전적으로 동의합니다. 두 번째로 과학은 그 채소장수 아주머니가 결코 제공할 수 없는 것을 제공할 수 있는데, 그것은 사고의 방법, 사고의 도구 및 사고를 위한 훈련입니다. 이에 대해 여러분은 아마도 다음과 같이 말할 것입니다: 물론 그것은 채소는 아니지만 그것도 역시 채소를 얻기 위한 수단에 불과하다고. 좋습니다. 오늘은 이 문제를 더 이상 논의하지 않기로 합시다. 그러나 다행히도 과학이 하는 일은 아직 그것으로 끝나는 것이 아닙니다; 우리는 여러분에게 세 번째 것, 즉 **명료성**을 얻도록 도와줄 수

삶의 시장에 경탄하지 마라; 그렇다고 간과하지도 마라; 그 안으로 들어가라! 네가 살 수 있는 것을 사라. 그리고 시간을 기다려라; 그것은 가난한 자의 여신이며, 오늘 사람들이 더 비싸게 사들이는 것을 내일 너에게 공짜로 줄 것이다." 헤르더, 『단상』, 제1집, 85쪽. 참고로 헤르더(1744~1803)는 독일의 철학자, 신학자, 시인이자 문예비평가로서 계몽주의와 '슈투름 운트 드랑'(Sturm und Drang, 질풍노도 문학운동), 바이마르 고전주의와 연결되어 있다

있습니다. 물론 이 말에는 우리 자신이 명료성을 가지고 있다는 것이 전제되어 있습니다. 그러한 경우에 한에서 우리는 여러분에게 다음을, 즉 사람들은 그때그때 현안이 되는 가치문제에 대해 ― 편의상 사회적 현상을 예로 생각해 보기 바랍니다 ― 실천적으로 이러저러한 입장을 취할 수 있다는 점을 명백하게 해줄 수 있습니다. **만약** 사람들이 이런 또는 저런 입장을 취한다면, 그 입장을 실제로 실현하기 위해서는 과학의 경험에 비추어볼 때 이러이러한 **수단**을 사용하지 않으면 안 됩니다. 그렇지만 그 수단 자체는 아마도 여러분이 거부해야 한다고 생각하는 것일 수도 있습니다. 그럴 경우에 여러분은 목적과 불가피한 수단 사이에서 선택하지 않으면 안 됩니다: 목적이 이 수단을 "정당화"하는가, 아닌가? 교사는 여러분에게 이 선택의 필연성을 보여줄 수 있습니다. 그러나 선동가가 되지 않고 교사로 남고자 한다면 그 이상은 할 수가 없습니다. 물론 그는 더 나아가 여러분에게 다음을, 즉 여러분이 이러이러한 목적을 원한다면 경험상 그 목적 이외에 나타나는 이러저러한 부차적 결과들도 함께 감수하지 않으면 안 된다고 말할 수 있습니다: 그러면 여러분은 또다시 방금 언급한 바와 똑같은 상황, 즉 목적과 불가피한 수단 사이에서 선택해야 하는 상황에 처하게 됩니다. 물론 이 모든 것은 기술자들에게도 일어날 수 있는 문제인데, 그 이유는 이들도 역시 수많은 경우에 덜 나쁜 것이라는 원칙 또는 상대적으로 가장 좋은 것이라는 원칙에 따라 결정하지 않으면 안 되기 때문입니다. 다만 기술자들에게는 일반적으로 한 가지, 그것도 가장 중요한 것이 주어져 있습니다: 그것은 다름 아닌 **목적**입니다. 그러나 우리가 진정으로 "궁극적인" 문제들을 다루게 되는 경우에는, 사정이 **다릅니다.**[103] 그리고 이로써 우리는 이제 과학 자체

---

[103] 이 문장은 다음과 같이 의역하면 의미하는 바가 보다 명확해질 것이다. "그러나 우리가 진정으로 '궁극적인' 문제들을 다루게 되는 경우에는, 기술자들과 달리 우리에게는 목적이 주어져 있지 **않습니다.**" 여기에 나오는 "우리"는 대학에서 학생들을 가르치는 교사들이다.

가 명료성을 위해 할 수 있는 마지막 기여에 도달하는 동시에 그 한계에도 도달합니다: 우리는[104] 여러분에게 방금 언급한 것 이외에도 다음을, 즉 이러이러한 실천적 입장은 그 **의미상** 이러이러한 궁극적인 세계관적 근본입장에서 — 이 근본입장은 하나일 수도 있고 여러 개일 수도 있습니다 — 내적으로 일관되고 따라서 순수하게 도출될 수 있으며, 그 밖의 다른 이런저런 근본입장들로부터는 도출될 수 없다고 말할 수 있으며 — 또 말해야 합니다 —. 비유적으로 말하자면, 여러분이 어떤 특정한 입장을 취하기로 결정한다면, 여러분은 그 신을 섬기는 **동시에 다른 신들을 모욕하는 것입니다.** 왜냐하면 만약 여러분이 자기 자신에게 충실하다면, 여러분은 궁극적인 그리고 내적으로 유의미한 이러이러한 **결론**에 필연적으로 도달하기 때문입니다. 과학은 적어도 원칙적으로 이것을 할 수 있습니다. 철학의 전문분야와 개별 과학분야들에서 행해지는 본질상 철학적인 원리에 대한 논의는 바로 그것을 하고자 합니다. 만약 우리가 우리의 과제를 올바르게 이해하고 있다면 (여기서는 일단 이것이 전제되어야 합니다), 우리는 각 개인에게 **자기 자신의 행위의 궁극적인 의미에 대해 스스로에게 해명하도록** 만들 수 있거나 또는 적어도 그렇게 하도록 도와줄 수 있습니다. 내가 보기에 우리가 이렇게 할 수 있다는 것은 순수하게 개인적인 삶과 관련해서도 결코 작은 일이 아닙니다. 만일 어떤 교사가 그렇게 하는 데 성공한다면, 나는 여기에서도 다음과 같이 말하고 싶습니다. 즉 그는 개인들에게 "도덕적" 능력을 심어주기 위해 헌신하고 있다고, 다시 말해 개인들로 하여금 명료성을 얻고 책임감을 깨닫도록 하는 의무에 헌신하고 있다고 말하고 싶습니다.[105] 그리고 그가

---

104 이는 "교사들은" 또는 "우리 교사들은"이라고 읽으면 된다.
105 베버가 이 문장에서 "나는 여기에서 …… '도덕적' 능력을 심어주기 위해 …… 말하고 싶습니다"라고 하지 않고 "나는 여기에서도 …… '도덕적' 능력을 심어주기 위해 …… 말하고 싶습니다"라고 하는 것은 아마도 이미 이 책의 62쪽 두 번째 문단의 마지막 부분에서 "'도덕적 업적'이라고 표현하고자 합니다"라고 했기 때문인 것 같다.

수강생들에게 개인적으로 특정한 입장을 강요하거나 암시하고자 하는 욕구를 양심적으로 억제하면 억제할수록 그가 상기한 바와 같이 되도록 만들 수 있거나 도와줄 수 있는 능력은 더욱더 커질 것이라고 나는 생각합니다.

물론 내가 여기에서 여러분에게 제시하는 이러한 전제는 하나의 근본적인 상황에서 출발하는바, 그것은 삶이 그 자체로서 존재근거와 의미를 갖고 또 그 자체로서 이해되는 한 삶은 상기한 신들 상호 간의 영원한 투쟁만을 안다는 상황입니다 — 문자 그대로 말하자면, 삶은 우리가 삶에 대해 어떻게든 취할 수 있는 **가능한** 궁극적 입장들의 불일치성만을 따라 이것들의 중재 불가능성만을 알고 있으며, 그리하여 그 입장들 사이에서 **결단해야** 하는 필연성만을 알고 있다는 상황입니다.[106] 이러한 상황 아래에서 과학이 누군가의 "천직"이 될 가치가 있는가, 또는 과학 자체가 객관적으로 가치 있는 "사명"을 갖고 있는가 — 이것은 다시금 하나의 가치판단이며, 이에 대해 강의실에서는 아무것도 말할 수 없습니다. 사실 그 질문에 대한 긍정적인 대답은 강의실에서 가르치기 위한 **전제조건**이 됩니다. 나 개인적으로는 바로 나 자신의 작업을 통해 그 질문에 긍정적으로 대답합니다. 더 나아가 다음과 같은 경우에도 그리고 특히 다음과 같은 경우에야말로, 즉 오늘날의 젊은이들이 하는 바와 같이, 아니면 — 대개의 경우 — 단지 하고 있다고 상상만 하는 바와 같이, 주지주의를 최악의 악마로 증오하는 입장을 취하는 경우에도 그리고 특히 이러한 입장을 취하는 경우에야말로 과학의 가치를 긍정하는 것이 전제조건이 됩니다. 그렇게 하거나 그렇게 한다고 상상하는 젊은이들에게는 다음과 같은 말을 상기해주는 것이 딱 입니다: "생각해보라고, 악마는 늙

---

106 이 문장의 긴 부분에 나오는 "상기한 신들"은 비교 앞쪽, 7~9번째 줄에서 "비유적으로 말하자면 …… 그 신을 섬기는 **동시에 다른 신들을 모욕하는 것입니다**"에서 — 언급한 신들을 가리킨다. 그러니까 베버는 바로 앞 문단에서 비유적으로 말한 반면 여기서는 문자 그대로, 그러니까 비(非)비유적으로 말하고 있는 것이다.

었다는 걸. 하니 그대들도 그를 이해하려면 늙어야 할 걸세."[107] 이 말이 뜻하는 바는 출생증명서라는 의미에서의 악마의 나이가 아니라 이 악마를 이기고자 한다면, 오늘날 매우 흔히 일어나는 바와 같이, 그 앞에서 달아나서는 안 되며 오히려 그의 길을 일단 끝까지 검토함으로써 그의 힘과 한계를 알아야만 한다는 것입니다.[108]

오늘날 과학은 자기성찰과 사실관계의 인식에 기여하기 위해 **전문적으로** 추진되는 "직업"이지, 구원재(救援財)와 계시를 희사하는 선지자나 예언자의 은총의 선물이 아니며, 또한 세계의 **의미**에 대한 현자나 철학자의 사색의 일부분도 아닙니다 ─ 물론 이것은 우리에게 불가피하게 주어진 역사적 상황으로서, 우리가 우리 자신의 직분에 충실한 한 우리는 이 상황에서 벗어날 수 없습니다. 그런데 지금 다시 톨스토이가 여러분 안에 나타나 다음과 같이 묻는다고 합시다: "우리는 도대체 무엇을 해야 하는가, 또 우리는 어떻게 우리의 삶을 조직해야 하는가라는 질문에 과학이 대답하지 않거늘, 과연 누가 대답한단 말인가?"[109]; 또는 그 물음을 오늘 밤 여기에서 사용되는 언어로 표현해보기로 합시다: "우리는 서로 싸우는 신들 가운데 어떤 신을 섬겨야 하는가, 아니면 이들과는 전혀 다른 신을 섬겨야 하는가, 그렇다면 이 전혀 다른 신은 누구인가라는 질문에 과학이 대답하지 않거늘, 과연 누가 대답한단 말인가?" ─ 그러면 단지 예언자나 구세주만이 거기에 대답할 것이라고 말할 수밖에 없습니다. 그러나 오늘날에는 예언자도 없고 그의 메시지도 더 이상 신봉되지 않는데, 이런 상황에서 수천 명의 교수가 국가로부터 녹을 받

---

107 이는 괴테, 『파우스트』, 제2부, 제2막, 6817~18행에 나오는 악마 메피스토펠레스의 말이다(번역을 약간 수정했음을 일러둔다).
108 이 문장은 다음과 같이 읽으면 된다: "이 말이 뜻하는 바는, 주지주의를 최악의 악마로 증오하는 또는 증오하고 있다고 상상만 하는 젊은이들이 이 주지주의를 극복하고자 한다면 그것을 회피해서는 안 되고 그 전체를 과학적으로 엄밀하게 분석함으로써 그것이 갖는 힘과 한계를 통찰해야 한다는 것입니다."
109 이 책의 53~54쪽, 주74를 볼 것.

거나 특권을 부여받은 소(小)예언자로서 강의실에서 예언자로부터 그의 역할을 인수하려고 애쓴다고 한들 결코 예언자를 지상으로 끌어내릴 수는 없습니다. 이 소예언자들이 그렇게 해서 초래할 수 있는 결과는 단한 가지, 우리의 젊은 세대 중 그토록 많은 사람이 갈망하는 예언자는 이제 **없다**는 결정적인 사실과 이 사실이 갖는 막중한 의의를 그들이 절대로 깨닫지 못하도록 만드는 것입니다. 이 모든 강단예언과 같은 대용물이 ― 나는 이렇게 생각합니다 ― 진정한 종교적 "감수성을 지닌" 사람과 다른 사람들에게 다음과 같은 근본적인 사실, 즉 신으로부터 소원해진 시대, 예언자 없는 시대에 사는 것이 그의 운명이라는 근본적인 사실을 은폐합니다 ― 그리고 이러한 은폐는 그 사람이 자신의 내적 관심을 충족하는 데 전혀 도움이 될 수 없습니다. 내가 보기에 그의 종교적 감관의 순수성은 그러한 은폐에 틀림없이 항거할 것입니다. 그러면 여러분은 "신학"이 존재한다는 사실과 신학이 자신은 "과학"이라고 주장한다는 사실에 대해서는 도대체 어떤 태도를 취해야 하는가라고 묻고 싶을 것입니다. 이에 대한 대답을 회피하지 맙시다. "신학"과 "교의"는 보편적으로 존재하는 것은 아니지만, 그렇다고 해서 유독 기독교에만 존재하는 것도 아닙니다. 오히려 그것들은 (시간을 거슬러 올라가면) 이슬람교에도, 마니교[110]에도, 그노시스교[111]에도, 오르페우스교[112]에도, 조로아스

---

110 마니교(摩尼教)는 페르시아의 선지자 마니(Mani, 216~74)가 창시한 종교로 선과 악의 이론과 진리에 대한 영적인 인식을 통해 구원에 이른다는 영지주의를 주요한 특징으로 한다.

111 그노시스교는 1세기 후반에 형성되어 헬레니즘 시대에 유행한 종교로 영지주의(靈知主義)라고도 하며(그노시스[Gnosis; 그리스어 γνῶσις]는 인식 또는 지식을 뜻하는 그리스어이다), 인간은 믿음이 아니라 영적인 인식을 통해 인간의 참된 본성이 신성임을 통찰함으로써 구원에 이른다는 교리를 내세운다.

112 오르페우스교(Orphik; 그리스어 Ὀρφικά)는 기원전 8세기부터 기원전 5세기까지 그리스 각지에 전파된 일종의 밀교로 그리스 신화에 나오는 전설적인 시인 오르페우스를 개조(開祖)로 삼으면서 생전의 행위에 대한 보상과 벌칙 그리고 인간 영혼의 윤회 및 그 해방수단으로서의 금욕적 삶을 강조한다.

터교[113]에도, 불교에도, 힌두교의 분파들[114]에도, 도교에도, 우파니샤드[115]

---

113 조로아스터교는 마즈다교 또는 배화교라고도 하며, 고대 페르시아의 선지자 조로아스
터 ─ 차라투스트라(Zarathustra; 아베스타어로 Zaraθuštra) ─ 에 의해 기원전 6세기
경에 창시된 세계 최고(最古)의 일신교로(기원전 18세기경이라는 설도 있음) 유일신
아후라 마즈다(Ahura Mazda)를 섬기고 아베스타(Avesta)를 경전으로 하면서 선과 악
의 이원론을 설파한다.

114 베버는 교회(Kirche)와 분파(分派, Sekte)를 구별하는데, 그 기준은 무엇보다 의무성과
자발성에 있다: "사실 '교회'란 종교적 구원재(救援財)를 신탁유증재단처럼 관리하고
거기에 소속되는 것이 (이념상!) 의무적이며, 따라서 그 무엇으로도 거기에 소속된 사
람의 자질을 입증할 수 없는 은총기관이다. 이에 반해 '분파'란 전적으로 (이념상) 종
교적-윤리적으로 자격을 갖춘 사람들의 자발적 결사체이다. 분파라는 결사체가 자유
의지에 따라, 그리고 한 개인의 종교적 확증에 근거해 그를 받아들일 것을 결정하면,
그 역시 자유의지에 따라 거기에 들어간다. 윤리적 과실로 인해 분파에서 추방된다는
것은 곧 경제적으로 신용의 상실을 그리고 사회적으로 몰락을 의미한다." 베버, 『프로
테스탄티즘의 윤리와 자본주의 정신』, 428~29쪽. 교회가 의로운 자와 의롭지 않은 자
를 모두 포괄한다면, 분파는 오직 선택된 소수의 신도들만으로 구성된다. 전자가 보편
주의를 그 구성원리로 한다면, 후자는 특수주의를 그 구성원리로 한다. 이와 관련해 베
버는 다음과 같이 분파에 대한 아주 자세한 ─ 사회학적 ─ 정의를 내리고 있다: "사회
학적 의미에서 '분파'란 작은 종교 공동체가 아니며 또한 다른 어떤 공동체에서 쪼개
져 나온, 그리하여 그것으로부터 '인정받지 못하거나' 박해받고 이단으로 취급당하는
종교 공동체가 아니다: 사회학적 의미에서 볼 때 가장 전형적인 '분파들' 중 하나인 침
례교는 지구상에서 가장 큰 프로테스탄티즘 교파 가운데 하나이다. 그보다 분파란 그
의미와 본질상 필연적으로 보편성을 포기하고 필연적으로 그 구성원들의 전적으로 자
유로운 합의에 기초할 수밖에 없는 종교 공동체이다. 그 이유는 분파가 귀족주의적 구
성체, 즉 종교적으로 완전히 자격을 갖춘 자들의 결사체가 그리고 오직 그들만의 결사
체가 되기를 원하기 때문이다. 분파는 교회처럼 의로운 자들과 의롭지 못한 자들 위에
빛을 비추며 특히 죄인들을 신적 명령의 규율에 복속시키려는 은총기관이 되기를 원
하지 않는다. 분파는 '순수교회'(ecclecia pura)의 이상을 추구하며 (그런 까닭에 '청교
주의자'이라 불린다) 그러니까 신도들의 가시적 공동체라는 이상을 추구하며, 그 내
부로부터 악인들을 제거해 신의 눈길을 모욕하지 못하게 한다. 분파는 적어도 그 가장
순수한 유형에서 기관은총(機關恩寵)과 성직 카리스마를 거부한다. 각 개인은 신의 영
원한 예정에 의해서(특수 침례교의 경우나 크롬웰 휘하에 '독립주의자들'로 구성된 정
예부대의 경우에서처럼) 또는 '내면적인 빛'에 의해서 또는 엑스터시를 체험할 수 있
는 영적인 능력에 의해서 또는 ─ 초기 경건주의의 경우에서처럼 ─ '참회투쟁'과 '회
심'에 의해 '분파'의 구성원이 될 자격을 얻는다. 그러니까 결국 각 개인은 특별한 영적
능력에 의해서 (퀘이커교의 모든 선구자와 퀘이커교 자체 그리고 대부분의 성령주의
적 분파들의 경우에서처럼) 또는 각 개인에게 주어진 혹은 그가 획득한 특별한 카리스

에도, 그리고 물론 유대교에도 상당히 발전한 형태로 존재했습니다. 물론 신학들과 교의들이 체계적으로 발전한 정도는 천차만별입니다. 그리고 다음의 사실, 즉 서구의 기독교가 — 예컨대 유대교에 비해 — 신학을 더 체계적으로 완성했거나 또는 적어도 더 체계적으로 완성하려고 노력했을 뿐만 아니라 더 나아가 여기에서 신학의 발전이 단연 가장 큰 역사적 의의를 지녀왔다는 사실은 결코 우연이 아닙니다. 이것은 헬레니즘 정신의 산물인데, (주지하는 바와 같이) 동양의 모든 신학이 인도의 사상으로 소급되듯이, 서구의 모든 신학은 헬레니즘 정신으로 소급됩니다. 모든 신학은 종교적 구원획득의 주지주의적 **합리화**입니다. 물론 그 어떤 과학도 절대적으로 무전제적일 수 없으며, 또한 그 어떤 과학도 그 전제를 거부하는 사람에게 자신의 가치를 입증할 수 없습니다. 그러나 모든 신학은 자신의 작업에 필요한, 따라서 자기 자신의 존재의 정당화에 필요한 몇 가지 특수한 전제를 추가합니다. 물론 이 전제들의 의미와 범위는 신학마다 다 다릅니다. 모든 신학은, 예컨대 심지어 힌두교도, 세계는 어떻게든 **의미**를 갖고 있음에 틀림없다는 전제를 받아들입니다 — 그리고 이 의미에 대한 사유가 가능하기 위해서는 그것을 어떻게 해석해야 하는가라고 묻습니다.[116] 이것은 칸트의 인식론이 "과학적 진리가 존

마에 의해 '분파'의 구성원이 될 자격을 얻는 셈이다 ……. 분파의 구성원들이 하나의 공동체로 연합하는 형이상학적 근거는 지극히 다양하다. 그러나 사회학적으로 중요한 것은 다음과 같은 하나의 계기, 즉 공동체는 자격을 갖춘 자들을 자격을 갖추지 못한 자들로부터 분리하는 선택기제이다. 왜냐하면 — 적어도 순수하게 주조된 분파의 유형에서는 — 선택된 자들 또는 자격을 갖춘 자들은 저주받은 자들과의 교제를 피해야 하기 때문이다." 베버, 『경제와 사회: 이해사회학 개요』, 721~22쪽. 베버는 『프로테스탄티즘의 윤리와 자본주의 정신』, 419~81쪽에서 프로테스탄티즘의 분파들이 자본주의 정신에 대해 갖는 문화의의를 분석하고 있다.

115 우파니샤드(Upaniṣad; 산스크리트어 **उपनिषद्**)는 기원전 800년부터 기원전 500년 사이에 기록된 — 세계에서 가장 오래된 힌두교 경전인 — 베다의 주해서로 인두 철학 및 종교의 원천을 이루며, 우주적 실체인 브라만과 인간적 자아인 아트만의 궁극적 일치를 주장한다.

116 베버가 이 문장의 앞부분에서 "예컨대 심지어 힌두교도"라는 구절을 첨가한 것은, 힌

재하며, 이 진리는 **타당하다**"라는 전제에서 출발하며 ── 그런 다음 어떤 사유의 전제조건들 아래에서 그것이 (합리적으로) 가능한가라고 물었던 것과 똑같습니다.[117] 또는 현대의 미학자들이 (명시적으로 ── 예컨대 게오르그 폰 루카치처럼 ── 또는 사실상) "예술작품이 **존재한다**"라는 전제에서 출발하며 ── 그러고는 어떻게 그것이 (합리적으로) 가능한가라고 묻는 것과 똑같습니다.[118] 물론 신학들은 일반적으로 방금 언급한 (본질적으로

두교가 불교와 더불어 세계도피의 합리주의를 대표하는 종교이기 때문인 듯하다. 이 지구상에 역사적으로 등장한 다양한 문화종교와 이것들이 추구하는 합리주의에 대한 자세한 논의는 김덕영, 「해제: 종교·경제·인간·근대 ── 통합과학적 모더니티 담론을 위하여」, 653쪽 이하를 볼 것.

117 사실 이 인용구절은 칸트의 저작에서 확인할 수 없다. 그러나 이 인용구절을 다음과 같이 해석할 수 있다. 칸트의 순수이성비판, 그러니까 그의 인식론의 본래적 과제는 "**어떻게 선험적 종합판단이 가능한가?**"라는 물음으로 요약된다. 칸트, 『순수이성비판』, 58~59쪽. 다시 말해 이성의 선험적 원리에 입각하는 자연에 대한 경험적 인식이 어떻게 가능한가라는 물음으로 요약된다. 이것은 단순한 선험적 인식도 단순한 경험적 인식도 아니라 선험적이면서 경험적인 인식, 즉 선험적-경험적 인식이라고 할 수 있다. 칸트에게 인식의 가능성은 곧 경험의 가능성이고 인식의 한계는 곧 경험의 한계이다. 바로 이 경험의 대상이 자연인데, 이 자연은 그 자체로서 존재하고 이 대상에 대한 선험적 원리에 입각한 과학적 인식, 즉 과학적 진리가 가능하며 이렇게 얻어진 진리는 타당하다.

118 루카치, 『하이델베르크 시절의 예술철학(1912~1914)』, 9쪽에서 다음과 같이 말하고 있다: "'예술작품이 존재한다 ── 어떻게 이것이 가능한가?' ── 형이상학이나 심리학이 아니라 미적인 것의 순수한 타당성 이론으로 정초되어야 하는 모든 미학은 바로 이 칸트적인 질문과 더불어 시작해야 한다." 그리고 『하이델베르크 시절의 예술철학(1916~1918)』, 9쪽에서도 같은 말을 하고 있다: "부당한 전제조건 없이 정초되어야 하는 미학은 다음과 같은 질문과 더불어 시작해야 한다: '예술작품이 존재한다 ── 어떻게 이것이 가능한가?'" 그렇다면 한 가지 의문이 들 수밖에 없다. 칸트 미학의 핵심은 미학적 판단에 있는데, 루카치처럼 예술작품의 존재에서 출발하는 미학을 어떻게 칸트적인 질문과 더불어 시작한다고 할 수 있을까? 이 문제는 칸트의 미학을 바로 앞의 주 117에서 간략하게 정리한 그의 인식론을 염두에 두면서 고찰하면 어렵지 않게 풀릴 것이다. 칸트에게 인식은 결국 판단인데, 이 판단은 곧 우리가 경험하는 대상에 대한 판단, 즉 선험적-경험적 판단이다. 그러므로 대상이 존재해야만 이론적 판단, 즉 과학적 인식이 가능해진다. 이와 마찬가지로 미학적 판단은 예술작품이 존재해야만 가능해진다. 그렇기 때문에 루카치는 미적인 것의 순수한 타당성 이론이 되고자 하는 모든 미학은 예술작품의 존재에서 출발해야 한다는 명제를 내세우는 것이다. 이는

종교철학적인) 전제로는 만족하지 않습니다. 오히려 그 이상의 전제에서 출발하는 것이 일반적인데, 그 이상의 전제란 한편으로 특정한 "계시"는 구원에 중요한 사실이며 ─ 그러니까 의미 있는 생활양식을 비로소 가능케 하는 사실이며 ─ 따라서 전적으로 믿어야 하며, 다른 한편으로 특정한 상태와 행위가 신성함의 성격을 갖는다는, 다시 말해 이 상태와 행위가 종교적으로 의미 있는 생활양식을 이루거나 또는 적어도 그 구성요소들이 된다는 전제입니다. 그런 다음 신학들은 계속해서 다음과 같은 질문을 던집니다: 전적으로 받아들여야 하는 상기한 전제들을 하나의 총체적인 세계상 안에서 어떻게 의미 있게 해석할 수 있는가? 그런데 신학이 그 출발점으로 삼는 이 전제들 자체는 사실 "과학"이라는 영역의 너머에 있습니다. 그것들은 통상적으로 이해되는 의미에서의 "지식"이 아니라 "소유"입니다. 그것들을 ─ 신앙이나 그 밖의 성스러운 상태를 ─ "소유하지" 않은 사람의 경우에는 그 어떤 신학도 그것들을 대신해줄 수 없습니다. 다른 과학은 더더욱 그렇습니다. 이와 달리 모든 "실

───────

예술작품의 존재가 "미학의 첫 번째의 ─ 그리고 유일한 ─ 사실"이라는 뜻이다. "다음과 같은 일정한 형성물들이" ─ 루카치는 말하기를 ─ "즉 인간에 의해 창작되었고 [예술가라는] 탁월한 인격체의 도장이 찍혀 있지만, 그럼에도 불구하고 이 인격체와 무관하게 그리고 순전히 자체적으로, 즉 자신의 내재적인 질료-형식-복합체를 통해 직접적인 영향력을 행사할 수 있는 일정한 형성물들이 존재한다." 루카치, 『하이델베르크 시절의 예술철학(1916~1918)』, 9쪽. 이렇게 예술작품의 존재, 그러니까 예술작품이 존재한다는 사실에서 출발해야만 형이상학적 또는 심리학적 미학이 아니라 미적인 것에 대한 순수한 타당성 이론으로서의 미학이 가능하다. 참고로 루카치는 헝가리 태생으로 1912년에 하빌리타치온(대학교수 자격 취득)을 목적으로 하이델베르크 대학으로 가서 1918년까지 미학을 연구했는데, 하이델베르크 대학으로부터 끝내 거절당하고 부다페스트로 돌아가 헝가리 공산당에 입당했다. 이 시기의 연구결과가 일련의 원고로 남았는데, 그의 사후인 1974년에 방금 인용한 두 권의 책으로 출간되었다. 루카치는 하이델베르크에 머무는 동안 베버와 밀접한 관계를 유지하면서 자신의 연구에 대해 토론하고 베버에게 원고를 보여주기도 했다고 한다. 그래서 베버는 이 강연에서 아직 출간되지 않은 루카치의 미학 이론을 인용할 수 있었던 것이다(게오르그 폰 루카치의 자세한 인적 사항에 대해서는 이 책의 뒷부분에 나오는 "인명목록"을 볼 것).

증"신학[119]에서는 신자가 다음과 같은 아우구스티누스의 명제, 즉 "나는 그것이 불합리하기 **때문에** 믿는다"라는 명제가 적용되는 지점에 도달합니다.[120] "지성의 희생"이라는 이 대가다운 일을 할 수 있는 능력은 적극적인 신앙인의 결정적인 특징입니다. 그리고 사정이 이러한다는 것을 보면 (바로 이 사정을 드러내는) 신학에도 불구하고 (또는 오히려 신학 때문에) "과학"이라는 가치영역과 종교적 구원이라는 가치영역 사이의 긴장은 극복될 수 없다는 것을 알 수 있습니다.

단지 제자만이 예언자에게, 그리고 단지 신자만이 교회에 "지성의 희생"을 바치는데, 이는 정당한 일입니다. 그러나 새로운 예언이 다음과 같은 지식인들의 행태를 통해 발생한 적은 아직까지 단 한 번도 없습니다 (많은 사람에게 거부감을 주었던 이 행태를 나는 여기에서 의도적으로 되풀이해 묘사하고자 합니다): 현대의 많은 지식인은 자신의 영혼을 이른바 진짜임이 보증된 골동품들로 가득 채우고자 하는 욕구를 갖고 있습니다; 그리고 거기에 종교를 추가하는데, 왜냐하면 그들은 종교가 이 영혼을 장식하는 골동품의 일부라는 것을 기억하고 있기 때문입니다; 그러나 실상 그들은 종교를 갖고 있지 않으며, 따라서 세계 도처에서 들어온 성상(聖像)들로 그 어떤 종교적 진지함도 없이 피상적으로 그러나 눈에 잘 띄도록 과장되게 치장한 일종의 가정예배소를 종교의 대체물로 삼거나 아

---

119 실증신학(positive Theologie)은 역사적 계시, 신앙, 교회, 교의, 의례 등을 대상으로 하는 신학의 한 유형으로, 인간의 이성이 인식할 수 있는 자연 속에서 신의 존재를 찾는 자연신학이나 사변적 방법을 사용하는 철학적 신학과 구별된다.

120 이 명제가 아우구스티누스로 소급한다는 베버의 말은 명백한 오류이다. 그것은 일반적으로 최초의 기독교 교부이자 평신도 신학자인 터툴리안(150년경~220년경)으로 소급되는데, 이 역시 확인할 수 없다. 뿐만 아니라 그 어떤 기독교 문헌에서도 확인할 수 없다. 원래 이 명제는 라틴어로 "credo quia absurdum"인데, 베버는 특이하게 "credo non quod, sed quia absurdum est"라고 한다. 이는 언어적으로도 문제가 있는 표현이다. 어쨌든 "나는 그것이 불합리하기 **때문에** 믿는다"라는 명제에서 "불합리하기"— 또는 "부조리하기"—라는 말은 "이성적으로 이해하거나 파악할 수 없기"라는, 그러니까 신앙은 초이성적이면서 반이성적이라는 뜻이다.

니면 온갖 종류의 체험에다가 신비한 성스러움의 존엄성을 부여함으로써 종교의 대용물을 만들어냅니다 ─ 그리고 그들은 책시장에서 이 대용물을 팔러 다닙니다.[121] 이것은 단지 사기이거나 아니면 자기기만에 지나지 않습니다. 이에 반해 최근에 조용히 자라난 청년 공동체들 가운데 많은 공동체가 다음과 같이 하는 것, 즉 그들 자신의 인간적인 공동체적 관계를 종교적 관계로, 우주적 관계로 또는 신비적 관계로 해석하는 것은 결코 사기가 아니라 때때로 그 의미가 오해될 수도 있기는 하지만 매우 진지하고 진실된 것입니다.[122] 물론 진정한 형제애에 입각한 행

---

121 여기에서 베버는 라이힐 출판사(Reichl Verlag; 1909년 창립) 같은 당시의 출판사들을 염두에 두고 있는 것 같다. 이 출판사는 1911년에『세계관: 종교와 철학』이라는 방대한 총서를 갖고 책시장에 등장했으며(딜타이, 짐멜 등이 필진으로 참여했다), 그 후로 "독일의 세계관"을 위한 출판사로 명성을 얻기 시작했다. 그런데 베버의 논박은 ─ 다음과 같은 두 가지 근거에서 ─ 디더리히스 출판사(Diederichs Verlag)를 훨씬 더 직접적으로 겨냥하고 있는 것 같다. 첫째, 베버가 본문에서 사용한 "가정예배소"라는 말도 디더리히스 출판사의 창립자인 오이겐 디더리히스(1867~1930)와 밀접한 관계가 있는 것으로 보인다. 1914년 라이프치히에서 "도서 및 그래픽 세계박람회"가 개최되었는데, 그 가운데 문화사 부분의 마지막 공간은 예나의 건축가이자 디더리히스의 친구인 오스카 로데가 디더리히스를 위해 가정예배소 형태로 설계하고 그 내부를 나움부르크 대성당(Naumburger Dom)에 있는 두 개의 인물조각상(모조품)과 작가들의 초상화 그리고 그동안 디더리히스 출판사에서 나온 책들로 장식하도록 했다. 유스투스 울브리히트, 「"독일의 종교"와 "독일의 예술"」, 50, 424쪽(주 225). 둘째, 1896년에 창립된 디더리히스 출판사는 "독일제국 시대의 신(新)종교운동을 위한 가장 중요한 플랫폼"으로 종교나 종파의 구분 없이 19세기 말부터 20세기 초에 전개된 매우 다양한 종교적 조류 및 운동과 관련된 서적을 출판했는데, 여기에는 개신교 갱신운동, 반교회적 자유종교운동, 신(新)영지주의, 신비주의, 종교심리학적 비교연구, 인도종교의 영향을 받은 심령론 등 실로 다양한 조류와 운동이 포함되었다. 같은 글, 52쪽. 그리하여 반합리주의적-반산업사회적 문화를 전파하는 핵심적인 출판사로 자리매김했다. 그런데 디더리히스 출판사는 단순히 "새로운 종교의 창시자들"을 위한 플랫폼으로 만족한 것이 아니라 더 나아가 지식인들의 종교라는 새로운 종교의 산실(출판사 종교)이 되고자 했다. 이 출판사 종교가 추구한 종교는 세속화되고 탈주술화된, 니체식으로 말하자면 신이 죽은 시대럴 제주슬피헤 새로운 의미를 창출하는 종교로 신이 아니라 개인에게 그 인격을 신성시한다. 그것은 신 중심의 전통적인 초월종교가 아니라 인간 중심의 현세종교, 평신도종교, 인격종교이다. 같은 글, 54쪽 이하.

122 여기에서 말하는 "청년 공동체들"은 독일에서 대략 19세기 말부터 주로 학생들, 특

위에는 이 행위를 통해 초개인적인 세계에 불멸의 어떤 것이 보태진다는 인식이 깔려 있을 수 있다는 것은 분명한 사실이지만, 순수하게 인간적인 공동체적 관계의 존엄성이 그러한 종교적 해석을 통해 고양되는지 나로서는 의심스럽습니다. ― 그러나 이것은 더 이상 우리의 주제가 아닙니다. ―

───────

히 대학생들 사이에서 자발적으로 생겨난 청년운동의 단체들을 가리킨다. 이 단체들은 학교와 가정의 권위로부터 해방되고 내적 자유, 자기결정, 자기책임에 기반하는 삶을 추구했; 그들은 기존의 문화와 다른 새로운 문화, 즉 청년문화를 추구했다. 그리고 그 성격도 산야 도보여행, 개혁운동(교육, 사회, 일상생활), 금욕적 삶, 학생조직, 여성운동, 종교 등 실로 다양했다. 이 가운데 종교적 성격으로는 개신교, 가톨릭, 유대교 청년운동을 들 수 있는데, 예컨대 가톨릭 청년운동의 경우 바이마르 공화국 말에는 약 100만 명이 각종 가톨릭 청년운동 단체에 속해 있었으며, 열 개 이상의 단체들이 적극적으로 활동하고 있었다. 또한 이처럼 명시적으로 종교적인 지향성을 갖지는 않았지만, 신비적인 또는 우주적인 색채를 띠는 청년운동 단체도 있었다. 클라우디아 젤하임 외(펴냄), 『청년의 부상』, 여러 곳. 그리고 독일 청년운동에서 지도적인 역할을 한 구스타프 뷔네켄(1875~1964)은 자신이 주도하는 자유학교공동체를 세속적 조직이 아니라 교사-학생들의 관계가 예언자-추종자들의 관계인 일종의 종교적 조직으로 간주했다. 뷔네켄에 따르면 새로운 형태의 학교인 자유학교공동체는 새로운 교회이고 그 학생들은 종교지도자에게 열광적으로 헌신하는 제자들이다. 뷔네켄, 「자유학교공동체 비커스도르프의 기본원칙들」, 4쪽(참고로 자유학교공동체 비커스도르프는 1906년에 뷔네켄을 비롯한 7명의 이른바 개혁교육자들이 비커스도르프라는 곳에 설립한 자유학교공동체이다). 물론 뷔네켄이 말하는 종교는 기독교가 아니다. 그의 눈에 기독교는 도그마화된 경직된 제도종교로 인간의 삶과 행위에 더 이상 의미를 갖지 못하는 것으로 보인다(그는 1901년에 교회에서 탈퇴했다). 뷔네켄이 생각하는 종교는 인과성의 원칙에 따른 세계분석의 산물이 아니라 "인간이 자신의 수단으로 현실에 의미를 부여한 것", 다시 말해 "인간의 정신에 의해 창출된 반대세계로 현실세계에 천장을 씌운 것"이다; 그런데 현실세계의 천장으로서의 종교는 "개인에 의해 고안된 것이 아니라 사회지성, 집단의식의 상태가 계시된 것"이다. 뷔네켄, 『세계관』, 202쪽; 뷔네켄, 「어느 자유학교공동체에서 행한 성탄절 담화」, 223쪽. 뷔네켄이 보기에 종교가 갖는 의미는 인간행위의 목표와 당위를 제시하는 데에 있다: "비록 우리가 세계를 필연성들의 연쇄로 인식했다고 해도, 또 다른 문제, 즉 우리는 이 세계에서 무엇을 해야 하는가의 문제는 아직 해결되지 않았다. 우리는 마치 세계의 갱신이 우리 손에 달린 것처럼 행위해야 한다. 세계를 구원하는 것은 인식의 소유도, 이론적 진리도, 도그마도 아니고 우리 행위의 영혼이다." 뷔네켄, 「어느 자유학교공동체에서 행한 성탄절 담화」, 221쪽.

맺음말─시대의 운명을 직시하고 일상의 요구를 완수하라!

합리화와 주지주의화, 그중에서도 특히 세계의 탈주술화를 그 특징으로 하는 우리 시대의 운명은, 바로 궁극적이고 가장 숭고한 가치들이 공공의 장에서 물러나 신비적인 삶이라는 은둔의 왕국으로 들어갔거나 또는 개인들 상호 간의 직접적인 관계의 형제애 속으로 들어갔다는 사실입니다. 우리 시대의 최고예술은 은밀한 예술이지 결코 기념상과 같은 예술이 아니라는 점은 결코 우연이 아니며, 또한 과거에는 예언자적 성령으로서 폭풍과도 같은 열정으로 커다란 신앙 공동체들을 휩쓸면서 그들을 결속시킨 것이 오늘날에는 단지 가장 작은 공동체 내부에서만 인간 대 인간의 관계로 매우 약하게 고동치고 있다는 사실도 결코 우연이 아닙니다. 만약 억지로 기념상 예술의 새로운 양식을 "고안하려고" 한다면, 지난 20년 동안에 세워진 많은 기념상에서 보았던 것처럼 매우 비참한 기형물이 나올 것입니다.[123] 만약 새롭고 진정한 예언 없이 머리를 짜내어 새로운 종교를 만들려고 한다면, 내적인 의미에서는 방금 언급한 예술의 경우와 비슷한 어떤 것이 발생할 것이지만 그 영향은 틀림없이 훨씬 더 나쁠 것입니다. 그리고 강단예언은 결국 광신적인 분파들[124]만을 만들어낼 뿐 결코 진정한 공동체를 만들어내지는 못할 것입니다. 시대의 이러한 운명을 당당히 견디어낼 수 없는 사람에게는 다음과 같이 말해야 할 것입니다: 세간에서 행해지듯이 그렇게 배교자임을 공공연하게 떠들어대지 말고, 차라리 조용히 그리고 솔직하고 체면치레 없이 활

---

123 여기에서 베버가 염두에 두고 있는 기념상으로는, 예컨대 1897년 베를린 황궁 앞에 네오바로크(Neobarock) 양식으로 세워진 독일제국의 황제이자 프로이센 국왕 빌헬름 1세의 기념상과 1901년 베를린 제국의회 앞에 역시 네오바로크 양식으로 세워진 독일제국 총리이자 프로이센 왕국의 총리 오토 폰 비스마르크의 기념상을 들 수 있다. 참고로 네오바로크 양식은 19세기 후반부터 20세기 초까지 유럽과 미국의 건축, 조각, 수공예 등에 유행한 예술양식으로 바로크 양식이 부활한 것이다.

124 분파와 그 반대개념인 교회에 대한 자세한 것은 이 책의 76~77쪽, 주 114를 볼 것.

짝 열려 있는 그리고 자비로 가득한 옛 교회의 품 안으로 돌아가라고. 교회는 그가 돌아오는 것을 어렵게 하지 않을 것입니다. 이 경우에 그는 이렇게 하든 저렇게 하든 여하간 "지성의 희생"을 바쳐야만 하는데 — 이것은 불가피한 일입니다. 그러나 그가 정말로 그렇게 할 수 있다고 해도, 우리는 그를 나무라지 않을 것입니다. 왜냐하면 무조건적인 종교적 헌신을 위해 그렇게 지성을 희생하는 것은 소박한 지적 성실성의 의무를 회피하는 것과는 도덕적으로 여하튼 다른 것이기 때문입니다; 이 의무의 회피는 자신의 궁극적인 입장이 무엇인지 분명히 알 용기를 지니지 못하고 나약한 상대화를 통해 그 의무를 벗어날 때 나타납니다. 그러나 내가 보기에는 심지어 그 의무를 회피하는 것조차도 강의실 안에서는 소박한 지적 성실성 이외에는 그 어떤 미덕도 통용되지 않는다는 것을 분명하게 인식하지 못하는 저 강단예언보다는 더 낫습니다. 이 지적 성실성이 우리에게 명령하는 것은, 오늘날 새로운 예언자와 구세주를 고대하는 수많은 사람의 상황이 「이사야서」에 수록된 유수기(幽囚期)[125]의 저 아름다운 에돔의 "파수꾼의 노래"가 들려주는 상황과 똑같다는 것을 유념하라는 것입니다: "에돔에 있는 세일산에서 외치는 소리가 들려온다: 파수꾼아, 밤이 얼마나 남았느냐? 파수꾼이 말한다: 아침은 올 것이다, 그러나 아직은 밤이다; 묻고 싶거든, 다른 때 다시 오너라."[126] 이 말을 들

---

125 이는 이스라엘의 유다 왕국 사람들이 신(新)바빌로니아의 포로가 되어 그 수도인 바빌론으로 끌려가 억류된 시기로, 달리 바빌론 포로기(捕虜期) 또는 바빌론 포수기(捕囚期)라고도 한다. 바빌론 유수는 총 세 차례에 걸쳐 일어났다. 기원전 601년 신바빌로니아의 국왕 네부카드네자르 2세는 유다 왕국의 수도 예루살렘을 함락하고 597년 그 상층계급 사람들을 바빌론에 포로로 끌고 갔다. 이것이 제1차 바빌론 유수이다. 또한 기원전 586년 예루살렘은 다시 함락되고 완전히 파괴되었으며 그 주민의 대부분이 바빌론으로 납치되었다. 이것이 제2차 바빌론 유수이다. 그리고 기원전 582년 유다의 모든 도시가 파괴되고 주민들이 포로로 끌려갔다. 이것이 제3차 바빌론 유수이다. 바빌로니아를 정복한 페르시아의 국왕 키루스(개신교 성서에는 고레스 왕이라고 표기되어 있음)가 유대인들에게 팔레스티나로 돌아갈 것을 허용함으로써 바빌론 유수는 막을 내렸다.

은 민족은 2,000년이 훨씬 넘도록 묻고 고대해왔는데, 우리는 이 민족의 충격적인 운명을 잘 알고 있습니다. 이로부터 우리는 갈망하고 고대하는 것만으로는 아무것도 이룰 수 없으며, 따라서 우리는 다른 길을 택해야 한다는 교훈을 얻어야 합니다: 우리는 우리의 일에 ─ 인간적으로나 직업상으로나 ─ 착수해 "일상의 요구"[127]를 완수해야 합니다. 그런데 각자가 **자신의** 삶을 조종하는 데몬을 찾아 그에게 복종한다면 일상의 요구란 소박하고 단순한 것입니다.

---

126 이는 구약성서 「이사야서」 제21장 제11∼12절에 나오는데, 원래는 다음과 같다: "세일산에서 사람들이 나에게 외친다: 파수꾼아, 밤이 곧 지나느냐? 파수꾼아, 밤이 곧 지나느냐? 파수꾼이 말한다: 아침이 오면 또 밤이 온다; 너희가 묻고 싶거든 다시 와서 물어보아라."

127 이는 괴테의 교양소설 『빌헬름 마이스터의 편력시대 1』, 369쪽에서 따온 것이다. 거기에서 괴테는 다음과 같이 말하고 있다(베버가 인용한 것은 밑줄 친 문장의 일부분이다): "어떻게 자기 자신을 알 수 있을까? 관찰을 통해서는 결코 안 되고, 아마도 행위를 통해서나 가능할 것이다. 네 의무를 행하도록 애써라. 그러면 너에게 무엇이 문제인지 곧 알게 될 것이다. ─ 그런데 너의 의무는 무엇인가? 일상의 요구가 바로 그것이다." 이 작품은 괴테가 58세 때인 1807년에 집필을 시작해 72세 때인 1821년에 완성해 출간한 것으로서, 원래 제목은 『빌헬름 마이스터의 편력시대 혹은 체념하는 사람들』이다. 그리고 80세이던 1829년에 제2판이 나왔는데, 사실상 이때 작품이 완성된 것으로 보는 것이 타당하다. 왜냐하면 거의 20개 장(章)이 새롭게 들어갔기 때문이다. 이렇게 보면 이 소설은 괴테의 거의 마지막 작품에 속한다.

II
직업으로서의 정치
1919

- 원서에는 아무런 장이나 절도 나누어져 있지 않다. 이에 독자들의 편의를 위해
  옮긴이가 장과 절을 나누고 각 장과 절의 제목을 붙였음을 일러둔다.

강연을 시작하며―그 대상과 범위

여러분의 요청에 따라 하게 된 이 강연은 틀림없이 여러모로 여러분을 실망시킬 것입니다. 직업으로서의 정치에 대한 강연이라고 하니까 여러분은 현안이 되는 시사문제들에 대한 어떤 입장표명이 있지 않을까 자연스레 기대할 것입니다. 그러나 이러한 입장표명은, 우리 인간의 생활양식 전체에서 정치적 행위가 갖는 의의와 관련된 몇 가지 문제를 논의할 강연의 마지막 부분에서, 그것도 순전히 형식적인 방식으로만 이루어질 것입니다. 이에 반해 오늘 강연에서는 **어떤** 정치를 해야 **하는가**, 다시 말해 정치적 행위에 어떤 **내용**을 담아야 **하는가**와 관련된 문제는 완전히 배제할 것입니다. 왜냐하면 그것은 직업으로서의 정치란 무엇이며 또 무엇을 의미할 수 있는가라는 일반적인 문제와는 아무런 관계도 없기 때문입니다. ― 자, 그러면 이제 본론으로 들어갑시다! ―

1. 정치와 국가, 지배 그리고 행정

(1) 정치와 국가

정치란 과연 무엇입니까? 이 개념은 너무나도 광범위해서 독자적으로 수행되는 모든 종류의 **지도적** 행위를 포괄합니다. 거기에는 가령 은행의 외환정책, 국가은행[1]의 어음할인정책, 노동조합의 파업정책이 속하고, 또한 도시나 농촌 지방자치단체의 교육정책, 협회 이사진의 운영정책이 속하며, 심지어 남편을 조종하려고 하는 영리한 아내의 술책도 속합니다.[2] 물론 오늘 저녁 강연에서 우리가 고찰하고자 하는 바는 그처럼 광범위한 개념에 기초하고 있지는 않습니다. 나는 오늘 정치를 단지 다음과 같은 의미로만, 즉 **정치적** 단체의, 그러니까 오늘날 **국가**의 지도적 행위 또는 이 지도적 행위에 영향을 끼치는 행위라는 의미로만 사용하고자 합니다.[3]

그러면 사회학적 관점에서 볼 때, "정치적" 단체란 무엇입니까?; 국가

---

1 독일국가은행(Deutsche Reichsbank)은 1876에 창립된 독일의 중앙은행으로 화폐가격과 화폐량을 결정하는 것이 그 과제였는데, 1935부터는 지폐발행권을 독점하게 되었다. 제2차 세계대전이 끝난 해인 1945년에 해체되었으며, 그 후신인 독일연방은행(Deutsche Bundesbank)은 1957년에 창립되었다.

2 이 문장에서 "정책"과 "술책"이라는 단어는 모두 독일어 'Politik'을 옮긴 것인데, 이 단락의 첫 문장에 나오는 "정치"라는 단어도 마찬가지로 'Politik'을 옮긴 것이다. 독일어 'Politik'은 문맥에 따라서 "정치" 또는 "정책"이라고 옮겨야 한다. 아무튼 베버가 이 문장에서 외환정책, 어음할인정책, 파업정책, 교육정책, 그리고 술책과 더불어 말하고자 하는 바는 그것들 모두가 "어떤 특정한 구체적인 사안의 계획적인 처리와 **집행**"(베버,『이해사회학』, 267쪽), 그러니까 다양한 사회조직 또는 개인에 의해 "독자적으로 수행되는 …… **지도적** 행위"이며 따라서 정치라는 것이다.

3 베버가 말하는 정치적 단체에는—바로 아래의 주 4에서 명백히 드러나듯이—정당이나 정치적 클럽은 속하지 않는다. 이것들은 정치적 단체와 그 행위에 영향력을 행사하려고 하며, 이런 의미에서 "정치적으로 지향된" 단체이다. 이에 대해서는 베버,『이해사회학』, 265~66, 268쪽을 볼 것.

란 무엇입니까?[4] 정치적[5] 단체를 그것이 수행하는 행위의 내용에 의해 사회학적으로 정의할 수는 없으며, 따라서 국가의 경우도 마찬가지입니다. 왜냐하면 정치적 단체가 이따금씩이나마 수행하지 않는 과제란 거의 없으며, 다른 한편으로 우리가 정치적 단체라고, 오늘날에는 국가라고 부르는 단체에, 또는 역사적으로 근대국가에 선행하는 단체에 항상 고유했다고, 더욱이 언제나 **배타적으로** 고유했다고 말할 수 있는 과제도 없기 때문입니다.[6] 사회학적으로 볼 때 근대국가는 결국 그것에, 그리고 다

---

4 베버는 『경제와 사회: 이해사회학 개요』, 제1부 제1장(「사회학의 기본개념들」)에서 단체, 협회, 기관, 정치적 단체, 교권적 단체, 국가를 사회학적으로 정의하고 있다. 첫째, 단체는 "규제를 통해 대외적으로 제한되거나 폐쇄된, 그리고 그 질서의 유지가 특별히 이를 담당하는 특정한 인간들의 행동에 의해 보장되는 사회적 관계"이다. 둘째, 단체는 다시금 협회와 기관으로 나누어진다: 협회는 "합의에 기초하는 단체를 가리키는데, 이 단체의 제정된 질서들은 단지 자발적인 가입을 통해 참여자가 된 사람들에게만 타당성을 갖는다."; 기관은 "그 제정된 질서들이 명시할 수 있는 작용범위 내에서 특정한 특성에 따라 명시할 수 있는 모든 행위에 (비교적) 성공적으로 강요되는 단체를 가리킨다." 셋째, 지배단체는 정치적 단체와 교권적 단체로 나누어진다: 정치적 단체는 "다음과 같은 경우의 그리고 그러한 한에서의 지배단체, 즉 그 존속과 그 질서의 타당성이 일정한 지리적 **영역** 내에서 행정스태프에 의한 **물리적** 강제의 사용과 위협에 힘입어 지속적으로 보장되는 경우의 그리고 그러한 한에서의 지배단체를 가리킨다."; 교권적 단체는 "다음과 같은 경우의 그리고 그러한 한에서의 지배단체, 즉 그 질서를 보장하기 위해 구원재의 제공이나 거부를 통한 심리적 강제(교권적 강제)를 사용하는 경우의 그리고 그러한 한에서의 지배단체를 가리킨다." 정치적 단체에 속하는 국가는 — 오늘날에는 국가만이 정치적 단체에 속한다 — "그 행정스태프가 질서의 집행에 필요한 **정당한** 물리적 강제를 성공적으로 **독점하는** 경우의 그리고 그러한 한에서의 정치적 **기관경영**을 가리킨다." (교권적 단체에 속하는 교회는 "그 행정스태프가 정당한 교권적 강제의 **독점**을 요구하는 경우의 그리고 그러한 한에서의 교권적 **기관경영**을 가리킨다"). 베버, 『이해사회학』, 252쪽 이하. 우리가 인용한 마지막 부분에 "기관경영"이라는 말이 두 번 나오는데, "경영"의 개념에 대해서는 이 책의 98쪽, 주 17을 볼 것.

5 이 단락에서 전개되는 국가에 대한 사회학적 정의는 베버, 『이해사회학』, 266~69쪽에서 보다 자세히 전개되고 있으니 참조할 것.

6 이처럼 국가를 그것이 수행하는 행위의 내용이나 과제에 의해, 그러니까 그것이 추구하는 목적에 의해 규정하는 것을 목적론적 국가론 또는 국가목적론이라고 한다. 국가목적론은 전통적인 국가학에서 중요한 역할을 했는데, 독일의 저명한 국가법학자이면서 베버의 지적 세계에 커다란 영향을 끼친 게오르그 옐리네크(1851~1911)의 국가학에서

른 모든 정치적 단체에, 특유한 하나의 특수한 **수단**을 근거로 정의할 수밖에 없습니다: 이 수단은 다름 아닌 물리적 폭력입니다. "모든 국가는 폭력에 기초한다"라고 전에 트로츠키가 브레스트-리토프스크에서 말했습니다.[7] 딱 맞는 말입니다. 만약 폭력이라는 수단을 갖지 않은 사회적 조직체들만이 존재한다면, **그렇다면** "국가"라는 개념은 사라질 것이고, **그렇게 되면** 이 특정한 의미에서 "무정부상태"라고 부를 만한 상황이 일어날 것입니다.[8] 물론 나는 여기에서 폭력이 국가의 정상적인 수단이거나 유일한 수단이라고 말하는 것은 결코 아닙니다 — 그러나 폭력이 국가에 특유한 수단인 것은 분명합니다. 오늘날에는 국가와 폭력의 관계가 특히 긴밀합니다. 과거에는 — 씨족을 필두로 — 매우 다양한 단체들이 물리적 폭력을 완전히 정상적인 수단으로 알고 있었습니다. 이에 반해

도 그랬다. 옐리네크에 따르면 국가는 "하나의 목적통일체"이며, 국가의 목적은 "다음과 같은 부정할 수 없는 심리학적 사실, 즉 국가의 생명은 인간행위의 부단한 연속에 있으며, 더구나 모든 행위는 필연적으로 어떤 동기, 그러니까 어떤 목적에 의해 규정된다는 사실에서" 연원한다. 옐리네크, 『일반국가학』, 제3판, 234쪽. 국가의 목적은 — 옐리네크는 계속해서 주장하기를 — 국가의 작용을 정당화하며, 국가의 존재를 정당화하는 국가의 기초와 내적으로 밀접한 관계에 있다. 이러한 목적론적 정당화의 관점에서 보면, 오늘날 국가는 "**외적 수단에 기반하는 계획적, 중앙집권적인 활동을 통해 개인, 국민, 그리고 인류의 연대적 이해관심을 전체의 진보적인 발전이라는 방향으로 충족하는 ……
단체**"이다. 같은 책, 264쪽. 이 책의 96쪽, 주 14도 같이 볼 것. 그리고 옐리네크가 베버에 대해 갖는 의미는 김덕영, 『막스 베버: 통합과학적 인식의 패러다임을 찾아서』, 494~501, 606~08쪽을 볼 것.

7 브레스트-리토프스크(Brest-Litowsk)는 오늘날 벨라루스의 도시인데, 제2차 세계대전 이전에는 폴란드의 도시였다. 이곳에서 1917년 9월 9일부터 소비에트 러시아와 동맹국 (독일제국, 오스트리아-헝가리 제국, 불가리아 왕국, 오스만 제국) 사이에 강화교섭이 시작되었는데, 당시 소비에트 러시아의 외교 인민위원이던 트로츠키는 1918년 1월 7일부터 대표단을 이끌었다(1918년 3월 3일에 강화회담이 체결되었다). 베버가 본문에서 인용한 트로츠키의 말은 이때 한 것으로 보인다.

8 원래 무정부상태(Anarchie)는 무지배상태 또는 무지배적 질서를 가리킨다. 무정부적 사회는 평의회, 자유로운 합의 또는 순수한 기능적 결정에 의해 규제된다. 그런데 무정부 상태는 국가나 정부의 부재로 인한 사회적 무질서 또는 혼란이라는 의미로 쓰이기도 한다. 여기에서 베버는 후자를 가리킨다.

오늘날의 국가는 일정한 지역 내에서 — 이것, 즉 "지역"은 오늘날의 국가를 규정짓는 특징 중의 하나입니다 — **정당한 물리적 폭력의 독점**을 요구하는 (그리고 이 요구를 성공적으로 관철하는) 인간 공동체라고 말해야 할 것입니다. 왜냐하면 다음은, 즉 다른 모든 단체나 개인은 단지 **국가가** 허용하는 범위 내에서만 물리적 폭력을 행사할 권리를 부여받는다는 것은 현대의 특유한 현상이기 때문입니다: 국가는 폭력을 사용할 "권리"의 유일한 원천으로 간주됩니다.

요컨대 우리에게 "정치"란 국가들 사이에서든, 한 국가 내의 인간집단들 사이에서든 권력의 일정한 지분을 차지하려는 노력이나 또는 권력배분에 영향을 끼치려는 노력을 뜻한다고 말할 수 있습니다.

이것은 정치라는 말의 일상적인 용법과도 대체로 일치합니다. 우리는 가령 어떤 문제를 "정치적" 문제라고 말하고, 어떤 각료나 관료를 "정치적" 관료라고 말하며, 어떤 결정이 "정치적으로" 이루어진다고 말하는데 — 이 말이 뜻하는 바는 항상 다음과 같은 것입니다. 즉 권력배분, 권력유지 또는 권력이동에 대한 이해관계가 그 문제의 해결에 방향을 제시하고 그 결정을 초래하며, 또한 그 관료의 활동영역을 규정한다는 것입니다. 정치를 하는 사람은 권력을 추구합니다: 구체적으로 말해 다른 목표를 달성하기 위한 수단으로서 권력을 추구하거나 아니면 "권력 그자체를 위해", 다시 말해 권력이 주는 위세감(威勢感)을 즐기기 위해 권력을 추구합니다.

(2) 지배와 그 정당성의 근거

국가는 그에 선행하는 정치적 단체들과 마찬가지로 정당한 (다시 말해 정당하다고 간주되는) 폭력이라는 수단에 기반하는 인간에 대한 인간의 **지배**관계입니다. 그러므로 국가가 존속하려면 피지배자들은 그때그때의 지배자들이 요구하는 권위에 **복종해야만** 합니다. 피지배자들은 어떤 경우에, 그리고 무엇 때문에 그렇게 할까요? 이러한 지배는 어떤 내적인 정당화 근거와 어떤 외적인 수단에 기반할까요?

지배의 내적인 정당화, 다시 말해 지배의 **정당성**의 근거에는 — 이 문제부터 시작하기로 하겠습니다 — 원칙적으로 세 가지가 있습니다.[9] 첫째로 "영원한 과거"가 갖는 권위, 즉 아주 오래전부터 통용되어왔고 또한 습관적으로 준수되어왔기 때문에 신성화된 **관례**[10]가 갖는 권위를 들 수 있습니다: 이것은 "전통적" 지배로서 여기에는 옛 유형의 가부장과 가산제[11] 군주가 행사한 지배가 속합니다. 그리고 비범한 개인의 **천부적 자질**(카리스마)이 갖는 권위, 그러니까 어떤 개인이 전하는 신의 계시, 그의 영웅적 행위 또는 그가 가진 다른 지도자적 자질에 피지배자들이 완

---

9 베버는 『경제와 사회: 이해사회학 개요』, 제1부 제3장(「지배의 유형」)에서 이 문제를 자세하게 다루고 있다(122~76쪽).

10 베버는 『경제와 사회: 이해사회학 개요』, 제1부 제1장(「사회학의 기본개념들」)에서 사회적 행위를 조절하는 질서로 관행, 관례, 관습 및 법의 네 가지를 구별한다. 그는 관행(Brauch)과 관례(Sitte)를 다음과 같이 정의한다: "사회적 행위의 정향에서 **규칙성**이 존재할 실제적인 가망성이 **단지** 다음과 같은 사실, 즉 한 인간집단 내에서 그 행위가 실제로 수행된다는 사실에 의해서만 주어지는 경우에 그리고 이러한 경우에 한하여, 우리는 그 가망성을 **관행**이라고 부르고자 한다. 그리고 사회적 행위의 실제적인 수행이 오랫동안의 **익숙함**에 근거하는 경우, 우리는 관행을 **관례**라고 부르고자 한다."; 그리고 관습(Konvention)과 법(Recht)을 다음과 같이 정의한다: "질서는 다음과 같은 경우에 각각 관습과 법이라고 부르고자 한다: a) **관습** — 어떤 특정한 인간집단 내에서 일탈하면 (비교적) 일반적이고 실제로 느낄 수 있는 **비난**에 부딪힐 수 있는 가망성에 의해서 질서의 타당성이 외적으로 보장되는 경우이다. **법** — 질서의 준수를 강요하거나 그 위반을 처벌하는 일을 **특별히** 담당하는 인적 스태프의 행위에 의해 (물리적으로 또는 심리적으로) **강제될** 수 있는 가망성에 의해서 질서의 타당성이 외적으로 보장되는 경우이다." 베버, 『이해사회학』, 212~13, 223~24쪽.

11 가산제(家産制; Patrimonialismus)는 특정한 지배영역 전체와 그에 속하는 주민 및 재산을 지배자의 세습재산으로 간주하는 제도를 가리킨다. 이 경우에 정치, 행정, 군사, 경제 등 지배수단은 중앙집권적으로 지배자 한 사람의 수중에 집중되는데, 지배자는 그 일부를 자신의 대리자인 관료들에게 위임한다. 이러한 원리에 입각해 존립하는 국가를 가산국가(家産國家; Patrimonialstaat)라고 한다. 가산제와 달리 봉건제(Feudalismus)에서는 중앙의 지배자가 그 추종자들에게 지방의 통치를 일임하는데, 이들도 자체적인 지배수단을 보유하고 행사한다.

전히 인격적으로 귀의하고 그 계시, 행위 또는 자질을 인격적으로 신뢰하는 것을 들 수 있습니다: 이것은 "카리스마적" 지배로서 여기에는 예언자 또는 — 정치적 영역에서는 — 선출된 군(軍)지도자나 국민선거적 지배자, 뛰어난 선동가 그리고 정당 지도자가 행사하는 지배가 속합니다.[12] 마지막으로 "합법성"에 의거하는 지배, 그러니까 합법적 **규약**의 타당성에 대한 믿음과 합리적으로 제정된 규칙이 부여하는 객관적 "권한"에 의거하는 지배를 들 수 있는데, 이 경우에 복종은 규약에 따른 의무의 이행을 뜻합니다: 이것은 근대적 "공무원"과 이 점에서 그와 유사한 모든 권력의 담지자가 행사하는 지배입니다. — 물론 실제로는 공포와 희망 — 주술적 힘이나 권력자에 의한 보복에 대한 공포, 내세 또는 현세에서의 보상에 대한 희망 — 이라는 지극히 강력한 동기와 그 밖에도 매우 다양한 종류의 이해관계가 복종을 유발합니다. 이에 대해서는 곧 다시 논의할 것입니다. 그러나 이러한 복종이 갖는 "정당성"의 근거를 캐들어가면 우리는 결국 방금 언급한 세 가지의 "순수"유형에 맞닥뜨리게 됩니다. 그리고 이러한 정당성 관념과 그 내적 근거는 지배구조에 대해 상당히 중요한 의의를 가집니다. 물론 순수유형들은 현실에서는 거의 존재하지 않습니다.[13] 그러나 오늘은 이 순수유형들의 지극히 복잡한 변형, 이

---

12 여기에 나오는 "선출된 군(軍)지도자"의 예로는 아테네의 민회에서 선출되는 스트라테고스를 들 수 있다(이 책의 137쪽, 주 117을 볼 것; 그리고 민회에 대해서는 뒤의 주 15를 볼 것). 그리고 "국민선거적 지배자"는 'plebiszitäre Herrscher'를 옮긴 것으로 선거권을 가진 국민이 직접 선출하는 지도자를 가리킨다. 흔히 'plebiszitär'는 "국민투표적"이라고 옮기는데, 국민투표는 국정의 중요한 사안을 국민의 표결로 결정하는 제도로 지도자를 선출하는 제도인 선거와는 다르다. 그렇기 때문에 'plebiszitäre Herrscher'를 "국민투표적 지배자"가 아니라 "국민선거적 지배자"로 옮긴 것이다.

13 이 맥락에서 베버가 말하는 "순수유형"은, 그의 방법론적 용어로 표현하면 "이념형"이다. 베버에 따르면 이념형은 유토피아이다. 다시 말해 이념형은 — 이와 관련해 베버는 1904년 발표한 논문 「사회과학적 및 사회정책적 인식의 "객관성"」에서 말하기를 **"하나의** 관점 또는 **몇 개의** 관점을 일면적으로 **강조하고는**, 분산적이고 불연속적으로 존재하는, 다시 말해 어느 곳에서는 많이 존재하고 다른 곳에서는 적게 존재하며 곳에 따라서는 아예 존재하지 않는, 그러면서 일면적으로 강조된 그 관점들에 부합하는 다

순수유형들 상호 간의 지극히 복잡한 이행과 결합을 다룰 수는 없습니다: 이것은 "일반국가학"에 속하는 문제입니다.[14]

여기에서 우리의 관심을 끄는 것은 무엇보다도 두 번째 유형, 즉 복종자들이 "지도자"의 순전히 개인적인 "카리스마"에 귀의함으로써 성립하는 지배입니다. 왜냐하면 바로 여기에 정치에 대한 가장 선명한 형태의 **천직**(天職) 관념이 뿌리를 박고 있기 때문입니다. 피지배자들이 예언자나 전쟁 지도자 또는 민회(民會)[15]나 의회에서의 아주 뛰어난 선동가의 카리스마에 귀의한다는 것은, 해당 인물 개인이 내적으로 "소명을 받은" 인간 지도자로 간주된다는 것을, 그리고 피지배자들은 관례나 규약 때문이 아니라 그를 믿기 때문에 그에게 복종한다는 것을 뜻합니다. 그가 편협하고 허영심에 가득 찬 일순간의 벼락출세자 이상이라면, 그는 그 자신의 대의를 위해 살고 "그 자신의 과업을 추구할" 것입니다.[16] 그리고

수의 **개별** 현상을 하나의 내적으로 통일적인 **사유상**으로 결합함으로써 얻어진다. 이 사유상은 그 개념적 순수성에 있어서는 현실의 그 어느 곳에서도 경험적으로 존재하지 않는다. 그것은 하나의 **유토피아**이다. 그리고 **역사적** 작업의 과제는 각각의 **개별적인 경우에** 현실이 이러한 이념상에 얼마나 가까운지 또는 먼지를 확인하는 데에 있다." 베버, 『문화과학 및 사회과학의 논리와 방법론』, 307~08쪽.

14 옐리네크에 따르면 국가학(이론적 국가과학)은 일반국가학과 특수국가학으로 나뉜다. 국가학은 다시금 사회적 국가학과 국법학으로 나뉘며, 따라서 일반국가학은 일반국가사회학과 일반국법학으로 나뉜다. 일반국가사회학의 과제가 "사회적 형성물로서의 국가를 그 존재의 전체에서 고찰하는" 것이라면, 일반국법학의 과제는 "국가의 법적 성격과 국법상의 기본개념들을 인식하는" 것이다. 옐리네크, 『일반국가학』, 제3판, 9쪽 이하. 이 책의 91~92쪽, 주 6도 같이 볼 것.

15 민회(Ekklesia; 그리스어 ἐκκλησία)는 고대 그리스 도시국가들의 시민총회로 시민권을 가진 성인 남자들이 모여 국가의 중요한 정책이나 문제를 토론하고 (다수결) 투표로 결정했는데, 그 구성이나 정치적 권한은 도시국가에 따라 달랐다. 이미 호메로스의 저작에도 전사들로 구성된 집회가 언급되고 있지만 기원전 5세기부터 기원전 4세기까지의 민주주의적 도시국가들, 특히 아테네의 민회가 잘 알려져 있다. 민회는 로마 시대에도 존재했지만 원로원에 의해 많은 제약을 받았다.

16 니체는 『차라투스트라는 이렇게 말했다』, 389쪽에서 다음과 같이 말하고 있다(밑줄 친 부분이 베버가 인용한 것이다): " …… 그의[차라투스트라의] 짐승들은, 생각에 잠겨 주위를 서성이다가 이내 그의 옆에 자리를 잡고 앉았다. / '오, 차라투스트라여, 그대 지

그의 신봉자들, 즉 제자들, 추종자들, 완전히 개인적인 당파적 지지자들이 그에게 귀의하는 것은 그 개인의 인격과 자질 때문입니다. 과거에 가장 중요했던 두 가지 형태의 카리스마적 지도자는, 한편으로는 주술사와 예언자이고 다른 한편으로는 선출된 군(軍)지도자, 도당의 우두머리, 용병대장인데, 이 두 가지 형태의 지도자는 모든 지역과 모든 역사적 시기에 나타났습니다. 그러나 서구에만 특유한, 그리고 그 두 가지 형태의 지도자보다 우리의 논의에 더 중요한 것은, 처음에는 자유로운 "선동가"의 형태를 취했다가 나중에는 의회 내의 "정당 지도자"의 형태를 취한 **정치** 지도자입니다: 전자는 서구에만, 그중에서도 지중해 문화권에만 특유한 도시국가라는 토양에서 성장했으며, 후자는 마찬가지로 서구에만 특유한 입헌국가라는 토양에서 성장했습니다.

물론 가장 본래적인 의미에서의 "천직"에 의거하는 이러한 정치가들이 권력투쟁의 장에서 유일하게 결정적인 역할을 하는 경우는 그 어디에도 없습니다. 그들이 사용할 수 있는 보조수단이 어떤 종류인가 하는 점도 매우 중요합니다. 정치적 지배세력은 자신의 지배권을 유지하기 위해 어떻게 할까요? 이 질문은 모든 종류의 지배에, 따라서 모든 형태의 정치적 지배에도, 즉 합법적 지배와 카리스마적 지배뿐만 아니라 전통적 지배에도 해당됩니다.

금 그대의 행복을 기다리고 있는 것이지?' 짐승들이 말했다. '행복이 다 무엇이란 말이냐! 나는 행복을 추구하지 않은 지 오래되었거늘. 나는 나 자신의 과업을 추구하지.' 그는 대꾸했다. '오, 차라투스트라여, 지나치게 흡족해하는 자가 되어 그대 그렇게 말하고 있는 것이다. 그대는 하늘처럼 파란 행복의 호수에 누워 있지 않은가?' 짐승들이 다시 한번 말했다. '익살꾼들이여, 이 얼마나 훌륭한 비유인가! 그러니 너희도 알고 있으렷다. 나의 행복이 묵직하여 흘러가는 물결 같지가 않다는 것을. 행복은 나를 내리누르고 도무지 떨어지려 하지 않은 채 녹아내린 역청처럼 굳고 있다.' 차라투스트라는 이렇게 대답하고는 미소를 지었다"(번역을 약간 수정했음을 일러둔다).

(3) 행정과 행정스태프

그 어떤 지배경영[17]도 지속적인 행정을 구축하려면 두 가지를 필요로 하는바, 그 하나는 정당한 권력의 담지자임을 주장하는 지배자들에게 복종하도록 인간의 행위를 조절하는 일이고, 다른 하나는 이러한 복종에 힘입어 경우에 따라 물리적 폭력을 행사하는 데 필수적인 물적 재화를 확보하는 일입니다: 다시 말해 인적 행정스태프와 물적 행정수단을 필요로 합니다.

다른 모든 경영[18]과 마찬가지로 정치적 지배경영을 외적으로 표현하는 것은 다름 아닌 행정스태프인데, 이 행정스태프가 권력자에 대한 복종이라는 쇠사슬에 얽매이게 되는 것은 물론 비단 방금 언급한 정당성 관념 때문만은 아닙니다. 그 밖에도 두 가지 수단이 더 있는데, 이 둘은 모두 행정스태프의 개인적인 이해관계에 호소합니다: 물질적 보수[19]와 사회적 명예가 바로 그것입니다. 봉신의 봉토, 가산관료의 봉록, 근대 공무원의 봉급——기사의 명예, 신분적 특권, 관료의 명예, 이런 것들이 행정스태프가 받는 보상입니다; 그리고 그것들을 상실하지나 않을까 하는 두려움이야말로 행정스태프와 권력자 간의 연대(連帶)의 궁극적이고

---

17 이는 'Herrschaftsbetrieb'을 옮긴 것인데, 베버는 『경제와 사회: 이해사회학 개요』, 제1부 제1장(「사회학의 기본개념들」)에서 "경영"(Betrieb)과 "경영단체"(Betriebsverband)를 다음과 같이 정의하고 있다: "**경영**이란 특정한 종류의 지속적인 **목적**행위를 가리키며, **경영단체**란 지속적으로 목적행위를 하는 행정스태프에 기반하는 이익사회화를 가리킨다." 베버, 『이해사회학』, 261쪽. 베버에 따르면 "'경영'이라는 개념에는, 정치적 사업과 교회적 사업 그리고 협회의 사업 등도 목적추구의 지속성이라는 특성을 충족하는 한 당연히 포함된다." 같은 곳. 첫 번째 인용구절의 마지막 부분에 나오는 이익사회화라는 개념에 대해서는 같은 책, 238쪽 이하를 볼 것.
18 바로 앞의 주 17을 볼 것.
19 이는 'Entgelt'를 옮긴 것이다; 그리고 그 바로 다음 문장에 나오는 "보상"은 'Lohn'을 옮긴 것이다. 전자는 물질적 보수만을 가리키는 반면, 후자는 물질적 보수와 사회적 명예를 함께 가리킨다.

결정적인 토대입니다. 카리스마적 지도자에 의한 지배의 경우에도 마찬가지입니다: 군(軍)지도자의 추종자, 그러니까 그를 따라 참전하는 전사에게는 명예와 전리품이라는 보상이 주어지며, 선동가의 추종자에게는 "엽관"(獵官), 즉 관직의 독점을 통한 피지배자들의 착취, 정치적으로 결정되는 이득, 그리고 허영심의 충족이라는 보상이 주어집니다.[20]

폭력에 의존하는 그 어떤 지배도 유지되기 위해서는 경제적 경영과 마찬가지로 일정한 물질적-외적 재화를 필요로 합니다. 그런데 모든 국가질서는 두 가지 기준에 따라 분류할 수 있습니다: 그 한 가지 기준은, 국가질서가 다음과 같은 원칙, 즉 권력자가 그 복종에 의지할 수밖에 없는 인적 스태프가 — 그들이 관료이든 또는 그 밖의 다른 누구이든 — 행정수단을 — 그것이 돈, 건물, 전쟁물자, 차량, 말 또는 그 밖의 무엇이든 — **스스로** 소유한다는 원칙에 기초한다는 것입니다; 그리고 다른 한 가지 기준은, 오늘날 자본주의적 기업 내에서 사무직 직원과 프롤레타리아트가 물적 생산수단으로부터 "분리되어" 있다는 것과 똑같은 의미에서 행정스태프가 행정수단으로부터 "분리되어" 있다는 것입니다.[21] 다시 말해 국가질서는 다음에 따라, 즉 권력자가 **스스로** 행정을 조직하고

---

20 베버는 이것을 영어('spoils')로 표기하고 있고, 아래에서도 그렇게 표기하고 있다. 이 단어는 원래 전리품 또는 노획물을 가리키는데, 전성되어 엽관이라는 말로 쓰인다. 엽관과 엽관제(spoils syetem)에 대한 자세한 내용은 이 책의 161쪽 이하를 볼 것.

21 여기에서 "분리"라는 개념은 마르크스로부터 온 것이 확실하다. 마르크스는 『자본』, 제1권, 742쪽에서 다음과 같이 말하고 있다(밑줄 친 부분이 베버가 준거한 것으로 보임): "자본관계는 노동자와 노동의 실현조건의 소유가 분리되는 것을 전제로 한다. 자본주의적 생산이 일단 자신의 발로 서게 되면, 이러한 분리를 유지할 뿐만 아니라 이를 지속적으로 확대 재생산하게 된다. 그러므로 자본관계를 만들어내는 과정은 노동자를 자신의 노동조건의 소유로부터 분리시키는 과정, 즉 한편으로는 사회적 생활수단과 생산수단을 자본으로 전환시키고, 다른 한편으로는 직접적인 생산자들을 임금노동자로 전환시키는 과정 이외에 다른 것이 될 수 없다. <u>그런데 이른바 본원적 축적이란 생산자와 생산수단의 역사적 분리과정에 다름 아니다.</u> 그것이 '본원적'인 것으로 보이는 까닭은, 그것이 자본 그리고 자본에 상응하는 생활양식의 전사(前史)를 이루고 있기 때문이다." 이 책의 17쪽, 주 13도 같이 볼 것.

감독하면서 개인적 종복이나 고용된 관료 또는 개인적 총신 및 심복으로 하여금 행정의 실무를 담당하도록 하는가 — 이들은 물적 경영수단의 소유자, 즉 자신의 권리에 따라 그 수단을 점유한 사람들이 아니라 지배자의 지휘 아래 그 수단을 사용하는 사람들입니다 —, 아니면 그 정반대인가에 따라 분류할 수 있습니다. 과거의 모든 행정조직은 이러한 차이에 따라 분류할 수 있습니다.

물적 행정수단의 전부 또는 일부가 종속적인[22] 행정스태프의 수중에 있는 정치적 단체를 "**신분적으로**"[23] 조직된 단체라고 부르고자 합니다. 예컨대 봉토단체[24]의 봉신은 자신에게 봉토로 주어진 지역의 행정과 사법(司法)의 비용을 스스로 부담했으며, 전쟁에 필요한 장비와 식량도 스스로 조달했습니다; 그로부터 봉토를 받은 하위봉신들의 경우에도 마찬가지였습니다. 이것은 당연히 군주의 권력지위에 영향을 끼쳤는데, 왜냐하면 군주의 권력지위는 전적으로 주종 간의 개인적인 충성동맹에, 그리고 봉신의 봉토소유와 사회적 명예가 갖는 "정당성"이 군주로부터 나온다는 사실에 기초했기 때문입니다.

그러나 다른 한편으로 우리는 가장 오래된 정치적 형태에 이르기까지 어디에서나 군주 자신이 행정을 관장하는 현상도 관찰할 수 있습니다: 이 경우에 군주는 노예, 가신, 시종, 개인적인 "총신"과 같이 개인적으로 자신에게 종속된 사람들을 통해, 그리고 자신의 창고에서 현물이나 돈으로 급료를 받는 봉록자들을 통해 행정을 자신의 손아귀에 넣고자 합니다; 또한 그는 행정비용을 스스로, 그러니까 자신의 가산영토(家産領土)에서 나오는 수입으로 부담하고자 하며 자신의 곡식창고, 탄약고, 무기고로부터 장비와 식량을 공급받는, 그리하여 완전히 개인적으로 자신에

---

22 이는 "지배자 또는 권력자에게 종속된"이라고 읽으면 된다.

23 이 책의 106쪽에 나오는 "신분"의 정의와 같이 볼 것.

24 베버가 봉건제라는 말을 쓰지 않고 굳이 봉토단체라는 말을 쓰는 이유는 봉건제를 일종의 정치적 단체, 즉 봉토에 기반하는 정치적 단체로 보기 때문이다.

게 예속되는 군대를 만들고자 합니다. "신분적" 단체에서는 군주가 자립적인 "귀족"의 도움을 받아 지배를 하며, 따라서 "귀족"과 지배권을 **공유하는 데** 반해, 이 경우에 군주는 가복(家僕)이나 평민에게 의존합니다: 이들은 아무런 독자적인 사회적 명예도 없는 무산계층으로서 물질적으로 완전히 군주에게 속박되어 있으며, 그와 경쟁할 만한 그 어떤 독자적인 힘의 기반도 없습니다. 모든 형태의 가부장적 지배와 가산제적 지배, 술탄적[25] 전제정치와 관료제적 국가질서가 이 유형에 속합니다. 특히나 관료제적 국가질서가 이 유형에 잘 들어맞는데, 가장 합리적인 형태로 발전한 관료제적 국가질서는 바로 근대국가의 특징입니다.

25 베버는 전제군주제라는 의미의 "술탄제"(Sultanimsus) 또는 "술탄적 전제정치", "술탄적 지배"라는 개념을 사용하는데, 그 어원은 물론 이슬람 국가에서 정치적 지배자를 가리키는 술탄(Sultan)이다. 그러나 베버가 이 말을 이용해 술탄제라는 용어를 만든 것은 단순히 이슬람 국가의 지배체제를 기술하고 설명하고자 함이 아니라 지배의 사회학과 유형학을 구축해 인류 역사에 등장한 다양한 지배체제를 기술하고 설명하려는 시도의 일환이었다. 예컨대 베버는 『종교사회학 논총』, 제1권, 426~30쪽에서 중국에 술탄제라는 개념을 적용한다. 베버는 전통적 지배를 지배자의 개인적인 행정스태프의 유무에 따라 네 가지 유형으로 나눈다. 장로제와 가부장제는 그것이 없는 전통적 지배이고 가산제와 술탄제는 그것이 있는 전통적 지배이다. 먼저 장로제는 "최연장자가 신성한 전통을 가장 잘 알고 있는 사람으로서 지배를 행사하는" 유형으로 "일차적으로 경제적이거나 가족적이지 **아니한** 단체에서 흔히 나타난다." 그리고 가부장제는 "대개 일차적으로 경제적이고 가족적인 (가정)단체 내에서 (통상적으로) 확고한 세습규칙에 따라 정해지는 개인이 지배를 행사하는" 유형이다. 그런데 "지배자의 순전히 개인적인 행정스태프(그리고 군사스태프)가 생겨나면 보는 전통적인 지배는 **가산제**로의 경향을" 보이며, "지배자의 권력이 최고도에 이를 경우에는 **술탄제**에로의 경향을" 보인다. 베버, 『경제와 사회: 이해사회학 개요』, 133쪽. 가산제에 대한 보다 자세한 내용은 이 책의 94쪽, 주 11을 볼 것.

2. 정치가와 관료

(1) 근대국가의 형성과 직업정치가의 출현

근대국가의 발전은 어디서나 군주 측에서 자신과 어깨를 나란히 하면서 독립적이고 "사적인" 행정권력을 쥐고 있던 사람들로부터 이 권력을 몰수함으로써, 다시 말해 행정수단, 전쟁경영수단, 재정경영수단, 그리고 정치적으로 이용할 수 있는 모든 종류의 재화를 자주적으로 소유하고 있던 사람들로부터 그 수단들과 재화들을 몰수하면서 시작되었습니다. 이러한 과정 전체는 독립적인 생산자들의 생산수단을 점차로 몰수하면서 진행된 자본주의적 기업의 발전에 완전히 상응합니다. 그러한 발전과정의 결과로 근대국가에서는 모든 정치적 경영수단에 대한 통제권이 사실상 단 하나의 정점에 집중되어 있으며, 따라서 그 어떤 관료도 더 이상 자신이 지출하는 돈의 사적 소유자가 아니며 더 이상 자신이 사용하는 건물, 비품, 도구, 무기의 사적 소유자가 아닙니다. 다시 말해 오늘날의 "국가"에서는 ― 그리고 이 점은 오늘날의 국가를 규정하는 개념의 본질적인 요소입니다 ― 행정스태프의, 즉 행정관료와 행정노동자의 물적 경영수단으로부터의 "분리"가 완전히 관철되었습니다. 그러고는 현시점에서 완전히 새로운 발전이 시작되고 있는데, 그것은 우리의 눈앞에서 정치적 수단과 정치적 권력의 이 수탈자를 수탈하려는 시도입니다.[26]

---

26 이 문장에서 "수탈자를 수탈하려는"은 마르크스에서 빌려 온 것이다. 마르크스는 『자본』, 제1권, 790~91쪽에서 사회주의의 몰락과 사회주의의 도래라는 역사의 발전과 더불어 자본주의 사회의 수탈자인 자본가들이 노동자들에 의해 수탈당하게 되는 과정을 서술하고 있다(베버가 인용한 것은 밑줄 친 부분임): "이 수탈은 자본주의적 생산 자체의 내재적인 법칙들의 작용을 통해서, 그리고 자본들의 집중을 통해서 생긴다. 한 자본가가 다른 많은 자본가들을 타도한다. 이처럼 다수의 자본이 소수의 자본으로 집중되거나 다수의 자본가에 의해 소수의 자본가가 수탈됨에 따라서 노동과정의 협업적 형태가 갈수록 고도화된다. 즉 과학이 의식적으로 기술적인 목적에 응용되고, 토지가 계획

102

그리고 혁명[27]은 적어도 한 가지 점에서 정치적 수탈의 시도에 성공했는데, 그 한 가지 점이란 상기한 방식으로 모든 정치적 경영수단에 대한 통제권을 장악한 군주들이 다음과 같은 지도자들로, 즉 찬탈을 통해서 아니면 선거를 통해서 정치적인 인적 스태프와 물적 재화의 관장기구에 대한 통제권을 장악하고 자신들의 정당성을 — 이렇게 하는 것이 얼마나 옳은가에 상관없이 — 피지배자들의 의사에서 이끌어내는 지도자들로 대체되었다는 사실입니다. 그러나 혁명의 지도자들이 이러한 — 적어도 외견상의 — 성공을 근거로 자본주의적 경제경영 내에서도 수탈할 수 있다는 희망을 응당 품을 수 있는가는 또 다른 문제입니다: 왜냐하면 자본주의적 경제경영의 관리는 정치적 행정과 상당히 유사함에도 불구하고 근본적으로 완전히 다른 법칙을 따르기 때문입니다. 이에 대해 오

적으로 착취되고, 노동수단이 공동으로만 사용될 수 있게 되고, 모든 생산수단이 사회적으로 결합된 노동을 위해 이용됨으로써 절약되고, 지구상의 모든 국민들이 세계시장의 네트워크로 편입되며 또한 그럼으로써 자본주의 체제가 국제적인 성격을 띠게 된다. 이 변화과정에서 생기는 모든 이익을 점유하고 독점하는 대자본가의 수가 끊임없이 감소함에 따라 빈곤, 억압, 예속, 타락 및 착취의 정도는 증대한다. 그러나 끊임없이 팽창하며 자본주의적 생산과정 자체의 메커니즘을 통해 훈련되고 결합되며 조직되는 노동자계급의 저항도 증대한다. 그리고 자본독점은 자신과 함께 그리고 자신의 아래에서 개화한 생산양식의 질곡으로 작용한다. 그리하여 생산수단의 집중과 노동의 사회화는 자본주의적 외피와 양립할 수 없는 지점에 이르게 된다. 결국 이 외피는 폭파되며, 따라서 자본주의적 사적 소유의 시대는 조종을 울린다. 이제는 수탈자가 수탈당한다 (Die Expropriateurs werden expropriiert)."

27 이는 11월혁명이라 부르는 1918~19년의 독일혁명을 가리킨다. 제1차 세계대전에서 독일이 연합군에 항복하기 직전인 그해 11월 3일, 독일 북부의 킬(Kiel) 군항에서 수병들이 반란을 일으키자 노동자들도 이에 합류해 그다음 날인 11월 4일에 노동자-병사평의회가 구성되어 킬시의 실권을 장악했다. 이 혁명은 독일 전역으로 급속히 확산되어 각지에서 노동자-병사평의회가 구성되었으며(이 책의 187쪽, 주 241을 볼 것), 22개의 군주국이 — 1918년 11월 말까지 — 15개의 공화국으로 전환되면서 독일제국이 붕괴되고 바이마르 공화국이 탄생했다(이 책의 112쪽, 주 48을 볼 것). 독일제국의 마지막 황제 빌헬름 2세는 1918년 11월 28일에 공식적으로 퇴위했다. 그러나 바이마르 공화국의 출발점은 공화국이 선언된 1918년 11월 9일로 본다. 바이마르 공화국의 헌법이 효력을 발생한 것은 1919년 8월 14일이다.

늘은 나의 입장을 밝히지 않도록 하겠습니다. 여기서는 단지 우리의 고찰을 위해 순수하게 **개념적인 것**만을 확인해 두고자 합니다: 근대국가는 기관적(機關的)[28] 지배단체로서 일정한 지역 내에서 정당한 물리적 폭력을 지배수단으로 독점하려고 노력했으며 또한 독점하는 데 성공했고, 이러한 독점을 위해 한편으로 모든 물적 경영수단을 그 지도자의 수중에 집중시켰고 다른 한편으로 과거에 독자적인 권한을 갖고 이 물적 경영수단을 통제했던 모든 자주적인 신분적[29] 기능 담지자로부터 그 경영수단을 몰수하고 그들의 자리를 장악함으로써 자기 자신을 국가의 정점으로 자리매김했습니다.[30]

이러한 정치적 수탈과정은 비록 그 성공의 정도는 다를지라도 지구상의 모든 나라에서 진행되었는데, 이 과정에서 **두 번째** 의미의 "직업정치가"의 첫 범주들이,[31] 그것도 처음에는 군주에 대한 봉사자로 등장했습니다. 이들은 카리스마적 지도자들처럼 스스로 지배자가 되려고 하지 않고 정치적 지배자들에게 **고용된** 사람들입니다. 그들은 상기한바 물적 경영수단의 수탈을 둘러싼 투쟁에서 군주의 수족이 되었고, 또한 그의 정책을 집행해주었으며 이를 통해 한편으로는 물질적인 삶에 필요한 것을, 다른 한편으로는 정신적인 삶의 내용을 얻었습니다. 그런데 **이런** 종류의 정치가들이 비단 군주에게만이 아니라 다른 권력에도 봉사했다는 사실은 다시금 **오직** 서구에서만 볼 수 있는 현상입니다.[32] 아무튼 과거에는

---

28 이 개념에 대해서는 이 책의 91쪽, 주 4를 볼 것.

29 이 책의 106쪽에 나오는 "신분"의 정의와 같이 볼 것.

30 이 문장의 마지막 부분에 나오는 "그들의 자리를 장악함으로써 자기 자신을 국가의 정점으로 자리매김했습니다"는 그들이 원래 국가의 정점에 있었다가 근대에 들어오면서 국가가 그들을 대신해 국가의 정점에 올랐다는 뜻으로가 아니라 그들이 원래는 군주와 어깨를 나란히 했는데(앞의 102쪽, 첫 문장을 볼 것) 근대국가는 그들의 지위와 기능을 빼앗아 자신의 손아귀에 넣음으로써, 그러니까 지배자와 어깨를 나란히 했던 존재를 없애버림으로써 자신이 국가의 정점에 올랐다는 뜻으로 읽으면 된다.

31 첫 번째 의미의 직업정치가는 앞의 앞 절에서 다룬 카리스마적 정치가들이다.

32 이 문장의 마지막 부분을 "**오직** 서구에서만 볼 수 있는 현상입니다"라고 하지 않고 "다

그들이 군주의 가장 중요한 권력도구이자 정치적 수탈수단이었습니다.

(2) 정치가의 유형

　　방금 언급한 유형의 직업정치가들에 대해 자세하게 논의하기 전에 우선 이러한 "직업정치가"의 존재가 갖는 의미를 모든 측면에서 명명백백하게 해둡시다. 우리는 "정치"를—그러니까 한 정치적 조직체 내에서의 권력배분 또는 여러 정치적 조직체들 사이의 권력배분에 영향을 끼치고자 하는 행위를—"임시"정치가로서도 부업정치가로서도 또는 본업정치가로서도 할 수 있는데, 이는 경제적 영리활동의 경우에도 매한가지입니다. 우리가 투표를 하거나 이와 유사한 의사표시를 하거나—가령 "정치적" 집회에서 찬성 또는 반대의 의사를 표시하거나—"정치적" 연설을 한다면, 우리는 모두 임시정치가입니다—많은 사람의 경우에 정치와의 관계는 여기까지입니다. 오늘날 "부업"정치가로는, 예컨대 다음과 같은 사람들을 꼽을 수 있습니다: 정당정치와 관련된 협회[33]에서 활동하는 중개인들[34]과 간부들 가운데는 필요한 경우에만 그곳에서 활동하며—사실 이것이 일반적입니다—물질적으로나 정신적으로나 정치를 자신의 **최우선적** "삶의 과제"로 삼지 않는 사람들이 있는데, 이들

시금 **오직** 서구에서만 볼 수 있는 현상입니다"라고 한 것은 이 책의 97쪽, 6~11번째줄에서 이미 서구에만 특유한 현상을 언급했기 때문이다. 거기에서 베버는 다음과 같이 말하고 있다: "서구에만 특유한 …… 것은, 처음에는 자유로운 '선동가'의 형태를 취했다가 나중에는 의회 내의 '정당 지도자'의 형태를 취한 **정치** 지도자입니다: 전자는 서구에만, 그중에서도 지중해 문화권에만 특유한 도시국가라는 토양에서 성장했으며, 후자는 마찬가지로 서구에만 특유한 입헌국가라는 토양에서 성장했습니다."

33　베버가 말하는 협회의 개념에 대해서는 이 책의 91쪽, 주 4를 볼 것.

34　중개인들(Vertrauensmänner)은 특히 선거구가 넓은 지역에서 정당과 유권자들 사이에서 다리 역할을 한 사람들인데, 그 중요한 임무는 정당을 위한 홍보와 선거의 준비에 있었다.

모두가 바로 그런 유형의 정치가입니다.[35] 소집될 때만 활동하는 추밀원 및 이와 유사한 자문기구들의 구성원들도 마찬가지입니다. 그리고 우리나라의 국회의원들 가운데 회기 중에만 정치적으로 활동하는 상당히 넓은 층도 역시 마찬가지입니다. 과거에는 그러한 층을 특히 신분들에서 볼 수 있습니다. 우리는 "신분"[36]을 군사적 경영수단이나 행정에 중요한 물적 경영수단 또는 개인적 지배권력을 독자적으로 소유한 사람으로 정의하고자 합니다. 신분들의 대부분은 자신의 삶을 전적으로 정치에 바치지 않았고, 하다못해 우선적으로 바치지도 않았으며 그저 간간이 정치에 관여했을 뿐입니다. 오히려 그들은 지대를 확보하고 심지어 이윤을 추구하기 위해 자신의 지배권력을 이용했으며, 단지 군주나 자신의 신분적 동료들이 특별히 요청했을 경우에만 정치적 단체를 위해 정치활동을 했습니다. 그런데 이들만이 그러했던 것이 아니라 군주가 자신에게만 충성하며 자신이 친히 경영하는 정치조직을 창설하기 위한 투쟁과정에서 끌어들였던 보좌세력의 일부도 역시 그러했습니다. "궁정외 고문관들",[37] 그리고 더 멀리 거슬러 올라가서는 "쿠리아 레기스"[38] 및 군주의 다른 자문기관에 속했던 고문관들의 대부분도 이러한 성격을 갖고 있었습니다.

---

35 이 문장은 정당정치와 관련된 협회에서 활동하는 중개자들과 간부들이 모두 "부업"정치가가 아니라 그 대다수가 그렇다는 것이라고 읽어야 한다.

36 이 책의 98쪽과 100쪽에 나오는 "신분적"이라는 단어와 같이 볼 것.

37 궁정외 고문관들(Räte von Haus aus)은 중세 후기부터 17세기까지 독일(신성로마제국)의 몇몇 영방국가에 존재하던 고문관들이다. 이들은 군주의 궁정에 상주하지 않고 자신의 집에 거주하면서(von Haus aus) 군주의 필요에 따라 자문에 응하거나 회의에 소집되었다. 베버에 따르면 궁정외 고문관 제도는 수시적인 자문이나 회의에서 "상설적인 **합의제적** 자문기관 또는 의결기구에 이르는 특정적인 과도현상"이다. 베버, 『경제와 사회: 이해사회학 개요』, 574쪽. 합의제에 대해서는 이 책의 119쪽, 주 67을 볼 것.

38 쿠리아 레기스(curia regis)는 왕정청(王政廳), 왕실회의, 궁정회의 또는 어전회의로 옮길 수 있는데, 중세 유럽에서 ― 프랑스, 잉글랜드, 스코틀랜드, 시칠리아, 폴란드에서 ― 국왕에게 봉사하던 고문관들과 행정가들의 자문기구 또는 평의회이다(이 제도는 노르만의 잉글랜드 정복[1066] 이후에 도입되었다). 국왕은 이 기구를 통해 제후들의 영향력으로부터 벗어나 국정의 전문화를 꾀할 수 있었다.

그러나 군주가 이처럼 단지 임시적으로만 또는 부업적으로만 활동하는 보좌인력의 힘으로 자신의 정치적 욕구를 충족할 수 없었다는 것은 자명한 일입니다. 당연히 그는 완전히 자신에게 봉사하는 그리고 오로지 자신에게만 봉사하는, 그러니까 **본업적** 보좌인력으로 구성된 스태프를 창출할 수밖에 없었습니다. 그가 이러한 보좌인력을 어디에서 충원했는가라는 변수는 형성되어가던 왕조[39]의 정치조직의 구조에 결정적인 영향을 끼쳤으며, 거기에서 더 나아가 해당 문화의 전체적인 특성에도 결정적인 영향을 끼쳤습니다. 그런데 군주에게 대두되었던 필요성, 그러니까 본업적 보좌인력으로 구성된 스태프를 창출해야 한다는 필요성은 다음과 같은 정치적 단체들에, 즉 군주의 권력을 완전히 제거하거나 대폭 제한함으로써 (이른바) 정치적으로 "자유로운" 공동체가 된 정치적 단체들에 더욱더 절실하게 대두되었습니다 ─ 여기에서 "자유롭다" 함은 폭력적 지배로부터 해방되었다는 뜻이 아니라 전통에 의해 정당화되는 (대부분 종교적으로 신성화되는) 그리고 모든 권위의 유일한 원천인 군주권력이 존재하지 않았다는 뜻입니다. 이러한 정치적 단체들은 역사적으로 오직 서구에서만 볼 수 있으며, 그 맹아는 지중해 문화권에서 처음으로 등장한 정치적 단체로서의 도시였습니다. 이 모든 경우에 **"본업적"** 정치가들의 모습은 어떠했을까요?

39　이는 독일어 'Dynastie'를 옮긴 것으로 황제, 국왕, 대공, 공작, 후작 등 다양한 세습적 지배자와 그 가문을 가리키며, 따라서 "군주가"(君主家)로 옮기는 것이 마땅하다. 그러나 우리말에서는 왕(王)이 모든 군주를 가리키는 경우가 많다는 점을 고려해 "왕조"로 옮겼음을 일러두는 바이다. 그리고 "형성되어가던 왕조"는 한 왕조가 망하고 새 왕조가 들어서는 것을 표현한 것으로(우리식으로 말하자면, 예컨대 고려 왕조와 조선 왕조의 관세처럼 읽으면 안 된다), 중세 봉건국가에서 근대국가로 이행하는 것을 표현한 것으로 읽어야 한다. 서구의 근대국가는 군주의 권력과 지위가 강화되면서 형성되었는데, 구체적으로 독일은 영방국가의 형태, 프랑스와 영국, 스페인은 국민국가의 형태, 그리고 이탈리아는 도시국가의 모습을 띠었다.

(3) 직업으로서의 정치

  정치를 직업으로 삼는 데에는 두 가지 방식이 있습니다: 그 하나는 정치를 "위해" 사는 것이고, 다른 하나는 정치에 "의해" 사는 것입니다.[40] 그러나 이 두 방식은 서로 배타적인 것이 결코 아닙니다. 오히려 정치를 직업으로 삼는 사람은, 적어도 정신적으로는, 그러나 대부분 물질적으로도, 이 둘을 다 하는 것이 일반적입니다: 정치를 "위해" 사는 사람은 **내적인** 의미에서 "정치를 자신의 삶으로" 삼습니다: 그는 자신이 소유하는 권력의 행사 그 자체를 즐기거나[41] 또는 어떤 "대의"에 헌신하는 것에 자신의 삶의 **의미**가 있다고 생각하고 이를 통해 내적 균형과 자부심을 얻습니다. 이런 내적인 의미에서 볼 때, 어떤 대의를 위해 사는 진지한 사람은 누구나 그 대의를 통해 살기도 하는 것입니다. 그러므로 정치를 직업으로 삼는 두 가지 방식의 구별은 직업으로서의 정치라는 문제의 훨씬 더 실질적인 측면과 관계가 있는데, 그것은 다름 아닌 경제적 측면입니다. 정치를 지속적인 **수입**원으로 삼고자 하는 사람은 정치에 "의해" 사는 것이며 ― 그렇지 않은 사람은 정치를 "위해" 사는 것입니다. 사유재산제도가 지배하는 사회에서 누군가 이러한 경제적 의미에서 정치를 "위해" 살 수 있으려면 몇 가지의, 말하자면 매우 통속적인 전제조건이 충족되어야 합니다: 그는 ― 정상적인 상황에서는 ― 정치가 그에게 가져다줄 수 있는 소득에 경제적으로 의존하지 않을 수 있어야 합니다. 이

---

40 여기에서 "정치를 '위해'"와 "정치에 '의해'"는 각각 "'für' die Politik"과 "'von' der Politik"을 옮긴 것이다. 후자는 달리 "정치를 '통해'"라고 읽어도 된다. 그런데 베버는 "'durch' die Politik"이라는 말도 쓰는데, 이것을 "정치를 '통해'"라고 옮기기로 한다. 그리고 "정치에 의해"는 달리 "정치로 먹고사는" 또는 "정치에 의존해"라고 읽어도 무방하다.

41 이 구절은 ― "그는 자신이 소유하는 권력의 행사 그 자체를 즐기거나"는 ― 원문에는 "그는 자신이 행사하는 권력의 소유 그 자체를 즐기거나"로 되어 있는데, 옮긴이가 보기에는 전자처럼 의역하는 것이 보다 논리적이다.

것이 의미하는 바는 아주 간단합니다: 그는 재산이 있거나 아니면 그에게 충분한 소득을 보장해주는 사적인 사회적 지위가 있어야 합니다. 적어도 정상적인 상황에서는 그렇습니다. 물론 군(軍)지도자의 추종자들이나 거리의 혁명영웅의 추종자들은 정상적인 경제의 조건들을 안중에 두지 않습니다. 양자 모두 전리품, 약탈, 몰수, 점령지에 부과되는 세금, 무가치한 강제지불수단의 강요로 먹고삽니다 ─ 이것들은 본질상 모두 똑같은 것입니다. 그러나 그것들은 당연히 비일상적인 현상입니다: 일상의 경제에서는 사적인 재산이 있어야만 먹고살 수 있습니다. 그러나 이것만으로는 충분치 않습니다: 정치를 "위해" 살고자 하는 사람은 거기에 더해 경제활동에서 "벗어나야" 합니다; 다시 말해 그의 수입은 그가 지속적으로 자신의 개인적인 노동력과 사고를 전부 또는 적어도 상당 부분을 그 수입을 위한 활동에 투여하지 않고도 확보될 수 있어야 합니다. 이러한 의미에서 경제활동에서 가장 완벽하게 벗어난 사람은 지대생활자와 금리생활자, 즉 완전한 불로소득자입니다: 전자는 과거의 영주, 오늘날의 대지주 및 귀족처럼 지대에서 불로소득을 얻는 사람이고 ─ 고대와 중세에는 노예와 농노의 공납으로부터도 불로소득을 얻었습니다 ─, 후자는 유가증권이나 이와 유사한 근대적 금리 수입원에서 불로소득을 얻는 사람입니다. 그런데 노동자도, ─이것은 매우 주목할 만한 일입니다─ 기업가도, **그리고 특히** 근대적 대기업가도 방금 언급한 의미에서 경제활동에서 벗어날 수 없습니다. 왜냐하면 기업가도, 그리고 **특히** 기업가는 자신의 기업에 얽매여 있으며 경제활동에서 벗어날 수 **없기** 때문입니다 ─산업은 농업과 달리 계절을 타지 않으며, 따라서 산업 기업가는 농업 기업가보다 훨씬 더 기업에 얽매여 있으며 경제활동에서 벗어날 수 없습니다. 대개의 경우에 기업가에게는 하다못해 잠시라도 다른 사람으로 하여금 자신을 대리하도록 한다는 것이 매우 어려운 일입니다. 예컨대 의사의 경우에도 마찬가지인데, 그가 유명하면 유명할수록 그리고 바쁘면 바쁠수록 더욱더 그렇습니다. 그런데 변호사는 이들보다 더 쉽게 경제활동에서 벗어날 수 있는데, 이는 어디까지나 변호사라는 직종이 갖는 경영기술상의 특성 덕분입니다 —그렇기 때문에 변호사는 직업정치가로서도 그들보다 훨씬 더 큰 역할을, 때로는 그야말로 지배적인 역할을 해왔습니다. —이런 식으로 구체적인 사례를 들어 사회집단과 경제활동에서 벗어날 수 있는 가능성과 정도의 관계를 따지는 작업은 이 정도로 해두고, 이제 지금까지의 고찰을 통해 얻은 몇 가지 결론을 명확하게 해봅시다.

다음은, 즉 (경제적 의미에서) 정치에 의해 사는 사람들이 아니라 전적으로 정치를 위해 사는 사람들이 한 국가나 정당을 이끈다 함은, 필연적으로 정치적 지도층이 "금권주의적으로" 충원된다는 것을 뜻합니다. 이렇게 말한다고 해서 역의 논리도 성립한다는 것은 물론 아닙니다: 그런 식으로 국가나 정당을 금권정치적으로 이끈다고 해서 그 정치적 지배층이 정치에 "의해" 살고자 하지 **않는다**는 것, 다시 말해 이들이 자신의 정치적 지배를 자신의 사적인 경제적 이익을 위해 이용하지 않는다는 것은 아닙니다. 당연히 그런 뜻이 아닙니다. 사실 어떻게든 자신의 정치적 지배를 자신의 사적인 경제적 이익을 위해 이용하지 않은 정치적 지배층은 지금까지 없었습니다. 방금 언급한 금권주의적 정치가 뜻하는 바는 단지 다음과 같은 것뿐입니다: 재산이 없는 정치가라면 누구나 자신의 정치적 활동에 **대해** 부득이하게 보수를 요구할 수밖에 없지만, 직업정치가는[42] 직접적인 보수를 추구할 필요가 없습니다. 그렇다고 해서 재산이 없는 정치가가 정치를 통해 자신의 생계에 필요한 물질적 소득을 얻는 일에만 온통 신경을 쓸 뿐, 아니면 그렇게까지는 아니지만 그래도 주로 신경을 쓸 뿐, "대의"에는 전혀 관심이 없거나 또는 적어도 주된 관심이 없다고 말하는 것은 결코 아닙니다. 이보다 더 잘못된 생각은 없을 것입니다. 경험에 비추어 보면, 재산이 있는 사람은 자신의 생존의 경제적

---

42 이 바로 앞에 "금권주의적"을 첨가해 읽으면 의미하는 바가 보다 명확해질 것이다.

"안정성"을 — 의식적으로든 무의식적으로든 — 그의 삶의 전체 방향을 설정함에 있어 최우선적으로 고려합니다. 가장 무분별하고 무조건적인 정치적 이상주의는 — 반드시 그런 것은 아니지만 적어도 무엇보다도 — 재산이 없고, 따라서 기존의 경제질서의 유지에 관심을 갖는 계층과 거리가 먼 계층에서 볼 수 있습니다: 특히 비일상적, 즉 혁명적 시기에 그렇습니다. 아무튼 재산이 없는 정치가에 대해 방금 언급한 것이 뜻하는 바는 다만, 정치 관계자들, 즉 지도자들과 그 추종자들을 **비**금권주의적으로 충원하려면 당연히 그들이 정기적이고 확실한 수입을 얻을 수 있어야 한다는 것일 뿐입니다. 정치에는 두 가지 가능성이 있습니다: 정치는 "명예직으로" 할 수 있는데, 이 경우에는 일반적으로 말하듯이 "독립적인"[43] 사람들만이, 즉 재산이 있는 사람들만이, 특히 지대생활자나 금리생활자만이 정치를 할 수 있습니다; 또는 재산이 없는 사람들이 정치를 할 수 있는데, 이 경우에는 그들에게 보수를 주어야 합니다. 정치에 **의해** 사는 직업정치가는 순수한 "봉록자"일 수도, 유급"관료"일 수도 있습니다. 그는 특정한 업무수행에 대한 수수료와 공무담당자 수수료에서 수입을 얻거나[44] — 팁과 뇌물은 이런 범주의 수입의 변종으로서 불규칙적이며 또한 공식적으로는 불법적인 것입니다 — 아니면 고정적인 현물급여나 현금급여를 받거나 또는 이 둘을 동시에 받습니다. 그는 과거의 용병대장이나 관직임차인, 관직매수인[45] 또는 미국의 보스[46]처럼 "기업가"의 성격을 띨 수 있는데, 미국의 보스는 자신이 지출하는 비용을 일종

---

43 이 바로 앞에 "경제적으로"를 첨가해 읽으면 의미하는 바가 보다 명확해질 것이다.

44 이 부분에서 "수수료"와 "공무담당자 수수료"는 각각 독일어 'Gebühr'와 'Sportel'을 옮긴 것인데, 전자는 법원이나 행정관청의 특정한 직무행위에 대해 해당 관청에 지불하는 수수료를, 후자는 그 직무를 수행하는 공무담당자에게 지불하는 수수료를 가리킨다.

45 이 책의 164~65쪽을 같이 볼 것.

46 베버는 이것을 영어('Boss')로 표기하고 있고, 아래에서도 그렇게 표기하고 있다. 보스에 대한 자세한 논의는 이 책의 163쪽 이하를 볼 것.

의 자본투자로 간주하고는 이 투자가 이득을 가져오도록 영향력을 행사합니다. 또는 편집자나 정당의 서기, 근대의 각료나 정치관료처럼 고정적인 급여를 받을 수 있습니다. 과거의 군주, 승리한 정복자나 성공한 도당의 우두머리가 그들의 추종자들에게 주는 전형적인 보수는 봉토, 토지 증여, 모든 종류의 봉록이었는데, 화폐경제가 발달하면서 특히 공무담당자 수수료 봉록이 그 전형적인 보수가 되었습니다[47]; 오늘날의 정당 지도자들이 충직한 봉사에 대한 대가로 주는 것은 정당, 신문사, 협동조합, 의료보험, 지방자치단체 그리고 국가기관에 속한 모든 종류의 관직입니다. 정당 간의 **모든** 투쟁은 핵심적인 목표를 위한 투쟁일 뿐만 아니라 관직임명권을 위한 투쟁이기도 하고, 특히 관직임명권을 위한 투쟁입니다. 독일에서 지방분권적 세력과 중앙집권적 세력 사이에 벌어지는 투쟁은 어떤 세력이 관직임명권을 장악하느냐, 즉 베를린 세력이냐 뮌헨 세력이냐 카를스루에 세력이냐 아니면 드레스덴 세력이 장악하느냐를 둘러싸고 벌어지는 투쟁이기도 하고, 특히 그것을 둘러싸고 벌어지는 투쟁입니다.[48] 정당들은 관직에의 참여에서 뒤지는 것을 자신들의 핵심적인 목표에 반하는 행위보다 더 심각하게 받아들입니다. 프랑스에서는 당 정책에 의한 주지사의 교체가 정부의 정책 프로그램의 수정보다 언제나 더

---

47 이 부분에서 "공무담당자 수수료 봉록"은 독일어 'Sportelpfründe'를 옮긴 것인데, 공무담당자에게 지불하는 수수료(Sportel; 앞의 주 44를 볼 것)가 봉록(Pfründe)의 형태를 띠게 된 것으로 읽으면 될 듯하다.

48 이 문장은 약간의 설명을 필요로 한다. 독일제국(1871~1918)은 총 25개의 연방(22개의 군주국과 3개의 자유도시)과 한 개의 직속령(알자스-로렌)으로 구성되어 있었는데, 1918년 11월혁명으로 해체된 독일제국을 대신해 출범한 바이마르 공화국(1918~33)은 총 18개의 연방으로 구성되었다(이는 구체적으로 15개의 공화국과 3개의 자유도시인데, 이 두 범주를 구별하지 않고 18개의 공화국으로 보아도 된다). 본문에서 베버가 언급한 도시들, 즉 베를린, 뮌헨, 카를스루에, 드레스덴은 독일제국 시대에는 각각 프로이센 왕국, 바이에른 왕국, 바덴 대공국, 작센 왕국의 수도였다가 바이마르 공화국 시대에는 각각 자유국가 프로이센, 자유국가 바이에른, 바덴 공화국, 자유국가 작센의 수도였다. 그러니까 이 도시들은 연방국가 독일의 지방분권적 세력을 상징하는 것이라고 할 수 있다.

큰 변혁으로 간주되었으며, 또한 매번 더 큰 소동을 일으켰습니다[49]; 실제로 정부의 정책 프로그램은 대개 순전한 상투어들의 나열이라는 의미밖에 갖지 못했습니다. 많은 정당, 특히 미국의 정당들은 헌법해석에 대한 오래된 대립이 사라진 이후로는 순전히 엽관정당(獵官政黨)이 되어버렸으며, 따라서 득표 가망성을 높이기 위해 자신들의 핵심적인 선거강령을 변경합니다. 스페인에서는 최근까지도 양대 정당이 위로부터 조작된 "선거"의 힘을 빌려 관습적으로 정해진 순서에 따라 번갈아가며 정권을 잡으면서 그들의 추종자들에게 관직을 마련해주었습니다.[50] 스페인의 식민지들에서는 이른바 "선거"라는 것도 "혁명"이라는 것도 언제나국가의 구유통을 차지하는 데에 그 사실상의 목적이 있습니다; 다시 말해 선거나 혁명에 참여하는 사람들은 모두 승자가 되어 그 구유통으로부터 사료[51]를 얻기를 원합니다. 스위스에서는 정당들이 비례대표제의 방법을 통해 관직을 서로 간에 평화적으로 분배하고 있으며,[52] 또한 독일

---

49 프랑스는 대혁명 이후인 1790년부터 83개의 주(데파르트망; Département)로 분할되었는데(현재는 103개), 그 최고 책임자가 주지사(Préfet)이다. 주지사의 직위는 1800년 나폴레옹이 처음 도입했는데, 이때 로마의 지방장관직(Praefectura)을 참조했다. 프랑스 주지사는 중앙정부에 의해 임명되며, 자신의 주에서 중앙정부를 대변하고 중앙정부의 지침에 따라 자신의 주를 지배하고 관리한다. 이 중앙정부의 지역적 대변자이자 중앙정부 정책의 지역적 집행자는 중앙정부에 대해 절대적인 충성심을 보여야 한다. 이때문에 프랑스 주지사의 직위는 파리의 권력변동에 좌우지된다. 예컨대 1870년 제3공화정이 들어서면서 나폴레옹 3세의 제2제정기에 임명된 모든 주지사가 교체되었다. 오늘날에도 대통령은 공석이 된 주지사의 자리에 자신의 최측근만을 임명한다.

50 여기에서 베버가 말하는 것은 'El Turno Pacífico'이다. "평화적 교대"를 의미하는 이 말은 19세기 후반에서 20세기 초반까지 스페인의 양대 정당인 보수당과 자유당이 사전에 비공식인 합의를 통해 총선의 결과를 미리 결정하는 체제이다. 이에 힘입어 1879년부터 1923년까지 실시된 16번의 총선에서 그 두 정당이 매번 돌아가면서 각각 8번씩 집권했다.

51 이는 사냥한 일시사의 관식을 가리킨다.

52 스위스에서는 19세기 말에 몇몇 칸톤이 다수대표제(Majoraz)에서 비례대표제(Proporz)로 전환했는데, 이 새로운 제도는 의석뿐만 아니라 각료직도 득표수에 따라 배분함으로써 여러 정당이 행정부에 참여토록 했다. 이를 "자발적 비례대표제"

의 많은 "혁명적" 헌법초안, 예컨대 바덴에서 맨 먼저 제출된 초안은 이
53 제도를 각료직까지 확대하고자 했습니다: 그러니까 이 초안은 국가와
그 관직을 순전히 봉록자 부양기관으로 취급했던 것입니다.[54] 특히 중앙
당[55]이 이 초안에 열광했으며, 바덴에서는 업적과 무관하게 종파에 따라
관직을 비율대로 배분하는 것을 심지어 정강에까지 포함시켰습니다. 관

(freiwillige Proporz)라고 한다. 그리고 1918년 10월에는 연방하원선거가 비례대표제로
전환해 1919년 10월에 이 선거제도에 따라 선거를 치렀다. 예컨대 2014년 현재 스위
스 연방정부의 총 7개의 각료직 중 자민당이 2개, 사민당이 2개, 기민당이 1개, 국민당
1개, 보수당이 1개를 차지하고 있다. 이에 대해서는 이기우, 『분권적 국가개조론: 스위
스에서 정치를 묻다』, 315쪽 이하, 특히 360~61쪽을 볼 것.

53 이 바로 앞에 "관직을 분배하는"을 첨가해 읽으면 의미하는 바가 보다 명확해질 것
이다.

54 1918년 11월혁명으로 출범한 바이마르 공화국은 ─ 앞의 주 48에서 언급한 바와 같
이 ─ 총 18개의 연방으로 구성되었는데, 여기에서 말하는 "'혁명적' 헌법초안"들은
바로 이 혁명기의 연방들이 공화정 헌법을 제정하기 위해 마련한 초안들을 가리킨다.
또한 바덴은 1806년부터 1918년까지 대공국이었다가 혁명과 더불어 바덴 공화국으
로 전환되었다. 그리고 "바덴에서 맨 먼저 제출된 초안"은 구체적으로 1918년 말에 저
널리스트이자 정치가이며 사회민주당 소속 카를스루에 시의원이던 에두아르트 디츠
(1866~1940)가 제출한 88쪽에 달하는 초안을 말한다. 그는 이 초안의 내각에 대한 부
분에서 ─ 내각의 구성, 임명, 면직, 권한과 책임에 대한 부분 ─ 말하기를, 내각은 총
7명으로 구성되며 "비례대표제의 원칙에 따라 의회에서 다음과 같은 방식으로 임명된
다: 의원을 배출한 모든 정당이나 집단은 단독으로 또는 연합하여 적어도 의석의 7분의
1을 차지하는 경우 매 7분의 1마다 내각의 구성원 한 명을 임명한다." 디츠, 『바덴 신헌
법 초안』, 78쪽. 디츠는 1919년 1월 5일 바덴 의회에 의해 구성된 헌법위원회의 위원장
으로 선출되었는데, 여기에서 대체로 그의 초안을 바탕으로 작성된 헌법초안이 1919년
3월 바덴 의회에서 거의 수정 없이 통과되었고 그해 4월에 국민투표에 부쳐져 헌법으
로 채택되었다. 그리하여 디츠는 바덴의 공화정 헌법의 창시자로 간주된다.

55 독일중앙당(Deutsche Zentrumspartei)은 1870년에 창립된 독일의 가톨릭 정당이다. 명
칭처럼 좌익과 우익 사이에서 조정과 중재의 역할을 수행함으로써 독일제국 시대와 바
이마르 공화국 시대의 대표적인 정당으로 자리매김했다. 독일제국 시대에는 제국의회
의 제1당 또는 제2당의 자리를 지켰으며, 1917년부터 1932년까지 4명의 총리를 배출
했다. 1933년 히틀러가 집권하면서 해산되었다가 1945년에 재건되어 1957년까지 원
내정당으로 남아 있었다. 그러나 독일기독민주당(기민당; Christlich Demokratische
Union Deutschlands)에 밀려 현재는 노르트라인베스트팔렌주에 기반을 둔 소규모 지
역정당으로 명맥을 유지하고 있다.

료제가 일반화되면서 관직의 수가 증가하고 또 특별히 **보장된** 생계유지 방식으로서의 관직에 대한 욕구가 증대함에 따라 모든 정당에서 상기한 경향이 강화되고 있으며, 정당들은 그 당원들에게 점점 더 그런 식으로 생계를 유지하고자 하는 목적을 위한 수단이 되고 있습니다.

(4) 근대 전문관료층의 발달

그런데 이러한 경향과 대립하는 것이 있으니, 그것은 다름 아닌 근대 관료층의 발달입니다; 이 근대 관료층은 수년간의 준비교육 과정에서 전문적인 훈련을 받아 고도의 능력을 지니게 된 정신노동자층으로서 고도의 신분적[56] **명예심**을 함양시켰으며, 그 결과로 청렴성을 중시하게 되었습니다.[57] 만약 이러한 명예심이 없다면, 끔찍한 부패와 저속한 속물근성의 위험이 마치 운명처럼 우리를 지배할 것이며 국가기구의 순수하게 기술적인 작동도 위협할 것입니다; 그렇게 되면 경제도 덩달아 위협을 받게 될 것인데, 그 이유는 국가기구가 경제에 대해 갖는 중요성이, 특히 사회화가 진척되면서, 지속적으로 증대해왔고 또 앞으로도 계속해서 증대할 것이기 때문입니다. 미국에서는 종신직 직업관료가 없고 엽관 정치가들에 의한 아마추어 행정이 지배하면서 대통령 선거의 결과에 따라 아래로는 심지어 우편배달부에 이르기까지 수십만 명의 관료가 교체

---

56 베버가 여기에서 사용하는 "신분(적)"이라는 단어는 이 앞에서 근대 이전 또는 근대의 형성기와 관련되어 여러 차례 사용된 — 그리고 뒤에서도 여러 차례 사용되는 — "신분(적)"이라는 단어와는 전혀 다른 의미를 갖는다. 이 앞에서 사용한 신분이라는 단어가 정치적 경영수단을 소유한 인간집단을 가리킨다면, 여기에서 사용하는 — 그리고 뒤의 133쪽에서 변호사와 관련해 다시 한번 사용하는 — 신분이라는 단어는 명예와 사회적 위세에 기반하는 인간집단을 가리킨다. 이에 대한 자세한 논의는 베버, 『경제와 사회: 이해사회학 개요』, 179~80, 534~39쪽을 볼 것.

57 이 문장의 "수년간의 준비교육 과정에서 전문적인 훈련을 받아"는 "대학과 같은 교육 기관에서 수년간 전문적인 업무를 수행할 수 있도록 준비를 함으로써"로 읽으면 된다.

되었는데, 이러한 아마추어 행정은 공무원제도개혁[58]에 의해 이미 오래 전에 타파되었습니다. 그리고 행정은 순수하게 기술적인 성격을 가져야 한다는 거역할 수 없는 요구가 이러한 발전을 초래했습니다. 유럽에서는 노동분업적인 전문관료층이 500년에 걸친 발전 속에서 서서히 형성되어왔습니다. 이탈리아의 도시국가들과 시뇨리아[59]가 그 시초였으며, 군주국가들 중에서는 노르만 정복국가들이 시초였습니다. 그러나 결정적인 진척이 이루어진 것은 군주들의 **재정분야**에서입니다. 물론 막스 황제의 행정개혁을 보면, 심지어 극도의 궁핍과 튀르키예인의 지배[60]로 인

---

58 이는 1883년에 제정된 공무원법(Civil Service Act)을 가리킨다. 펜들턴법(Pendleton Act)이라고도 불리는 ─ 이 명칭은 당시 상원 공무원 제도 개혁위원회의 위원장인 조지 펜들턴(1825~89)에서 딴 것이다 ─ 이 법으로 엽관제(spoils system; 선거에 승리한 정당이 관직을 독점하는 체제)가 폐지되고 능력제(merit system)가 도입되었다. 주요 내용은 공개시험을 통한 공무원 임용, 공무원의 정당자금 제공 및 정치운동의 금지, 공무원 인사행정의 독립성과 공정성 확보를 위한 연방인사위원회의 설치 등이다. 베버는 이 책의 161쪽 이하에서 엽관제에 대한 자세한 논의를 전개하고 있다.

59 시뇨리아(signoria)는 13~15세기 중부 및 북부 이탈리아 도시국가들에서 발달한 일종의 참주정으로 자치도시(코무네; commune)의 공화제가 폐지되고 강력한 권력을 가진 한 사람(시뇨레[signore])에 의해 지배되는 체제를 가리킨다. 시뇨리아는 처음에는 특정한 관직을 차지했다가 점차로 권력을 확대해 참주가 되고 그 지위를 세습했으며, 신성로마제국 황제로부터 작위를 받거나 로마교황으로부터 칭호를 받아 자신의 지배체제를 정당화하려 했다. 베버에 따르면 시뇨리아라는 도시 독재정은 "대개 하나의 부유한 가문의 수중에 있었지만 …… 서부 유럽에서 (점차로) **임명된 관료들**을 통해 합리적 행정을 펼친 최초의 정치적 권력이었다." 베버, 『경제와 사회: 이해사회학 개요』, 785쪽. 뒤의 주 61도 같이 볼 것.

60 이는 오스만 제국(1299~1922)의 유럽 침공을 가리킨다. 오스만 제국은 13세기 말 아나톨리아반도에서 발흥한 다민족-다종교 국가로 그 전성기인 16, 17세기에는 영토가 아시아, 아프리카 및 유럽의 3개 대륙에 걸쳐 있었다. 이미 제2대 술탄인 오르한(1326~59) 때부터 유럽으로 진출하기 시작해 1453년에는 비잔티움 제국의 수도인 콘스탄티노플을 함락했고 1403년부터 1481년까지 발칸반도를 정복했으며, 또한 1521년부터 1566년까지 헝가리의 일부를 정복했다. 그리고 오스만 제국은 때때로 오스트리아를 침공했는데, 그 절정은 1529년 9월 27일부터 10월 14일까지 18일 동안 신성로마제국의 수도인 빈을 포위해 오스트리아 대공국과 혈전을 벌인 것이다(이른바 빈 포위 또는 빈 대공방전).

해 안팎에서 압박이 가해져오는 상황에서조차도 관료들이 재정분야에서 군주의 권한을 빼앗는 것이 얼마나 어려운가를 알 수 있습니다; 사실 재정분야는 그 당시만 해도 아직 주로 기사(騎士) 출신이었던 지배자의 아마추어리즘과 양립하기 가장 어려운 분야였습니다.[61] 전쟁기술의 발달은 전문장교를 낳았고, 소송절차의 정교화는 훈련된 법률가를 낳았습니다. 선진국들에서는 16세기에 이 세 분야에서 전문관료제가 최종적인 승리를 거두었습니다. 이로써 전문관료들은 신분들[62]에 대한 군주의 승리가 가능케 했습니다; 그러나 다른 한편으로는 신분들에 대한 군주의 절대주의가 부상함과 동시에 군주의 전제정치는 서서히 퇴조하면서 점점 더 많은 지배권력이 전문관료들에게 넘어가기 시작했습니다.

그런데 전문훈련을 받은 **관료층**이 부상함과 동시에 — 비록 이보다 훨씬 덜 눈에 띄는 이행과정이기는 하지만 — "지도적 **정치가들**"이 발전

---

61 막스 황제는 신성로마제국의 황제 막시밀리안 1세(1459~1519)를 가리키는데, 그는 마지막 기사로 불리고 기사도를 찬양하는 장편 서사시를 쓸 정도로 뼛속까지 기사였다. 막시밀리안 1세는 광범위한 제국의 개혁을 단행했는데, 그 가운데에는 재무행정의 개혁도 있었다. 구체적으로 1498년 2월 13일 공포된 "궁중재무국규정"(Hofkammerordnung)에 따라 신성로마제국의 재무행정을 전문가들로 구성된 합의제로 전환했다(합의제에 대해서는 이 책의 119쪽, 주 67을 볼 것). 그러나 지속적으로 이 합의제에 간섭함으로써 그 효율성을 떨어뜨렸다. 이와 관련해 베버는 『경제와 사회: 이해사회학 개요』, 165쪽에서 다음과 같이 말하고 있다: "근대적 행정의 요람기에 합의제가 지녔던 의의는, 다음과 같은 갈등을 보면, 즉 황제 막시밀리안[1세]가 제국이 최대의 위기(튀르키예의 위협)에 처했을 때 만들었던 재정관청과 다른 한편으로 관료들을 무시한 채 그때그때 기분에 따라 지시를 내리고 담보증서를 발급하던 그의 습관 사이의 갈등을 보면 아주 분명하게 드러난다. 군주의 권력이 박탈되기 시작한 것은 **재정문제**에서였다; 군주는 바로 **여기에서** 맨 먼저 정치적인 **비**전문가(아마추어)가 되었던 것이다. 최초로 이러한 박탈이 이루어진 곳은 상인적(商人的) 회계제도를 갖춘 이탈리아의 시뇨리아였고, 그다음으로는 부르고뉴-프랑스의 대륙국가들과 독일의 대륙국가였으니, 이와 독립적으로 시칠리아의 노르만족과 영국(새무싱)에서도 그러한 박탈이 일어났다"(막시밀리안 1세의 자세한 인적 사항은 이 책의 뒷부분에 나오는 "인명목록"을 볼 것).

62 이 개념에 대해서는 이 책의 106쪽을 볼 것.

하기 시작했습니다. 물론 예로부터 세계 어느 곳에서나 그들처럼 실질적으로 막강한 권력을 행사하는 군주의 조언자들은 있었습니다. 예컨대 동방에서는 술탄으로 하여금 통치의 결과에 대한 개인적인 책임으로부터 가능한 한 벗어날 수 있도록 할 필요성에서 "대베지르"[63]라는 독특한 직책을 만들었습니다. 서구에서는 카를 5세 시대에 — 이때는 마키아벨리의 시대이기도 한데 — 처음으로 외교술이 **의식적으로** 육성된 기술이 되었는데, 이 과정에서 특히 그 당시 외교 전문가들이 탐독했던 베네치아 공사관 보고서들에서 영향을 받았습니다[64]; 대개 인문주의적 교육을 받은 이 기술의 대가들은 서로를 비법을 전수받은 전문가층의 일원으로 대했는데, 이는 분립국(分立國) 시대의 마지막 단계에 중국의 인문주의적 정치가들이 그랬던 것과 유사합니다.[65] 그런데 국내 정치를 포함해 정치 **전반**을 한 사람의 정치 지도자가 형식상 통일적으로 지도해야 할 필요성은 입헌제가 발달하면서 비로소 본격적으로, 그리고 불가항력적으로 대두되었습니다; 물론 그전에도 항상 군주의 조언자가, 그보다는 군주의 — 실질적인 — 지도자가 그러한 역할을 수행하기는 했습니다만.

---

63 이슬람 국가들에서는 8세기 중엽부터 장관 또는 대신을 뜻하는 베지르(Wesir)라는 관직이 도입되었는데, 그 최고위자가 대재상을 뜻하는 대베지르(Grosswesir)이다. 제1베지르라고도 불렸던 대베지르는 술탄 다음의 권력자이자 술탄의 공식적 대리자이면서 행정부의 수반으로 다른 베지르들을 임명했으며, 때로는 실질적인 지배자로 군림했다. 오스만 제국의 경우에는 건국한 지 20년 정도 지난 1320년부터 역사 속으로 사라지는 1922년까지 대베지르라는 관직이 존속했다.

64 신성로마제국의 황제인 카를 5세는 1500년에 태어나 1558년에 세상을 떠났으며(재위 기간 1519∼56; 그의 자세한 인적 사항은 이 책의 뒷부분에 나오는 "인명목록"을 볼 것), 이탈리아의 정치사상가인 니콜로 마키아벨리는 1469년에 태어나 1527년에 세상을 떠났다.

65 이 문장의 "분립국(分立國) 시대의 마지막 단계"는 주나라(기원전 1046∼기원전 256) 역사의 일부분인 춘추전국시대(기원전 770∼기원전 221)를, 특히 그 후반기에 속하는 전국시대(기원전 476∼기원전 221)를 가리킨다. 봉건제라는 측면에서 보면 주나라 이전의 국가인 상나라(기원전 1600년경∼기원전 1046)도 분립국에 포함될 수 있을 것이다.

그러나 정작[66] 관청의 조직화는, 심지어 가장 발전한 국가들에서조차도, 처음에는 다른 길을 걸었습니다. **합의제적**[67] 최고 행정관청들이 생겨났던 것입니다. 이론상으로나 ―물론 점차로 감소하긴 했지만― 실제적으로나 이 관청들의 회의는 군주가 직접 주재했으며 결정도 군주가 내렸습니다. 합의제는 의견과 반대의견을 제시하고 그 이유를 설명한 다음 마지막으로 다수파와 소수파가 각각의 입장에 따라 투표하는 방식으로 운영되었습니다; 당시 점차 아마추어의 지위로 전락하던 군주는 바로 이 합의제를 이용해, 그리고 더 나아가서는 다음과 같은 방식을 통해, 즉 공식적인 최고관청들 이외에도 순전히 개인적인 심복들―"내각"―을 측근에 거느리고서 이들을 통해 추밀원 ―이것은 최고관청이 가진 여러 명칭들 가운데 하나입니다― 에서 의결된 사항에 대한 자신의 판단을 전달하는 방식을 통해 전문훈련을 받은 관료층의 비중이 불가피하게 커짐에 따라 자신에게 점점 거세게 가해져오는 압력에서 벗어나 최고 지도권을 장악하고자 했습니다: 전문관료층과 군주의 전제정치 사이의 이러한 잠재적인 투쟁은 어디에나 존재했습니다.

---

66 이 바로 앞에 "정치의 통일적인 지도에 대한 필요성이 대두되었음에도 불구하고"를 첨가해 읽으면 의미하는 바가 보다 명확해질 것이다.

67 베버에 따르면 합의제(Kollegialität 또는 kollegiales System)는 역사적으로 크게 두 가지 유형으로 나누어볼 수 있다. 그 하나는 "동일한 직위에 여러 사람을 앉히거나 또는 권한을 놓고 서로 직접 경쟁하는 직위를 여러 개 만들어 상호 간에 거부권을 갖도록 하는" 체제인데, 이것은 "지배의 최소화를 목적으로 하는 기술적인 권력분할"이다. 그리고 다른 하나는 "만장일치의 원칙에 따라서든 또는 다수결의 원칙에 따라서든 단지 여러 사람의 공동작용에 의해서만 어떤 명령이 정당하게 성립하도록 하는" 체제인데, 이것은 근대적인 합의제 개념으로 "고대에 알려져 있지 않았던 것은 아니지만 고대에 특징적인 것은 아니었다." 이 근대적 합의제는 나시금 "최고 시위의 합의제, 즉 시배 자체의 합의제"이거나 "집행관청의 합의제" 또는 "자문관청의 합의제"일 수 있다. 그러니까 근대적 합의제는 의결기능이나 자문기능을 갖는다. 베버, 『경제와 사회: 이해사회학 개요』, 163쪽.

(5) 전문관료층과 군주 그리고 의회

그런데 군주와 전문관료층이 의회와 그 정당 지도자들의 권력욕에 직면하게 되면서 상황은 달라졌습니다. 이러한 변화를 초래한 조건들은 매우 다양했지만,[68] 그 결과는 외견상 똑같았습니다. 물론 일정한 차이가 있기는 했습니다. 왕조[69]가 실권을 장악하고 있었던 곳에서는 언제나 ― 독일이 대표적인데 ― 군주의 이해관계와 관료층의 이해관계가 공고히 결탁해 의회와 그 권력요구에 **대항**했습니다. 관료들은 고위직, 그러니까 장관직[70]도 자신들의 계열로 채워지고, 그리하여 관료들이 그런 고위직에까지 승진할 수 있기를 원했습니다. 군주는 그 나름대로 자신에게 충성하는 관료들 중에서 자신의 재량에 따라 장관을 임명할 수 있기를 원했습니다. 그런데 이 양자의 공통된 관심사는, 정치 지도부가 일치단결해 의회에 맞서는 데에 있었습니다: 그리하여 그들은 합의제를 단일한 한 명의 수반이 이끄는 내각으로 대체하는 데에 관심을 갖게 되었습니다. 게다가 군주는 정당 간의 투쟁이나 정당의 공격으로부터 순전히 형식적으로나마 벗어나기 위해서라도 자신을 보호해주는 책임 있는, 다시 말해 의회에 나가 답변하고 의회에 맞서며 정당들과 협상을 벌이는 한 인물이 필요했습니다. 이 모든 이해관계가 다 함께 같은 방향으로 작용했으며, 그 결과 관료 출신의 총리[71]가 탄생했습니다. 의회가 ― 영국에서처럼 ― 군주에 대해 우위를 점한 곳에서는 의회의 권력이 발전

---

68 이 부분에 나오는 "매우 다양했지만"은 "나라마다 상당히 달랐지만"으로 읽으면 의미하는 바가 보다 명확해질 것이다.

69 이는 독일어 'Dynastie'를 옮긴 것으로 ― 이 책의 107쪽, 주 39에서 언급한 바와 같이 ― "군주가"(君主家)로 옮겨야 한다. 그러나 우리말에서는 왕(王)이라는 말이 모든 군주를 가리키는 경우가 많아 "왕조"로 옮겼음을 일러두는 바이다.

70 이는 독일어 'Ministerpost'를 옮긴 것인데, 'Minister'는 군주국의 경우에 달리 대신(大臣)이라고 옮겨도 무방하다.

71 이는 여기에서 논의되는 것이 군주국임을 감안해 총리대신이라고 옮겨도 무방하다.

함에 따라 의회와 행정부가 한층 더 강하게 통합되었습니다. 영국에서는 단일한 의회 지도자, 즉 "리더"[72]를 수반으로 하는 "내각"이 발전했는데, 이것은 그때그때 다수를 차지하는 **정당**의 한 위원회였습니다 ─ 이 다수당은 공식적인 법률에 의해서는 인정되지 않지만 실제로는 유일하게 정치적 결정권을 쥔 조직이었습니다. 공식적인 합의제적 기관들은 그 자체로서는 정당이라는 진정한 지배권력의 기관이 아니었으며, 따라서 실제적인 통치의 담지자가 될 수도 없었습니다. 집권당이 대내적으로 권력을 유지하고 대외적으로 큰 정치를 추진하기 위해 필요로 했던 것은 다음과 같은 것이었습니다: 한편으로는 집권당의 실질적인 지도적 인물들로만 구성되어 정치적 사안을 당내에서 은밀하게 협의하는 하나의 강력한 기관, 즉 내각을 필요로 했으며, 다른 한편으로는 여론, 특히 의회여론을 상대로 모든 결정에 대해 책임을 지는 한 명의 지도자, 즉 내각수반을 필요로 했습니다. 의원내각제 형태의 이 영국식 체제는 후일 대륙에 전파되었는데, 다만 미국과 그로부터 영향을 받은 민주주의 국가들에서만 영국적 체제와는 전혀 이질적인 체제를 채택했습니다: 이 미국식 체제에서는 정당들이 후보를 내세우고 그 가운데 국민의 직접선거에서 승리를 거둔 지도자가 관료기구를 임명하고 그 수반이 되며, 이 수반은 단지 예산 및 입법과 관련된 사항에서만 의회의 동의를 필요로 합니다.

(6) 관료의 두 유형: 전문관료와 정치관료

그런데 근대적인 정당은 권력투쟁과 그 방법에서의 훈련을 발전시켰는데, 정치가 하나의 "경영"[73]으로 발전하게 되면서 바로 이 훈련을 필요로 하게 되었고 그 결과 공무원이 전문관료와 "정치관료"라는 두 가지

---

72 베버는 이것을 영어('Leader')로 표기하고 있고, 아래에서도 그렇게 표기하고 있다.
73 이 개념에 대해서는 이 책의 98쪽, 주 17을 볼 것.

범주로 나뉘게 되었습니다: 비록 이 둘은 절대적으로 구별되는 것은 결코 아니지만 그래도 분명하게 구별됩니다. 본래적 의미에서의 "정치"관료는 일반적으로 다음과 같은 외적 특징을 지니고 있습니다: 그는 언제든지 임의로 전직되고 해직될 수 있거나 아니면 적어도 "휴직에 처해질" 수 있습니다. 프랑스의 주지사[74]가 그리고 이와 비슷한 다른 나라들의 관료들이 그러한데, 이 점에서 그들은 "독립성"을 누리는 사법기능의 관료들과 완전히 대조됩니다. 영국의 경우에는 다수당이 교체되고, 따라서 내각이 교체되면 예로부터 확고하게 정립된 관습에 따라 관직에서 물러나는 관료들이 정치관료의 범주에 속합니다. 특히 일반적인 "내무행정"의 관할권을 가진 관료들이 거기에 포함됩니다; 왜냐하면 이 행정이 갖는 "정치적인" 요소는 무엇보다도 국내 "질서"의 유지, 즉 기존 지배관계의 유지라는 임무에 있기 때문입니다. 프로이센에서는 푸트카머 칙령에 따라 정치관료들이 문책을 면하기 위해 "정부의 정책을 지지해야" 했으며, 또한 프랑스의 지사들과 마찬가지로 선거에 영향을 끼치기 위한 관의 도구로 이용되었습니다.[75] 물론 독일식 체제에 따르면 대부분의

---

74 프랑스의 주지사에 대해서는 이 책의 113쪽, 주 49를 볼 것.

75 여기서 말하는 "푸트카머 칙령"은 독일제국의 황제이자 프로이센 왕국의 국왕인 빌헬름 1세가 1882년 1월 4일에 프로이센의 관료들을 대상으로 "선거에서 관료들이 취해야 할 자세에 대한 국왕 전하의 칙령"이라는 제목으로 공포한 아주 짧은 칙령으로, 당시 독일제국의 총리이자 프로이센 왕국의 총리인 비스마르크가 연서했다. 그러니까 엄밀히 말하자면 빌헬름 1세 칙령이라고 불러야 하는데, 푸트카머 칙령이라고 부르는 이유는 이 칙령이 그의 이름과 떼려야 뗄 수 없는 관계가 있기 때문이다. 이 칙령은 다음과 같이 시작한다: "국왕이 프로이센의 정부와 정치를 재량에 따라 이끌 권리는 헌법에 의해 제한되지만 폐기되지는 않는다." 또한 선거와 관련된 부분에서는 다음과 같이 말하고 있다: "나의 각료들의 임무는 의심과 모호함을 방지해 헌법에 따른 나의 권리를 대변하는 것이다; 나는 나에게 복무선서를 한 모든 관료에게도 동일한 것을 기대하는 바이다. 나는 선거의 자유를 침해할 마음은 추호도 없지만 나의 통치행위의 수행을 위임받은, 따라서 징계법(懲戒法)에 따라 면직될 수 있는 관료들의 경우에는 취임선서를 통해 서약한 그들의 의무에 선거에서 나의 정부가 펼치는 정치를 대변하는 것도 포함된다는 것을 천명하는 바이다. 이러한 의무를 충실히 이행한다면 나는 감사할 것이며, 모든 관료가 그들이 한 충성서약을 고려해 선거에서도 나의 정부에 대한 일체의 선동

"정치"관료들은 — 다른 나라들과 달리 — 여타 모든 관료와 동일한 자격을 갖추어야 했습니다: 왜냐하면 정치적 관료가 되려면 대부분의 경우에 대학교육을 받고 전문시험을 치른 이후 일정한 수습근무를 마쳐야 했기 때문입니다. 우리나라에서 근대 전문관료제의 이러한 특징을 갖고 있지 않은 것은 단지 정치적 기구의 우두머리인 장관들뿐입니다. 이미 구체제 아래에서도 고등교육을 전혀 받지 않고서도 프로이센의 교육부 장관이 될 수 있었던 반면, 보고위원[76]은 원칙적으로 규정된 시험들을 거쳐야만 될 수 있었습니다. 자명한 일이지만 전문훈련을 받은 특정 업무 전담자와 보고위원이 — 예컨대 프로이센 교육부의 알트호프[77] 밑에 있는 — 그 분야의 고유한 기술적 문제들에 대해 그들의 우두머리보다 훨씬 더 정통했습니다. 이 점에서는 영국도 사정이 다르지 않았습니다. 그

을 삼갈 것을 기대하는 바이다." 에른스트 루돌프 후버(펴냄), 『독일 헌법사 관련 문서들』, 제2권, 307쪽에서 재인용. 참고로 로베르트 폰 푸트카머(1828~90)는 1879년에 프로이센 왕국의 교육부 장관이 되었고 1881년에는 내무부 장관이 되어 1888년까지 재직했는데, 이미 교육부 장관 시절부터 프로이센의 관료층으로부터 자유주의적 요소들을 제거하고 옛 프로이센의 보수주의적-권위주의적 전통을 계승하고 강화하려고 했다. 다시 말해 프로이센의 국가기구를 보수주의적-권위주의적 "신념관료"들로 채우려고 했다. 1882년의 푸트카머 칙령은 그의 이러한 노력의 일환이자 절정이었다. 그가 추진한 관료세계의 보수주의화 및 권위주의화의 결과로 1807년 개혁부터 면면히 이어져 온 관료들의 자유주의적 전통이 단절되었다. 그리고 에른스트 루돌프 후버(1903~90)는 독일의 법학자이다.

76 보고위원(Vortragender Rat)은 개인적으로 황제나 국왕에게 보고할 권한이 있는 관료를 가리키는데, 참고로 — 바로 아래의 주 77에서 언급되는 — 프리드리히 알트호프가 1892년 프로이센 왕국 교육부의 보고위원이 될 당시에는 총 33명의 보고위원이 있었고 1897년에 대학담당국장이 될 당시에는 총 4명의 국장이 있었다.

77 프리드리히 알트호프는 1882년부터 1897년까지 프로이센 왕국 교육부의 보고위원으로 재직했으며, 1897년부터 1907년까지 대학담당국장으로 재직하면서 프로이센의 대학들과 더 나아가 독일제국 전체의 대학들에 결정적인 영향을 끼쳤다(여기에는 대학교수 초빙도 포함된다). 그리하여 그가 프로이센 왕국의 교육부에 재직한 1882~1907년을 — 그는 이 시기에 총 5명의 교육부 장관 밑에서 일했다 — 흔히 "알트호프 체제"라고 부르는데, 베버는 이 체제를 통렬하게 비판했다(알트호프의 자세한 인적 사항은 이 책의 뒷부분에 나오는 "인명목록"을 볼 것).

결과, 모든 일상적 사안에서도 특정 업무 전담자나 보고위원이 우두머리보다 더 큰 힘을 갖게 되었습니다. 그러나 이것은 그 자체로서 불합리한 것이 아니었습니다. 왜냐하면 장관은 사실상 **정치적** 권력관계의 대표자였기 때문입니다; 그의 임무는 이 권력관계에서 나오는 정치적 규준을 대변하고, 이에 따라 자기 휘하 전문관료들의 제안을 검토하거나 그들에게 정치적 성격의 적절한 지시를 내리는 것이었습니다.

그런데 사적 경제경영에서도 사정은 이와 매우 유사합니다: 원래의 "주권자"인 주주총회는 경영지도에서 전문관료들의 지배를 받는 "국민"이 정치라는 경영의 영역에서 그러하듯 아무런 영향력도 없으며, 또한 경영정책에서 결정적인 역할을 하는 사람들, 즉 은행의 지배를 받는 "감사회"는 단지 경제상의 지시를 내리고 경영관리를 담당할 사람들을 선발할 뿐 그 자신이 경영을 기술적으로 지도할 수는 없습니다.[78] 이 점에서는 혁명국가의 현재 구조도 근본적으로 새로운 것은 단 하나도 보여주지 못하고 있습니다: 이 혁명국가는 완전한 아마추어들에게, 그저 이들이 기관총을 쥐고 있다는 이유만으로 행정권을 넘겨주었으며, 전문훈련을 받은 관료들을 단지 집행하는 두뇌와 수족으로 이용하고자 할 뿐입니다.[79] 이 현체제가 안고 있는 어려움은 이와는 다른 곳에 있는데, 오늘은 이 점에 대해서는 언급하지 않기로 하겠습니다. ―

78　이 문장에 나오는 "경영"이라는 용어는 독일어 'Betrieb'을 옮긴 것인데, "기업"이라고 옮기지 않고 이렇게 옮긴 이유는 이 바로 앞 단락의 첫 문장을 보면 이해할 수 있을 것이다.

79　여기서 말하는 혁명국가는 ― 이 책의 112쪽, 주 48에서 언급한 바와 같이 ― 1918년 11월혁명으로 출범한 바이마르 공화국을 구성하는 18개 연방을 가리킨다. 그리고 아마추어들은 11월혁명 이후에 독일 각지에서 형성된 노동자-병사평의회를 가리킨다(이에 대해서는 이 책의 187쪽, 주 241을 볼 것). 이들은 기존의 행정관청들을 그대로 놔둔 채, 그리고 행정업무의 수행에 직접적으로 관여하지 않은 채 단지 대표를 파견해 자신들의 목표를 관철하려고 했다.

3. 직업정치가의 주요 유형

(1) 성직자, 문인, 궁정귀족, 젠트리, 법률가

그보다는 직업정치가들의 전형적인 특징을 논의해보고자 하는데, 여기에는 "지도자들"과 그들의 추종자들이 모두 포함됩니다. 이 특징은 변화해왔으며, 오늘날에도 매우 다양한 모습을 띠고 있습니다.

우리가 앞에서 본 바와 같이, "직업정치가들"은 과거에 군주와 신분들[80]의 투쟁에서 군주에게 봉사하면서 발전해왔습니다. 그들의 주요 유형을 간략히 살펴보기로 합시다.

신분들과의 투쟁에서 군주가 의지한 것은 정치적으로 이용할 수 있는 비(非)신분적인 성격의 계층들이었습니다. 우선 성직자가 그 계층에 속했는데, 인도아대륙과 인도차이나, 불교의 중국과 일본, 라마교[81]의 몽골, 그리고 중세의 기독교 지역들에서 그랬습니다. 이는 성직자들이 글을 읽고 쓸 줄 안다는 기술적인 이유 때문이었습니다. 황제나 제후 또는 칸[82]이 바라문승,[83] 불교승, 라마승을 궁으로 불러들이거나 주교와 사제를 정치적 조언자로 삼는 것은 어디서나 같은 의도에서 비롯되었습니다: 그들은 글을 읽고 쓸 줄 아는 능력을 갖춘 행정력을 얻어 귀족들과의 투쟁에서 이용하고자 했습니다. 성직자, 특히 독신(獨身) 성직자는 일상의 번잡한 정치적 및 경제적 이해관계에서 벗어나 있었으며, 또한 봉신

---

80 이 개념에 대해서는 이 책의 106쪽을 볼 것.

81 라마교는 8세기에 인도에서 전래된 밀교와 티베트의 고유종교가 융합되어 발전한 불교의 한 종파로 티베트 불교라고도 한다.

82 칸(Khan; 汗)은 중세 튀르키예, 타타르, 몽골의 여러 민족의 군주를 가리키는 칭호이다.

83 이는 브라만교의 승려인 브라만을 한자로 표기한 것인데, 이처럼 굳이 한자식 표기를 고집한(?) 이유는 그 뒤에 나오는 불교승 및 라마승과 (한국어!) 운율을 맞추기 위함이다.

(封臣)과는 달리 자신의 후손을 위해 군주에 대항해 독자적인 권력을 추구하려는 유혹에도 빠지지 않았습니다. 그리고 성직자는 그 자신의 신분적 특성으로 인해 군주의 행정을 경영하는 수단으로부터 "분리되어" 있었습니다.

이런 유형에 속하는 두 번째 계층으로는 인문주의적 교육을 받은 문인들을 들 수 있습니다. 군주의 정치적 조언자, 특히 그의 정치적으로 중요한 문서의 작성자가 되기 위해 라틴어 연설법과 그리스어 시작법을 배우던 시대가 있었습니다. 이때는 인문주의 아카데미와 군주에 의해 설립된 "시학"(詩學) 강좌직이 처음으로 만발하던 시대였습니다[84]: 우리에게

---

84 이는 바로 아래 주 85에 나오는 르네상스-인문주의와 밀접한 관계에 있다. 르네상스 시기의 이탈리아에서는 개별 국가의 지배자들이 예술과 과학의 진흥에 힘썼으며, 그 결과로 군주의 궁정들, 예컨대 나폴리, 피렌체, 만토바, 우르비노, 페라라의 궁정이 유럽의 문화적 중심지가 되었다. 이 문화진흥정책의 일환으로 15세기 중엽부터 군주들의 후원으로 인문주의자들의 아카데미가 생겨났는데, 그 시초는 1443년 나폴리에 세워진 "폰타노 아카데미"(Accademia Pontaniana)이고 그 뒤를 이어 1459년 피렌체에 "플라톤 아카데미"(Accademia Platonica), 1464년 로마에 "로마 아카데미"(Academia Romana)가 세워지는 등 이탈리아의 수많은 도시에 인문주의적 아카데미가 세워졌다. 그리고 15세기 말부터는 이탈리아의 영향으로 영국, 프랑스, 독일 등의 다른 유럽 국가들에도 아카데미가 세워졌다. 이처럼 르네상스 시기의 이탈리아에서 수많은 인문주의 아카데미가 생겨난 것은 전통적인 대학들이 인문주의를 수용할 수 없었기 때문이다. 인문주의자들은 아카데미에서 그리스와 로마의 고전에 대해 자유롭게 지식을 교환하고 토론하며 연구할 수 있었다. 이 아카데미 운동의 영향으로 대학들이 점차로 인문주의를 그들의 강의와 연구에 통합했다. 예컨대 당시 신성로마제국의 황제인 막시밀리안 1세가 독일의 인문주의자이자 시인인 콘라트 첼티스(1459~1508)의 제안으로 빈 대학에 전통적인 철학부(교양학부)의 대안으로 "시인과 수학자 콜레기움"(Collegium poetarum et mathematicorum)을 설치해 시학과 수사학, 그리고 수학과 자연과학을 가르치도록 했다; 이 콜레기움은 1530년에 철학부에 통합되었다(막시밀리안 1세에 대한 자세한 인적 사항은 이 책의 뒷부분에 나오는 "인명목록"을 볼 것). 그런데 여기에서 한 가지 주의해야 할 점이 있으니, 그것은 유럽에서 15세기 중엽부터 전개된 아카데미 운동은 비단 인문주의에 한정된 것이 아니라는 사실이다. 15세기 중엽부터 그리스와 로마의 고전을 대상으로 하는 아카데미가 세워졌다면, 16세기 중엽부터는 토속어와 토속문학을 대상으로 하는 아카데미와 예술을 대상으로 하는 아카데미가 생겨났다; 이 가운데 전자는 인문주의가 대학의 강의와 연구에 통합됨에 따라 그리고 인문주의적 관심이 통속

서는 이 시기가 빨리 지나가버렸으며 정치적으로도 그다지 큰 영향력을 행사하지 못했지만, 어쨌든 우리의 교육제도에는 지속적으로 영향을 끼쳐왔습니다.[85] 동아시아의 경우에는 사정이 달랐습니다. 중국의 관인(官人)은 서구 르네상스 시대의 인문주의자와 거의 유사합니다; 아니 오래 전부터 그랬습니다: 그는 먼 과거의 고전에 대한 인문주의적 교육을 받고 또 시험[86]에 합격한 문인이고, 오래전부터 그러한 문인이었습니다.[87] 여러분이 이홍장(李鴻章)의 일기를 읽어본다면, 그만 해도 아직 자신이 시를 짓고 서예에 능하다는 것을 매우 자랑스럽게 생각하고 있음을 알 수 있을 것입니다.[88] 중국의 고대를 전범으로 해서 확립된 관습을 체득하고 실천하는 이 계층이 중국의 전(全) 운명을 결정지었는데, 만약 서구의

적인 영역으로 확대됨에 따라 생겨난 문화적 현상이며 따라서 인문주의 아카데미로 볼 수 있다. 그리고 16세기 후반부터는 근대 자연과학이 발전하면서 자연과학 분야의 아카데미도 생겨났다. 이 다양한 유형의 아카데미 운동에서도 선구자는 역시 이탈리아였다. 아무튼 인문주의와 계몽주의 사이의 유럽에는 헤아릴 수 없을 정도로 많은 아카데미 및 이와 유사한 단체가 존재했고, 오늘날에도 여러 분야의 아카데미가 존재한다.

85 이 문장의 "우리에게서는"과 "우리의 교육제도에는"은 "독일에서는"과 "독일의 교육제도에는"이 아니고 "서구에서는"과 "서구의 교육제도에는"이라고, 그리고 그 아래에 나오는 동아시아 및 중국의 상황과 대비되는 것으로 읽어야 한다. 역사적으로 볼 때 서구의 인문주의는 크게 두 가지로 나누어볼 수 있는바, 그 하나는 15, 16세기 이탈리아에서 유럽으로 퍼져나간 르네상스-인문주의이며, 그 다른 하나는 18, 19세기 독일에서 꽃을 피운 신인문주의이다. 그런데 여기에서 베버가 염두에 두고 있는 것은 르네상스-인문주의인데, 이것은 이미 16세기를 지나면서 그 세력이 약화되었다.

86 자명한 일이지만 이는 국가시험인 과거를 가리킨다.

87 베버는 『종교사회학 논총』, 제1권, 395쪽에서 말하기를, 중국에서는 "1,200년 전부터 재산보다 **교양**에 의해, 특히 시험[과거]을 통해 확정되는 관직 취임자격이 개인들의 사회적 지위를 훨씬 더 크게 결정지었다. 중국은 전 세계에서 가장 배타적으로, 유럽의 인문주의 시대나 최근의 독일보다 훨씬 더 배타적으로 문인적 교양을 사회적 평가의 척도로 만든 나라였다"라고 했으며, 또한 같은 책, 396쪽에서 말하기를, 거기서는 "2,000년보다 훨씬 더 오래전에 **문인들**이 최종적으로 지배계층이 되었고 현재에도 여선이 시배세층으로 낡아 있나"라고 했나.

88 이 문장에서 말하는 "이홍장(李鴻章)의 일기"는 엄밀히 말해 일기가 아니라 1913년에 영어로 나온 것을 1915년에 독일어로 옮긴 『이홍장의 회고록』이다(이홍장의 자세한 인적 사항은 이 책의 뒷부분에 나오는 "인명목록"을 볼 것).

인문주의자들이 당시에 직업정치가로서 중국의 관인들만큼 성공적으로
자신을 관철시킬 수 있는 가능성을 조금이라도 가졌더라면 아마 우리의
운명도 중국의 운명과 비슷하게 되었을 것입니다.

세 번째 계층으로는 궁정귀족을 들 수 있습니다. 군주들은 귀족들의
신분적[89] 정치권력을 박탈하는 데 성공한 다음, 이들을 궁정으로 끌어들
여 정치적 및 외교적 업무에 이용했습니다. 17세기에 우리의 교육제도
가 급격한 변화를 겪은 원인들 가운데 하나는, 그 당시에 인문주의적 문
인들 대신에 궁정귀족적 직업정치가들이 군주에게 봉사하게 되었다는
사실에 있습니다.[90]

네 번째 범주는 영국 특유의 현상입니다: 소(小)귀족과 도시의 금리생
활자를 포함하는 도시문벌층이 그것인데, 전문용어로는 "젠트리"[91]라고
불렸습니다 ─ 젠트리는 원래 군주가 지방의 호족들에게 대항하기 위해
끌어들여 "자치정부"[92]의 관직들을 수여한 계층인데, 나중에는 점점 더
이 계층에 의존하게 되었습니다. 이들은 자신들의 사회적 권력을 도모하
기 위해 지방행정의 모든 관직을 무보수로 떠맡았으며, 그럼으로써 그

---

89 이 책의 106쪽에 나오는 "신분"의 정의와 같이 볼 것.
90 이 바로 앞 단락에 나오는 바와 같이, 중국의 문인들은 아주 오래전부터 교육뿐만 아니
    라 정치에서도 ─ 사실 경제와 군사를 제외한 모든 사회적 영역에서 ─ 중추적인 역할
    을 해왔다. 이와 달리 서구에서는 인문주의자들이 이미 17세기에 궁정귀족적 직업정치
    가들에 의해 정치적 영역에서 밀려나 그 역할이 교육과 연구와 같은 순수한 지식인의
    영역에 한정되었다. 독일의 저명한 사회학자 노르베르트 엘리아스(1897~1990)의『문
    명화과정』(1939)과『궁정사회』(1969)는 귀족들이 궁정귀족으로 편입되는 과정을 매
    우 생생하고 설득력 있게 서술하고 설명하고 있다.
91 베버는 이것을 영어('gentry')로 표기하고 있다. "젠트리"라는 개념은 귀족을 뜻하는 옛
    프랑스어 'genterie'에서 유래한 것으로 중세에는 귀족 전체를 가리켰으며 'Nobility'와
    동의어였는데, 중세 말부터 영국에서는 귀족계급이 점차로 상류귀족인 'Peerage'(또는
    'Nobility')와 하급귀족인 'Gentry'로 분화되었다. 그러다가 16세기부터는 하급귀족에
    국한되지 않고 명확히 경계를 설정할 수 없을 만큼 매우 다양한 사회집단을 포괄하게
    되면서 위로는 상류귀족과 아래로는 요먼(yeoman; 독립자영농민) 및 일반 시민계층
    (도시민)과 경계를 이루게 되었다.
92 베버는 이것을 영어('self-government')로 표기하고 있다.

관직들을 계속해서 소유할 수 있었습니다. 바로 이들이 모든 대륙국가의 숙명이었던 관료제화로부터 영국을 지켜냈습니다.

다섯 번째 계층은 서구, 특히 유럽 대륙에 특유했으며 또한 서구의 정치구조 전체에 대해 결정적인 중요성을 지녔던 계층입니다: 그들은 대학교육을 받은 법률가들입니다. 후기 로마의 관료주의적인 국가에서 개혁된 로마법은 그 후 장기간에 걸쳐 지속적으로 엄청난 영향을 끼쳐왔는데, 이 영향은 합리적인 국가로의 발전이라는 의미에서의 정치적 경영[93]의 혁명적인 변화가 어디서나 훈련된 법률가들에 의해 이루어졌다는 사실에서 가장 분명하게 드러납니다. 영국에서도, 비록 그곳에서는 국가적 차원의 대규모 법률가 조합들이 로마법의 수용을 방해하기는 했지만, 사정은 다르지 않았습니다.[94] 지구상의 다른 어느 지역에서도 이와 유사한 사례는 찾아볼 수 없습니다. 인도의 미망사학파[95]에서 싹튼 합

---

93 이 개념에 대해서는 이 책의 98쪽, 주 17을 볼 것.

94 유럽의 다른 나라들과 마찬가지로 영국의 대학에서도 ─ 옥스퍼드 대학과 케임브리지 대학에서 ─ 로마법을 가르쳤으나 실무에는 거의 영향을 끼치지 못했다. 왜냐하면 이미 13세기부터 관습법 변호사들이 독점적 명망가층으로 대규모 조합을 조직해 로마법의 수용에 성공적으로 저항했기 때문이다. 주요 법원들의 법관도 그들로부터 충원되었으며, 법률가 교육도 14세기 초부터 그들이 장악했다. 이처럼 영국의 변호사들이 로마법에 저항한 이유는, 대학에서 로마법을 통해 법을 합리화하려는 노력은 관습법에 기반하는 그들의 사회적 지위와 물질적 이해관계에 위협이 되었기 때문이다. 베버, 『경제와 사회: 이해사회학 개요』, 563쪽. 참고로 영국에서 법률가 교육을 시킨 곳이 "인스오브코트"(Inns of Court)라는 법학원이었는데, 여기에서 경험적 관습법 교육을 받은 법률가들이 대학에서 로마법 교육을 받아 기술적으로 우월한 법률가들에게 성공적으로 저항했던 것이다. 인스오브코트는 이전에는 많았으나 현재는 4개밖에 남아 있지 않다.

95 미망사학파(Mīmāṃsā)는 기원전 3세기경의 인물로 추정되는 자이미니에 의해 창시된 인도의 종교적-철학적 학파로, 베다의 권위를 인정하는 이른바 힌두교의 육파(六派) ─ 바이셰시카학파(Vaiśeṣika), 니야야학파(Nyāya), 상키야학파(Sāṃkhya), 요가학파(Yoga), 미망사학파(Mīmāṃsā), 베단타학파(Vedānta) ─ 중에서도 가장 정통적인 학파로 간주된다. 미망사학파는 힌두교의 경전인 베다를 철학적으로 연구하고 해석하는 데에 중점을 두었다. 그 구성원들에게 베다는 영원하고 진정한 계시였으며, 따라서 우주의 법칙을 인식하는 유일한 길이었다. 그리하여 철학적이고 조직적인 해석과 연구의 방법을 구축해 베다의 종교적-신학적 권위를 확보하고자 했다. 이를 위하여 미망사

리적인 법률적 사고의 그 모든 맹아에도 불구하고, 그리고 이슬람교에서 구축된 고대적인 법률적 사고의 그 모든 계승, 발전에도 불구하고 결국 신학적 사유방식이 합리적인 법률적 사고를 압살해버리고 말았습니다. 이 두 경우에는 특히 소송절차가 충분히 합리화되지 못했습니다. 서구의 합리적인 법률적 사고가 형성되고 발전하는 데에는 다음의 세 가지 요소가 결정적인 역할을 했습니다: 첫째, 고대 로마의 법학—이것은 도시국가에서 세계제국으로 성장한 아주 독특한 정치조직체의 산물입니다—이 이탈리아의 법학자들에 의해 계승된 것이 그 첫 번째 요소이고,[96] 중세 후기의 로마법학자들과 교회법학자들의 "근대적 적용"이 그 두 번째 요소이며,[97] 법률적-기독교적 사고에서 태어났지만 후에 세속

학파는 "해석의 일반적인 규범(Nyāya; 이 말은 나중에 논리학만을 가리키는 말로 정착된다)을 확립했으며, 이러한 규범은 다르마샤스트라(Dharmaśāstra; 법전)를 연구의 주요 대상으로 하는 학파들에서 채택되어 확장된다." 이거룡, 「미망사와 베단타의 종교철학」, 26쪽. 그리고 이를 통해 근대 힌두 법률의 발전에 큰 영향을 끼쳤다.

96 이탈리아 법학자들에 의한 로마법 계승은 12세기 초반으로 거슬러 올라간다. 당시 볼로냐에는 법학교가 생기면서 로마법을 연구하고 가르쳤는데, 이 법학교는—1130년과 1140년 사이에—세계 최초로 설립된 대학인 이탈리아의 볼로냐 대학으로 통합되었다. 이 대학은 처음부터 법학을 연구하고 가르쳤는데(아니 초창기에는 법학부밖에 없었다), 중세 로마법 연구에서 중심적인 위치를 차지했던 볼로냐 주석학파(註釋學派)의 창시자인 이르네리우스(1050년경~1130년경)도 볼로냐 대학에서 가르쳤다. 이로써 중세 초기에 거의 잊혔던 로마법이 볼로냐 대학에서 화려하게 부활했고 볼로냐 대학은 로마법의 메카가 되었다. 그리하여 13세기 중엽까지 유럽 각지에서 수많은 학생이 로마법을 배우기 위해 볼로냐 대학으로 몰려들었고 그곳에서 발전한 로마법 연구법과 교수법이 13~15세기에 유럽 각국의 대학으로 전파되었다. 그 결과, 합리적인 법률적 사고가 가능해졌고 대학에서 법학교육을 받은 관료들이 유럽 각국에서 근대국가가 형성되고 발전하는 데에 결정적으로 기여했다. 요컨대 서구에서 법률적 사고의 합리화 과정은 12세기 초에 시작되었다고 할 수 있다.

97 "근대적 적용"(Usus modernus)—판덱텐의 근대적 적용(Usus modernus pandectarum)의 줄임말—은 16~18세기에 로마법을 계승한 유럽의 모든 나라에서, 그리고 특히 독일에서 발전한 법학의 조류로 그 목표는 로마법을 당시의 시대적 상황에 적용하는 데에 있었다. 따라서 "Usus modernus"는 당시의 관점에서는 로마법의 근대적 적용이 아니라 현대적 적용이 될 것인데, 여기서는 문맥을 고려해 현대적 적용이 아니라 근대적 적용이라고 표기하기로 한다. 그런데 판덱텐(Pandekten)은 로마법 자체가 아니라

화된 자연법 이론들이 그 세 번째 요소입니다. 우리는 이러한 법률적 합리주의의 위대한 대표자를 다음과 같은 집단들에서 볼 수 있습니다: 이탈리아의 포데스타,[98] 프랑스의 왕실 법률가들 — 이들은 왕권이 봉건 영주들의 지배를 타파하는 데 필요한 형식적 수단을 창출했습니다 —, 교회법학자들 및 공의회주의[99] 내에서 자연법적 사고를 하는 신학자들, 대륙 군주들의 궁정 법률가들 및 학식 있는 사법관들, 네덜란드의 자연법주의자들[100]과 폭군방벌론자들,[101] 영국의 왕실 법률가들 및 의회 법

6세기에 편찬된 『로마법대전』의 일부분으로 기존의 학설을 종합하고 정리한 총 50권의 방대한 문헌이다(여기에 수록되지 않은 사법적 견해나 입장은 법률로 인정되지 않았다). 그럼에도 불구하고 로마법의 근대적 적용이라고 하지 않고 굳이 판덱텐의 근대적 적용이라고 하는 것은, 그 법학적 조류의 중심에 판덱텐이 있었기 때문이다. 근대적 적용은 판덱텐을 비롯한 로마법 이외에도 게르만법, 교회법, 자연법 및 관습법을 끌어들였으며, 교회법학자들도 참여했다. 요컨대 근대적 적용은 법질서의 종합적인 체계화를 시도했던 것이다. 그 결과, 법의 이론과 실무의 과학화가 시작되었고 통일적인 법질서의 토대가 마련되었다.

98 포데스타(Podestà)는 12세기 중부 및 북부 이탈리아 도시들의 최고 행정관으로 대개는 법률 교육을 받은 귀족들이었다. 포데스타는 원칙적으로 다른 도시 출신이어야 했으며, 자치도시의 경우에는 임기제로 선출되었고 제국도시(신성로마제국 직속 도시)의 경우는 황제에 의해 임명되었다.

99 공의회주의(公議會主義; Konziliarismus)는 교황이 아니라 공의회(公議會; Konzil)가 교황보다 우위에 있고 최종 결정권을 가지며, 교황은 공의회의 결정에 복종해야 한다는 사상으로(공의회는 전체 교회를 대표하는 이들이 모여 교리, 의례, 규범, 제도 등을 논의하고 결정하는 가톨릭의 종교회의이다), 14, 15세기 교황권의 위기를 극복하고 교회의 통일을 기하기 위해 대두되었다. 달리 공의회우월주의 또는 공의회지상주의라고도 한다.

100 여기에서 베버가 염두에 두고 있는 것은 철학자 유스투스 립시우스(1547~1606)와 특히 법학자 후고 그로티우스(Hugo Grotius, 1583~1645)이다. 그로티우스는 근대 자연법의 창시자로서 그 이후의 법사상과 법제사의 발전에 결정적인 영향을 끼쳤다.

101 폭군방벌론자(暴君放伐論者; Monarchomachos)는 프랑스의 가톨릭 절대왕정주의자인 윌리엄 바클리(1546~1608)가 도입한 개념으로, 1600년경 군주의 전제권력에 저항힌 프랑스의 칼뱅주의자들을 가리킨다. 이들은 국민주권의 원리에 그로부터 도출되는 저항권에 근거해 자신들의 신앙에 적대적이고 자신들의 종교적 자유를 억압하는 폭군을 방벌(放伐)하는 것이 정당하다고 주장했다. 대표적인 폭군방벌론자로는 프랑수아 오트망(1524~90), 테오도르 드 베즈(1519~1605), 필리페 뒤플레시-모르네

률가들, 프랑스 최고법원[102]의 법복귀족들,[103] 그리고 마지막으로 혁명기[104]의 변호사들이 그들입니다. 이 법률적 합리주의가 없이는 절대주의의 성립도, 혁명도 생각할 수 없습니다. 여러분이 프랑스대혁명 이전 파리 최고법원의 항변서나 16세기부터 1789년[105]까지의 프랑스 삼부회의 진정서를 통독한다면, 여러분은 도처에서 법률가 정신을 발견할 것입니다.[106] 그리고 여러분이 프랑스 국민공회[107] 구성원들의 직업소속을 면밀

(1549~1623), 그리고 위베르 랑게(1518~81)를 들 수 있다.

102 아래 주 103과 주 106을 볼 것.

103 법복귀족(法服貴族; Noblesse de robe)은 프랑스 구체제(앙시앵레짐)에서 주로 ─ 사법이나 재정 분야의 ─ 고위 관직에 오름으로써 귀족의 지위를 얻은 사회계층으로 정통 봉건귀족인 대검귀족(帶劍貴族)과 구별되었으며, 동시에 대검귀족과 함께 삼부회의 제2신분을 구성했다. 그들이 착용한 관복에서 법복귀족이라는 명칭이 비롯되었다. 법복귀족은 관직을 독점했기 때문에 개혁에 저항적이었다. 법복귀족들 중에서 가장 영향력이 큰 것은 13개의 지역 최고법원과 국가 추밀원에 속한 사람들이었다.

104 이는 프랑스대혁명 시기를 가리키며, 그다음 문장에 나오는 "혁명"도 역시 프랑스대혁명을 가리킨다.

105 잘 알려져 있다시피, 이해는 프랑스대혁명이 발발한 때이다.

106 먼저 이 문장의 "파리 최고법원"(Parlement de Paris)은 프랑스 구체제(앙시앵레짐)에서 전국 13곳에 설치된, 해당지역에서 최종적인 판결을 내리는 사법기관들, 그러니까 지역 최고법원들 가운데 하나이다. 각각의 최고법원은 12명 이상의 재판관으로 구성되어 있었으며, 재판관은 프랑스 전역에 걸쳐 1,100여 명이 있었다. 최고법원의 구성원들은 법복귀족이라 불리는 귀족들이었는데(앞의 주 103을 볼 것), 이들은 관직을 사들이거나 물려받았으며 국왕으로부터도 독립적이었다. 이 최고법원들 가운데 파리 최고법원이 가장 오래되고 가장 중요했으며(1302년 필리프 4세[1268~1314]에 의해 설치되었음), 방금 언급한 최종판결이라는 임무에 더해 국왕의 법률, 훈령 및 칙령을 등록하고 이를 통해 그것들에 법적 효력을 부여하는 임무와 권한을 갖고 있었다; 그리고 동시에 내용적으로 이의를 제기할 수 있었고 국왕에게 그가 제시한 법률과 칙령을 변경하도록 강요할 수 있었다(항변권). 본문에서 베버가 말하는 "파리 최고법원의 항변서"는 이 파리 최고법원이 국왕에게 항변한 것을 기록한 문서를 가리킨다. 그리고 "삼부회"(États généraux)는 1302년 필리프 4세가 처음으로 소집한 신분제 의회로 성직자, 귀족, 평민의 대표들로 구성되었다(각 신분은 300명 정도의 의원을 파견했다). 의회 소집권, 의제 결정권, 최종 의결권 모두 국왕에게 속했으며, 의원들은 심의권과 상신권만 가지고 있었다. 본문에서 베버가 말하는 "삼부회의 진정서"(Cahiers)는, 보다 정확히 말하자면 "삼부회의 불만 호소문"(Cahiers de Doléances)이다. 이것은 삼부회 선거 시에 유권자들로부터 나오는 불만사항들과 요구사항들을 기록한 것으로서 삼부

히 검토한다면, 여러분은 이 구성원들 중에는 ── 그들이 평등선거권에 따라 선출되었음에도 불구하고 ── 단 한 명의 프롤레타리아트와 극소수의 부르주아 기업가가 있었던 반면, 수많은 온갖 종류의 법률가가 있었다는 사실을 발견할 것입니다: 이 법률가들이 없이는, 그 당시의 급진적인 지식인들과 그들의 기획에 생명을 불어넣어주었던 그 독특한 정신은 아예 생각할 수조차 없을 것입니다. 프랑스대혁명 이래 근대적 변호사와 근대적 민주주의는 불가분의 관계가 되었습니다 ── 그리고 독립적인 신분[108]이라는 특수한 의미에서의 변호사 집단은 다시금 서구에만 존재했는데, 이들은 중세 이래로 소송절차가 합리화되면서 그 영향 아래 형식주의적인 게르만적 소송절차에서 소송 당사자를 위해 일하던 "대변자"로부터 발전했습니다.[109]

정당이 출현한 이래 서구 정치에서 변호사들이 중요한 위치를 점하게 된 것은 결코 우연한 일이 아닙니다. 정당들을 통한 정치의 경영[110]은 다름 아닌 이해관계자들에 의한 경영을 뜻합니다 ── 이것이 무엇을 의미하는지는 곧 보게 될 것입니다. 그리고 어떤 사건을 이해관계자인 고객

───

회가 구성된 후 국왕에게 제출되었다.

107 국민공회(Convention nationale)는 1792년 9월 21일부터 1795년 10월 26일까지 존속한, 그리고 보통선거로 선출된 의원들로 구성된 입법의회인데, 바로 이 국민공회의 시기가 프랑스의 제1공화국에 해당한다.

108 이 개념에 대해서는 이 책의 115쪽, 주 56을 볼 것.

109 이 문장의 "이들은 중세 이래로 …… '대변자'로부터 발전했습니다"는 다음과 같이 의역하면 의미하는 바가 보다 명확하게 와닿을 것이다: "이 변호사 집단의 연원은 멀리 중세 시대의 '대변자'라는 사회집단으로 거슬러 올라갑니다: 구체적으로 말해 후자는 원래 중세의 형식주의적인 게르만적 소송절차에서 소송 당사자를 위해 일하던 대리인이었는데, 중세 이래 이 소송절차가 합리화되면서 그 영향으로 방금 언급한 의미에서의 변호사로 발전해갔습니다." 참고로 여기서 말하는 "대변자"(Fürsprech)는 중세 시대에 법정에서 소송 당사자를 대변하던 사람인데, 그의 임무는 특히 중세의 엄격한 형식주의적 소송절차로 인해 소송 당사자에게 닥칠 수 있는 위험에 대처하는 데에 있었다.

110 이 개념에 대해서는 이 책의 98쪽, 주 17을 볼 것.

에게 유리하도록 처리하는 것, 이것이야말로 훈련받은 변호사의 직업입니다. 이 점에서 변호사는 그 어떤 "관료"보다도 우월합니다 —— 우리는 이것을 적의 선전이 우리의 선전보다 우월했다는 사실을 통해 알게 되었습니다.[111] 확실히 변호사는 논리적 근거가 취약한, 이런 의미에서 "나쁜" 사건을, 그럼에도 불구하고 승소할 수 있도록, 그러니까 기술적으로 말하자면 "좋게" 처리할 수 있습니다. 그러나 논리적 근거가 "강력한", 이런 의미에서 "좋은" 사건도 승소할 수 있도록, 그러니까 이런 의미에서 "좋게" 처리하는 것도 오직 변호사뿐입니다. 이에 반해 정치가로서의 관료는 너무나도 자주 기술적으로 "나쁘게" 처리하기 때문에 방금 언급한 의미에서의 "좋은" 사안을 "나쁜" 사안으로 만들어버립니다: 우리는 과거에 이것을 경험했습니다.[112] 아무튼 오늘날의 정치는 상당한 정도로 공개적인 장(場)에서 입으로 하는 말과 글로 쓰는 말이라는 수단을 통해 이루어집니다. 그런데 이 말의 효과를 저울질하는 것은 변호사의 가장 고유한 활동영역에 속하는 것이지 전문관료의 그것에 속하는 것이 결코 아닙니다. 전문관료는 선동가가 아니며, 또 원래 그의 목적상 선동가여서도 안 됩니다; 그런데도 선동가가 되려고 한다면 십중팔구는 매우 형편없는 선동가가 되고 맙니다.[113]

---

111 이 문장의 "적의 선전"과 "우리의 선전"은 각각 제1차 세계대전에서 독일의 적인 연합국의 선전활동과 그에 맞선 독일의 선전활동을 가리킨다. 제1차 세계대전 초기에 연합국은 민족자결권의 원칙에 입각한 선전활동을 펼쳤는데, 특히 독일의 벨기에 침략이 적나라한 국제법 위반이라는 주장은 중립국들에서 엄청난 효과를 가져왔다. 이에 맞서 독일은 1914년 10월에 제국 차원에서 대외 선전활동을 전담하는 부서를 설치하고 독일의 전쟁정책을 정당화하는 선전활동을 펼쳤지만 끝내 연합국을 추월하지 못했다.

112 이는 독일제국(1871~1918) 후기에 독일의 정치가 실패한 사실을 가리킨다; 당시에는 제국과 제국의 패권국가인 프로이센의 주요 대신들(장관들)이, 그리고 심지어 제국의 총리대신(제국총리)도 고위 관료에서 충원되는 것이 일반적이었다.

113 이 문장을 바로 아래의 문장과 함께 보면 "그의[전문관료의] 목적상"이 의미하는 바가 보다 명확해질 것이다.

〈보론〉 관료와 정치가

진정한 관료는—이 점은 과거 독일의 정치체제를 평가하는 데 결정적으로 중요합니다—그의 본래의 직분에 따르면 정치를 해서는 안 되고 "행정"을 해야 하는데, 무엇보다도 **비당파적으로** 해야 합니다—이 것은 "국가이성", 즉 기존 질서의 사활이 걸린 이해관계가 위협을 받지 않는 한 이른바 "정치적" 행정관료에게도 해당됩니다; 적어도 공식적으로 그렇습니다. 진정한 관료는 "분노도 편견도 없이"[114] 자신의 직무를 수행해야 합니다. 그러므로 그는 정치가, 지도자 및 그들의 추종자들이 항상 그리고 불가피하게 하지 않을 수 없는 것, 즉 **투쟁**을 해서는 안 됩니다. 왜냐하면 당파성, 투쟁, 격정—분노와 편견[115]—은 정치가의 본령이며, 특히 정치적 **지도자**의 본령이기 때문입니다. 정치적 **지도자**의 행위는 관료의 행위와는 전혀 다른, 아니 정반대되는 **책임**의 원칙을 따릅니다. 관료의 명예는, 그의 상급관청이 내리는 명령을 마치 그 명령이

---

114 베버는 이를 라틴어 원문("sine ira et studio")으로 표기하고 독일어로 옮겨놓고 있다. 이 라틴어 원문은 로마의 역사가 타키투스(58년경~120년경)가 쓴 『연대기』에 나오는 표현이다. 그는 로마의 황제 티베리우스(재위 14~37년)에 대해 기술하는 제1권 서문에서 다음과 같이 말하고 있다(베버가 인용한 구절은 밑줄 친 부분에 나오는데, 번역서에는 "분노나 당파심 없이"로 되어 있는 것을 베버의 해석에 맞추어 "분노도 편견도 없이"라고 바꿨음을 일러두는 바이다): "유명한 역사가들이 옛 로마 국민의 영고성쇠와 관련된 기록을 이미 남겨 놓았고, 또 아우구스투스 시대를 기술하는 데 필요한 뛰어난 지성도 결여되어 있지 않았다./그러나 이윽고 이 지성이 서서히 퍼져가는 아침의 풍조에 밀려나버렸다. 이리하여 티베리우스나 칼리굴라, 클라우디우스, 네로가 통치했던 시대의 역사는 이 황제들이 생존하고 있을 때에는 그 결과에 대한 두려움에서 허위로 기술되고, 그들이 세상을 떠난 뒤에는 아직도 기억에 생생한 증오심의 영향 아래 편찬되었다./그래서 나는 아우구스투스에 대해서는 마지막 시기에 특별히 주의를 기울이면서 간단히 이야기하고, <u>티베리우스의 통치와 그 이후의 역사를 분노도 편견도 없이 기술하기도 결심했다. 내게는 그런 감성을 품을 동기가 전혀 없기 때문이나.</u>" 타키투스, 『연대기』, 42~43쪽.

115 베버는 이를 라틴어("ira et studim")로 표기하고 있는데, 이는 앞 문장에서 인용한 타키투스의 원문에서 "없이"(sine)를 뺀 것이다.

자신의 신념과 일치하는 듯이, 명령자의 책임 아래 양심적이고 정확하게 수행할 수 있는 능력에 있습니다; 이것은 심지어 그가 보기에 명령이 잘못되었고 이에 대해 그가 이의를 제기함에도 불구하고, 그의 상급관청이 그 명령을 고수하는 경우에도 해당됩니다: 만약 이러한 최고도의 도덕적 규율과 자기부정이 없다면, 관료기구 전체가 붕괴하고 말 것입니다. 이에 반해 정치적 지도자, 다시 말해 지도적 역할을 하는 정치가의 명예는 다름 아니라 자신이 한 일에 대해 전적으로 **자기 스스로**가 책임을 지는 것에 있습니다; 그는 자신의 행위에 대한 책임을 거부하거나 다른 사람에게 전가할 수 없으며, 또 그렇게 해서도 안 됩니다. 도덕적으로 높은 수준의 품성을 지닌 관료야말로 정치가로서는 부적절하고, 특히 ─ 책임이라는 말의 정치적 개념에 비추어볼 때 ─ 무책임한 사람이며, 그리고 이런 의미에서 도덕적으로 낮은 수준의 정치가입니다 ─ 유감스럽게도 우리나라에서는 계속해서 그런 사람들이 지도적인 위치를 차지해 왔습니다: 바로 이것이 우리가 "관료지배"라고 부르는 것입니다; 우리가 이렇게 이 체제의 ─ 성과라는 관점에서 평가할 때의 ─ 정치적 결함을 폭로한다고 해서 우리 관료층의 명예가 훼손되는 것은 결코 아닙니다. 아무튼 다시 한번 정치적 인물의 유형에 대한 논의로 돌아가봅시다.

(2) 선동가와 저널리스트

입헌국가가 성립한 이래로 서구에서는 "선동가"가 지도적인 정치가의 전형이 되었는데, 민주주의가 정착한 이래로 더욱더 그랬습니다. 이 말이 부정적인 뒷맛을 가지고 있다고 해서 그 명칭을 최초로 얻은 인물이 클레온이 아니라 페리클레스였다는 사실을 잊어서는 안 됩니다.[116]

---

116 클레온은 페리클레스가 죽은 이후에 민중 지도자가 되었다(클레온과 페리클레스에 대한 자세한 인적 사항은 이 책의 뒷부분에 나오는 "인명목록"을 볼 것).

페리클레스는 관직이 없이도 또는 유일한 선거직인 스트라테고스[117]로서도 — 고대 민주주의에서는 그 밖의 다른 모든 관직은 추첨을 통해 충원되었습니다 — 아테네 시민의 최고 의결기구인 민회(民會)[118]를 이끌었습니다. 오늘날의 선동정치도 물론 연설이라는 수단을 사용합니다: 그것도 양적으로 엄청나게 많이 사용하는데, 그 이유는 오늘날의 입후보자들이 해야 하는 선거연설의 수가 그만큼 많기 때문입니다. 그러나 그보다는 인쇄된 말을 훨씬 더 지속적으로 사용합니다. 그래서 정치평론가와 특히 **저널리스트**가 이런 종류의 가장 중요한 대표자입니다.

이 강연의 범위 내에서는 근대 정치적 저널리즘의 사회학을 개괄하는 것조차도 완전히 불가능하며, 이 주제는 어느 모로 보나 별도의 독립적인 논의를 필요로 합니다.[119] 그러나 우리의 논의를 위해서는 반드시 언급해야 할 몇 가지 점이 있습니다. 저널리스트는 모든 선동가와 마찬가지로 그리고 — 영국과 과거의 프로이센에서는 아니지만 적어도 대륙에서는 — 변호사(그리고 예술가)와도 마찬가지로 고정된 사회계층으로 분류될 수 없다는 운명에 처해 있습니다. 저널리스트는 일종의 천민 카스트에 속하며, 이 카스트에 대해 "사회"는 항상 자신의 윤리적으로 가장 저급한 대표자들을 기준으로 사회적인 평가를 내립니다. 그리하여 저

---

117 여기에서 베버는 'Oberstratege'(high strategist)라는 단어를 쓰고 있는데, 이는 스트라테고스(strategos; 그리스어 στρατηγός)를 가리킴이 분명하다. 스트라테고스는 장군, 군지휘관, 전략가 등을 뜻하는 말이다. 아테네의 경우에 민회에서 임기 1년의 중임이 가능한 10명의 스트라테고스를 선출했는데, 이들의 스트라테고스의 지위는 동등했다. 그러므로 'Oberstratege'라는 단어는 존재할 수가 없었다.

118 이에 대해서는 이 책의 96쪽, 주 15를 볼 것.

119 베버는 신문에 대한 사회학에 커다란 관심을 갖고 있었는데, 이는 다음의 사실을 보면 단적으로 드러난다: "그[베버]는 독일 사회학회의 창립과정에서 '산파' 역할을 했으며 회계 담당 이사가 되었다. 그리고 1910년 10월 프랑크푸르트에서 개최된 제1차 사회학대회에서 학회 사업보고를 통해 신문과 사회단체에 대한 경험적 연구를 제안했다. 베버는 이것들이 현대인을 어떻게 각인하는가를 사회학적으로 규명하는 작업, 그러니까 '신문의 사회학'과 '단체의 사회학'을 독일 사회학회의 첫 번째 연구 과제로 제시했던 것이다." 김덕영, 「해제: 가치자유나 가치판단이냐?」, 250쪽.

널리스트들과 그들이 하는 일에 대해 매우 기이한 생각들이 항간에 널리 퍼져 있습니다. 그러나 진정으로 **훌륭한** 저널리스트의 작업은 적어도 그 어떤 학자의 작업과 같은 정도의 "지적 능력"을 필요로 한다는 것을—특히 저널리스트는 학자와는 전혀 다른 집필의 조건 아래에서 지시에 따라 즉시 기사를 작성해야 하며 또한 이렇게 작성된 기사는 즉각적인 **효과를 가져와야** 하기 때문에 그것을 필요로 한다는 것을—대부분의 사람들은 모르고 있습니다. 저널리스트의 책임은 학자의 책임보다 훨씬 더 크며 모든 존경할 만한 저널리스트의 책임**감**도 평균적으로 보아 학자의 그것보다 결코 낮지 않다는 사실은—아니 전쟁의 경험을 통해 알듯이 오히려 높다는 사실은—거의 인정받지 못하고 있습니다; 그 이유는, 당연한 일입니다만, **무책임한** 저널리스트들이 써댄 기사들이 자주 끔찍한 결과를 가져왔으며, 그로 인해 그 기사들이 사람들의 뇌리에 박혀 있기 때문입니다. 그리고 더 나아가 유능한 저널리스트들은 평균적으로 다른 사람들보다 신중하다는 것을 아무도 믿지 않습니다. 그러나 사실은 그러합니다. 저널리스트라는 직업에 수반되는, 다른 직업들과는 비교할 수 없으리만치 강력한 유혹과 현재의 저널리스트 활동에 특유한 조건 때문에, 일반대중은 신문을 경멸과 애처로운 비겁함이 뒤섞인 눈으로 바라보는 데 익숙해졌습니다. 이를 개선하기 위해 무엇을 해야 하는지에 대해서는 오늘 이야기할 수가 없습니다. 여기서 우리의 관심사는 저널리스트들의 **정치적** 직업운명, 즉 이들이 정치적 지도자의 지위에 오를 수 있는 가망성이 있는가 하는 문제입니다. 지금까지는 사회민주당에서만 그렇게 될 수 있는 유리한 기회가 주어졌습니다. 그러나 사회민주당 내에서 편집자의 지위란 대부분 관료지위의 성격을 지녔을 뿐이지 **지도자** 지위로 올라가기 위한 발판이 아니었습니다.

전체적으로 보아 부르주아 정당들에서는 이런 경로를 통해 정치적 권력을 획득할 수 있는 가망성이 이전 세대에 비해 오히려 줄어들었습니다. 물론 중요한 정치가라면 누구나 신문의 영향력을 필요로 했고, 따라서 신문과의 관계를 필요로 했습니다. 그렇지만 정당 **지도자**가 신문계 (新聞界)에서 배출되는 것은 ─ 사람들의 예상과 달리 ─ 매우 예외적이 었습니다; 그 이유는 저널리스트적 작업의 강도와 시사성이 엄청나게 증대했으며 이로 인해 저널리스트들이, 특히 재산이 없으며 따라서 직업 에 얽매인 저널리스트들이 그 전에 비해 업무로부터 "벗어나" 다른 일을 할 여유가 훨씬 줄어들었기 때문입니다.[120] 만약 정치가가 매일 또는 적 어도 매주 기사를 써야만 생계를 유지할 수 있다면, 그는 그야말로 족쇄 를 차는 꼴이 될 것이다; 실제로 나는 지도자적 자질을 갖춘 인물이 그 런 족쇄로 말미암아 결국 권력상승 과정에서 외적으로 그리고 특히 내 적으로 무력해진 사례들을 알고 있습니다. 아무튼 구체제 아래에서 신 문이 국가와 정당의 지배권력과 맺은 관계가 저널리즘의 수준에 엄청 난 악영향을 끼쳤는데, 이 문제는 별도의 독립적인 논의를 필요로 합니 다. 적국들[121]에서는 사정이 달랐습니다. 그러나 심지어 이 나라들에서 도, 아니 그 어떤 현대국가에서도 저널리즘적 노동자의 정치적 영향력은 점점 더 작아지는 반면, 자본주의적 언론재벌 ─ 가령 노스클리프 "경" (卿)[122] 같은 ─ 의 정치적 영향력은 점점 더 커진다는 원칙을 확인할 수 있으리라고 생각합니다.[123]

그런데 우리나라에서는 지금까지 특히[124] "소형광고"를 싣는 신문, 즉 "게네랄 안차이거"[125]라고 불리는 신문을 장악한 자본주의적 신문 대재

---

120 이 책의 109~10쪽과 같이 볼 것.

121 제1차 세계대전 당시의 연합국을 가리킨다.

122 노스클리프 경은 영국의 신문재벌로 1896년 『데일리 메일』(*Daily Mail*)을 창간했고 1908년에는 『타임스』(*The Times*)를 인수했으며, 그 밖에도 수많은 유력지를 지배해 20세기 초 유럽의 가장 영향력 있는 신문재벌들 중 한 사람이 되었다(노스클리프 경의 자세한 인적 사항은 이 책의 뒷부분에 나오는 "인명목록"을 볼 것).

123 이 문장의 "저널리즘적 노동자"는 당연히 저널리스트이다. 그런데도 베버가 저널리 스트라고 하지 않고 굳이 저널리즘적 노동자라고 한 것은 아마도 그 아래 줄에 나오는 "자본주의적 언론재벌"과 대비하기 위함인 것 같다.

124 이 단어는 아래 줄에 나오는 "장악한"에 걸린다.

벌들이 일반적으로 정치적 무관심의 전형적인 조장자였습니다. 그 이유는 신문사가 독자적인 정치적 견해를 내세워봐야 아무런 이득도 볼 수가 없었으며, 특히 자신의 사업에 유익한 정치적 지배권력의 호의를 얻어낼 수 없었기 때문입니다. 전쟁 중에는 광고사업을 신문에 정치적 영향력을 행사하기 위한 수단으로 널리 이용했는데,[126] 지금도 계속 그렇게 하려고 하는 듯이 보입니다. 대형 신문사들은 그러한 성격의 광고를 거부할 것이라고 기대할 수 있을지라도, 그보다 형편이 훨씬 더 어려운 소형 신문사들의 경우에는 그렇지 않습니다. 아무튼 우리나라에서는 현재 저널리스트로서의 경력이, 비록 다른 점에서는 아주 매력적이며 또한 매우 큰 영향력과 활동 가능성을 가지고 있고 특히 매우 큰 정치적 책임을 수반하는 것이기는 하지만, 정치적 지도자로 올라가는 정상적인 길이 아닙니다 ─ 더 이상 그런 길이 아닌지, 아니면 아직 그런 길이 아닌지는 아마도 좀 더 두고 봐야 할 것입니다. 많은 저널리스트가 ─ 그들 모두는 아니지만 ─ 익명성 원칙의 포기를 지지하고 있는데, 이것이 그 점에서 어떤 변화를 가져올지는 말하기가 어렵습니다. 전쟁 중에 독일 신문들은 문재(文才)가 뛰어난 인물들을 특별히 고용해 "주필직"을 맡게 했으며, 이들은 항상 명확하게 자신의 이름을 밝히면서 업무를 수행했습니다; 그러나 유감스럽게도 몇몇 잘 알려진 경우에서 드러나듯이, 이러한

---

125 게네랄 안차이거(Generalanzeiger 또는 General-Anzeiger)는 19세기 말에 정치적 및 종교적 독립성과 초당파성을 표방하고 창간된 일간 대중신문을 가리킨다. 1871년 아헨에서 처음으로 창간된 후 1870~90년대에 많은 도시에서 창간되었다. 광고란을 둔 (바로 이런 이유로 신문명에 'Anzeiger'란 말이 들어갔음) 이 게네랄 안차이거들은 해설보다는 뉴스를 우선시했고 여론형성에 비해 오락과 식견을 넓히는 것을 강조했다.

126 이 부분의 주어는 "사람들"을 뜻하는 'man'이며, 따라서 특정할 수가 없다. 전후 문맥을 보면 국가, 정부, 정당 또는 정치인을 생각해볼 수 있는데, 당시의 상황을 보면 베버가 염두에 두고 있는 것은 아마도 1917년에 설립된 "일반신문협회"(Allgemeine Anzeigen-Gesellschaft)일 것이다. 독일 대기업들의 재정적 지원을 받는 이 광고 중개 조직은 공식적으로는 정치적 중립을 표방했지만, 실제로는 광고를 자신과 가까운 우파 신문사들에 우선적으로 중개함으로써 신문들을 자신에게 예속시키려고 했다.

방식으로는 신문의 책임감이 우리가 믿을 수 있을 만큼 확실하게 앙양되지는 **않습니다**. 일부의 신문들 ─ 당파의 구별 없이 ─, 정확히 말하자면 극히 유해한 것으로 악명 높은 황색신문들이 그러한 방식으로 판매고를 올리려고 했고 또 실제로 올리는 데 성공했습니다. 당사자들, 즉 발행인들과 센세이션을 일으키는 저널리스트들은 재산을 모으기는 했지만 ─ 명예는 전혀 얻지 못했습니다. 물론 그렇다고 해서 상기한 원칙에 반대한다는 말은 아닙니다; 이 문제는 매우 복잡하며, 또한 방금 언급한 현상이 일반적인 것도 아닙니다.[127] 그러나 **지금까지는** 그 원칙을 실천하는 것이 진정한 지도력을 키우거나 **책임 있는** 정치적 경영[128]에 이르는 길이 아니었습니다. 앞으로 상황이 어떻게 전개될는지는 두고 봐야 할 것입니다. 그렇지만 어떤 상황에서든 저널리스트로서의 경력은 여전히 직업적 정치활동의 가장 중요한 길들 가운데 하나입니다. 물론 이 길은 아무나 갈 수 있는 길은 아닙니다. 나약한 성격의 소유자, 특히 안정된 신분적 지위에서만 내적 균형을 유지할 수 있는 사람들에게 가장 맞지 않는 길입니다. 젊은 학자의 삶은 요행에 좌우되기는 하지만, 그래도 그의 주변에는 확고한 신분적 관습이 구축되어 있어 그를 탈선으로부터 보호해줍니다.[129] 그러나 저널리스트의 삶은 모든 면에서 요행 그 자체이며, 게다가 다른 어떤 직업에서도 찾아보기 힘든 방식으로 내적 확신을 시험하는 조건에 처해 있습니다. 그는 직업적 삶에서 자주 쓰라린 경험을 하지만, 이것이 아마도 최악의 사태는 아닐 것입니다. 왜냐하면 성공한 저널리스트야말로 특히 힘든 내적 요구에 직면하게 되기 때문입니다. 다음은 결코 쉬운 일이 아닙니다: 전(全) 세계의 유력자들이 드나드

---

127 이 문장의 앞부분에 나오는 "상기한 원칙"은 신문기사의 기명원칙 또는 서명원칙을 가리킨다. 그리고 뒷부분에 나오는 "방금 언급한 현상"은 그 앞의 앞의 문장을 가리킨다.
128 이 개념에 대해서는 이 책의 98쪽, 주 17을 볼 것.
129 베버는 직업으로서의 과학에 대한 강연인 이 책의 19쪽 이하에서 젊은 학자의 삶이 어떻게 요행에 의해 좌우되는가를 자세히 논하고 있다.

는 살롱들에서 외관상 그들과 대등한 입장에서, 그리고 흔히 모두에게서 아부를 받으며 — 누구나 저널리스트를 두려워하니까요 — 교제를 하는 것, 그러면서 동시에 자기가 문밖으로 나가기가 무섭게 살롱 주인은 아마도 손님들에게 자신이 "신문기자 나부랭이들"과 교제하는 것에 대해 특별히 변명해야 한다는 것을 안다는 것, 이것은 결코 쉬운 일이 아닙니다 — 그리고 다음은 더더욱 쉬운 일이 아닙니다: "시장"이 현시점에서 막 요구하는 모든 것에 대해, 그리고 삶의 생각할 수 있는 모든 문제에 대해 신속하고도 설득력 있게 의견을 피력해야 하면서도 절대로 천박해지지 않고 특히 자기노출에 따르는 품위상실과 그 냉혹한 결과를 피한다는 것, 이것은 더더욱 쉬운 일이 아닙니다. 그러므로 인간적으로 탈선하거나 무가치하게 된 저널리스트들이 많다는 것은 놀라운 일이 아닙니다; 놀라운 일은 오히려 이 모든 것에도 불구하고 이 계층에야말로 높은 가치를 지니고 참으로 진정성 있는 인간들이, 국외자들은 쉽게 짐작할 수 없을 만큼, 많다는 것입니다.

4. 근대적 정당과 직업정치가

(1) 근대적 정당의 발달사

직업정치가의 한 유형으로서 저널리스트가 어쨌든 이미 상당히 긴 역사를 가진 반면, **정당관료**라는 직책이 나타난 것은 불과 지난 몇십 년간 그리고 일부는 최근 몇 년간의 발전의 결과입니다. 이 직책을 그 발전사적 위상과 연결해 이해하기 위해서는 먼저 정당제도와 정당조직을 고찰해야 합니다.

그 어떤 정치적 단체라도 어느 정도의 규모를 갖추게 되고, 즉 소규모 시골 행정구역의 범위와 업무영역을 넘어서게 되고 권력자를 정기적으로 선출하게 되면, 이제 그 정치적 경영은 필연적으로 **이해관계자들에 의한 경영**이 됩니다.[130] 다시 말해 정치적 삶을 사는 것에, 즉 정치적 권력에 참여하는 것에 우선적인 관심을 갖고 있는 비교적 소수의 사람들이 자유로운 모집활동을 통해 추종자들을 확보하고, 스스로 선거에 후보로 나서거나 아니면 자신의 수하를 후보로 내세우며, 자금을 모으고 득표활동에 나서게 됩니다. 대규모 단체에서 이러한 경영이 없다면 어떻게 선거가 적절하게 치러질 수 있을지 상상조차 할 수 없습니다. 실제로 이것이 뜻하는 바는 투표권을 가진 국민들이 정치적으로 적극적인 부류와 정치적으로 소극적인 부류로 나누어진다는 것입니다; 그리고 이 차이는 자발성에 기초하기 때문에 그 어떤 조치로도 — 예컨대 선거의무제라든가 "직능"대표제라든가, 아니면 형식적으로든 실제적으로든 그 차이를 극복하고 그럼으로써 직업정치가에 의한 지배를 극복하기 위한 목적을 가진 그 어떤 제안으로도 — 제거될 수 없습니다. 적극적인 요소인 지도층과 추종자 집단은 모든 정당이 필수적으로 갖추어야 하는 기본요소입니다: 지도층은 자유롭게 추종자들을 모집하며, 추종자들은 역시 자유롭게 지도자의 선출을 위해 필요한 소극적인 선거인을 모집합니다. 그러나 정당의 구조는 다양합니다. 예컨대 교황당과 황제당 같은 중세 도시의 "정당들"은 순전히 개인적인 추종자들로 구성되어 있었습니다.[131] 교황

---

130 이 문장과 그 다음다음 문장에 나오는 "경영"이 베버에게서 무엇을 의미하는가는 이 책의 98쪽, 주 17을 볼 것.

131 교황당(겔프당; Guelfen)과 황제당(기벨린당; Ghibellinen)은 각각 이탈리아 왕국(Regnum Italicum; 신성로마제국에 속하는 중북부 이탈리아 지역)에서 전개된 로마교황과 신성로마제국 황제 사이의 대립과 투쟁에서 교황을 지지한 집단과 황제를 지지한 집단을 가리킨다. 이탈리아 왕국의 모든 도시에 교황당과 황제당이 존재했으며, 교황과 황제가 격렬하게 대립하고 투쟁하던 13세기 중반에는 어느 도시의 시민인가가 아니라 교황당에 속하는가 아니면 황제당에 속하는가가 더 중요했다. 교황당에는 시민계층이 속했고, 황제당에는 귀족층이 속했다. 겔프당과 기벨린당이라는 명칭은 독일어에서 유래한다. 독일에서는 1197년부터 1215년까지 벨프가(Welfen) — 또는 벨펜가 — 와 슈타우펜가(Staufen)가 신성로마제국 황제 및 독일 국왕의 자리를 놓고 경

당의 규약집을 보면, 귀족층 — 여기에는 원래 기사적 삶을 살았으며, 따라서 봉토를 받을 자격이 있는 모든 가문이 속했습니다 — 의 재산몰수, 이들의 관직 및 선거권 박탈, 범지역적 당위원회 및 엄격한 군사조직 그리고 밀고자 포상 등의 조항을 발견할 수 있습니다[132]; 이런 것들을 보노라면 자연스레 볼셰비즘과 그 소비에트[133]를 연상하게 되는데, 왜냐하면 여기서도 엄격한 선발을 거친 군사조직 및 특히 — 러시아의 경우 — 비밀첩보조직[134]을 발견할 수 있으며, 또한 "부르주아", 즉 기업가, 상인, 금리생활자, 성직자, 왕가의 자손, 경찰관의 무장해제 및 정치적 권리의 박탈, 그리고 재산몰수를 발견할 수 있기 때문입니다. 그리고 다음을 보면 이 둘의 유사성은 더욱더 두드러집니다: 한편으로 교황당의 군사조직은 명부(名簿)[135]에 따라 편성되는 순수한 기사군대였으며 귀족이 거의 모든 지도적 지위를 차지했다면, 다른 한편으로 소비에트는 높은 보수를 받는 기업가, 성과급제, 테일러 시스템,[136] 군대와 공장의 규율을 그대로

쟁했는데(이를 "독일 제위투쟁[帝位鬪爭]"이라고 한다), 교황은 전자를 지지했다. 바로 이 두 가문의 명칭이 로마교회과 신성로마제국 황제의 대립과 투쟁에서 각각의 편에 선 집단을 표현하는 명칭이 되었던 것이다. 전자의 편에 선 집단은 자신을 벨프당이라고 칭했고, 후자의 편에 선 집단은 자신을 바이블링겐당이라고 칭했다(바이블링겐[Waiblingen]은 슈타우펜가에 속하는 한 성[城]의 이름이다). 이 두 명칭의 이탈리아식 발음이 바로 겔프당이고 기벨린당이다.

132 여기에서 베버가 말하는 "교황당의 규약집"은 1335년 피렌체에서 출간된 것이다.

133 소비에트(Sowjet; 러시아어 совéт)는 원래 1905년 혁명과 1917년 혁명 사이에 러시아 각지에서 자발적이고 민주적으로 형성된 노동자, 군인 또는 농민 평의회 또는 대표자 회의였는데, 1917년 10월혁명으로 정권을 장악한 볼셰비키는 국가를 소비에트 체제로 조직함으로써 소비에트 러시아가 탄생했다.

134 이는 1917년 10월혁명(볼셰비키혁명) 직후인 그해 12월 20일 반혁명과 사보타주에 대처할 목적으로 소비에트 정부에 의해 설치된 비밀첩보기관인 체카(Tscheka; 러시아어 Чека)를 가리킨다.

135 이는 해당 지역의 관청이 기사들이나 그 가문들을 기록한 공적 명부, 그러니까 기사명부를 가리키는 것 같다.

136 테일러 시스템(Taylersystem)은 미국의 엔지니어인 프레더릭 윈즐로 테일러(1856~1915)가 제창한 노동의 과학적 관리법으로 특정한 작업의 도구, 동작 및 시간을 과학

유지하거나 아니면 오히려 다시 도입하며 심지어 외국자본을 찾아 나설 수밖에 없었습니다: 한마디로 말해 어떻게든 국가와 경제가 계속 돌아가도록 하기 위해서는 자신들이 부르주아 계급제도라고 타도했던 **모든 것**을 다시 받아들일 수밖에 없었으며, 게다가 오크라나의 요원들을 국가 권력의 주요 수단으로 다시 가동하까지 했습니다.[137] 그러나 우리가 여기에서 다루고자 하는 바는 그러한 폭력조직들이 아니라 정당의 냉철하고 "평화로운" 선거운동을 통해 투표시장에서 권력을 쟁취하려는 직업 정치가들입니다.

그런데 우리가 통상적으로 이해하는 의미에서의 정당도 처음에는 순전히 귀족의 추종자들이었습니다; 영국이 그 좋은 예입니다. 어느 한 귀족[138]이 그 어떤 이유에서든 정당을 바꾸면, 그에게 의존하는 모든 것이 그와 함께 반대당으로 넘어갔습니다. 선거법 개정 이전까지는 대(大)귀족가문들이, 그리고 국왕이, 엄청나게 많은 선거구를 통제하고 있었습니다.[139 140] 이러한 귀족 정당과 유사한 것이 부르주아의 권력이 상승하면

적으로 분석해 노동생산성을 극대화하고자 한다.

137 오크라나(Ochrana; 러시아어 охрана)는 1881년 정치 테러와 좌파 혁명분자들의 활동에 대처할 목적으로 차르 알렉산더 3세(1845~94)에 의해 창설된 내무성 산하의 비밀경찰국이었다. 정식 명칭은 공안질서수호국이며, 러시아 국내외에 많은 지국을 두고 있었다. 1917년 ─ 앞의 주 134에서 언급한 ─ 체카로 대체되었다.

138 베버는 이것을 영어('Peer')로 표기하고 있는데, 이 단어는 일반적으로 영국 상원의원을 가리킨다. 전통적으로 영국 상원의원은 최상류귀족이며, 방대한 토지소유를 기반으로 독립적인 권력기반을 갖고 있었다.

139 이 문장은 대귀족가문들과 국왕이 공동으로 또는 연합해 엄청나게 많은 선거구를 통제했다고 읽어서는 안 되고, ─바로 아래 주 140을 보면 알 수 있듯이─ 한 대귀족가문이나 국왕이 어떤 선거구를 ─또는 선거구들을─ 배타적으로 통제했는데, 그것을 전부 합치면 엄청난 수가 된다고 읽어야 한다.

140 이 문장에 나오는 "선거법 개정"은 구체적으로 1832년의 제1차 선거법 개정을 가리킨다. 그 이전까지는 선거권이 개인의 사회경제적 지위와 결부되어 있었고(예컨대 선거권을 부여하는 기준은 토지를 소유하는 것부터 음식을 끓여 먹을 수 있는 솥과 난로를 갖춘 집에서 사는 것에 이르기까지 선거구에 따라 크게 달랐다), 전통적으로 선거권을 행사해온 농촌지역과 산업혁명 이후 급성장한 도시지역에 배정된 의석수에 현저한 차

서 도처에서 발전한 명망가 정당입니다. "교양과 재산"을 갖춘 집단들은 서구의 전형적인 지식인층의 정신적 지도 아래, 일부는 계급의 이해관계에 따라, 일부는 가문의 전통에 따라, 일부는 순전히 이데올로기적 이유에서 다양한 정당으로 갈라져 그 정당들을 이끌었습니다. 성직자, 교사, 교수, 변호사, 의사, 약사, 부농(富農), 공장주는 ─ 영국의 경우에 스스로를 젠틀맨[141]으로 간주하는 모든 계층은 ─ 처음에는 일시적 단체, 기껏해야 지역적 정치클럽을 만들었습니다; 시국이 불안정할 때에는 프티부르주아가, 그리고 때로는 프롤레타리아트도, 그들에게 지도자가 생기면, 정치무대에 등장했습니다 ─ 물론 이 지도자들은 일반적으로 그들 가운데에서 나오지 않았습니다. 이 단계에서는 초지역적으로 조직된 지속적 단체로서의 정당은 지방에는 아직 존재하지 않았습니다. 단지 의원들에 의해서만 정당으로서의 결속이 유지되고 있었습니다; 반면 후보 선출에서 결정적인 역할을 한 것은 지역 명망가들이었습니다. 선거강령은 부분적으로는 후보자들의 선거유세에서 나왔고, 부분적으로는 명망가 회의나 또는 해당 정당에 소속된 의원들의 결의에서 나왔습니다. 정치적 클럽의 지도자직은 부업으로 또는 명예직으로 수행되는 임시직이었으며, 또한 클럽이 없는 곳에서는(대부분이 그러했습니다) 평소 정치에 지속적으로 관심을 갖는 소수의 사람들이 아무런 형식도 갖추지 않은 채 정치활동을 했습니다; 저널리스트가 유일한 유급 직업정치가였으며, 회기

이가 있었으며, 또한 유권자를 확인하는 방법에도 모순이 있었다. 게다가 산업혁명으로 인해 농촌인구가 급격히 도시로 이동하면서 농촌지역에 수많은 부패선거구(rotten borough)가 생겨났는데, 심지어 7명의 유권자밖에 없는 부패선거구도 있을 정도였다. 이 모든 문제점으로 인해 한 명의 유력자(Patron)가 선거구를 통제하는 일이 흔히 있었다. 예컨대 노퍽(Norfolk)의 제11대 공작인 찰스 하워드(1746~1815)는 11개의 선거구를 통제하고 있었다. 그리고 국왕도 국가관직의 수여권 등 강력한 정치적 권력을 쥐고 있었기 때문에 선거구를 통제할 수 있었다. 1832년의 제1차 선거법 개정으로 부패선거구 폐지, 선거구 조정, 유권자의 자격 확대 등 일련의 획기적인 조치가 단행되었는데, 그 결과 지주계급의 세력이 약화되고 선거구가 유력자의 통제에서 벗어날 수 있었다.

141 베버는 이것을 영어('gentlemen')로 표기하고 있고, 아래에서도 그렇게 표기하고 있다.

중의 의회 말고는 신문경영이 유일한 지속적 정치경영이었습니다.[142] 의원들과 의회의 정당 지도자들은 어떤 정치적 행동이 필요하다고 판단될 때, 어느 지역 명망가들에게 도움을 청해야 할지를 잘 알고 있었습니다. 그러나 단지 대도시들에만 정당의 지부들이 지속적으로 존재했는데, 이 지부들은 적당한 당비를 거두었고 정기적인 회합과 의원들의 공개 보고회를 가졌습니다. 그러나 이 정당의 지부들이 진정한 의미에서의 정치적 활동을 한 것은 단지 선거기간 동안뿐이었습니다.

그런데 의원들은 선거 때 지역 간 타협할 수 있는 가능성, 전국의 광범위한 집단이 승인하는 통일된 정강, 그리고 전국적으로 통일된 선전활동이 불러오는 효과에 대해 관심을 가지게 되었는데, 바로 이러한 관심이 정당조직을 강화하는 추진력이 되었습니다. 그리하여 정당의 지부들을 심지어 중도시(中都市)들까지 포함해 전국적으로 연결하는 네트워크가 확립되었으며, 또한 더 나아가 중앙당의 지도자 역할을 하는 의원과 지속적인 연락관계를 유지하는 "중개인들"[143]을 그와 똑같은 범위로 연결하는 네트워크가 확립되었습니다; 그럼에도 불구하고 명망가들의 단체라는 정당기구의 성격에는 근본적인 변화가 일어나지 않았습니다. 이를테면 중앙당을 제외하면 유급관료는 아직 없었습니다; 그리고 지부를 이끄는 사람들은 모두가 "명망 있는" 인사들로서, 이들은 평소에 존경받기 때문에 그 역할을 맡게 되었습니다: 그들은 의회 밖의 "명망가들"로서 의회 안의 정치적 명망가층인 의원들과 나란히 영향력을 행사했습니다. 그러나 신문과 지부에 지적 자양분을 공급하는 일은 점차로 당이 발행하는 당보가 맡게 되었습니다. 그리고 정기적인 당비 납부가 불가피하게 되었는데, 그중 일부는 중앙당의 운영비용으로 쓰였습니다. 얼마 전

142 이 문장에 나오는 "경영"이 베버에게서 무엇을 의미하는가는 이 책의 98쪽, 주 17을 볼 것.
143 이에 대해서는 이 책의 105쪽, 주 34를 볼 것.

까지만 해도 대부분의 독일 정당조직들은 이 단계에 있었습니다. 심지어 프랑스에서는 부분적으로 정당 발달의 첫 단계가 여전히 지배하고 있었습니다: 즉 의원들 간의 결속은 여전히 매우 불안정했고 지방에는 지역 명망가들이 소수밖에 없었습니다; 또한 선거강령은, 비록 지역의 필요에 따라 의원들이 결의한 것이나 의원들이 수립한 선거강령에 다소간 의존하고 있기는 했지만, 그래도 여전히 각 선거구에서 선거운동 시 후보자 자신이 직접 수립했거나 아니면 그의 후원자가 그를 대신해 수립했습니다. 이러한 체제는 부분적으로만 타파되었습니다. 아직도 정치를 본업으로 하는 정치가의 수는 적었고, 그것도 주로 선출된 의원, 중앙당의 몇 안 되는 직원, 저널리스트 그리고 — 프랑스의 경우 — 그 외에도 "정치적 관직"을 가지고 있거나 아니면 현재 그것을 얻고자 노력하는 엽관자(獵官者)로 이루어졌습니다. 형식상 정치는 부업이 압도적이었습니다. 그리고 "장관 자격이 있는" 의원의 수도 매우 한정되어 있었습니다만, 의원 입후보자가 갖는 명망가적 성격 때문에 그 수도 매우 한정되어 있었습니다. 이에 반해 정치적 경영[144]에 간접적으로, 특히 물질적으로 관심을 가진 사람들의 수는 매우 많았습니다. 왜냐하면 정부 부처의 모든 시책, 특히 모든 인사문제의 처리는 이것들이 다음 선거에 끼칠 영향을 고려해 이루어졌기 때문입니다; 그리하여 사람들은 자기 지역 출신 의원의 중재를 통해 온갖 종류의 민원을 해결하고자 했으며, 또한 장관은 만약 그가 그 지역구 의원같이 다수당 소속이라면, 좋든 싫든 이 의원의 말에 귀를 기울일 수밖에 없었습니다 — 바로 이런 까닭에 모두가 다수당 소속의 의원이 되려고 애썼던 것입니다. 의원 개개인은 관직임명권을 갖고 있었고 자기 선거구의 모든 사안에서 온갖 종류의 영향력을 행사하고 있었으며, 또한 재선을 위해 지역의 명망가들과 관계를 유지하고 있었습니다.

---

144 이 개념에 대해서는 이 책의 98쪽, 주 17을 볼 것.

(2) 현대의 정당과 직업정치가

그런데 정당조직의 최근 형태들은 명망가 집단, 그중에서도 특히 의원들에 의해 지배되는 이 목가적 상태와 극명한 대조를 이룹니다. 이 형태들은 민주주의와 보통선거권이, 대중동원 및 대중조직의 필요성이 그리고 고도로 통일된 정당지도와 매우 엄격한 정당규율의 발전이[145] 복합적으로 작용하여 형성된 것입니다. 명망가들의 지배와 의원들에 의한 조종은 막을 내렸습니다. 이제 의회 **밖의** "본업"정치가들이 정당의 경영[146]을 장악했습니다; 그리고 그들은 "기업가"로서 그렇게 하거나 ― 미국의 보스[147]와 영국의 "선거 에이전트"가 사실상 여기에 속합니다[148] ―, 아니면 고정 급료를 받는 관료로서 그렇게 합니다. 형식적으로는 광범위한 민주화가 진행되고 있습니다. 정당의 결정적인 정강을 작성하는 것은 이제 더 이상 해당 정당에 소속된 의원들이 아니고, 지역 명망가들도 이제 더 이상 후보 지명권을 갖고 있지 않습니다; 후보는 오히려 조직된 당원대회가 선출하는데, 이 대회는 그 밖에도 상급의 당집회에 대표를 파견합니다 ― 이 상급의 당집회는 전국적 "당대회"[149]에 이르기까지 여러

---

145 이것은 "정당지도"와 "정당규율" 모두에 걸린다.

146 이 개념에 대해서는 이 책의 98쪽, 주 17을 볼 것.

147 이에 대한 자세한 논의는 이 책의 163쪽 이하를 볼 것.

148 여기에서 베버는 "선거 에이전트"를 영어('Election agent')로 표기하고 있고, 아래에서도 그렇게 표기하고 있다. 그리고 뒤의 154쪽에서 선거 에이전트의 기업가적 성격을 간략하게 언급하고 있다. 영국의 선거 에이전트에 대해서는 약간의 설명이 필요할 듯하다. 영국에는 1832년 제1차 선거법 개정으로 선거인 등록제도가 도입되어 정당의 지방조직의 발달이 촉진되었다(제1차 선거법 개정에 대해서는 이 책의 145~46쪽, 주 140을 볼 것). 그러나 선거인으로 등록하는 절차가 법률에 대한 전문적인 지식이 있는 사람만이 해낼 수 있을 만큼 상당히 복잡했으며, 이로 인해 등장한 것이 바로 선거 에이전트이다. 일반적으로 긴밀 및 법률가인 선거 에이전트들이 꾀하는 가신이 정당을 지지하는 유권자들을 가능한 한 많이 법적으로 하자 없이 선거인 명부에 등록시키고, 가능하다면 상대방 정당을 지지하는 유권자들의 선거권을 무효화하는 것이었다. 그리하여 선거전에서 이 선거 에이전트들이 결정적인 역할을 하는 경우가 많았다.

단계가 있을 수 있습니다. 물론 실질적인 권력은 경영단체[150] 내에서 지속적으로 일을 하는 사람들의 수중에 있거나, 아니면 ― 예컨대 강력한 정치적 이해관계자 클럽(가령 태머니홀[151])의 보호자나 지도자처럼 ― 경영단체가 운영해나가는 과정에서 금전적으로나 인적으로 의존하는 사람들의 수중에 있습니다. 여기에서 중요한 것은, 이러한 인간기구 전체 ― 앵글로색슨계의 나라들에서는 이것을 의미심장하게도 "기계"[152]라고 부릅니다 ― 가 또는 보다 정확히 말해 그 기구를 지배하는 사람들이 의원들을 견제하고 그들에게 자신들의 의지를 매우 폭넓게 강요할 수 있다는 사실입니다. 그리고 이 사실은 정당의 **지도자**를 선발하는 데 특히 중요한 의미를 갖습니다. 이제는 기계를 장악하는 사람이, 심지어

---

149 여기에서 "전국적 '당대회'"는 전당대회(全黨大會)를 가리킨다.

150 이는 ― 그 아래아래 줄에도 다시 한번 나오는데 ― 본문에서 "경영"을 뜻하는 'Betrieb'인데, 문맥상 "경영단체"(Betriebsverband)로 옮겼음을 일러둔다. 바로 그 앞에 "정당이라는"을 추가해서 읽으면 의미하는 바가 보다 명확해질 것이다. 아니면 "당조직"이라고 읽어도 된다. 베버가 말하는 경영단체가 무엇인지는 이 책의 98쪽, 주 17을 볼 것.

151 태머니홀(Tammany Hall)은 원래 1786년 창립된 자선단체인데, 뉴욕시 민주당의 정치조직으로 변질되면서 수십 년간 뉴욕시 민주당을 지배했다. 즉 이 단체는 민주당의 후보지명에 결정적인 영향력을 행사하고 선거에 승리할 경우에 관직임명에 결정적인 영향력을 행사했으며, 또한 투표를 매수하고 조작하는 등 온갖 부패정치의 온상이 되었다. 태머니홀은 이민자들과 하층민들에게 투표권을 부여했지만, 동시에 그들을 자신의 정치적 목표를 관철시키기 위해 무자비하게 이용했다. 태머니홀은 오늘날까지 부패한 정당정치(정치기계)의 동의어 또는 대명사로 쓰이고 있다.

152 잘 알려져 있다시피, 기계는 에너지나 힘을 받아 운동이나 일을 할 수 있도록 유기적으로 연결되어 있는 장치나 기구를 일컫는다. 바로 이것이 앵글로색슨계의 나라들에서 정당의 인적 기구를 기계(machine; 베버는 이것을 독일어 'Maschine'로 표기하고 있다)라고 부르는 이유이다. 기계는 ― 오스트로고르스키, 『민주주의와 정당조직』, 제2권, 371쪽에 따르면 ― "위에서 아래까지 철저하게 위계적으로 조직된 개인들의 집합체"인데, 이 개인들은 "사적인 헌신에 의해 서로서로 묶여 있지만 돈을 목적으로 하고 오로지 정당의 자원을 활용해 자신들의 욕구를 충족하는 데에 열중한다." 미국에는 이러한 기계가 ― 브라이스가 『미연방』, 제2권, 78쪽 이하에서 아주 자세하게 서술하듯이 ― 전국, 주, 카운티, 시, 구 등 다양한 차원에서 존재한다.

당소속 의원들의 수장을 넘어서도, 지도자가 됩니다. 이러한 기계의 등장은, 달리 말하면 **국민선거적**[153] 민주주의의 도래를 뜻하는 것입니다.

자명한 일이지만 정당 추종자들, 특히 정당관료와 정당 기업가는 자신들의 지도자가 승리하면 관직의 형태로든 아니면 다른 이득의 형태로든 개인적인 보상이 돌아올 것을 기대합니다. 여기에서 중요한 것은, 그들이 개별 의원들로부터가 아니라 지도자로부터 또는 적어도 개별 의원들로부터만이 아니라 지도자로부터도 개인적인 보상을 기대한다는 사실입니다. 정당의 추종자들이 무엇보다 기대하는 것은 지도자의 **인격**이 선거전에서 선동가적 영향을 발휘해 당에 표와 의석 그러니까 권력을 가져다주고, 그렇게 됨으로써 자신들이 기대한 보상을 받을 수 있는 기회가 가능한 한 커지는 것입니다. 그리고 다음과 같은 만족감, 즉 평범한 사람들로 구성된 정당의 추상적인 정강만을 위해 일하는 것이 아니라 한 인간에 대한 절대적인 개인적 헌신에서 일한다는 만족감은 그들을 움직이는 정신적인 힘들 가운데 하나입니다 —— 이것은 모든 지도력이 갖고 있는 "카리스마적" 요소입니다.[154]

정당조직의 이 새로운 형태는 자신들의 영향력을 유지하려는 지역 명망가들 및 의원들과 끊임없이 잠재적인 투쟁을 벌이면서도 결국 관철되었습니다; 물론 그 관철의 정도는 매우 다양하기는 합니다. 맨 처음 관철된 곳은 부르주아 정당들, 그중에서도 미국의 부르주아 정당들이었고, 그다음으로 관철된 곳은 사회민주당, 특히 독일의 사회민주당이었습니다. 그러나 널리 인정받는 지도자가 없게 되면 곧바로 끊임없는 반동이 나타나고, 설사 그러한 지도자가 있을지라도 당명망가들의 허영심과 이해관계에 대해 온갖 양보를 하지 않을 수 없습니다. 그리고 무엇보다

---

153 이것이 뜻하는 바가 무엇인가는 이 책의 95쪽, 주 12를 볼 것.
154 이 문장의 끝부분 "—— 이것은 [——] 요소입니다"는 다음과 같이 의역해도 좋을 것이다: "—— 이 점에서 모든 지도력이 갖고 있는 '카리스마적' 요소는 정당조직에서도 작용합니다."

도 문제가 되는 것은 기계 자체가 일상적 당무를 관장하는 정당**관료들**의 지배 아래 들어갈 수 있다는 사실입니다. 많은 사회민주당 인사의 견해에 따르면, 사회민주당은 바로 이러한 "관료제화"에 빠져버렸습니다. 그러나 "관료"들은 강력한 영향력을 행사하는 선동가적 지도자의 인격에는 비교적 쉽게 순응합니다: 왜냐하면 그들의 물질적 및 정신적 이해관계는 당의 권력이 이 지도자를 통해 그들이 열망하는 바대로 작용하는 것과 밀접하게 연결되어 있으며, 또한 한 사람의 지도자를 위해 일한다는 것 자체가 내적으로[155] 더 큰 만족감을 주기 때문입니다. 지도자의 출현이 이보다[156] 훨씬 더 어려운 것은 ─ 대부분의 부르주아 정당들에서 볼 수 있는 것처럼 ─, "명망가들"이 관료들과 나란히 당에 대한 영향력을 장악하고 있는 경우입니다. 왜냐하면 이 명망가들은 자신들이 맡고 있는 조그마한 이사직 또는 위원직에서 **정신적으로** "삶의 보람을 찾고" 있기 때문입니다. 그들의 행위를 결정하는 것은, 신참내기인 선동가에 대한 반감, 자신들의 정당정책적 "경험"의 우월성에 대한 확신 ─ 실제로 이 경험은 매우 중요한 의미를 가질 수도 있습니다 ─, 그리고 당의 오랜 전통의 붕괴에 대한 이데올로기적 우려입니다. 그리고 당내에서는 모든 전통주의적 분자가 그들 편에 섭니다. 특히 농촌지역의 유권자가 그렇지만, 소시민적 유권자도 예로부터 자신에게 친숙한 명망가의 이름을 중시하지 자신이 알지 못하는 사람을 신뢰하지는 않습니다; 그러나 **만약** 이 알지 못하는 사람이 일단 성공을 거두고 나면, 농촌지역과 소시민적 유권자들은 그를 더욱더 확고하게 추종하게 됩니다. 그러면 몇 가지 중요한 예를 통해 상기한 정당구조의 두 가지 형태 간의 투쟁을, 그리고 특히 오스트로고르스키가 서술한 국민선거적[157] 형태의 발흥을 한

---

155 이 바로 앞에 "당을(또는 당 전체를) 위해 일하는 것보다"를 첨가해 읽으면 의미하는
      바가 보다 명확해질 것이다.
156 이는 "당이 관료제화된 경우보다"라고 읽으면 된다.
157 이것이 뜻하는 바가 무엇인가는 이 책의 95쪽, 주 12를 볼 것.

번 살펴보기로 합시다.[158]

a. 영국의 정당조직

우선 영국의 경우를 살펴봅시다: 여기에서 정당조직은 1868년까지만 해도 거의 순수한 명망가 조직이었습니다.[159] 농촌지역에서 토리당은 가령 영국국교회 목사, 그 외에 ─주로─ 그리고 교사와 특히 해당 카운티의 대지주를 지지기반으로 하고 있었던 반면, 휘그당은 주로 비국교회 목사(그런 직업을 가진 사람이 있는 경우),[160] 역참장(驛站長), 대장장이, 재단사, 밧줄제조공 같은 수공업자들,[161] 즉 ─다른 사람들과 잡담할 기회가 가장 많기 때문에─ 정치적 영향력을 행사할 수 있는 사람들을 지지기반으로 하고 있었습니다. 도시에서 두 정당의 지지기반은 부분적으로는 경제관에 따라, 부분적으로는 종교관에 따라, 그리고 부분적으로는 단순히 가문에 전해 내려오는 정당관에 따라 갈라졌습니다. 그렇지만 언제나 명망가들이 정치적 경영[162]의 담지자였습니다. 이 모든 것 위에 의회가 있었고 내각과 "리더"가 이끄는 정당들이 있었는데, 리더는 내각수

---

158 여기에서 베버는 러시아의 정치학자이자 정치가인 모이세이 오스트로고르스키의 저서 『민주주의와 정당조직』에 준거하고 있는데, 총 2권으로 된 이 책은 ─영국과 미국의─ 정당조직에 대한 탁월한 비교연구로 원래 1902년 프랑스어로 출간되었고 바로 그해에 영어로 번역되었다(오스트로고르스키의 자세한 인적 사항은 이 책의 뒷부분에 나오는 "인명목록"을 볼 것).

159 여기에서 베버가 염두에 두고 있는 것은 1867년의 제2차 선거법 개정이다. 이 개혁으로 선거권이 도시의 소시민과 대다수의 도시 노동자, 그리고 일부 농촌 노동자에게까지 확대되면서 유권자의 수가 거의 두 배로 늘어났다. 그 결과 정당들은 지역 명망가들에게 의존하는 기존의 정당 운영방식을 벗어나 당을 보다 엄격하고 합리적으로 조직해야 했다.

160 이 괄호 안의 내용은 "비국교회는 영국에서 비주류였기 때문에 실제로 비국교회 목사는 드물었지만"이라고 읽으면 된다.

161 이 단어는 "비국교회 목사"에는 걸리지 않고 그 뒤에 나오는 직업들에만 걸린다고 보아야 하는데, 왜냐하면 목사는 육체노동자가 아니라 정신노동자이기 때문이다.

162 이 개념에 대해서는 이 책의 98쪽, 주 17을 볼 것.

반이거나 아니면 야당의 수반이었습니다.[163] 이 리더는 정당조직에서 가장 중요한 직업정치가를 측근에 거느리고 있었는데, "원내총무"[164]가 바로 그였습니다. 이 원내총무는 관직임명권을 장악했으며, 따라서 엽관자(獵官者)들은 그에게 도움을 청해야 했는데 그러면 그는 이 사안을 각 선거구 출신의 의원들과 협의해 해결했습니다. 그런데 각 선거구에서는 지역 에이전트들이 고용되면서 서서히 직업정치가층이 발전하기 시작했는데, 이 지역 에이전트들은 처음에는 무보수로 일했고 그 지위는 우리나라의 "중개인들"[165]과 대충 비슷했습니다. 그러나 이들 이외에도 각 선거구에서는 일종의 자본주의적 기업가가 발전했는데, "선거 에이전트"[166]가 바로 그것이었습니다; 이 선거 에이전트는 공명선거를 보장하는 영국의 근대적인 입법에서는 불가피한 존재였습니다. 이 입법은 선거비용을 규제하고 돈의 힘을 저지하기 위해 후보들에게 선거비용의 신고의무를 부과했습니다: 왜냐하면 후보들은 선거에서 — 이전에는 우리나라에서도 그랬지만 그보다 훨씬 더 심하게 — 목소리만 혹사시킨 것이 아니라 돈을 쓰는 즐거움도 누렸기 때문입니다. 선거 에이전트는 후보에게 미리 추산한 선거비용 전액을 자기한테 내도록 했는데, 이런 식으로 해서 많은 돈을 벌곤 했습니다. — 의회에서든 지방에서든 "리더"와 당(黨)명망가들 사이의 권력배분을 보면, 영국의 경우에는 예로부터 전자가 매우 중요한 위치를 차지하고 있었음을 알 수 있는데, 이는 중요한 정치의

---

163 이 문장은 다음과 같이 의역하면 의미하는 바가 보다 명확해질 것이다: "이 모든 것 위에 한편으로는 의회가 있었고, 다른 한편으로는 내각과 그 '리더'인 내각수반이 이끄는 여당과 당수가 이끄는 야당들이 있었습니다."

164 베버는 이것을 독일어('Einpeitscher')로 표기하고 괄호 안에 영어('whip')를 병기하고 있다. 그리고 아래에서는 단 한 번만 독일어로 표기하고 나머지는 모두 영어로 표기하고 있다(독일어로 표기한 경우에는 주를 달아 적시하고, 영어로 표기한 경우에는 특별히 언급하지 않기로 한다).

165 이에 대해서는 이 책의 105쪽, 주 34를 볼 것.

166 이에 대해서는 이 책의 149쪽, 주 148을 볼 것.

안정적인 추진을 가능케 하기 위해서는 불가피한 일이었습니다. 그럼에도 불구하고 의원들과 당명망가들의 영향력도 여전히 상당했습니다.

아무튼 영국의 옛 정당조직은 대략 그러한 모습이었습니다. 즉 반은 명망가들이 운영하는 형태이고, 반은 이미 직원들과 기업가들이 경영하는 형태였습니다. 그러나 1868년 이래로 "코커스"[167] 제도가 발전했는데, 이 제도는 그해 치러진 총선[168] 당시 버밍엄에서 시작해 차츰 전국적으로 확산되었습니다.[169] 한 비국교회 목사와 조지프 체임벌린이 함께 이 제도를 창시했는데, 그 동기는 선거권의 민주화에 있었습니다.[170] 대중의 지지를 얻기 위해서는 민주적인 모습을 한 단체들로 구성된 거대한 기구를 만들고 도시의 각 지구마다 선거단체를 만들어 이 경영단체[171]를 중단 없이 가동시키며, 모든 것을 엄격히 관료제화하는 것이 불가피해졌습니다: 그리하여 지역 선거위원회들 — 이 위원회들은 단기간 내에 전

---

167 베버는 이것을 영어('Caucus')로 표기하고 있고, 아래에서도 계속 그렇게 표기하고 있다. 코커스는 선거후보의 지명, 정책결정 등을 목적으로 하는 정당 구성원들이나 지지자들의 집회를 가리킨다.

168 이는 구체적으로 1868년 11월 17일부터 12월 7일까지 치러졌다.

169 오스트로고르스키는 『민주주의와 정당조직』, 제1권, 161쪽 이하에서 이를 아주 자세하게 서술하고 있다.

170 이 문장에 나오는 비국교회 목사는 프랜시스 슈나드호스트(1840~1900)이다. 그러나 코커스 제도는 — 베버가 말하는 바와 달리 — 슈나드호스트와 체임벌린이 함께 창시한 것이 아니라 체임벌린이 혼자 창시한 것으로 보아야 한다. 왜냐하면 영국에서 코커스 제도는 1868년 총선 당시 버밍엄시의 자유당이 그 지도자인 체임벌린의 주도 아래 처음으로 도입한 것인데, 슈나드호스트는 그로부터 5년 후인 1873년에야 — 1865년에 창립된 — 버밍엄 자유당 연합(Birmingham Liberal Association)의 서기로 선출되었기 때문이다. 그렇지만 슈나드호스트는 그 후에 다른 도시들의 자유당 조직도 버밍엄 코커스 모델에 따라 바꾸어나갔으며, 1877년 전국자유당연맹이 창립될 때부터(뒤의 주 175를 볼 것) 그 서기가 되어 1893년까지 일했다. 그리고 슈나드호스트는 열렬한 비국교도이기는 했지만 그의 직업은 비국교회 목사가 아니라 포목상이었다.

171 이는 원문에서 "경영"을 뜻하는 'Betrieb'인데, 문맥상 "경영단체"(Betriebsverband)로 옮겼음을 일러둔다. 달리 "조직"이라고 읽어도 된다. 베버가 말하는 경영과 경영단체가 무엇인지는 이 책의 98쪽, 주 17을 볼 것.

체 유권자의 10퍼센트 정도를 조직했습니다—에 의해 유급으로 고용된 관료의 수가 증가했으며, 또한 선출되는 그리고 호선권(互選權)을 갖는 지구당 위원장들이 정당정치의 공식적인 담지자가 되었습니다. 이 모든 것의 추진력은 지역인사들, 특히 지방정치에 관심을 가진 지역인사들에게서 나왔는데—이들이 지방정치에 관심을 가진 것은 그것이 어디서나 가장 풍부한 물질적 이권을 획득할 수 있는 기회를 제공했기 때문입니다—, 필요한 재정적 수단도 그들이 주로 조달했습니다. 이 새로이 생성되는, 더 이상 의회의 지도를 받지 않는 기계는 곧바로 지금까지의 권력자들, 특히 원내총무와 투쟁을 벌여야 했지만 지역의 이해관계자들의 지지에 힘입어 승리를 거두었으며, 따라서 원내총무는 그 기계에 순응하고 그 기계와 타협하지 않을 수 없게 되었습니다. 그 결과 모든 권력이 소수의 손에, 그리고 궁극적으로는 당의 정상에 서 있는 한 사람의 손에 집중되었습니다. 사실 자유당에서는 이러한 시스템 전체가 글래드스턴이 권좌에 오르는 과정과 연결되어 형성되었습니다.[172] 글래드스턴의 "웅대한" 선동술이 가진 매력, 그의 정치의 윤리적 내용과 특히 그의 인격의 윤리성에 대한 대중의 확고한 믿음—바로 이것이 그 기계가 명망가들에 대해 그처럼 신속하게 승리를 거둘 수 있었던 이유입니다. 정치에서의 시저주의적[173]-국민선거적[174] 요소, 즉 선거전장(選擧戰場)의 독재자가 등장한 것입니다. 그리고 그 효과는 곧바로 나타났습

---

172 윌리엄 글래드스턴은 1832년에 처음 하원의원이 된 후 총 63년간 하원의원으로 일했고 1843년부터 1882년까지 여섯 차례에 걸쳐 장관을 지냈으며, 1868년부터 1894년까지 네 차례에 걸쳐 총 12년간 총리를 지냈다(글래드스턴의 자세한 인적 사항은 이 책의 뒷부분에 나오는 "인명목록"을 볼 것).

173 시저주의(Cäsarismus)는 19세기 중반에 도입된 개념으로 대중의 지지와 승인에 기초하는 카리스마적 독재자에 의한 지배를 가리키는데, 어원은 로마 공화정 말기의 정치가 율리우스 카이사르(기원전 100∼기원전 44)에 있다. 대표적인 예로는 나폴레옹 3세(1808∼73)를 들 수 있는데, 그의 시저주의는 보나파르트주의라고도 한다.

174 이것이 뜻하는 바가 무엇인가는 이 책의 95쪽, 주 12를 볼 것.

니다. 1877년의 총선에서는 코커스가 처음으로 전국적 차원에서 활용되어 실로 눈부신 성과를 거두었습니다: 이 총선으로 그때까지 화려한 성공 가도를 달리던 디즈레일리가 그 절정에서 실각했습니다.[175] 그리고 1866년에 오면 그 기계는 이미 지도자의 카리스마에 의해 완전히 지배를 받게 되었습니다; 그리하여 아일랜드의 자치문제[176]가 제기되었을 때,[177] 위에서부터 아래까지 기구 전체가 '과연 우리는 실제로 글래드스턴의 입장에 동의하는가'는 묻지 않은 채 단순히 글래드스턴의 말만 믿고서 그를 따라 입장을 바꾸고는 '그가 하는 것이 무엇이든 우리는 그를 따를 것'이라고 말했습니다 ─ 그리하여 그 자신의 창조자인 체임벌린을 저버렸습니다.[178]

---

175 이 문장은 몇 가지 간략한 설명을 필요로 한다. 첫째, 1877년에는 사실 총선이 없었고 베버가 말하는바 벤저민 디즈레일리가 실각한 총선은 1880년에 있었다. 둘째, 1877년에 버밍엄에서 체임벌린의 주도 아래 잉글랜드와 웨일스의 자유당 지구당들이 연합해 ─ 스코틀랜드는 포함되지 않았다 ─ 전국자유당연맹(National Liberal Federation; 1877~1936)을 창립했는데, 이 조직의 활동은 자유당이 1880년 총선에서 승리하는 데에 초석이 되었다; 아마도 베버는 정치사적-정당사적으로 큰 의미를 갖는 이 사건을 그 후에 치러진 총선과 혼동한 듯하다. 셋째, 디즈레일리는 세 차례나 재무장관을 지냈고 1868년 총리를 지낸 후 1874년 총선에서 승리해 다시 총리가 되었으며 자신의 재임 기간 중에 영국의 제국주의와 세계지배권을 확립했는데, 그 절정이 1877년 빅토리아 여왕이 인도의 황제를 겸하게 된 것이다; 그러나 1880년 총선에서 디즈레일리가 이끄는 보수당은 글래드스턴이 이끄는 자유당에 ─ 42.5퍼센트 대 54.7퍼센트로 ─ 대패함으로써 디즈레일리는 총리직에서 물러날 수밖에 없었다(디즈레일리의 자세한 인적 사항은 이 책의 뒷부분에 나오는 "인명목록"을 볼 것). 넷째, 1880년 총선에서는 자유당만이 코커스를 활용했을 뿐 보수당은 여전히 그에 대해 비판적인 입장을 취하고 있었다.

176 베버는 이 단어에서 "자치"는 영어('Home-rule')로, "문제"는 독일어('Frage')로 표기하고 있다('Home-rule-Frage').

177 아일랜드의 민족주의자들은 1870년대 초부터 아일랜드의 자치(Home Rule), 즉 아일랜드가 영연방에 속하면서 자체적인 정부와 자체적인 의회를 갖는 자치국의 지위를 획득하기 위한 운동을 전개했다 1886년 글래드스턴이 이끄는 자유당 정부는 아일랜드 출신 의원들의 지지를 얻기 위해 의회에 아일랜드 자치법안을 제출했으나 하원에서 부결되었고, 1893년에 다시 제출해 하원을 통과했으나 이번에는 상원에서 부결되었다.

이러한 기계는 상당한 규모의 인적 기구를 필요로 합니다. 오늘날 영국에는 정당정치를 직접적인 생계수단으로 하는 사람이 대략 2,000명 정도 됩니다. 물론 순전히 엽관자(獵官者)로서 또는 이해관계자로서 정치에, 특히 지방정치에 참여하는 사람은 그보다 훨씬 더 많습니다. 유능한 코커스 정치가들에게는 경제적인 기회뿐만 아니라 허영심을 충족할 수 있는 기회도 있습니다. 당연히 (그리고 일반적으로) 그들은 "치안판사"[179]나 심지어 "하원의원"[180]이 되는 것과 같은 아주 큰 야심을 갖는데, 좋은 가정교육을 받은 사람들, 즉 "젠틀맨들"은 실제로 그러한 목표를 달성하기도 합니다. 최고의 명예는 귀족작위[181]인데, 특히 대(大)재정 후원자들에게 그렇습니다 ─ 정당의 재정이 50퍼센트 정도를 익명의 기부자들로부터 들어오는 기부금에 의존하고 있는 것은 바로 이러한 이유 때문입니다.

그렇다면 이러한 시스템 전체가 가져온 결과는 어떠했을까요? 그것은, 오늘날 영국의 의원들이 몇몇 각료들을 (그리고 몇몇 주관이 강한 사람들을) 제외하면 일반적으로 잘 훈련된 거수기에 불과하다는 것입니다. 우리나라의 제국의회[182]에서는 하다못해 의원들이 자기 의석 앞의 책상

---

178 1886년 글래드스턴이 아일랜드 자치법안을 제출했을 때, 자유당은 심각한 내분에 휩싸이게 되었다. 자유당 급진파의 지도자인 체임벌린과 찰스 딜크(1843~1911)는 아일랜드 자치에 단호히 반대한 반면 ─ 이 책의 155쪽, 주 170에서 언급한 바와 같이, 체임벌린의 주도 아래 창립된 ─ 전국자유당연맹은 아일랜드 문제를 지속적으로 논의해야 한다는 조건 아래 글래드스턴을 지지했다. 아일랜드 자치를 반대하는 자유당 의원들은 1866년 탈당해 체임벌린의 주도 아래 자유통일당(Liberal Unionist Party)을 창당했는데, 이 정당은 1912년에 보수당과 합당했다.

179 베버는 이것을 영어 약자('J. P.')로 표기하고 있는데, 완전한 표기는 'Justice of Peace'이다.

180 베버는 이것을 영어 약자('M. P.')로 표기하고 있는데, 완전한 표기는 'Member of Parliament'이다.

181 베버는 이 단어에서 "귀족"은 영어('Peer')로, "작위"는 독일어('Würde')로 표기하고 있다('Peers-Würde').

182 제국의회(Reichstag)는 1871년부터 1918년까지 존속한 독일제국의 의회이다. 그러

에서 사적인 서신을 처리하면서 국가의 복리를 위해 일하고 있는 척이라도 하곤 했습니다. 영국에서는 이런 제스처마저도 필요 없습니다; 의원들에게 요구되는 것은 단지 투표나 하고 당을 배반하지 말라는 것뿐입니다; 원내총무[183]가 소집하면 나타나서 내각이나 야당의 리더가 지시하는 것을 그대로 해야만 합니다. 게다가 전국 각지의 코커스 기계는, 만약 강력한 지도자가 있다면 거의 무정견(無定見)하게 되고 완전히 리더의 손아귀에 있게 됩니다. 이렇게 되면 사실상 국민선거제적 독재자인 단 한 사람이 의회 위에 군림하게 되는데, 그는 "기계"를 이용해 대중으로 하여금 자신을 지지하도록 만들며 그에게 의원들이란 단지 자신을 추종하는 정치적 봉록자들에 불과한 것이 됩니다.

그렇다면 이러한 지도자들은 어떻게 선발되는 것일까요? 우선 어떤 능력에 따라 선발되는 것일까요? 이 경우에는 — 세계 어디서나 의지력이라는 자질이 결정적인 기준입니다만, 그다음으로는 — 당연히 선동가적 연설의 힘이 무엇보다도 결정적인 기준입니다. 오늘날까지 연설의 성격은 여러 차례 변해왔습니다: 즉 코브던[184]처럼 지성에 호소했던 시대에서 외견상 냉철하게 "사실로 하여금 말하게 하는" 기법을 구사했던 글래드스턴을 거쳐 대중을 움직이기 위해 자주 순전히 감정적인 수단을 사용하는 — 이 수단은 구세군도 사용하는 것입니다 — 오늘날의

니까 베버가 이 강연을 할 당시인 1919년 1월 말에는 더 이상 존재하지 않았다. 참고로 독일제국 다음에 등장한 바이마르 공화국(1919~33)의 의회도 'Reichstag'이라고 하는데, 이는 제국의회가 아니라 공화국 의회, 또는 그냥 의회나 국회로 옮기는 것이 적합하다. 참고로 이 바르마르 공화국 의회는 1920년 7월 24일에 처음 소집되었는데, 그 이전에는 헌법과 긴급한 법률의 제정을 위해 (1919년 2월 6일부터 1920년 5월 21일까지) 활동한 의회인 독일제헌의회(Verfassunggebende Deutsche Nationalversammlung)가 있었다.

183 베버는 이것은 독일어('Einpeitscher')로 표기하고 있다.

184 리처드 코브던은 영국의 경제정책가이자 맨체스터학파(맨체스터 자유주의)의 공인된 지도자로 자유주의적 경제정책과 자유무역을 강력히 옹호했다(코브던의 자세한 인적 사항은 이 책의 뒷부분에 나오는 "인명목록"을 볼 것).

연설에 이르기까지 변해왔습니다. 현재의 상황을 우리는 "대중의 정서를 철저하게 이용하는 것에 기초하는 독재"[185]라고 부를 수 있을 것입니다. ─ 그러나 영국 의회에서 매우 발달한 위원회 제도는 지도부에 가담할 의사가 있는 모든 정치가에게 위원회에서 함께 **일하는 것**을 가능케 할 뿐만 아니라 또한 그것을 강요합니다. 최근 수십 년간의 걸출한 각료들은 매우 현실적이고 효과적인 이 실무훈련을 거쳤으며, 또한 위원회의 심의사항에 대해 보고하고 이 심의사항을 공개적으로 비판하는 관행 덕분에 이 학교[186]는 진정한 지도자를 선발하고 단순한 선동가는 배제할 수 있게 됩니다.

b. 미국의 정당조직

영국의 상황은 그렇습니다. 그러나 영국의 코커스 제도는 미국의 정당조직과 비교하면 약화된 형태에 불과한데, 왜냐하면 미국의 정당조직에서는 국민선거적[187] 원칙이 아주 일찍이 그리고 매우 순수하게 발전했기 때문입니다. 워싱턴[188]은 미국이 "젠틀맨들"이 지배하는 공동체가 되어야 한다고 생각했습니다. 그 당시에 젠틀맨은 미국에서도 지주이거나 대학교육을 받은 사람이었습니다. 미국은 처음에 정말로 그들에 의해 지배되었습니다. 정당들이 생겨나자 초기에는 하원의원들이 명망가들이 지배하던 시대의 영국에서처럼 자신들이 지도자가 될 것을 요구했습니다. 정당조직은 매우 느슨했습니다. 이러한 상황은 1824년까지 지속되었습니다.[189] 물론 1820년대 이전에도 이미 많은 지방자치단체에서는 ─ 미

---

185 이는 인용이 분명한데, 그 출처는 확인할 수 없다.
186 이는 "매우 현실적이고 효과적인 실무훈련을 시키는 위원회라는 학교"라고 읽으면 된다.
187 이것이 뜻하는 바가 무엇인가는 이 책의 95쪽, 주 12를 볼 것.
188 자명하게도 이는 미국 건국의 아버지이자 초대 대통령인 조지 워싱턴(1732~99)이다.
189 여기에서 말하는 1824년은 구체적으로 그해에 치러진 대통령 선거인데, 연방당(聯邦黨)이 해체된 가운데 민주공화당 내의 후보들 사이의 대결장이 된 이 선거에서는 앤

국에서도 이것들이 근대적 발전의 시발점이었습니다 ─ 정당기계가 형성되고 있었습니다. 그러나 서부 농민층의 후보인 앤드루 잭슨이 대통령에 선출되면서 비로소 옛 전통들이 붕괴되기 시작했습니다.[190] 유력한 의원들이 당을 이끌어가는 시스템은 1840년 직후에 공식적으로 종언을 고했는데, 그 이유는 의회가 전국의 정당기계에 대한 거의 모든 통제력을 상실했고 이에 따라 거물 의원들이 ─ 캘훈, 웹스터 같은 ─ 정계에서 은퇴했기 때문입니다.[191] 미국에서 국민선거적[192] "기계"가 그렇게 일찍부터 발달한 이유는 그곳에서는, 그리고 그곳에서만 행정부의 수반이자 ─ 이 점이 중요했습니다 ─ 관직임명권자가 국민선거로 선출된 대통령이었으며, 또한 "삼권분립"에 따라 그의 직무수행은 의회로부터 거의 독립해 있었기 때문입니다. 그리하여 대통령 선거에서는 승리의 보상으로 관직과 봉록이라는 진정한 전리품이 기다리고 있었습니다. 그 결과가 "엽관제"인데, 잭슨에 의해 매우 체계적으로 활용되어 하나의 원칙으

드루 잭슨이 가장 많은 선거인단수를 확보했지만 과반수 획득에는 실패했다. 이에 헌법의 규정에 따라 대통령을 선출할 권한이 하원으로 넘어갔는데, 4위를 기록한 후보가 2위인 존 퀸시 애덤스(1767~1848)를 지지해 애덤스가 잭슨을 제치고 최종 승자가 되었다. 참고로 존 퀸시 애덤스는 제2대 대통령이자 초대 부통령이었던 존 애덤스(1735~1826)의 아들이다.

190 1828년 치러진 대통령 선거에서는 재선을 꿈꾸는 국민공화당의 애덤스와 민주당의 잭슨이 다시 대결했는데, 이 재대결에서는 잭슨이 애덤스를 큰 표 차로 이기고(68.3퍼센트 대 31.8퍼센트) 당선되었다. 당시 잭슨은 당을 엄격하게 조직했으며, 소수의 상류층 기득권 세력에 호소하지 않고 대규모의 선거운동을 실시해 일반 대중의 표심에 호소하여 대통령 선거에서 승리할 수 있었다. 이로써 미국 정치에 대중민주주의 시대가 찾아왔다. 잭슨이 그의 재임 기간 중에 실천한 민주주의를 그 이전의 민주주의인 "제퍼슨 민주주의"(선택받은 소수만이 정치에 참여하는 민주주의)와 구별해 "잭슨 민주주의"라고 하는데, 이는 잭슨 시대에 이르러 미국 정치에 새로운 장이 열렸음을 뜻하는 것이다.

191 존 콜드웰 캘훈과 대니얼 웹스터는 19세기 전반기 미국을 대표하는 거물 정치가이다. 그런데 이 둘은 각각 1850년과 1852년까지 정계에서 활동한 것으로 보아야 한다(캘훈과 웹스터의 자세한 인적 사항은 이 책의 뒷부분에 나오는 "인명목록"을 볼 것).

192 이것이 뜻하는 바가 무엇인가는 이 책의 95쪽, 주 12를 볼 것.

로 고양되었습니다.[193]

그렇다면 이 엽관제가 ─ 즉 모든 연방관직을 승리한 후보의 추종자들에게 배분하는 시스템이 ─ 오늘날의 정당구조에 대해 어떤 의미를 가질까요? 그것이 갖는 의미는 아무런 신념도 없는 정당들이 서로 대치한다는 것입니다; 이 정당들은 순수한 엽관자 조직으로서 선거전이 있을 때마다 매번 득표의 가능성에 따라 자신들의 선거강령을 바꾸어버립니다 ─ 물론 다른 나라의 정당들에서도 이와 유사한 모습을 볼 수 있지만 미국의 정당들은 그 어떤 다른 나라의 정당과도 비교가 안 될 만큼 심하게 바꾸어버립니다. 미국의 정당들은 전적으로 관직임명권과 관련해 가장 중요한 의미를 갖는 선거전, 즉 연방 대통령직과 각 주의 지사직을 둘러싼 선거전에 맞추어져 조직되어 있습니다. 선거강령과 후보는 의원들의 개입 없이 정당의 "전당대회"[194]에서 확정됩니다 ─ 이 전당대회는 형식상으로는 매우 민주적인 방식으로, 즉 당의 제1차 유권자 대회인 "예비선거"[195]에서 권한을 위임받고 파견된 대의원들로 구성되는 당대회입니다. 그러나 대의원들은 이미 예비선거에서 특정한 대통령 후보에 대한 지지를 내걸고 선출됩니다; 그리하여 각 정당 **내에서는** "후보지명"[196]의 문제를 둘러싸고 매우 격렬한 투쟁이 광란적으로 벌어집니다. 그럴 수밖에 없는 것이, 여하간 30만 명에서 40만 명에 이르는 관료들의 임명권이 대통령의 수중에 있는데, 그는 이 임명권의 행사에서 단지 각 주를 대표하는 상원의원들의 자문만 받으면 됩니다. 그렇기 때문에 상원의원들은 막강한 권력을 가진 정치가들입니다. 이러한 상원에 비하면 하

---

193 미국에서는 이미 1812년 엽관제(spoils system)라는 용어가 사용되었지만, 뉴욕 출신의 상원의원인 윌리엄 러니드 머시(1786~1857)가 1832년 상원에서 앤드루 잭슨을 옹호하면서 "승자에게 적의 전리품(spoils)이 속한다"고 말하면서 관직수여의 원칙으로 정식화되었다. 브라이스, 『미연방』, 제2권, 126쪽, 주 1.

194 베버는 이것을 영어('national convention')로 표기하고 있다.

195 베버는 이것을 영어('primaries')로 표기하고 있다.

196 베버는 이것을 영어('nomination')로 표기하고 있다.

원은 정치적으로 매우 무력합니다; 왜냐하면 하원은 관직임명과 관련해 아무런 영향력을 행사할 수 없으며, 또한 장관들은 — 이들은 그 누구의 의사에 반하여서도, 심지어 의회에 반하여서도 권력을 행사할 수 있는 정당성을 국민으로부터 부여받은 대통령의 단순한 보좌역들일 뿐입니다 — 하원의 신임이나 불신임에 상관없이 자신들의 직무를 수행할 수 있기 때문입니다: 이것은 "삼권분립"의 결과입니다.

이러한 체제에 기반하는 엽관제가 미국에서 기술적으로 **가능했던** 이유는 미국 문화가 아직 젊기 때문에 순수한 아마추어적 국가운영이 허용될 수 있었기 때문입니다. 자신이 소속된 당에 충실히 봉사했다는 사실 이외에는 그 어떤 자격도 제시할 필요가 없는 30만 명에서 40만 명에 이르는 정당인들이 대통령 선거가 끝난 후 관직에 임명되는 상황 — 이 상황에는 당연히 엄청난 폐단, 즉 유례없는 부패와 낭비가 따를 수밖에 없었습니다; 그러한 폐단은 아직도 무한한 경제적 기회를 가진 나라만이 감당할 수 있었습니다.

그런데 국민선거적[197] 정당기계에 기초하는 이 엽관제 덕분에 등장하는 정치적 인물이 있으니, 그는 다름 아닌 "보스"입니다. 보스란 어떤 존재일까요? 그는 자기 부담과 책임 아래 유권자들의 표를 모으는 정치적 영역에서의 자본주의 기업가입니다. 그는 처음에 변호사나 술집주인 또는 이와 유사한 업체의 소유주로서, 아니면 아마도 대금업자로서 유권자들과 관계를 맺었을지 모릅니다. 그러나 그는 거기서부터 자신의 연줄을 계속 확대해나가 일정 수의 표를 "통제할" 수 있게 됩니다. 그렇게 되면 이제 그는 이웃 보스들과 접촉하고 열성과 수완, 그리고 무엇보다도 신중함을 보임으로써 이 방면의 경력 면에서 자신보다 더 앞서간 사람들의 주목을 받게 되며, 이렇게 해서 출셋길을 걷게 됩니다. 보스는 정당조직에 필수불가결한 존재로 정당조직을 그의 수중에 장악하고 있습

197 이것이 뜻하는 바가 무엇인가는 이 책의 95쪽, 주 12를 볼 것.

니다. 그가 정당운영에 필요한 자금의 대부분을 조달합니다. 그는 이 자금을 어떻게 형성할까요? 부분적으로는 당비를 통해 형성하지만 무엇보다도 그와 그의 당 덕분에 관직을 얻게 된 관료들의 봉급에서 공제해 형성합니다. 그 외에 뇌물과 사례금을 통해서도 형성합니다. 수많은 법률 가운데 어느 하나를 위반하고도 처벌을 면하고자 하는 사람이면 누구든지 보스의 묵인을 필요로 하고 이에 대한 대가를 지불해야 합니다. 그러지 않으면 그는 여러 가지 불편한 일을 겪게 됩니다. 그러나 이것만으로는 필요한 운영자금을 다 조달할 수 없습니다. 보스는 재계의 거물들이 내는 기부금을 직접 수령한다는 점에서도 필수 불가결한 존재입니다. 재계의 거물들은 그 어떤 유급 정당관료나 그 어떤 공식적 회계담당자에게도 선거자금을 믿고 맡기지 않습니다. 금전문제에서 신중하고 비밀을 엄수하는 보스가 선거자금을 대는 자본가들의 사람이 되는 것은 당연한 일입니다. 전형적인 보스는 지극히 냉철한 사람입니다. 그는 사회적 명예를 추구하지 않습니다; 이 "전문꾼"[198]은 "상류사회"에서는 경멸의 대상입니다. 그는 오로지 권력만을 추구하는데, 그것은 재원(財源)으로서의 권력이거나 아니면 권력 그 자체를 위한 권력입니다. 그는 어둠 속에서 일하는데, 이 점에서 영국의 리더와 대조됩니다. 사람들은 그가 공개석상에서 연설하는 모습을 볼 수 없습니다; 그는 연설자들에게 목적을 달성하기 위해서는 무엇을 말해야 하는지 암시할 뿐, 그 자신은 침묵을 지킵니다. 그는 연방 상원의원직을 제외하고는 다른 어떤 관직도 맡지 않는 것이 일반적입니다. 상원의원은 헌법에 의거해 관직임명에 관여하기 때문에 유력한 보스들은 종종 연방상원에 직접 의석을 차지하고 있습니다. 관직의 수여는 일차적으로 당에 대한 공헌도에 따라 이루어집니다. 그러나 관직을 돈을 받고 파는 경우도 자주 있었으며, 개개의 관

---

198 베버는 이것을 영어('professional')로 표기하고 있다.

직에 대해서는 정확한 가격이 매겨져 있었습니다: 이것은 교회국가[199]를 포함해 17, 18세기의 군주국가도 자주 사용했던 일종의 매관매직제입니다.[200]

보스는 그 어떤 확고한 정치적 "원칙"도 갖고 있지 않습니다; 그는 아무런 신념도 없이 단지 어떻게 해야 표를 끌어모을 수 있을까라는 문제에만 관심이 있습니다. 그의 교육수준이 상당히 낮은 경우도 드물지 않습니다. 그러나 그의 사생활은 대체로 흠잡을 데 없이 올바릅니다. 다만 정치적 윤리의 측면에서만은 당연히 정치적 행위에 대한 기존의 평균윤리(平均倫理)를 따르는데, 이는 우리 독일인들 가운데 수많은 이가 매점의 시기에 경제적 윤리의 영역에서 행위한 것과 다를 바 없습니다.[201] 그는 사람들이 자신을 "전문꾼", 즉 직업정치꾼이라고 사회적으로 경멸하는 것에 전혀 개의치 않습니다. 그 자신 연방의 요직을 맡지 않고 또 맡으려고 하지도 않는 사실에는 다음과 같은 좋은 점이 있습니다: 그것은 당내의 원로 명망가들이 거듭해 후보로 선출되는 우리나라의 경우와는 달리, 당 밖의 지식인들, 즉 저명인사들이 — 보스가 판단하기에 그들이 유권자들에게 매력이 있다면 — 후보로 선정되는 일이 드물지 않다는 사실입니다. 바로 이런 점 때문에 사회적으로 경멸당하는 권력자들이 움직이는 이 무원칙의 정당구조에서, 우리나라에서라면 결코 출세할 수 없었을 그런 유능한 사람들이 대통령직에 오를 수 있었던 것입니다. 물론

---

199 교회국가(Kirchenstaat)란 756년부터 1870년까지 로마교황의 지배 아래 있던 비종교적, 세속적 정치영역으로 주로 이탈리아 중부에서 아드리아해에 이르는 지역과 이탈리아 남부의 일부 지역에 걸쳐 있었는데, 14세기 교황의 아비뇽 유수(1309~77)부터 프랑스대혁명까지는 아비뇽(Avignon) 백국과 베네상(Venaissin) 백국도 교회국가에 속했다.

200 이 책의 111쪽을 같이 볼 것.

201 제1차 세계내전 발발 직후 연합국이 독일에 대한 경제봉쇄를 취하면서 — 이 조치는 1919년 7월에 해제되었다 — 식량공급이 급격히 악화되었으며(이른바 "순무의 겨울" [Steckrübenwinter]이라 불리는 1916/1917년 겨울에는 심지어 감자와 빵도 배급되었을 정도이다), 이에 따라 도시주민들이 농촌지역을 돌며 식량을 사재기했다.

보스는 자신의 자금과 권력의 원천을 위협할 수 있는 아웃사이더들에 대해서는 저항합니다. 그러나 유권자들의 지지를 얻기 위한 경쟁에서는 부패의 적(敵)이라고[202] 생각되는 바로 그런 후보들을 어쩔 수 없이 받아들여야만 하는 경우도 드물지 않습니다.

요컨대 미국에는 위에서부터 아래까지 엄격하고 철저하게 조직된, 그리고 태머니홀[203]같이 수도회 식으로 조직된 지극히 견고한 클럽들이 뒷받침하는 고도의 자본주의적 정당경영[204]이 존재하는데, 이 클럽들의 유일한 목적은 특히 지방행정 — 이것은 미국에서도 가장 중요한 착취의 대상입니다 — 을 정치적으로 지배함으로써 이득을 얻는 것입니다. 이러한 정당구조가 가능했던 것은, 미국이 고도의 민주주의 국가였고 "신생국가"였기 때문입니다. 그러나 이 두 요소의 결합은 오늘날 이 체제가 서서히 사멸해가는 원인이 되고 있습니다.[205] 이제 미국은 더 이상 아마추어들에 의해서만 통치될 수는 없습니다. 15년 전만 하더라도 미국 노동자들에게 다음과 같이 질문하면, 즉 왜 당신들은 당신네들 스스로가 공공연히 경멸하는 정치가들이 당신들을 통치하도록 하느냐고 질문하면, 다음과 같은 대답을 들었습니다: "우리는 당신네들 나라에서처럼 우리에게 침을 뱉는 관료 카스트보다는 차라리 우리가 침을 뱉는 사람들이 관료로 있기를 원합니다."[206] 이것이 미국 "민주주의"의 옛 입장이었

---

202 이 바로 다음에 "그러니까 자신의 적이라고" 또는 "따라서 자신의 적이라고"를 첨가해 읽으면 의미하는 바가 보다 명확해질 것이다.

203 이 책의 150쪽, 주 151을 볼 것.

204 경영의 개념에 대해서는 이 책의 98쪽, 주 17을 볼 것.

205 이 문장의 바로 다음에 나오는 문장은 신생국가와 연관되고 다음다음에 나오는 문장은 고도로 발전한 민주주의, 그러니까 관료제에 대한 혐오와 연관된다.

206 이는 인용이 분명한데, 그 출처는 확인할 수 없다. 다만 이 문장의 맨 앞에 나오는 "15년 전", 그러니까 1904년이 실마리가 될 수 있을 것이다. 베버는 프라이부르크 대학 시절 동료이자 당시 하버드 대학의 교수로 재직하고 있던 후고 뮌스터베르크(1863~1916)의 초청으로 부인 마리안네 베버(1870~1954)와 더불어 1904년 8월부터 11월까지 미국을 방문했다. 이때 베버는 세인트루이스에서 세계박람회의 일환으로 개최된

습니다; 그러나 사회주의자들은 이미 그 당시에도 완전히 다른 생각을 갖고 있었습니다. 아무튼 이러한 상황은 이제 더 이상 용납될 수 없습니다. 아마추어 행정으로는 더 이상 충분하지 않으며, 그리하여 공무원제 도개혁[207]을 통해 연금수급권을 갖는 종신관직의 수를 계속 늘리고 있습니다; 그 결과 대학에서 교육을 받은, 그리고 우리나라의 관료들과 매한가지로 청렴하고 유능한 관료들이 관직에 오르고 있습니다. 이미 약 10만 개의 관직이 더 이상 선거전의 전리품이 아니라 임용 시 자격증명이 요구하고 임용된 관료에게는 연금수급권을 부여하는 자리가 되었습니다. 이로 인해 엽관제는 점차로 쇠퇴할 것이며, 그렇게 되면 정당지도의 방식도 바뀔 것입니다; 다만 어떻게 바뀔는지는 아직 알 수 없습니다.

c. 독일의 정당조직

지금까지 **독일**의 정치적 경영[208]을 결정짓는 요인들은 대체로 다음과 같은 것들이었습니다. 첫 번째 요인은 의회의 무력함이었습니다. 그 결과는 지도자적 자질을 가진 어떤 사람도 의회에 오랫동안 몸담지 않았다는 사실입니다. 누군가 의회에 들어가고 싶어 했다고 가정합시다 — 설령 들어갔다 한들 그가 거기에서 무엇을 할 수 있었겠습니까? 어느 관청에 자리가 하나 비면, 그는 해당 관청의 장(長)에게 다음과 같이 말할 수 있었습니다: "내 지역구에 매우 유능한 사람이 하나 있는데 그 사람이 그 자리에 적임일 듯하니, 그를 채용해주십시오." 그리고 그 관청의 장은 이 청탁을 흔쾌히 수락했습니다. 그러나 이것이 독일 의원이 자신의 권력본능을 — 만약 그가 권력본능이라는 것을 가지고 있다면 — 만

학술대회에서 과거와 현재의 독일 농업문제라는 주제로 강연을 했다. 그리고 미국 각 시를 여행하면서 미국의 사회, 민주주의 및 자본주의를 세심하고 관찰했다. 바로 이때 본문에 인용한 말을 들었을 개연성이 높다.

207 베버는 이것을 영어('Civil Service Reform')로 표기하고 있다.

208 이 개념에 대해서는 이 책의 98쪽, 주 17을 볼 것.

족시키기 위해 할 수 있는 거의 모든 것이었습니다. 여기에 두 번째 요인이 첨가되는데 — 그리고 첫 번째 요인은 바로 이 두 번째 요인에 의해 초래되었습니다 —, 그것은 독일에서는 훈련받은 전문관료층의 중요성이 엄청나게 컸다는 사실입니다. 이 점에서 우리나라는 단연코 세계 최고였습니다. 이러한 중요성의 필연적인 결과로 전문관료층은 전문관료직뿐만 아니라 더 나아가 장관직까지도 요구하게 되었습니다. 작년에 바이에른 왕국의 의회에서 의회주의화에 대한 논의가 있었을 때 다음과 같은 주장이, 즉 만약 의원을 장관으로 앉히면 유능한 사람들이 더 이상 관료가 되지 않을 것이라는 주장이 있었습니다.[209] 게다가 관료행정은 영국 의회가 위원회에서의 토론이라는 수단을 통해 행사했던 것과 같은 종류의 통제를 조직적으로 기피했으며, 이로 인해 의회는 — 약간의 예외를 제외하면 — 진정으로 유능한 행정의 장(長)을 자체 내에서 양성할 수가 없었습니다.

세 번째 요인은 우리 독일에는 미국과 달리 정치적 이념을 가진 정당들이 있었다는 사실입니다; 이 정당들은 자신의 당원들이 어떤 특정한 "세계관"을 신봉하고 있다고 주장했는데, 이 주장은 적어도 주관적으로는 진실된 것이었습니다. 그런데 이러한 정당들 가운데 가장 중요한 두 정당, 즉 한편으로 중앙당과 다른 한편으로 사회민주당은 태생적 소수파정당이었으며, 그것도 의도적으로 그랬습니다.[210] 과거 독일제국 시대

---

209 1917, 18년 바이에른 왕국의 의회에서 여러 차례에 걸쳐 의회주의화에 대한 논의가 있었는데, 이는 1818년에 공포된 바이에른 헌법의 광범위한 개혁을 목표로 한 것이었다 (참고로 바이에른 왕국은 1806년부터 1918년까지 존속했다). 오랫동안의 지루한 협상 끝에 바이에른 왕국의 정당들과 정부는 마침내 1918년 11월 2일에 의원내각제를 도입하는 것을 골자로 하는 협정을 맺었다. 그러나 바로 그다음 날인 11월 3일 11월혁명이 일어나면서 이 정치적 개혁의 시도는 바이에른 왕국과 더불어 역사 속으로 사라졌다.

210 이 문장에 나오는 — 그리고 그 아래 여섯 번째 줄에서 다시 한번 나오는 — "소수파정당"은 그 아래 세 번째 줄에 나오는 "소수정당"과 구별된다. 소수정당 또는 소수당은 적은 의석을 차지하는 정당을 가리키는 반면, 소수파정당은 소수집단을 대변하는

에 중앙당의 지도급 인사들은 자신들이 의회주의에 반대하는 이유를 결코 숨기지 않았는데, 그 이유라는 것은 다음과 같았습니다: 만약 의회주의가 도입되면 자신들은 의회에서 소수정당으로 전락할 것이며, 그렇게 되면 지금까지 그랬던 것처럼 정부에 압력을 넣어 엽관자들을 취업시키는 일이 한층 더 어려워질 것을 두려워했기 때문이랍니다. 사회민주당은 그 원칙상 소수파정당이었으며, 기존의 부르주아적 정치질서에의 참여로 자신을 더럽히고 싶지 않았기 때문에 의회주의화에 장애가 되었습니다. 이 두 정당이 의회 시스템으로부터 등을 돌렸기 때문에 이 시스템의 작동이 불가능해졌습니다.

이러한 상황에서 독일의 직업정치가들의 운명은 어떻게 되었을까요? 이들은 권력도 책임도 없었고 상당히 저급한 명망가 역할밖에 할 수 없었으며, 그 결과 최근에는 어디에서나 볼 수 있는 전형적인 파벌본능에 사로잡혀버렸습니다. 자신들의 작고 하찮은 직책에서 삶의 보람을 찾는 이 명망가들의 서클에서 그들과 다른 유형의 인간이 출세한다는 것은 불가능한 일이었습니다. 나는 다음과 같은 수많은 사람의 이름을, 즉 지도자적 자질을 가졌기 때문에 그리고 바로 그 자질 때문에 명망가들이 용납하지 않았으며, 그리하여 정치적 생애를 비극적으로 마감한 수많은

정당을 가리킨다. 베버가 언급한 두 개의 가장 중요한 이념정당들 가운데 하나인 중앙당은 개신교가 다수인 당시 독일에서 소수인 가톨릭의 정당으로 출범했으며(이 책의 114쪽, 주 55를 볼 것), 그 다른 하나인 사회민주당(사민당; Sozialdemokratische Partei Deutschlands)은 마르크스주의를 이념으로 하는 노동자계급의 정당으로 출범했다. 이점에서 그 둘은 소수파정당이었다. 중앙당은 종교정당이었고 사회민주당은 계급정당이었다(오늘날 전자는 유명무실한 정당이 되었고, 후자는 사회민주주의적 국민정당이 되었다). 그러나 소수정당은 아니었다. 제국의회 선거 결과를 보면 (의석수에 따라) 중앙당은 1871년, 1874년, 1877년, 1878년에 제2당의 자리를 지켰고, 1881년, 1884년, 1887년, 1890년, 1893년, 1898년, 1903년, 1907년에는 제1당의 자리를 지켰으며, 1912년에도 제2당의 자리를 지켰다; 그리고 사회민주당은 1893년에 제3당의 자리를 차지한 후 1898년과 1903년에는 제2당의 자리를 차지하고 1912년에는 중앙당을 제치고 제1당의 자리를 차지했다.

사람의 이름을 모든 정당에서 댈 수 있는데, 물론 여기에는 사회민주당
도 포함됩니다. 우리나라의 모든 정당은 이 길을 걸었고 그 결과로 명망
가들의 춘프트가 되고 말았습니다. 예컨대 아직 베벨[211]만 해도, 비록 그
의 지적 능력은 대단치 않았지만, 그의 열정과 인격의 순수함으로 보면
지도자였습니다. 그가 순교자였다는 사실,[212] 그리고 그가 대중의 신뢰
를 (이들이 보기에) 결코 배반하지 않았다는 사실의 결과로 대중은 그를
절대적으로 지지했으며, 사회민주당 내에서는 그 어떤 세력도 그에게 정
면으로 맞설 수 없었습니다. 그가 죽고 나자 이러한 상황은 끝이 났고 관
료지배가 시작되었습니다. 노동조합의 관료들, 정당의 서기들, 저널리스
트들이 득세했고 관료본능이 정당을 지배했습니다; 물론 이들은 지극히
고결한 관료층입니다 ─ 다른 나라들의 사정, 특히 뇌물을 받는 일이 빈
번한 미국의 노동조합 관료들과 비교한다면 사실상 보기 드물게 고결하
다고 말할 수 있을 것입니다 ─ 그렇기는 하지만 앞에서 논의한 관료지
배의 결과들이 정당에도 나타났던 것입니다.[213]

부르주아 정당들은 1890년대 이래로 완전히 명망가들의 춘프트가 되
어버렸습니다. 물론 이 정당들은 이따금씩 선전을 목적으로, 즉 "우리에
게는 이러이러한 인물들이 있다"고 말할 수 있기 위해 당 밖의 유능한 인

---

211 독일사회민주당의 지도자인 아우구스트 베벨(1840~1913)을 가리킨다. 베벨은 선
반공(旋盤工) 출신으로 일찍부터 노동자교육에 관여하였고 빌헬름 리프크네히트
(1826~1900)와 공동으로 사회민주노동당을 공동 창당하였고 그 후신인 사회민주당
의 창당에 결정적으로 기여했으며, 또한 1875년부터 세상을 떠날 때까지 사회민주당
의 지도자로 있었고 1892년부터 세상을 떠날 때까지 그 정당의 총재를 지냈다(베벨의
자세한 인적사항은 이 책의 뒷부분에 나오는 "인명목록"을 볼 것).
212 이는 아우구스트 베벨이 정치적 신념 때문에 여러 차례 옥고를 치른 사실을 가리킨다.
예컨대 베벨은 1872년 3월에 이른바 라이프치히 반역죄 재판에서 반역죄로 2년간의
성채 감금형을 선고받았으며 같은 해에 황제 모독죄로 9개월간의 징역형이 추가되었
다(성채 감금형은 공민권 상실이나 강제노역이 없는 가벼운 자유형으로 주로 정치범
과 결투자에게 부과되며 명예형이라고도 불리며 대개는 성채에 가두었는데, 현재는
존재하지 않는다).
213 이 책의 135~36쪽을 볼 것.

사들을 영입할 수밖에 없었습니다. 그러나 이 영입인사들이 선거에 출마하는 것을 가능한 한 막았으며 단지 불가피한 경우에, 즉 그들 가운데 누군가 출마 이외의 다른 어떤 대접도 입당의 조건으로 받아들이지 않는 경우에 그를 출마토록 했습니다.

의회에서도 동일한 정신이 지배했습니다. 우리나라의 의회정당들은 춘프트였고, 아직도 춘프트입니다. 제국의회[214]의 본회의에서 행해지는 모든 연설은 사전에 당내에서 철저한 검열을 받았습니다. 이는 그 연설들이 일찍이 들어본 적이 없을 만큼 지루했다는 점을 보면 알 수 있습니다. 단지 연설자로 예약된 사람만이 발언할 수 있었습니다. 우리는 이보다 영국 의회의 관례, 그리고 — 전혀 상반된 이유에서지만 — 프랑스 의회의 관례와도 더 큰 대조를 이루는 것은 거의 생각할 수 없습니다.

현재 세간에서 흔히 혁명[215]이라고 부르는 대대적인 붕괴의 결과로 아마도 어떤 변화가 일어나고 있는 것 같습니다. 아마도 그런 것 같습니다 — 그러나 확실치는 않습니다. 우선 새로운 종류의 정당기구의 맹아들이 싹텄습니다. 그 첫 번째는 아마추어 기구들입니다. 이 기구들에는 흔히 여러 대학의 학생들이 참여하는데, 그들은 지도자적 자질이 있어 보이는 사람에게 다음과 같이 말합니다: "우리는 당신이 꼭 해야 할 일이라고 말하는 것은 뭐든지 다 하겠습니다." 두 번째는 사업가적 기구입니다. 그러니까 지도자적 자질이 있어 보이는 사람에게 접근해서는 표당 일정한 금액을 받고 선거운동을 떠맡겠다고 제의하는 사람들이 생겨난 것입니다. — 여러분이 나에게 순전히 기술적-정치적 관점에서 이 두 가지 기구 중 어느 것이 더 신뢰할 만하다고 생각하는지 묻는다면, 나는 아마도 후자라고 답할 것입니다. 그러나 둘 다 갑작스레 부풀어 올랐다가

---

214 세국의회(Reichstag)는   이 책의 150   59쪽, 주 102에서 보았듯이 —1871년부터 1918년까지 존속한 독일제국(Deutsches Kaiserreich)의 의회이다. 그러니까 베버가 이 강연을 할 당시인 1919년 1월 말에는 더 이상 존재하지 않았다.

215 이는 — 이 책의 103쪽, 주 27에서 살펴본 — 1918년 11월혁명을 가리킨다.

재빠르게 사라져버린 거품이었습니다. 기존의 기구들은 재편성되어 여전히 작동하고 있습니다. 방금 언급한 두 현상은 단지, 만약 지도자만 있다면 아마도 새로운 기구들이 나타날 수도 있을 것임을 보여주는 징후에 불과했습니다. 그러나 비례대표제의 기술적 특성 하나 때문만으로도 지도자의 출현은 불가능해졌습니다.[216] 단지 몇몇 거리의 독재자들이 나타났다가는 다시 사라졌을 뿐입니다.[217] 그리고 거리독재의 추종자들만이 엄격한 규율 아래 조직되어 있습니다: 바로 여기에서 이 사라져가는 소수파들의 힘이 나오는 것입니다.

　향후에는 이 모든 것이 달라져 국민선거적[218] 지도자가 정당을 이끌게 된다고 가정한다면, 우리는 앞서 말한 것에 비추어 다음과 같은 점을, 즉 이러한 변화의 결과로 국민선거적 지도자를 추종하는 사람들은 "영혼을 빼앗기게" 된다는 ― 이는 아마도 그들의 정신이 프롤레타리아트화된다

216　이 문장에서 베버가 말하는 "비례대표제"는 역사적으로 1919년 1월 19일에 치러진 독일제헌의회 선거와 연관된다(이 의회에 대해서는 이 책의 158~59쪽, 주 182를 볼 것). 바로 이 선거에서 처음으로 ― 다수대표제에 반대되는 선거방식인 ― 비례대표제가 도입되었던 것이다. 주지하다시피 비례대표제는 각 정당의 득표율에 따라 그 정당이 선거 전 미리 제출한 비례대표 후보 명단에 정해진 순서에 따라 당선되는 방식이고, 다수대표제는 특정한 선거구에서 가장 많은 표를 얻은 후보가 당선되는 방식이다. 베버의 생각으로는 다수대표제의 경우에는 탁월한 정치적 인물이 정당기구에 대해 자신을 주장하고 관철할 수 있는 반면, 비례대표제의 경우에는 정당이 비례대표 후보를 결정할 권한을 쥐고 있기 때문에 그런 가능성이 차단되며 그리하여 지도자의 출현이 불가능해진다는 것이다. 아래의 174쪽과 그에 따르는 주 222를 볼 것.

217　이 문장에서 베버가 염두에 두고 있는 것은 카를 리프크네히트(1871~1919)와 로자 룩셈부르크이다(1871~1919). 1915년 급진적인 마르크스주의적 사회주의자들이 리프크네히트와 룩셈부르크를 중심으로 스파르타쿠스단(Spartakusbund)이라는 단체를 결성했는데(이 단체에 대해서는 이 책의 186~87쪽, 주 240을 볼 것), 이 스파르타쿠스단이 바이마르 공화국 초기 임시연방정부인 인민대표 평의회(Rat der Volksbeauftragten; 이 책의 22~23쪽, 주 21을 볼 것)를 전복하고 평의회 공화국 또는 소비에트 공화국(Räterepublik)을 건설할 목적으로 1919년 1월 베를린에서 무장봉기를 일으켰으나 실패하고 그 지도자인 리프크네히트와 룩셈부르크는 자유군단(Freikorps)이라는 극우파 의용군에 체포되어 1919년 1월 15일 처참하게 살해되었다.

218　이것이 뜻하는 바가 무엇인가는 이 책의 95쪽, 주 12를 볼 것.

고 말할 수 있을 것입니다 ─ 점을 분명히 알아둘 필요가 있습니다. 지도자에게 유용한 기구가 되려면 추종자들은 맹목적으로 복종해야만 합니다. 다시 말해 미국적 의미에서의 기계가 되어야 하며, 명망가적 허영심에 빠져서도 안 되고 주제넘게 독자적인 견해를 가져서도 안 됩니다. 링컨은 전적으로 당조직의 이러한 성격 덕분에 당선될 수 있었으며, 글래드스턴의 경우에는, 이미 언급한 바와 같이,[219] 코커스 덕분에 총선에서 승리할 수 있었습니다. 바로 이것이 지도자가 정당을 이끄는 체제에 대해 지불해야 하는 대가입니다. 그러나 우리는 두 가지 가운데 하나를 선택할 수밖에 없는바, 그 하나는 "기계"에 기반하는 지도자민주주의이고 그 다른 하나는 지도자 없는 민주주의, 즉 소명도 없고 지도자의 필수요건인 내적인 카리스마적 자질도 없는 "직업정치가들"의 지배입니다. 그리고 후자는 그때그때의 당내 반대파들이 보통 "도당"의 지배라고 부르는 것입니다. 현재 우리 독일에는 단지 이 후자, 즉 도당의 지배만 있습니다. 그리고[220] 이 상태는, 적어도 전국적 차원에서는, 다음과 같은 두

---

219 이 책의 155~57쪽에서이다.
220 이 뒤에 나오는 몇 가지 용어들에 대해서는 간략한 설명이 필요한 듯하다. 첫째, "전국적 차원에서는"은 'im Reich'을 옮긴 것이다. 이것은 흔히 "제국적 차원에서는"으로 옮기는데, 베버가 이 강연을 한 1919년 1월 28일은 더 이상 독일제국의 시대가 아니라 바이마르 공화국의 초기였으며, 따라서 'im Reich'는 "제국적 차원에서는"으로가 아니라 "전국적 차원에서는"으로 옮기는 것이 적합하다. 둘째, "연방참의원"은 'Bundesrat'를 옮긴 것이다. 이것은 독일제국 시대에 각 영방국가의 대표들로 구성된 국가기관으로 입법권과 행정권을 갖고 있었으며, 또한 일정한 헌법재판소적 기능도 수행했다. 독일제국의 초대 황제인 빌헬름 1세(1797~1888)는 연방참의원이 아니라 제국참의원(Reichsrat)이라는 명칭을 원했지만, 당시 제국총리인 비스마르크(1815~98)가 연방참의원이라는 명칭이 국가기관의 연방적 성격을 강조하기에 적합하다고 황제를 설득했다고 한다. 셋째, "공화국 의회"는 'Reichtstag'을 옮긴 것이다. 이것은 흔히 "제국의회"로 옮기는데, 방금 언급한 바와 같이 베버가 이 강연을 할 때에는 더 이상 독일제국이 존재하지 않았다. 물론 그 시점에는 Reichstag이 아니라 ─ 이 책의 158~59쪽, 주 182에서 언급한 바와 같이 ─ 헌법과 긴급한 법률의 제정을 위한 의회인 독일제헌의회가 있었다(바이마르 공화국의 Reichstag은 1920년 7월 24일에 처음으로 소집되었다). 그러나 이미 1918년 11월 9일에 공화국이 선언되었기 때문에 베버는

가지 여건으로 말미암아 앞으로도 존속할 것입니다. 첫째, 연방참의원이 반드시 부활할 것이며, 그리되면 필연적으로 공화국 의회의 권력을 제한할 것이며, 그 결과 지도자 선발의 장으로서의 공화국 의회가 갖는 중요성이 감소할 것입니다.[221] 둘째, 지금과 같은 형태의 비례대표제를 또 다른 여건으로 들 수 있습니다[222]: 이 선거제도는 지도자 없는 민주주의의 전형적인 현상인데, 그 이유는 비례대표제가 명망가들로 하여금 후보순위 배정을 둘러싸고 추악한 거래를 벌이도록 조장할 뿐만 아니라 향후 이익단체들에 자신들의 직원들을 후보자 명단에 넣도록 압력을 가할 수

Reichstag이라는 표현을 썼던 것이고, 이것은 당연히 공화국 의회로 옮겨야 한다. 넷째, "공화국 대통령"은 'Reichspräsident'를 옮긴 것이다. 물론 베버가 이 강연을 할 때에는 대통령이 아니라 인민대표평의회 의장이 행정부의 수장이었다. 그러나 방금 제시한 근거에 따라 베버는 Reichspräsident이라는 표현을 썼던 것이고, 마땅히 공화국 대통령으로 옮겨야 한다.

221 바로 앞의 주 220서 살펴본 바와 같이, 독일제국 시대에 연방참의원은 입법, 행정, 사법에 걸치는 권한을 가진 국가기관이었다. 국법학자들(헌법학자들)은 연방참의원을 독일제국의 헌법상 국가의 최고기관으로 본다. 아무튼 당시에는 정치적 결정의 중심이 제국의회가 아니라 연방참의원에 있었다. 베버는 바이마르 공화국에서 연방참의원이 어떤 형태로든 부활할 것을 의심치 않았고, 그렇게 되면 공화국 의회가 아니라 연방참의원이 계속해서 정치적 결정의 중심이 될 것이며, 그 결과 의회민주주의의 발전이 불가능하게 되고 공화국 차원의 의사결정과 특히 공화국 차원의 행정이 불가능하게 될 것을 염려했다. 베버는「공화국 대통령」, 220쪽에서 다음과 같이 주장하고 있다 (이 글에 대해서는 아래의 주 223을 볼 것): 연방참의원은 "그것이 어떻게 불리든 그리고 그것의 권한이 어떻게 바뀌든 상관없이 **어떤 형태로든 새로운 공화국 헌법에 수용될 것이며**", 따라서 "중간인들의 간섭 없이 **전적으로 국민 전체의 의사에 기반하는 국가정상[국민이 직접 선출하는 대통령]의 존재가 절대적으로 필요하다.**" 베버가 생각한 대로 연방참의원이 공화국 참의원(Reichsrat)의 형태로 부활하기는 했지만, 그가 생각한 바와 달리 공화국 참의원이 아니라 공화국 의회가 향후 정치적 과정의 중심을 이루게 되었다.

222 베버,「공화국 대통령」, 222쪽에 따르면(이 글에 대해서는 바로 아래의 주 223을 볼 것) 비례대표제하에서는 의회가 정치에는 아무런 관심도 없이 "경제적 이해관계자들의 '명령적' 위임에 따라 행위하는 인간들이 선도하는" 조직, 그러니까 **"속물의회"**가 될 것이다. 여기서 베버가 말하는 "지금과 같은 형태의 비례대표제"는 1919년 1월 19일에 치러진 독일제헌국회 선거인데(앞의 주 216을 볼 것), 이 선거에서는 6만 표당 하나의 의석이 배정되었다.

있도록 하며, 그리함으로써 의회를 진정한 지도자가 설 자리가 없는 비정치적인 의회로 만들 가능성이 있기 때문입니다. 지도자에 대한 욕구를 충족할 수 있는 유일한 안전판은 공화국 대통령, 그것도 의회에 의해서가 아니라 국민에 의해 선출되는 공화국 대통령일 것입니다.[223] 업무수행능력이 검증된 지도자가 출현하고 선발될 수 있는 것은 특히 다음과 같은 경우일 것입니다: 즉 규모가 큰 지방자치단체에서 주민선거로 선출되고 자신의 행정부를 독자적으로 구성할 권한을 가진 도시 독재자가 등장하는 경우가 바로 그것인데 ― 이는 미국에서는 부패를 척결하고자 진지하게 노력하는 곳이면 어디서나 볼 수 있는 현상입니다. 이것은 그러한 방식의 선거를 겨냥한 정당조직을 전제로 할 것입니다. 그러나 독일의 모든 정당 ― 여기에는 사회민주당도 그리고 특히 사회민

223 베버는 1919년 2월 25일, 그러니까 "직업으로서의 정치"에 대한 강연을 하고 난 지 한 달 정도 된 시점에 한 신문에 실린(그리고 2월 26일과 27일, 3월 15일 세 차례에 걸쳐 ― 매번 변경된 형태로 ― 다른 신문들에 실린) 작은 글 「공화국 대통령」에서 다음과 같이 말하고 있다: "초대 공화국 대통령은 제헌의회에서 선출되었다. 그러나 **미래의 공화국 대통령은 어떠한 경우에도 국민이 직접 선출해야 한다.**" 같은 글, 220쪽(이 신문 기고문에 대해서는 볼프강 몸젠, 『『막스 베버 전집』 I/16에 대한 편집 보고』, 214~19쪽을 볼 것). 그리고 그 근거를 일곱 가지로 제시하는데, 그중 하나는 국민선거에 의해 선출된 공화국 대통령이 **지도자 선발**의 기회와 계기" 또는 그 "안전판"이 될 수 있다는 것이다. 같은 글, 221~22쪽. 베버가 보기에 모든 정치의 핵심적인 문제는 정치적 지도, 즉 정치 지도자의 문제이다. 그리고 "국민이 지도자를 직접 선출할 수 있는 권리야말로 민주주의의 대헌장"이며, "국민에 의해 선출되고 행정부의 수반이자 관직임명권의 우두머리, 거부권의 소유자이자 의회해산권과 국민투표 실시권의 소유자가 되는 대통령이야말로 진정한 민주주의의 수호신"이다, 같은 글, 224쪽. 베버가 "직업으로서의 정치"에 대한 강연을 한 시점인 1919년 1월 28일에는 아직 공화국 대통령이 존재하지 않았고 인민평의회 의장이 행정부의 수장이었다. 그로부터 얼마 후인 1919년 2월 11일에 인민평의회 의장이던 다수파사회민주당 정치가 프리드리히 에버트(1871~1925)가 제헌의회에서 초대 공화국 대통령으로 선출되어 1925년 2월 28일까지 재직했다(원래는 6일 30일까지가 임기인데, 재직 중에 세상을 떠났다). 바로 이것이 베버가 「공화국 대통령」이라는 글을 발표한 중요한 계기가 되었다. 마리안네 베버, 『막스 베버』, 652쪽. 1919년 8월에 발효된 바이마르 헌법은 ― 베버의 바람대로! ― 공화국 대통령을 7년마다 국민선거에 의해 선출하도록 규정했다.

주당이 포함됩니다 — 이 갖고 있는, 지도자에 대한 지극히 프티부르주아적인 적대감으로 인해 향후 정당들이 어떤 방식으로 조직될지 그리고 이와 동시에 방금 언급한 모든 가능성들이 어떻게 실현될지 아직도 완전히 오리무중입니다.

그러므로 "직업"으로서의 정치활동이 외적으로 어떤 모습을 띠게 될지 현재로서는 전망할 길이 없습니다: 그리고 이 때문에 정치적 재능을 가진 사람들이 만족할 만한 정치적 과제를 떠맡을 수 있는 기회가 어떤 방식으로 주어질지는 더욱더 전망하기가 어렵습니다. 재산 상황 때문에 정치에 "의해" 살아갈 수밖에 없는 사람에게는 두 가지 대안이 있을 뿐인데, 그 하나는 정치의 전형적이고 직접적인 길인 저널리스트나 정당관료가 되거나 아니면 이익단체에서 일자리를 찾는 것이고, 다른 하나는 지방자치단체에서 적절한 자리를 얻는 것입니다: 이 가운데 이익단체로는 노동조합, 상공회의소, 농업회의소, 수공업회의소, 노동회의소, 사용자연합회 등을 들 수 있습니다. 직업으로서의 정치활동의 이 외적인 측면에 대해서는 단지 다음과 같은 점만, 즉 정당관료와 저널리스트는 공히 "영락한 자"라는 오명이 꼬리표처럼 따라다닌다는 점만 덧붙이고자 합니다. 유감스럽게도 저널리스트의 귀에는 "임금문필가"라는 말이, 정당관료의 귀에는 "임금연설가"라는 말이 비록 공공연하게 들리지는 않지만 항상 울릴 것입니다.[224] 이러한 비난에 대해 내적으로 자기 자신을 방비할 수 없고 스스로에게 적절한 대답을 줄 수 없는 사람은 이 직업을 택하지 않는 것이 좋습니다; 왜냐하면 그것은 어쨌든 매우 강한 유혹 이외에도 끊임없는 실망을 안겨줄 수 있는 길이기 때문입니다.

---

224 이 문장에 나오는 "임금문필가"와 "임금연설가"는 각각 'Lohnschreiber'와 'Lohnredner'를 옮긴 것인데, 임금노동자를 의미하는 'Lohnarbeiter'와 연관시켜서 보면 베버가 의미하는 바가 보다 명확해질 것이다. 그 둘은 각각 "글 쓰고 돈 받는 인간"과 "말하고 돈 받는 인간"이라고 읽어도 된다.

5. 직업정치가의 자질
―열정, 책임감, 현실감각

그렇다면 정치라는 직업이 줄 수 있는 내적 즐거움은 무엇이고, 이 길을 택하는 사람에게는 어떤 개인적인 전제조건이 요구될까요?

정치라는 직업은 우선 권력감을 줍니다. 자신이 사람들에게 영향을 끼치고 그들에 대한 권력의 행사에 참여하고 있다는 의식, 그리고 무엇보다도 자신이 역사적으로 중요한 과정에서 중추적인 역할의 일부분을 담당하고 있다는 감정은 직업정치가로 하여금, 심지어 그가 공식적으로는 보잘것없는 지위에 있는 경우에조차도 일상적 삶의 평범함을 넘어선다고 생각하도록 할 수 있습니다. 그러나 이와 관련해 직업정치가에게는 다음과 같은 질문, 즉 그가 어떤 자질을 갖춰야 이 권력을 (그것이 개별적인 경우에 제아무리 좁게 한정된다 할지라도) 제대로 행사할 수 있고, 그래서 그 권력이 자신에게 부과하는 책임을 제대로 감당해낼 수 있을까라는 질문이 제기됩니다. 이 질문과 더불어 우리는 이제 윤리적 문제의 영역에 들어서게 됩니다: 왜냐하면 어떤 종류의 인간이라야 역사의 수레바퀴의 살을 움켜잡을 권리를 갖는가라는 문제는 윤리적 문제의 영역에 속하기 때문입니다.

정치가에게는 세 가지 자질이 결정적으로 중요하다고 말할 수 있는바, 열정 ― 책임감 ― 현실감각[225]이 그것입니다. 이 가운데 열정은 **즉물성** (卽物性)[226]이라는 의미를 갖습니다: 다시 말해 하나의 "대의"와 그것의

---

225 이것의 원어는 'Augenmass'인데, 이를 "현실감각"으로 옮긴 이유에 대해서는 이 책의 뒷부분에 나오는 "해제"를 볼 것.

226 이는 'Sachlichkeit'을 옮긴 것이다. 즉물성 하면 "물질적인 면을 중시하는 것"을 연상하는 것이 일반적이나. 그러나 여기서는 또 다른 하나의 의미인   국어사전을 약간 변형해 인용하자면 ―"관념적이거나 추상적으로 사고하거나 행위하는 것이 아니라 실제의 사물에 비추어 사고하고 행위하는 것"을 가리킨다. 이와 더불어 베버가 말하고자 하는 바는, 직업정치가가 갖추어야 하는 자질인 열정은 ―흔히 생각하는 바와 같

명령자인 신이나 데몬에 대한 열정적인 헌신을 말합니다. 그것은 고인이 된 나의 친구 게오르그 짐멜이 "비창조적 흥분"이라고 부르곤 했던 그런 내적 태도라는 의미에서의 열정이 아닙니다[227]; 이런 내적 태도는 특정한 유형의 지식인들에게, 특히 러시아 지식인들에게(물론 그들 모두에게 그랬다는 것은 결코 아닙니다!) 특유한 현상이었는데, 현재에는 "혁명"이라는 자랑스러운 이름으로 치장된 이 카니발에 참여하는 우리나라의 지식인들 사이에서도 매우 큰 역할을 하고 있습니다; 그것은 "지적으로 흥미로운 것에 대한 낭만주의"[228]로서, 거기로부터는 아무런 결과도 나오

이 ― "비창조적 흥분"(아래 주 227을 볼 것)이나 "지적으로 흥미로운 것에 대한 낭만주의"(아래 주 228을 볼 것)가 아니라 특정한 대의의 실현, 즉 특정한 이념이나 이상 또는 목적 ― 우리는 이것을 사물이라고 표현할 수 있을 것이다 ― 의 실현에 지향된 열정, 그러니까 책임감이 따르는 냉철한 열정이라는 것이다.

227 게오르그 짐멜은 1858년 3월 1일에 태어났고 1918년 9월 26일에, 그러니까 베버가 이 강연을 하기 4개월 전에 세상을 떠났다(짐멜의 자세한 인적 사항은 이 책의 뒷부분에 나오는 "인명목록"을 볼 것). 그리고 짐멜이 말하곤 했다고 하는 "비창조적 흥분"은 아마도 짐멜의 에세이 「문화의 개념과 비극」(1911)을 가리키는 것 같다. 거기에서 그는 다음과 같이 말하고 있다(베버가 말하는 것은 밑줄 친 부분과 연관된다; 번역을 약간 수정했다): "우리가 수많은 쓸데없는 사물에 의해 삶이 거치적거리게 되고 과도한 짐을 지게 되며 우리가 속박된다고 개탄하는 것, 우리가 문화인간은 지속적으로 '자극되지만' 이 자극이 그의 고유한 창조성을 자극하지 못한다고 개탄하는 것, 그리고 우리가 우리의 발전이 내부로 통합시킬 수 없고 그저 안정감을 위해 바닥을 채운 짐 정도의 의미로 그 안에 남아 있는 수많은 사물에 대한 단순한 지식 또는 향유라고 개탄하는 것 ― 이처럼 자주 표현되는 문화의 모든 비참함은 객관화된 정신이 해방된 현상 바로 그것이다. 객관정신이 해방된다 함은, 문화의 내용이 궁극적으로 **문화**목표에서 독립되고 거기에서 점점 더 멀어지는 논리를 따른다는 사실을 의미한다." 짐멜, 「문화의 개념과 비극」(한국어판), 60쪽. 그런데 베버는 짐멜을 나름의 방식대로 읽고 있다. 왜냐하면 짐멜의 원문에는 "자극"(Angeregtsein)이라는 단어가 나오는데(「문화의 개념과 비극」[독일어판], 415쪽), 베버는 이를 "흥분"(Aufgeregtheit)이라 표현하고 있기 때문이다.

228 이는 인용으로 보이는데, 그 출처를 확인할 수 없다. 아무튼 베버가 말하는 낭만주의는 ― 이미 이 책의 52쪽, 주 72에서 언급한 바와 같이 ― 18세기 말에 일어나 19세기 중반까지 이어진 문화운동이 아니라 체험의 비분리성을 강조하고 체험을 중시하는 풍조를 가리킨다. 그러므로 "지적으로 흥미로운 것에 대한 낭만주의"는 "지적으로 흥미로운 것이면 무엇이든 체험하려는 태도"라고 읽으면 될 것이다.

지 못하고 또 거기에는 그 어떤 실질적인 책임감도 따르지 않습니다. 사실 단순한 열정만으로는, 그것이 제아무리 순수한 것이라 하더라도 충분하지 않습니다. 누구든 정치가가 되려면 하나의 "대의"에 대한 헌신으로서의 열정을 가짐과 동시에 바로 이 대의에 대한 **책임의식**을 그의 행위를 이끄는 결정적인 길잡이로 삼아야 합니다. 그리고 이를 위해 필요한 것이 **현실감각**입니다: 이것은 정치가의 매우 중요한 심리적 자질로서 내적 집중과 평정 속에서 현실을 수용하고 판단할 수 있는 능력, 그러니까 사물과 인간에 대해 **거리를 둘** 수 있는 능력을 말합니다. "무거리성" (無距離性)은 그 자체로서 모든 정치가의 대죄(大罪) 가운데 하나입니다; 그리고 무거리성이라는 상태는, 만약 우리의 후속세대 지식인들이 그렇게 되도록 길들여지면 필연코 정치적으로 무능한 존재가 되고 말 그런 상태들 가운데 하나입니다. 결국 문제는 다음에, 즉 어떻게 하면 뜨거운 열정과 냉철한 현실감각이 동일한 사람의 정신 속에서 통합될 수 있을까 하는가에 있습니다. 물론 정치는 머리로 하는 것이지, 육체나 정신의 다른 부분으로 하는 것이 아닙니다.[229] 그럼에도 불구하고 정치에 대한 헌신이 경박한 지적 유희가 아니라 진정한 인간행위가 되려면, 그것은 열정에서만 태어날 수 있고 또 열정만을 먹고살 수 있습니다. 그러나 열정적인 정치가의 특징인, 그리고 그를 "비창조적 흥분상태"에 빠져 있는 단순한 정치적 아마추어들과 구별해주는 강한 정신적 통제력 — 이 말이 갖는 모든 의미에서의 — 은 어디까지나 거리감에 익숙해짐으로써만 길러질 수 있는 능력입니다. "정치적" 인격이 "뛰어나다"는 것은 무엇보다도 바로 이러한 자질들을 갖고 있다는 것을 뜻합니다.

그러므로 정치가는 매일, 그리고 매 순간 자신의 내면에서 매우 통속

---

229 원문에서는 이 문장의 "다른 부분으로"가 그 앞의 "육체"와 "정신" 모두에 걸린다. 사실 "육체의 다른 부분"은 어색한 표현이며, 따라서 이 문장을 다음과 같이 읽는 것이 좋을 듯하다: "정치는 지성으로 하는 것이지, 육체나 다른 정신적 능력, 예컨대 감정, 정서, 의지 등과 같은 것으로 하는 것이 아닙니다."

적이면서도 너무나 인간적인 하나의 적과 싸워 이겨야 합니다: 그것은 다름 아닌 매우 천박한 **허영심**으로서 대의에 대한 모든 헌신 및 모든 거리감 — 이 경우에는 자기 자신에 대한 거리감입니다 — 과는 불구대천의 원수지간입니다.

허영심은 아주 널리 퍼져 있는 속성이며, 아마 어느 누구도 그로부터 완전히 자유로울 수는 없을 것입니다. 그리고 대학과 학자들의 세계에서는 허영심이 일종의 직업병입니다. 그렇기는 하지만 학자들의 경우에 허영심은, 그것이 아무리 혐오스럽게 표출된다고 하더라도, 일반적으로 과학적 활동에 방해가 되지 않기 때문에 비교적 무해한 편입니다. 그러나 정치가의 경우에는 사정이 완전히 다릅니다. 그는 정치의 불가피한 수단인 **권력**을 추구합니다. 그러므로 "권력본능" — 흔히들 이렇게 말합니다 — 은 사실상 정치가의 정상적인 자질 가운데 하나입니다. — 그러나 이 권력추구가 전적으로 "대의"에의 헌신이라는 계기가 아니라 **그 원래의 의도에서 벗어난 채** 순전히 개인적인 자아도취라는 계기에서 비롯되는 순간, 정치라는 직업의 신성한 정신에 대한 죄악이 시작됩니다. 사실상 정치적 영역에는 궁극적으로 단지 두 종류의 대죄만이 있을 뿐입니다: 대의의 부재와 — 항상 그런 것은 아니지만 흔히 이것과 동일한 — 무책임성이 그것입니다. 그런데 허영심, 즉 가능한 한 전면에 나서서 남들의 눈에 띄게 하고자 하는 욕망은 정치가로 하여금 이 두 대죄 가운데 하나 또는 둘 다 범하도록 유혹하는 가장 강력한 힘입니다. 늘 어떤 "효과"를 노리고 행위할 수밖에 없는 선동가의 경우에는 더욱더 그렇습니다 — 바로 이 때문에 그는 항상 배우가 되어버릴 위험에 처해 있을 뿐만 아니라 자신의 행위 결과에 대한 책임을 가볍게 여기고 그저 자신이 다른 사람들에게 주는 "인상"에만 골몰할 위험에도 처해 있습니다. 그는 대의에 헌신하지 않기 때문에 진정한 권력이 아니라 권력의 화려한 외관만을 추구하며 — 그는 무책임하기 때문에 권력을 그 어떤 실질적인 목적도 없이 그 자체로서 즐깁니다. 사실 권력은 모든 정치의 불가피한 수단이며, 따라서 권력추구는 그 추동력들 가운데 하나입니다; 그럼에도 불구하고 아니 오히려 바로 그렇기 **때문에** 벼락부자처럼 권력이 있다고 허풍을 떨거나 권력이 있다는 허영적인 자아도취에 빠지는 것보다, 일반적으로 말해 순전히 권력 그 자체를 숭배하는 것보다 정치적 에너지를 일그러뜨리는 해로운 일은 없습니다. 단순한 "권력정치가"— 우리나라에서도 이런 유형의 정치가들이 열렬히 숭배되고 있습니다— 는 강력한 영향력을 행사할 수 있습니다; 그러나 그의 영향력은 사실 공허하고 무의미한 것입니다. 이 점에서는 "권력정치"[230]에 대한 비판자들이 전적으로 옳습니다. 우리는 권력정치의 신조를 지닌 전형적인 인물들이 갑자기 내적으로 붕괴되는 것을 보고, 잘난 체하고 우쭐대지만 실상은 속이 텅 빈 이 제스처의 이면에 어떤 내적 허약함과 무력함이 숨겨져 있는지를 알게 되었습니다. 원래 권력정치라는 것은 인간행위의 **의미**에 대한 극도로 빈약하고 피상적인 둔감함의 산물인데 이 둔감함은 모든 행위, 그러나 특히 정치적 행위가 실로 비극과 얽혀 있다는 사실을 안다는 것과는 완전히 거리가 먼 것입니다.

다음은, 즉 정치행위의 최종적인 결과가 그 원래의 의도와는 전혀 부합하지 않게 나타나거나 심지어 그 정반대로 나타나는 일이 흔하다는 것, 아니 그야말로 일반적이라는 것은— 지금 여기서는 더 자세하게 논증할 수는 없지만— 완전한 진리이며 모든 역사의 근본적인 사실입니다. 그럼에도 불구하고 만약 정치행위가 내적 발판을 가지고자 한다면, 하나의 **대의**에 대한 헌신이라는 이 의도가 없어서는 안 될 것입니다. 그런데 정치가가 권력을 추구하고 또 권력을 사용하는 것은 궁극적으로 대의에 헌신하기 위함인데, 이 대의가 **어떤** 성격의 것이어야 하는가는 신앙의 문제입니다. 그는 어떤 목표에 헌신할 수 있는데, 이 목표는 민족

---

230 권력정치(Machtpolitik)는 정치의 본질을 윤리적인 또는 이념적인 가치나 목표의 실현이 아니라 권력의 획득, 유지, 사용, 확장에서 찾는 주의나 입장을 가리킨다.

적인 것이거나 인류적인 것일 수도 있고, 사회적-윤리적인 것이거나 문화적인 것일 수도 있고, 세속적인 것이거나 종교적인 것일 수도 있습니다; 그는 "진보" — 이것이 어떤 의미이든 간에 상관없습니다 — 에 대한 강한 믿음에 따라 행위할 수도 있고, 아니면 이런 종류의 믿음을 냉철히 거부할 수도 있습니다; 그는 어떤 "이념"에 헌신하고 있다고 주장할 수도 있고, 아니면 이런 생각 자체를 원칙적으로 거부하면서 일상적 삶의 외적인 목표에 헌신하고자 할 수도 있습니다 — 그러나 어떤 종류의 것이든 항상 신앙이 **있어야** 합니다. 그렇지 않으면 — 이것은 절대로 부인할 수 없습니다 — 심지어 표면적으로는 지극히 확고한 정치적 성공에도 피조물 특유의 무가치함이라는 저주가 드리울 것입니다.

6. 정치와 윤리

(1) 윤리란 무엇인가

방금 말한 것과 더불어 우리는 이미 오늘 밤 우리가 다루어야 할 마지막 주제에 대한 논의에 들어섰습니다: 그것은 "대의"로서의 정치가 갖는 **에토스**의 문제입니다. 정치가 추구하는 목표가 무엇인가라는 문제와 별도로 정치 그 자체가 인간의 삶을 이끄는 도덕체계 전체 내에서 어떤 사명을 완수할 수 있을까요? 말하자면 정치의 윤리적 고향은 어디일까요? 확실히 그곳에서는[231] 궁극적인 세계관들이 서로 충돌하고 있으며, 우리는 결국 이것들 가운데 하나를 **선택할** 수밖에 없습니다. 최근에 다시 — 내가 보기에는 매우 잘못된 방식으로 — 논의되고 있는 이 문제에 과감하게 접근해봅시다.[232]

---

231 이는 "정치의 윤리적 고향에서는"이라고 읽으면 된다.

우선 매우 통속적인 왜곡부터 바로잡도록 합시다. 먼저 지적해야 할 것은, 윤리라는 것이 도덕적으로 지극히 난처한 역할을 할 수도 있다는 점입니다. 몇 가지 예를 들어봅시다. 여러분은 심심치 않게 다음과 같은 광경을 볼 것입니다: 한 남자의 사랑이 한 여자에게서 떠나 다른 여자에게로 갈 경우에 그는 이 변심을 자기 자신에게 정당화하고 싶은 욕구를 느낄 것이며, 그리하여 '그녀는 나의 사랑을 받을 가치가 없었다'거나 '그녀가 나를 실망시켰다'고 말하거나 또는 이와 유사한 "이유들"을 댈 것입니다. 사실 그가 그녀를 더 이상 사랑하지 않으며 그녀는 이것을 감내해야 하는 것은 단순한 운명인데, 이 운명에다가 매우 무례하게도 날조한 "정당성"을 덧붙임으로써 자기 자신에게는 그녀를 떠날 권리를 부여하고 그녀에게는 불행을 안겨준 것도 모자라 그 불행의 책임까지 전가하는 것은 실로 기사도 정신에 어긋나는 것입니다. 이성의 애정을 얻기 위한 경쟁에서 이긴 사람도 이와 똑같이 합니다: 즉 그는 상대방이 자신보다 못난 사람임에 틀림없다, 그렇지 않고서야 그가 졌을 리가 없다고 말합니다. 그리고 어떤 전쟁의 승자가 승리를 거두고 난 후, 내가 이긴 것은 내가 정당했기 때문이라고 품위 없이 독선적으로 주장한다면 당연히 이 사람도 그 두 사람과 조금도 다를 바가 없습니다. 또는 전쟁의 참혹함 속에서 정신적으로 무너져내린 누군가가 그저 소박하게 '나에게는 정말이지 너무나도 힘들었다'라고 말하는 대신에 자신의 전쟁 피로감을 자기 자신에게 정당화하기 위해 다음과 같이 둘러댄다면, 즉 '내가 전쟁을 견디어낼 수 없었던 것은 내가 도덕적으로 옳지 못한 대의를 위해 싸우도록 강요받았기 때문이다'라고 둘러댄다면, 이 사람도 방금 언급한 사람들과 전혀 다를 바 없습니다. 그리고 전쟁에 패한 사람의 경우

---

232 여기에서 베버가 누구를 염두에 두고 있는지는 정확히 알 길이 없다. 다만 베버가 이 책의 196~97쪽에서 푀르스터를 비판하는 것을 보면 푀르스터일 수도, 또는 적어도 그도 그 가운데 한 명일 개연성이 높다. 푀르스터는—이 책의 196~97쪽, 주 259에서 보게 되는 바와 같이—가톨릭적 관점에서 정치윤리에 접근하고 있다.

도 마찬가지입니다. 남자답고 준엄한 태도를 가진 사람이라면 누구나 전쟁이 끝난 다음 늙은 아낙네들이 하는 방식대로—사실 전쟁은 사회구조 때문에 일어난 것인데도 불구하고—전쟁의 "책임자"를 찾는 대신에 적에게 다음과 같이 말할 것입니다: "우리가 전쟁에 졌고—그대들이 이겼소. 그 문제는 끝났소: 그러니 이제는 문제가 되었던 당사자들의 **객관적인** 이해관계를 고려할 때 그리고—이 점이 중요합니다—특히[233] 승자가 짊어져야 할 **미래**에 대한 책임을 고려할 때 어떤 결론을 내려야 할지에 대해 이야기합시다." 이러한 태도와 다른 모든 태도는 품위가 없으며 결국 톡톡히 대가를 치르게 됩니다. 국민은 자신들의 이익이 침해받는 것은 용서하지만 자신들의 명예가 훼손되는 것, 특히 성직자풍의 독선으로 인해 훼손되는 것은 용서하지 않습니다.[234] 전쟁은 그 종식과 함께 적어도 **도덕적으로는** 묻어두는 것이 바람직합니다; 그러지 않으면 몇십 년 후에 새로운 문서가 공개될 때마다 매번 전쟁 당시의 품위 없는[235] 욕지거리, 그리고 증오와 분노가 재연될 것입니다. 그런데 이것은[236] 어디까지나 즉물적 태도와 기사도 정신, 그리고 무엇보다도 **품위**를 지녀야만 가능한 일입니다.[237] 그러나 그 어떤 "윤리적" 관점을 취한다 하더라도 결코 가능한 일이 아닌데, 왜냐하면 그렇게 하면 정작 전쟁의

---

233 이는 다음 줄에 나오는 "고려할 때"가 아니라 바로 다음에 나오는 "승자가"에 걸린다.

234 이 문장에 나오는 "성직자풍의"는 'pfäffisch'를 옮긴 것이다. 그 명사형인 'Pfaffe'는 원래 가톨릭 성직자들 또는 성직자처럼 살아가는 사람들에 대한 존칭으로 사용되어오다가 부패하고 타락한 성직자들이 많아짐에 따라 점차로 사이비 성직자라는 부정적이고 경멸적인 의미로 사용되었으며, 루터의 종교개혁 이후에는 아예 이러한 의미가 고착되었다. 그러므로 "성직자풍의 독선으로 인해"는 "정치가적 자질이 없는 정치가들, 그러니까 사이비 정치가들의 독선으로 인해"로 읽으면 된다.

235 이는 바로 다음에 나오는 "욕지거리"에만 걸린다.

236 이는 "전쟁을 도덕적으로 묻어두는 것은"으로 읽으면 된다.

237 이 문장에 나오는 "즉물적 태도"와 "기사도 정신"은 각각 "윤리적-규범적 잣대에 얽매이지 않고 현실을 냉철하게 직시하고 미래와 그에 대한 책임을 통찰하는 태도"라고, 그리고 "자신이 져야 할 책임은 정정당당하게 지는 태도"라고 읽으면 된다.

양쪽 당사자 모두가 품위 없는 존재가 되어버리기 때문입니다. 그러므로 정치가가 전쟁에 대해 윤리적 관점을 취하게 되면 자신에게 중요한 문제인 미래와 그 미래에 대한 책임에 관심을 갖게 되는 것이 아니라 해결할 수 없는, 따라서 정치적으로 비생산적인 문제인 과거의 죄과에 집착하게 됩니다. 만약 정치적 죄과라는 것이 있다면, **그렇게 하는 것**이야말로 정치적 죄과입니다. 더구나 그런 식으로 하면 필연적으로 매우 큰 물질적 이해관계가 개입되고, 이로 인해 문제 전체가 왜곡됩니다: 승자는 가능한 한 최대한으로 — 도덕적 및 물질적 — 이득을 얻는 데 관심을 갖게 되고, 패자는 전쟁의 책임을 인정하는 대가로 보다 나은 처지에서 협상할 수 있기를 희망하게 됩니다.[238] 만약 무언가 "**비열한**" 것이 있다면, 바로 그렇게 하는 것이 비열한 것입니다; 그리고 이처럼 비열하게 구는

---

238 여기에서 베버가 염두에 두고 있는 것은 쿠르트 아이스너(1867~1919)이다. 당시 자유국가 바이에른의 총리이던 아이스너는 — 그가 소속된 독립사회민주당의 구성원들 대다수와 함께 — 제1차 세계대전 발발에 대한 독일의 책임을 무조건 인정하면 독일이 보다 나은 입장에서 평화협상에 임할 수 있을 것이라고 확신했다. 더 나아가 아이스너와 독립사회민주당의 구성원들은 제1차 세계대전에 대한 독일의 책임을 무조건 인정하면 그 책임을 궁극적으로 전쟁에 참여하고 전쟁을 수행한 독일제국 정부에 돌릴 수 있고 그리되면 과거와 완전히 단절하고 혁명을 더욱 강력하게 추진할 수 있을 것으로 생각했다. 베버는 1919년 1월 17일에 한 신문에 실린 글 「"전쟁책임"이라는 주제에 대하여」에서 제1차 세계대전에 대한 책임이 프랑스, 벨기에, 미국, 영국에도 그리고 특히 러시아에도 있다는 논리를 전개하고 있다(이 신문 기고문에 대해서는 볼프강 몸젠, 『막스 베버 전집』 I/16에 대한 편집 보고」, 177~78쪽을 볼 것). 그리고 1919년 3월 20일 한 신문에 보낸 공개서한에서(이것은 3월 22일 「전쟁책임 조사」라는 제목으로 실렸다) 중립적이고 객관적인 전쟁책임 조사위원회를 설치하여 전쟁에 관련된 독일의 문서를 조사하고 전쟁 과정에 참여한 모든 사람과 필요한 경우에 다른 증인들을 심문할 것을 주장하면서 그 목표를 다음과 같이 세 가지로 설정했다(이 공개서한에 대해서는 볼프강 몸젠, 『막스 베버 전집』 I/16에 대한 편집 보고」, 225~29쪽을 볼 것): "1. 논란이 분분한 사실들과 관계들을 밝혀낼 것, 2. 독일의 정치가들이 그들의 정치를 추진하는 과정에서 그들이 입는 정보에 따라 갖게 된 국제정세에 관한 생각을 남김없이 들추어낼 것, 3. 그들의 눈앞에 어른거리는 이 사태에 직면하여 그들이 한 행위와 그 동기들을 밝혀낼 것." 같은 글, 232쪽. 참고로 볼프강 몸젠(1930~2004)은 독일의 역사학자이다.

것은 "윤리"를 "독선"의 수단으로 이용하는 데에서 오는 결과입니다.[239]

(2) 절대윤리와 정치가

그렇다면 **윤리와 정치** 간의 진정한 관계는 도대체 무엇일까요? 사람들이 때때로 말해온 바와 같이, 이 둘은 서로 아무런 관계도 없는 것일까요? 아니면 반대로 정치적 행위에도 다른 모든 행위에서와 "똑같은" 윤리가 적용되는 것일까요? 이 두 주장 사이에는 전자가 옳든지, 아니면 후자가 옳든지 하는 배타적인 양자택일이 존재한다고 사람들은 이따금씩 생각해왔습니다. 그런데 과연 다음과 같은 윤리, 즉 애정관계, 사업관계, 가족관계, 공적인 관계에 대해서도 그리고 아내, 채소장수 아주머니, 아들, 경쟁자, 친구, 피고인과의 관계에 대해서도 내용적으로 **동일한** 명령을 내릴 수 있는 윤리가 과연 세상에 있을 수 있을까요? 그리고 정치에 대한 윤리적 요구라는 문제의 논의에서 다음과 같은 사실, 즉 정치는 하나의 매우 특수한 수단, 즉 **폭력**에 의해 뒷받침되는 권력을 수단으로 하여 작동한다는 사실은 정말 이 문제와 전혀 무관하다고 치부해도 되는 될까요? 우리는 볼셰비키와 스파르타쿠스단[240]의 이데올로그들

---

239 이 문장에 나오는 구절인 "'윤리'를 '독선'의 수단으로 이용하는 데에서"는 "'윤리'를 '자신이 항상 옳다는 것'을 입증하기 위한 수단으로 이용하는 데에서"라고 읽으면 된다.

240 스파르타쿠스단(Spartakusbund)은 독일제국 말기에 마르크스주의적 사회주의자들이 프롤레타리아트 혁명의 완수와 자본주의, 제국주의 및 군국주의의 전복을 목표로 창립한 단체로, 명칭은 고대 로마 공화정 말기에 노예반란(스파르타쿠스의 난; 기원전 73~기원전 71)을 이끌었던 검투사 스파르타쿠스에서 유래한 것이다. 제1차 세계대전이 발발하자 사회민주당은 전쟁을 지지했는데, 이에 반대하는 당원들이 1914년 8월 리프크네히트와 룩셈부르크를 중심으로 국제그룹(Gruppe Internationale)이라는 당내 그룹을 결성했다. 이 그룹은 1916년 스파르타쿠스그룹(Spartakusgruppe)으로 명칭을 바꾸었으며, 1917년에 사회민주당에서 분당한 독립사회민주당(1917~31)에 가입해 그 좌파가 되었다. 그러나 스파르타쿠스그룹은 1918년 11월혁명이 일어나자 독립사회민주당에서 탈당해 전(全) 독일적 차원에서의 평의회 공화국 또는 소비에트 공화국

이 바로 이러한 정치적 수단을 사용하기 때문에 그 어떤 군사독재자와
도 **똑같은** 결과를 낳고 있음을 보고 있지 않습니까? 노동자-병사평의
회들[241]의 지배와 그때까지 존재했던 구체제의 권력자들[242]의 지배 사이
에는 그 이전과는 다른 사람들이 권력을 장악하고 있고 이들이 아마추
어라는 점 이외에 어떤 차이가 있습니까? 이른바 새로운 윤리를 주창하
는 대부분의 사람들이 그들로부터 비판받는 적들에게 가하는 논박은 다
른 어떤 선동가들의 논박과 무슨 차이가 있습니까? 그들은 고귀한 의도
를 갖고 있다! ─ 이렇게들 말합니다. 좋습니다. 그러나 여기에서 문제가
되는 것은 수단입니다. 의도로 말할 것 같으면 그들로부터 공격받는 적
들도 역시 자신들의 궁극적인 의도는 고귀하다고 주장하는데, 이 주장
은 주관적으로는 정말로 진실된 것입니다. "칼을 잡는 자는 칼로 망하리
라"[243]는 말이 있지만, 투쟁은 어디서나 투쟁일 뿐입니다. 그렇다면 **산상
수훈**[244]의 윤리는 어떨까요? 산상수훈 ─ 나는 이것을 복음서의 절대윤

(Räterepublik)의 건설을 목표로 하는, 그리고 정당과 무관한 스파르타쿠스단으로 재
창립되었다. 스파르타쿠스단은 1919년 1월 1일 창설된 독일공산당(Kommunistische
Partei Deutschlands; KPD)에 흡수되었다.

241 노동자-병사평의회(Arbeiter- und Soldatenrat)는 노병평의회(勞兵評議會)라고도 하
며, 1918년 11월혁명기에 ─ 러시아혁명기의 노동자, 군인 또는 농민 평의회를 전범
으로 하여(이 책의 144쪽, 주 133을 볼 것) ─ 1918년 11월 4일 혁명의 진원지인 킬
(Kiel)을 기점으로 독일 각지에서 형성된 ─ 주로 노동자와 군인으로 구성된 ─ 자치
기구로, 그 목표는 독일제국의 전복과 제1차 세계대전의 종식, 군제개혁, 사회주의적
평의회 공화국의 건설 등에 있었다. 브레멘과 뮌헨에는 평의회 공화국이 수립되기도
했다(이 둘은 4주 정도밖에 존속하지 못했다).

242 이는 원문에서는 "임의의 어느 한 권력자"라고 되어 있는데, 우리말의 특성을 감안해
"권력자들"로 옮겼음을 일러둔다. 베버가 "임의의 어느 한 권력자"와 더불어 의미하는
바는, 독일 각 지역에 노동자-군인평의회가 구성되기 전에 독일제국의 영방국가들을
지배한 군주 한 사람 한 사람 또는 이 군주들 전체이며, 따라서 "권력자들"은 특정한
시기의 권력집단이 아니라 군주들 전체로 읽어야 한다.

243 신약성서 「마태복음」 제26장 제52절에는 다음과 같은 구절이 나온다: "[칼을 빼어 대
제사장의 종의 귀를 잘라버린 사람에게] 네 칼을 도로 칼집에 꽂으라. 칼을 잡는 자는
칼로 망하리라."

리라고 생각합니다 — 은 오늘날 거기에 담긴 계명들을 즐겨 인용하는 사람들이 믿는 것보다 훨씬 더 진지한 사안입니다. 그것은 하찮게 받아들일 수 있는 것이 아닙니다. 사람들이 과학에서의 인과성에 대해 해온 말, 즉 인과성은 마음대로 정지시키고 기분에 따라 타고 내릴 수 있는 전세마차가 아니라는 말[245]은 산상수훈의 윤리에도 그대로 적용됩니다. 전부 **아니면** 전무, 바로 **여기에** 산상수훈의 윤리가 그저 진부한 것들의 잡다한 집합체와 전혀 다른 의미를 갖는 근거가 있습니다. 예컨대 한 부유한 젊은이에 대해 다음과 같이 말하고 있습니다: "그 청년은 재물이 많

---

244 산상수훈(山上垂訓)은 산에서 한 설교란 뜻으로 산상설교라고도 불리며, 신약성서 「마태복음」 제5~7장에 실려 있다. 예수가 갈릴리의 한 작은 산에서 제자들과 군중에게 행한 이 설교는 그의 가르침이 집약되어 있으며, "성서 중 성서"로 일컬어진다.

245 이는 아르투어 쇼펜하우어에서 연원하는 말이다. 쇼펜하우어는 『충족이유율의 네 겹의 뿌리에 대하여』, 38쪽에서 다음과 같이 말하고 있다: "인과성의 법칙은 가고자 하는 곳에 도착하면 되돌려 보내는 전세마차처럼 마음대로 사용할 수 있는 것이 아니다." 참고로 『충족이유율의 네 겹의 뿌리에 대하여』는 쇼펜하우어가 1813년 예나 대학에 제출한 박사학위 논문이 책으로 출간된 것이다. 충족이유율은 독일어로 "Der Satz vom zureichenden Grunde"인데, 이는 충분한(zureichend) 근거(Grund)의 원리(Satz), 즉 충분근거율이라는 의미로서 간단히 말해 "무엇이든 충분한 근거 없이는 있을 수 없거나 일어날 수 없거나 또는 생각할 수 없다"라는 원리를 가리킨다. 쇼펜하우어는 같은 책, 27쪽에서 충족이유율의 뿌리를 다음과 같이 정의하고 있다: "**우리의 인식하는 의식은 외적-내적 감성(수용성)으로, 오성과 이성으로 나타나고 주체와 대상으로 나누어지며, 그 외의 어떤 것도 포함하지 않는다. 주체에 대한 대상이라는 것과 우리의 표상이라는 것은 동일하다. 우리의 모든 표상은 주체의 대상이고 주체의 모든 대상은 우리의 표상이다. 그런데 우리의 모든 표상은 선험적으로 규정될 수 있는 형식에 의해 상호 간에 법칙적으로 결합되며, 이로 인해 어떤 것도 자체적으로 존재하거나 독립적이될 수 없으며, 또한 개별적이고 분리된 어떤 것도 우리에게 대상이 될 수 없다.**" 요컨대 충족이유율은 우리의 표상인 주체의 모든 대상, 그러니까 세계, 보다 정확히 말해 표상으로서의 세계에 내재하고 이를 지배하는 법칙이다. 칸트가 두 가지 충족이유율 또는 충분근거율, 즉 인식근거와 존재근거를 제시했다면, 쇼펜하우어는 거기에 두 가지를 더해 생성, 인식, 존재, 행위라는 네 가지 충족이유율, 그러니까 충족이유율의 네 겹의 뿌리를 제시한다. 그에 따르면 생성의 충족이유율은 인과성의 법칙이고, 인식의 충족이유율은 개념이고, 존재의 충족이유율은 시간과 공간이며, 행위의 충족이유율은 동기이다. 바로 이 네 가지 충족이유율에 의해 표상들이 필연적으로 결합된다.

으므로 이 말을 듣고 근심하며 가니라."[246] 복음서의 계명은 무조건적이고 명백합니다: 네가 가진 것을 주어라 — **모든 것**을, 남김없이. 이에 대해 정치가는 다음과 같이, 즉 그 명령은, **모두**에게 적용되지 않는 한, 사회적으로 무의미한 요구라고 말할 것입니다. 그리고 이에 따라 과세, 강제징수, 몰수 등 한마디로 **모두**에게 적용되는 강제와 질서를 내세울 것입니다. 그러나 윤리적 계명은 그것에 추호도 신경을 쓰지 **않는데**, 바로 이 점이 윤리적 계명의 본질입니다. 또는 누가 한쪽 뺨을 치거든 "다른 쪽 뺨도 돌려 대라"[247]는 예를 들어 봅시다: 이 계명은 무조건적인 것이며, 따라서 상대편이 무슨 권리로 너를 때리는지 묻지 말고 그렇게 하라는 것입니다. 사실 이렇게 하는 것은 성인(聖人) 이외의 사람들에게는 굴욕의 윤리입니다. 바로 이것이 문제의 핵심입니다: 사람은 **모든 점**에서 성인이 되어야 하며, 아니면 적어도 성인이 되기를 원해야 하며, 따라서 예수, 사도들, 성프란체스코 또는 이들과 유사한 사람들처럼 살아야 한다는 것입니다; **그래야만** 이 윤리는 의미를 갖게 되고 존엄성을 표현하게 됩니다. **이 밖의 다른 경우에는 그렇지 않습니다.** 이러한 무세계적 사랑[248]의 윤리가 "악에 폭력으로 대항하지 말라"는 계명으로 이어진다면, 정치가에게는 그와 반대로 다음과 같은 명제가 타당합니다: "악에는 폭

---

246 이는 신약성서 「마태복음」 제19장 제22절에 나오는데, 그 전체를 인용하면 다음과 같다: "그 청년이 재물이 많으므로 이 말씀을 듣고 근심하며 가니라." 여기에 나오는 "이 말씀을 듣고"는 그 바로 앞 제21절을 보아야 이해할 수 있는데, 이 제21절을 그대로 인용하면 다음과 같다: "예수께서 어떤 청년에게 이르셨다. '네가 완전한 사람이 되려거든 가서 너의 재산을 팔아 가난한 이들에게 주어라. 그리하면 네가 하늘에서 보물을 차지하게 될 것이다. 그리고 와서 나를 따라라.'"

247 이는 신약성서 「마태복음」 제5장 제39절에 나오는데, 그 전체를 인용하면 다음과 같다: "내가 너희에게 이르노니 악인에게 맞서지 마라. 누가 네 오른뺨을 치거든 왼뺨도 돌려 대라."

248 무세계적 사랑(Liebesakosmismus)은 달리 무아주의 사랑이라고도 하며, 무조건적이고 절대적인 그리고 보편적인 인류애를 가리킨다. 어떤 사랑이 "무세계적"이라 함은 그것이 자신과 대립하는 또는 심지어 상반되는 세계의 현실들에 개의치 않고 그것에 동요되지 않기 때문이다.

력으로 대항해야 **한다**──그렇게 하지 않으면 너는 악의 만연에 대한 **책임이 있다**." 복음서의 윤리에 따라 행위하고자 하는 사람은, 동맹파업을 집어치우고──왜냐하면 동맹파업은 강제이기 때문입니다──어용조합에 가담하는 것이 마땅합니다. 그리고 무엇보다도 "혁명"에 대해서는 입도 뻥긋해서는 안 됩니다. 왜냐하면 복음서의 윤리는 내란이야말로 유일하게 정당한 전쟁이라고 가르치지는 않기 때문입니다. 복음서에 따라 행위하는 평화주의자는 무기를 드는 것을 거부하거나 무기를 내던질 것입니다; 제1차 세계대전 중 독일에서는 이 전쟁을 끝내고, 그리고 더 나아가 모든 전쟁을 없애기 위한 윤리적 의무로 그렇게 하는 것이 권장되었습니다.[249] 이에 반해 정치가는 **가까운** 장래에 전쟁을 불신케 할 유일하게 확실한 수단은 "현상태에서의 강화"였을 것이라고 말할 것입니다. 만약 그렇게 했더라면 전쟁 관련국의 국민들은 무엇 때문에 전쟁을 했느냐고 물었을 것입니다. 그리고 전쟁은 무의미했다는 것이 증명되었을 것입니다──그러나 이제 와서 전쟁이 무의미했다고 말할 수는 없습니다. 왜냐하면 전승국들에는──적어도 그들 가운데 일부에는──전쟁이 정치적으로 이득이 되었을 것이기 때문입니다. 그리고 이렇게 된 데에는 우리로 하여금 그 어떤 저항도 못 하게 만든 태도에 책임이 있습니다. 그러나──피폐의 시기가 지나고 나면──**전쟁이 아니라 평화가 불신의 대상이 될 것입니다**: 이것은 절대윤리의 결과입니다.

　마지막으로 진실에 대한 의무라는 문제가 있습니다. 절대윤리의 관점에서는 이 의무 역시 무조건적인 것입니다. 그리하여 이 윤리의 신봉자들은 다음과 같은 결론을 내렸습니다: 즉 모든 문서, 특히 자국에 불리한 문서를 공개하고 이 일방적 공개에 의거해 일방적이며 무조건적으로, 그

249　여기에서 베버는 아마도 제1차 세계대전 중 독일에서 활동한 평화주의 단체들을 염두에 두고 있는 것 같다. 그 가운데 가장 중요한 단체가 1914년 11월 14일 창립된 신조국동맹(Bund Neues Vaterland)인데, 이 단체는 1922년 독일인권연맹(Deutsche Liga für Menschenrechte)으로 개칭하고 1933년까지 존속했다.

리고 그 결과를 고려하지 않고 전쟁에 대한 책임을 인정해야 한다고 결론을 내렸습니다. 그러나 정치가는 다음을, 즉 그렇게 하면 결과적으로는 진실이 밝혀지는 것이 아니라 오히려 격정의 남용과 폭발로 말미암아 진실이 가려질 것임이 확실하다는 것을 알 것입니다; 그는 또한 오직 중립적인 인사들에 의한 전면적이고 체계적인 조사만이 성과를 거둘 수 있으며, 그 외의 다른 어떤 방식도 그것을 취하는 국가에 앞으로 수십 년 안에 회복될 수 없는 결과를 초래할 수 있다는 것을 알 것입니다. 그런데 절대윤리는 그런 "결과"에 전혀 **신경 쓰지** 않습니다.

(3) 신념윤리와 책임윤리

바로 이 점이 결정적인 것입니다. 우리가 분명히 알아두어야 할 점은, 윤리적인 정향성을 갖는 모든 행위는 서로 근본적으로 다르고 화해할 수 없이 대립적인 **두 가지** 준칙을 따를 수 있다는 것입니다: 그 하나는 "신념윤리적" 준칙이고, 다른 하나는 "책임윤리적" 준칙입니다. 이 말은 신념윤리가 무책임과, 책임윤리가 무신념과 동일하다는 것을 뜻하지 않습니다. 당연히 그건 말도 안 되는 소리입니다. 그러나 다음과 같은 두 가지 유형의 행위 사이에는, 즉 우리가 신념윤리적 준칙에 따라 행위하는가 ― 종교적으로 표현하자면, 즉 "기독교도는 올바르게 행위하고 그 결과는 신에게 맡긴다"[250] ― **아니면** 책임윤리적 준칙에 따라, 그러니까

---

250 베버는 누가 한 말인지는 언급하지 않은 채 자신의 저작에서 이 구절을 여러 차례에 걸쳐 인용하고 있는데(예컨대 베버, 『가치자유와 가치판단』, 43쪽을 볼 것), 그 출처는 루터의 창세기 강의가 확실해 보인다. 라틴어로 된 이 강의에는 다음과 같은 구절이 나온다: "Fac tuum officium, et eventum Deo permitte." 루터, 『마르틴 루터 박사 저작집: 비평적 전집』, 제44권, 78쪽. 참고로 루터는 1512년 10월 비텐베르크 대학의 성서신학 교수로 취임하면서 「창세기」를 강의했으며, 1518년과 1535~45년에도 강의했다. 루터의 성서 강의에 대한 자세한 논의는 김덕영, 『루터와 종교개혁: 근대와 그 시원에 대한 신학과 사회학』, 60쪽 이하를 볼 것.

(예측할 수 있는) **결과**에 대해 책임을 져야 한다는 준칙에 따라 행위하는
가 사이에는 심연과도 같은 깊은 차이가 있습니다. 여러분이 확신에 찬
신념윤리적 생디칼리스트[251]에게 다음을 아무리 설득력 있게 설명하더
라도, 즉 그의 행위 결과로 반동세력의 기회가 증대하고 그 자신의 계급
에 대한 억압이 강화되며 이 계급의 상승이 저해될 것이라고 아무리 설
득력 있게 설명하더라도 — 여러분은 그에게 아무런 감명도 주지 못할
것입니다.[252] 만약 순수한 신념에서 나오는 행위의 결과가 나쁜 것이라
면, 신념윤리가는 이에 대한 책임을 행위자가 아니라 세상, 즉 다른 사람
들의 어리석음 — 또는 인간을 그렇게 창조한 신의 의지로 돌립니다. 이
에 반해 책임윤리가는 인간의 평균적인 결함들을 고려하며(왜냐하면 그
는, 피히테가 올바르게 말했듯이, 인간의 선함과 완전함을 전제할 그 어떤 권리
도 갖고 있지 않기 때문입니다[253]), 또한 자기 행위의 결과를 예측할 수 있

251 생디칼리슴(syndicalisme)과 생디칼리스트(syndicaliste)는 조합을 뜻하는 프랑스어 생
    디카(syndicat)에서 파생된 말로 급진적 노동조합주의와 급진적 노동조합주의자를 가
    리킨다. 19세기 말 프랑스에서 출현한 생디칼리슴은 산업별 노동조합이 생산수단을
    소유하고 경제 전반을 통제하는 사회건설을 목표로 했으며, 이를 위해 파업, 보이콧,
    사보타주, 무장봉기 등의 직접적인 행동에 나서야 한다는 입장을 견지했다.
252 베버는 「사회학 및 경제학에서 "가치자유"의 의미」(1917)와 그 이전에 나온 「사회정
    책학회 위원회에서의 가치판단 논의를 위한 소견서」(1914)에서 이와 유사한 말을 하
    고 있다(전자는 후자를 수정, 보완한 것이다): "우리가 확신에 찬 생디칼리스트에게 다
    음을 아무리 설득력 있게 증명한다고 할지라도, 즉 그의 행위는 사회적으로 '무용할'
    뿐만 아니라, 다시 말해 프롤레타리아트의 외적 계급상황의 변화에 전혀 기여할 수 없
    을 뿐만 아니라, 더 나아가 '반동적' 분위기를 조성함으로써 프롤레타리아트의 외적
    계급상황을 필연적으로 악화시키게 될 것임을 아무리 설득력 있게 증명한다고 할지라
    도, 이것이 그에게 — 만약 그가 진정으로 자신의 견해를 시종일관 신봉한다면 — '증
    명하는' 것은 **아무것도 없다.**" 베버, 『가치자유와 가치판단』, 57, 166쪽.
253 피히테는 1807년 발표한 「저술가로서의 마키아벨리와 그의 저작의 몇몇 구절에 대하
    여」에서 주장하기를, 마키아벨리의 "정치학의 주요 원칙"은 그의 저서 『로마사 논고』,
    제1권 제3장의 첫머리에 나오는 다음과 같은 구절에 들어 있다고 한다: "공화국을 (또
    는 일반적으로 국가를) 창설하고 법률을 제정하는 사람이라면 누구나 다음을, 즉 모든
    인간은 사악하며 확실한 기회가 주어지기만 하면 예외 없이 곧바로 자신들의 내적 사
    악함을 마음껏 표출한다는 것을 전제해야 한다." 피히테, 같은 글, 239쪽(마키아벨리,

었던 한에서는 그 결과를 다른 사람들에게 떠넘길 수 없다고 생각합니다. 그는 '이런 결과에 대한 책임은 나의 행위에 있다'라고 말할 것입니다. 이에 반해 신념윤리가가 "책임"을 느끼는 것은 단지 순수한 신념의 불꽃, 예컨대 정의롭지 못한 사회질서에 대한 저항의 불꽃이 꺼지지 않도록 하는 일에 대해서뿐입니다. 이 불꽃을 끊임없이 되살리는 것이야말로 성공 가능성의 관점에서 판단할 때에는 전적으로 비합리적인 그의 행위가 추구하는 목적이며, 이 행위는 단지 모범의 제시라는 가치만을 가질 수 있으며 또 이런 가치만을 가져야 합니다.

그러나 문제는 이것으로 끝나는 것이 아닙니다. 이 세상의 그 어떤 윤리도 피해 갈 수 없는 사실이 있으니, 그것은 "선한" 목적을 달성하기 위해 우리는 수많은 경우에 도덕적으로 의심스럽거나 적어도 위험한 수단을 사용하지 않을 수 없으며, 또한 악한 부차적 결과가 수반될 가능성이나 개연성을 감수할 수밖에 없다는 사실입니다; 그리고 이 세상의 그 어떤 윤리도 어떤 경우에, 그리고 어느 정도까지 윤리적으로 선한 목적이 윤리적으로 위험한 수단과 부차적 결과를 "정당화하는지"를 말해줄 수 없습니다.

정치에서 결정적인 수단은 폭력입니다. 그런데 윤리적으로 볼 때 목적과 수단 간의 긴장의 정도가 얼마나 큰지는 다음과 같은 사례에서 추론할 수 있습니다: 우리 모두가 잘 알고 있듯이, 혁명적 사회주의자들(침머발트 계열[254])은 이미 전쟁 중에 하나의 원칙을 선언했는데, 이 원칙은

『로마사 논고』, 94쪽 참조할 것). 그리고 마키아벨리 정치학의 이 주요 원칙은 모든 국가이론에 대해 타당성을 지닌다고 주장한다. 같은 곳(피히테의 자세한 인적 사항은 이 책의 뒷부분에 나오는 "인명목록"을 볼 것).

254 이는 1915년 9월 5일부터 9월 8일까지 스위스 베른 근교의 촌락 침머발트(의 한 호텔)에서 개최된 사회주의자들의 국제회의 ─ 침머발트 회의(Zimmerwalder Konferenz) ─ 에 참석한 사람들을 가리킨다. 총 12개 나라에서 온 38명의 회의 참석자들은 ─ 그 가운데에는 레닌과 트로츠키도 있었다 ─ 반전(反戰)을 결의한 "침머발트 선언"을 채택했다. 그런데 이 사회주의자들의 국제회의에서는 평화주의적 다수파

다음과 같이 정식화할 수 있을 것입니다: "만약 우리가 다음의 둘 중 어느 하나를, 즉 앞으로 몇 년 더 전쟁이 계속된 다음에 혁명이 일어날 것과 지금 강화를 하고 혁명이 일어나지 않는 것, 이 둘 중 하나를 선택해야 한다면, 우리는 앞으로 몇 년 더 전쟁을 계속하는 쪽을 택할 것이다!" 이에 대해 "그렇다면 이 혁명이 무엇을 가져다줄 것인가"라고 묻는다면, 과학적 훈련을 받은 사회주의자라면 누구나 다음과 같이 대답할 것입니다: "**진정한** 의미에서 사회주의적이라고 부를 수 있는 경제체제로의 이행은 일어나지 않을 것이다; 그 대신에 또 다른 부르주아 경제체제가 성립할 것인데, 그래도 이 경제체제는 봉건적 요소와 왕조적 잔재만은 털어버릴 수 있을 것이다." — 그러니까 이 대단치 않은 결과를 위해 그들은 "앞으로 몇 년 더 전쟁을" 하자는 것입니다! 이 경우에 사람들은 확실히 다음과 같이, 즉 심지어 매우 확고한 사회주의적 신념을 가진 사람조차도 그러한 수단을 요구하는 목적을 거부하리라고 생각할 것입니다. 그러나 볼셰비즘과 스파르타쿠스주의[255]의 경우에, 아니 일반적으로 말해 모든 종류의 혁명적 사회주의의 경우에 사정은 방금 언급한 바 그대로입니다; 따라서 혁명적 사회주의자들이 구체제의 "폭력정치가들"을, 이들이 그들 자신도 기꺼이 사용하고자 하는 것과 동일한 수단을 사용한다는 이유로 **도덕적으로** 비난하는 것은 지극히 가소로운 일이 아닐 수 없습니다 — 그들의 **목적**을 거부하는 것은 전적으로 정당하다고 할지라도 그렇습니다.

그러므로 바로 이 문제, 즉 목적에 의한 수단의 정당화라는 문제에서

와 레닌을 중심으로 하는 급진주의적 소수파(이른바 침머발트 좌파) 사이에 현격한 견해 차이가 있었으니, 후자는 자본주의적-제국주의적 세계대전을 프롤레타리아트의 혁명적 세계시민전쟁으로 전환시키기를 원했다. 이와 더불어 사회주의가 혁명적 사회주의와 개량적 사회주의 또는 공산주의와 사회민주주의로 분열되기 시작했다. 전후 문맥을 고려하면 베버는 침머발트 계열(Zimmerwalder Richtung)로 침머발트 좌파(Zimmerwalder Linke)를 가리키는 것으로 보인다.

255 이에 대해서는 이 책의 186~87쪽, 주 240을 볼 것.

신념윤리도 결국 좌초할 수밖에 없는 것으로 보입니다. 그리고 사실상 신념윤리는, 논리적으로 보면 도덕적으로 위험한 수단을 사용하는 **모든 행위를 배척하는** 것 이외에는 다른 가능성이 전혀 없습니다. 논리적으로는 그렇다는 것입니다. 왜냐하면 현실의 세계에서는 신념윤리가 천년왕국론적[256] 예언자로 돌변하는 것을 끊임없이 반복해 보게 되기 때문입니다: 예컨대 방금 전까지 "폭력에 저항하는 사랑"을 설교하던 사람들이 그다음 순간 폭력의 행사 ─ **모든** 폭력이 제거된 상태를 가져다줄 **마지막** 폭력의 행사 ─ 를 호소하는데, 이는 마치 우리나라의 장교들이 적을 공격할 때마다 병사들에게, 이것이 마지막 공격으로 우리를 승리로 이끌 것이고 우리에게 평화를 가져다줄 것이라고 말하는 것과 같습니다. 신념윤리가 세계의 비합리성을 견디지 못합니다. 그는 세계적-윤리적 "합리주의자"입니다.[257] 여러분 가운데 도스토옙스키를 아는 사람은 누구나 대심문관이 나오는 장면을 기억할 것입니다만,[258] 바로 거기에 이 문제

---

256 천년왕국론(Chiliasmus)은 최후의 심판 이전에 예수 그리스도가 재림해 1,000년간 이 세계를 다스린다는 신학사상이다.

257 여기에서 "세계적-윤리적 '합리주의자'"(kosmisch-ethischer Rationalist)는 이 책의 189쪽에 나오는 무세계적 사랑(Liebesakosmismus)과 대비되는 개념이다. 이미 189쪽의 주 248에서 언급한 바와 같이, 무세계적 사랑은 무조건적이고 절대적인 그리고 보편적인 인류애를 가리킨다. 그것은 이 세상에 속하지 않는(이 책의 208쪽을 볼 것) 비합리적인 사랑이다. 이에 반해 세계적-윤리적 합리주의자, 즉 신념윤리가는 ─ 본문에 나오듯이 ─ 세계의 비합리성을 견디지 못하며, 따라서 합리적인 방식으로 이 세계에 견딜 만한 윤리적 질서를 구축하려고 한다.

258 이는 도스토옙스키의 소설 『카라마조프가의 형제들』, 제5권 제5장에 나오는 장면인데, 이를 요약하면 다음과 같다: "대심문관"이라는 제목이 붙은 이 제5권 제5장은 카라마조프가의 둘째 아들인 이반이 자신이 쓴 서사시를 그의 동생인 셋째 아들 알료샤에게 들려주는 방식으로 구성되어 있다. 이 서사시의 무대는 매일같이 종교재판과 화형식이 자행되던 16세기 스페인의 세비야이고, 그 주인공인 대심문관은 종교재판의 최고책임자로 90세의 추기경이다. 대심문관의 주제 아래 주님의 그 큰 영광을 위해 국왕과 궁정대신들, 기사들, 추기경들, 지극히 매혹적인 궁정의 부인들, 그리고 세비야의 수많은 주민이 지켜보는 가운데 ─ 100명에 가까운 이단자들을 화형시킨 바로 다음 날에 예수가 재림해 1,500년 전 갈릴리에서 그랬던 것처럼 무한한 자비로 사람들을

가 적확하게 묘사되어 있습니다. 신념윤리와 책임윤리를 타협시키는 것은 불가능하며, 또한 우리가 설사 목적에 의한 수단의 정당화라는 원칙을 조금이라도 인정한다고 하더라도, 어떤 목적이 **어떤** 수단을 정당화할 수 있는지를 윤리적으로 결정하는 것은 불가능합니다.

그의 신념이 가진 의심할 바 없는 순수성 때문에 내가 인격적으로 매우 높이 평가하지만, 정치가로서는 무조건적으로 거부하는 나의 동료 프리드리히 빌헬름 푀르스터는 그의 저서에서 이 어려움을 다음과 같은 단순한 명제를 통해 피해 갈 수 있다고 믿습니다: 선한 것에서는 오로지 선한 것만 나올 수 있고, 악한 것에서는 오로지 악한 것만 나올 수 있다는 명제가 그것입니다.[259] 만약 그렇다면 아무런 문제가 없을 것입니다.

축복하고 병자들을 치유하며 심지어 죽은 소녀를 살려내기도 한다. 예수가 죽은 소녀를 살려내는 바로 그 순간을 목격한 대심문관은 그를 체포해 감옥에 가두게 한다. 그리고 밤에 혼자 예수를 찾아가 긴 독백을 한 다음에 자신들의 일을 방해했다는 죄목으로 다음 날 화형에 처하겠다고 한다. 대심문관은 말을 마치고 자신의 포로가 대답하기를 기다린다. 그러나 예수는 아무 말 없이 대심문관에게 다가가 그 핏기 없는 입술에 조용히 입을 맞춘다. 이것이 그의 대답의 전부이다. 이에 대심문관은 몸을 부르르 떨면서 두 번 다시 오지 말라고 말하고는 신신당부하며 그를 풀어준다. 예수의 입맞춤은 노인의 가슴속에서 불타오르지만 그래도 그는 여전히 자신의 이념을 고수하면서 예전처럼 종교재판을 한다. 도스토옙스키, 『카라마조프가의 형제들 1』, 519~58쪽. 이 장면은 바로 앞의 주 257을 염두에 두고 해석해야 한다. 여기에서 대심문관은 — 본문에 나오듯이 — 신념윤리가, 즉 세계적-윤리적 합리주의자로서 나름대로의 합리적인 방식으로 이 세계에 견딜 만한 윤리적 질서를 구축하려고 한다. 그 방식이 다름 아닌 종교재판과 화형식이며, 그의 직업은 이를 집행하는 최고책임자인 대심문관이다. 이 대심문관을 위시한 세계적-윤리적 합리주의자들은 빵과 기적, 그리고 권위를 가지고 민중을 통제하고 사회질서를 유지하려고 하는데 갑자기 인간애와 자비의 위대한 대가, 그러니까 무세계적 사랑의 대가인 예수가(이 책의 208쪽을 볼 것) 나타나 사회질서를 무너뜨리려고 하는 것이다. 그리고 — 아무 말 없이 대심문관의 입술에 입맞춤하는 행위에서 상징적으로 드러나듯이 — 이 사회질서의 파수꾼인 대심문관조차도 사랑으로 포용하는 것이다. 도스토옙스키가 추구하는 세계는 대심문관의 신념윤리적 합리주의가 아니라 그의 죄수인 예수의 무세계적 사랑 또는 절대윤리가 지배하는 세계이다.

259 이는 푀르스터가 그의 저서 『정치적 윤리학과 정치적 교육학』, 제3판, 제3장 — 국가와 도덕법칙의 관계를 다루는 — 에서 가톨릭적 관점에 입각해 마키아벨리즘을 비판하면서 한 말을 베버가 약간 바꾸어 인용한 것이다(이 각주의 끝에 나오는 밑줄 친 인용구

정말 놀라운 것은, 『우파니샤드』[260]가 나온 지 2,500년이 지났는데도 여전히 그런 명제가 나올 수 있었다는 것입니다. 세계사의 전(全) 과정을 살펴보면, 아니 심지어 일상적 경험만 편견 없이 검토해보아도 실은 오히려 그 정반대임이 드러납니다. 세계의 모든 종교는 그 정반대가 진실이라는 점 때문에 발전할 수 있었습니다. 신정론[261]이 태곳적부터 안고 있는 문제는 바로 다음과 같은 질문입니다: 전능하면서 동시에 자비롭다고 일컬어지는 힘이 어떻게 부당한 고통, 처벌받지 않는 불의, 그리고 개선의 여지가 없는 어리석음으로 가득 찬 이런 비합리적인 세계를 창조할 수 있었단 말인가? 그 힘은 전능하지 않거나 또는 자비롭지 않습니다; 아니면 전혀 다른 보상과 보복의 원칙이 우리의 삶을 지배하는데, 이 원칙은 우리가 형이상학적으로 해석할 수 있는 것일 수도 있고 아니면 심지어 우리가 영원히 해석할 수 없는 것일 수도 있습니다. 이 문제, 즉 세계의 비합리성의 경험이야말로 모든 종교발전의 원동력이었습니다. 인도의 업론,[262] 페르시아의 이원론,[263] 원죄론,[264] 예정론,[265] 그리고 '숨

절이 베버가 인용한 것이다). 푀르스터에 따르면 "목적이 수단을 정당화한다"는 마키아벨리즘은 완전히 오류인데, 그 이유는 다음과 같다: **"만약 순수하지 않은 수단을 고차원적인 목적을 추구하는 데 사용한다면, 그 수단은 이로 인해 새로운 영광을 얻게 되고 다시 사회적 기능을 수행할 수 있게 되고 사람들로부터 새롭게 주목을 받게 되고 그리하여 곧바로 도처로 확산되며 ― 그 결과로 수단이 목적을 몰아내게 된다."** 같은 책, 202쪽. 바로 이것이 정치적 윤리학, 아니 모든 윤리학의 핵심적인 문제인데, 이 문제는 심리학적으로 다루어야 한다. 그리고 이 심리학적 인식에서 진척을 이루려면 <u>우선 선한 것에서는 결코 악한 것이 나올 수 없고 악한 것에서는 결코 선한 것이 나올 수 없다</u>는 근본적인 진리를 분명히 해두어야 한다. 같은 곳(푀르스터의 자세한 인적 사항에 대해서는 이 책의 뒷부분에 나오는 "인명목록"을 볼 것).

260 이에 대해서는 이 책의 77쪽, 주 115를 볼 것.

261 신정론(神正論; Theodizee)은 신(神)의 옳음(正)을 논증하는 기독교 교리를 말한다. 이에 따르면 세상에 악, 고통, 불의, 불완전함이 존재하는 것, 그러니까 신의 전능함, 선함, 자비로움과 모순되는 것이 존재하는 것은 결국은 신의 의지와 섭리이다. 다시 말해 세계의 비합리성과 신의 전능함 및 자비로움을 논리적으로 결합하는 신학적 교리가 신정론으로, 달리 신의론(神義論) 또는 변신론(辯神論)이라고도 한다.

262 업론(業論; Karmanlehre) 또는 업보론(業報論)은 힌두교, 불교 및 자이나교 등 인도의

어 있는 신'[266]은 모두 바로 이러한 경험에서 나온 것입니다. 그리고 초기 기독교도들도 다음을, 즉 세계는 데몬들에 의해 지배되고 있으며 정치에 관여하는 사람, 즉 권력과 폭력이라는 수단에 관여하는 사람은 악마적 힘들과 계약을 맺는다는 것을, 그리고 그의 행위가 가져오는 결과로 말할 것 같으면 선한 것에서는 오로지 선한 것만 나오고 악한 것에서는 오로지 악한 것만 나오는 것이 **아니라** 실은 그 정반대인 경우가 흔하다는 것을 잘 알고 있었습니다. 이것을 인식하지 못하는 사람은 그야말로 정치적 유아에 불과합니다.

(4) 정치윤리에 대한 종교의 입장

종교윤리는 다음과 같은 사실, 즉 우리의 삶이 다양한 질서들로 이루어져 있고 이 각각의 질서는 서로 다른 법칙을 따른다는 사실에 대해 여러 가지 방식으로 대응해왔습니다. 그리스의 다신교는 아프로디테에게도 헤라에게도, 디오니소스에게도 아폴론에게도 제물을 바쳤으며, 이 신들이 자주 싸운다는 것을 알고 있었습니다. — 힌두교는 다양한 직업의

종교에서 중요한 위치를 차지하는 교리이다. 이에 따르면 하나의 행위(業; karma)는 반드시 그에 상응하는 결과(報; vipāka)를 낳으며, 따라서 현세는 전생에서의 업의 보이고, 내세는 현세에서의 업의 보가 된다. 이는 인간행위에 대한 인과론 또는 인과응보론이다.

263 페르시아의 이원론은 — 이미 이 책의 76쪽, 주 113에서 언급한 바와 같이 — 기원전 6세기 페르시아에서 창시된 조로아스터교가 설파하는 선과 악의 이원론을 가리킨다.

264 원죄론(Erbsünde)은 기독교 교리로서, 이에 따르면 인류의 조상 아담이 저지른 죄 때문에 인간은 모두 태어날 때부터 죄인이다.

265 예정론(豫定論; Prädestinationslehre)은 기독교 교리로서, 이에 따르면 각 개인은 신에 의해 이미 영원으로부터 구원과 저주 또는 선택과 유기로 예정되었으며, 따라서 신 자신도 이를 변경할 수 없다.

266 "숨어 있는 신"(Deus absconditus)은 기독교의 신학적 개념으로서, 이에 따르면 신은 인간이 지각할 수도 인식할 수도 없는 초월적인 존재이다; 그 반대개념은 계시된 신 (Deus revelatus), 즉 역사적인 상황에서 스스로 모습을 드러내는 신이다.

각각을 다르마[267]라고 하는 하나의 특수한 윤리적 법칙의 대상으로 삼았으며, 모든 직업을 서로 영원히 분리되는 카스트에 속하게 했고, 이렇게 해서 모든 직업을 하나의 고정된 신분서열에 묶어버렸습니다; 한 특정한 카스트로 태어난 사람은 다음 생에서 다른 카스트로 다시 태어나는 것 이외에는 거기에서 벗어날 길이 없었으며, 이에 따라 각각의 카스트가 최고의 종교적 구원재에 이르는 거리는 서로 달랐습니다.[268] 이렇게 해서 힌두교는 고행자와 브라만에서 도둑과 창녀에 이르기까지 모든 개별적인 카스트의 다르마를 각 직업에 내재하는 고유한 법칙에 따라 구축할 수 있었습니다. 여기에는 전쟁과 정치도 포함되어 있었습니다. 여러분이 크리슈나와 아르주나 간의 대화집인 『바가바드기타』를 읽어보면, 어떻게 전쟁이 삶의 질서들 전체 속에 편입되어 있는지를 알 수 있습니다.[269] 거기에는 "필요한 행위를 하라"고 ── 다시 말해 전사(戰士)카스

---

267 다르마(Dharma)는 인도의 종교, 즉 힌두교, 불교 및 자이나교 등의 핵심적인 개념으로 법, 계율, 도덕, 규범 및 윤리적-종교적 의무와 가치, 그리고 구체적인 종교적 의식, 방법 및 행위를 포괄한다. 힌두교에 따르면 다르마는 카스트에 따라, 그리고 개인에 따라 다르다.

268 힌두교의 교리에 따르면 모든 인간은 구원에 이르기까지 윤회를 거듭하는데, 한 특정한 카스트로 태어난 사람이 그 카스트의 의무를 성실히 수행하면 다음 생에 더 높은 카스트로 태어나고 (다음 생에서 그 카스트의 의무를 성실히 수행하면 그다음 생에 그보다 높은 생에 태어나는 식으로) 윤회가 진행되어서 마침내 구원에 이르게 된다. 베버, 『경제와 사회: 이해사회학 개요』, 360~61쪽. 베버는 신분적 사회질서인 카스트, 각 카스트에 특유한 의무인 다르마, 윤회를 결정하는 카르마(Karma; 업[業])에 기반하는 힌두교의 구원론을 "카스트 구원론"이라고 한다. 베버, 『종교사회학 논총』, 제2권, 367쪽.

269 『바가바드기타』(Bhagavadgītā)는 산스크리트어로 "지고자(至高者)의 노래" 또는 "신의 노래"라는 의미로 고대 인도의 대서사시인 『마하바라타』(Mahābhārata)의 제6권 『비슈마 파르바』(Bhishma Parva)의 일부분이다(제23~40장). 기원전 5세기에서 기원전 2세기 사이에 성립된 것으로 추정되는 이 서사시는 한 신과 한 인간이 대화를 나누는 형식을 취하고 있다. 판다바속의 왕자 아르주나는 전쟁터에서 적의 편에 많은 친척과 친구가 있는 것을 보고 큰 인간적 고뇌와 도덕적 딜레마에 빠지게 되는데, 이를 보고 그의 마부로 현신한 비슈누의 여덟 번째 화신 크리슈나가 그에게 전사의 다르마(의무)를 다하도록 설파하고 행위, 지혜, 명상 등 신에게 이르는 여러 가지 길을 일러준다

트의 다르마와 이 규칙이 부여한 의무, 그러니까 전쟁이라는 카스트의 의무를 수행하는 데 객관적으로 필요한 "행위"를 하라고 — 되어 있습니다[270]; 힌두교에 따르면 전사의 의무를 다하는 것은 종교적 구원에 걸림돌이 되는 것이 아니라 오히려 거기에 이르는 길이 됩니다. 옛날부터 인도의 전사는 장렬하게 전사하면 인드라[271]의 극락에 간다고 확신했는데, 이는 게르만의 전사가 용감하게 싸우다 전사하면 발할[272]에 간다고 확신했던 것과 마찬가지입니다. 그러나 인도의 전사는 니르바나에 들어가는 것을 거부했을 것입니다; 마찬가지로 게르만의 전사는 천사들의 합창이 울려 퍼지는 기독교의 천국에 들어가는 것을 거부했을 것입니다. 이처럼 윤리가 카스트에 따라 분화되었기 때문에 인도의 윤리는 정치라는 군왕의 통치기술을 전적으로 정치의 고유한 법칙에 따라 다룰 수 있었으며, 더 나아가 이 법칙을 극단적으로 강화할 수 있었습니다. 통속적인 의미에서의 마키아벨리즘의 가장 전형적인 형태는 (예수 탄생 훨씬 이전인 찬드라굽타 시대에 나온 것으로 추정되는) 카우틸리야의 『아르타샤스트라』라는 인도 문헌에 고전적으로 표현되어 있습니다[273]; 이에 비하면 마키

(비슈누의 화신으로는 10가지 정도가 알려져 있다). 총 18장 700절로 이루어진 『바가바드기타』는 인도에서 가장 대중적인 철학서이자 종교서이다.

270 『바가바드기타』의 제3장은 행위의 요가를 다루고 있다. 예컨대 거기에는 다음과 같은 구절이 나온다: "그대는 정해진 행위를 하라. 행위는 무위보다 낫기 때문이다. 무위로 인해 그대의 몸의 여정 또한 이루지 못하리라"(109~10쪽); 그리고 다음과 같은 구절도 나온다: "그대는 모든 행위를 '아(我)에 대한 마음'으로 내게 맡기고, 바라는 바 없이 내 것이랄 거 없이 고뇌를 버리고 싸우라!"(121쪽).

271 인드라(Indra)는 천둥, 번개 및 비를 관장하는 인도의 신으로 베다 시대에는 불의 신 아그니(Agni) 및 태양신 바유(Vayu)와 함께 최고의 삼신(三神)이면서 신들의 제왕이었다.

272 발할(Wallhall)은 북유럽 신화에서 최고신 오딘(Odin)이 다스리는 거대한 저택으로, 전쟁에서 용감하게 싸우다 죽은 전사들의 영혼이 가서 아무런 근심도 없이 평화롭게 산다고 한다.

273 찬드라굽타 시대는 인도 최초의 통일왕조인 마우리아 왕조(기원전 322~기원전 184)의 창건자인 찬드라굽타가 통치한 시기(기원전 321년경~기원전 297년경)를 가리킨다. 그리고 『아르타샤스트라』(Arthashâstra)는 기원후 3세기에 최종적으로 편집된 것으

아벨리의 『군주론』²⁷⁴은 차라리 순진한 편입니다. ─가톨릭 윤리 ─ 푀르스터 교수는 전반적으로 이것에 가깝습니다 ─에서는 잘 알려져 있는 바와 같이 "복음적 권면"이 성스러운 삶의 카리스마를 부여받은 사람들을 위한 특수윤리입니다.²⁷⁵ 이 윤리는 수도사에게 적용되는바, 그는 피를 흘려서도 안 되고 영리행위를 해서도 안 됩니다; 그다음으로 신앙심이 깊은 기사와 시민에게 적용되는 윤리가 있는바, 이에 따르면 전자는 피를 흘려도 되고 후자는 영리행위를 해도 됩니다. 그런데 윤리를 서열화하고 이 서열화된 윤리를 구원론에 유기적으로 통합하는 작업은 인도의 경우보다 덜 철저했는데, 사실 이는 기독교적 신앙의 전제들로 인해 그렇게 될 수밖에 없었고 또 심지어 그렇게 되어야 했습니다. 기독교에서는 이 세상이 원죄로 말미암아 타락했다고 보기 때문에 폭력이 죄

로 추정되는데, 인도에서는 전통적으로 찬드라굽타의 재상인 카우틸리야의 저작으로 알려져 있다(카우틸리야의 자세한 인적 사항은 이 책의 뒷부분에 나오는 "인명목록"을 볼 것). 고대 인도의 가장 중요한 국가이론서로 간주되는 이 책은 총 15편 150장에 걸쳐 법률, 사법, 정치, 외교, 군사, 국왕 등 국가의 다양한 분야를 다루고 있는데, 그 중심에는 국왕이 있다. 『아르타샤스트라』는 국왕이 곧 국가라는 기본전제에서 출발해 국왕이 중심이 되는 또는 국왕과 동일시되는 국가가 어떻게 하면 영토를 확장해 강력해질 수 있는가라는 문제에 최고의 관심을 가지고 있다. 이 신성한 목적을 위해서는 사회 전(全) 계층을 대상으로 하는 정교한 스파이 제도와 정치적 암살이 필요하다고 할 정도로 윤리로부터 완전히 '면역되어' 있다. 그러므로 ─베버의 말대로─ 통속적인 의미에서의 마키아벨리즘의 가장 전형적인 형태라고 할 수 있다.

274 마키아벨리의 『군주론: 군주국에 대하여』는 1513년에 나왔다.

275 중세 가톨릭교회는 윤리적 규정을 계명(praecepta; Gebote)과 복음적 권면 또는 복음적 권고(consilia evangelica; evangelische Ratschläge)로 구분했다. 전자는 십계명처럼 모든 기독교인이 반드시 지켜야 하는 보편타당한 의무인 반면, 후자는 개인이 자유의지에 따라 선택할 수 있는 특수한 의무이다. 대표적인 복음적 권면이 수도사들과 수녀들이 하는 세 가지 서원, 즉 가난과 복종 및 순결이다. 중세에는 복음적 권면을 지키면 특별한 공로를 쌓게 된다고 믿었다. 이처럼 보편적인 윤리적 규정과 특수한 윤리적 규정을 구분하는 것을 이(二)단계 윤리(Zweistufenethik)라고 하며, 그 대표적인 이론가는 중세 스콜라 철학의 완성자인 토마스 아퀴나스(1225~74)이다. 이(二)단계 윤리의 성서적 근거는 신약성서 「마태복음」 제19장 제21절에서 찾았다(이 성서 구절은 이 책의 189쪽, 주 246에 인용되어 있으니 참고할 것).

악에 대한 징벌수단으로서, 그리고 영혼을 위험에 빠뜨리는 이단자들에 대한 징벌수단으로서 윤리 속에 비교적 쉽게 삽입되었습니다. ― 그렇지만 산상수훈의 순수하게 신념윤리적이고 무세계적인[276] 요구들과 이 요구들에 기초하는, 절대적 요구로서의 종교적 자연법은 혁명을 일으킬 수 있는 힘을 지니고 있었으며, 사회적 격변기에는 거의 언제나 엄청난 맹위를 떨치면서 등장했습니다. 그 결과 특히 극단적으로 평화주의적인 분파들[277]이 창출되었는데, 이 가운데 하나인 퀘이커교는 펜실베이니아에서 대외적으로 폭력을 사용하지 않는 국가의 건설이라는 실험을 했습니다 ― 그러나 이 실험의 결과는 비극적이었는데, 그 이유는 독립전쟁이 발발했을 때 퀘이커교도들이 자신들의 이상을 대변하는 이 전쟁에 무기를 들고 뛰어들 수 없었기 때문이었습니다.[278] ― 이에 반해 보통의 프로테스탄티즘은 국가를, 따라서 폭력이라는 수단을 신성한 제도로 정

---

276 이에 대해서는 이 책의 189쪽, 주 248을 볼 것.

277 이에 대해서는 이 책의 76~77쪽, 주 114를 볼 것.

278 퀘이커교(Quaker)는 영국인 조지 폭스(1624~91)에 의해 1650년대에 창시되었다. 폭스는 경건한 집안에서 태어났지만, 그의 눈에 비친 이른바 진지한 기독교인들의 신앙은 외면적이고 위선적인 것에 지나지 않았다. 그리하여 그는 1643년 참된 신앙을 찾기 위해 가출해 방황하던 중 내적 계시를 체험해 신이 그에게 전하는 것을 인간에 대한 두려움 없이 말할 수 있는 능력을 얻었다. 성령이 그에게 임하자 그의 온몸이 경련을 일으키듯 떨렸다고 한다. 퀘이커란 명칭은 바로 여기에서 연유하는 것이다. 즉 그것은 떨림 또는 전율을 의미한다. 그리고 베버가 본문에서 말하는 퀘이커교의 펜실베이니아 실험은 1681년에 시작되었다. 그해에 퀘이커교도인 윌리엄 펜(1644~1718)이 신대륙에서, 보다 정확히 말하자면 펜실베이니아에서 정치적 자유와 종교적 자유를 실현하기 위해 ― 베버가 본문에서 말하는바 미국 독립전쟁이 대변하는 퀘이커교도들의 이상은 바로 이것을 가리킨다 ― 유럽 각국에서 가난한 농민들과 노동자들을 받아들이기 시작했다. 펜은 정치적-종교적 이상향을 건설하기 위한 자신과 퀘이커교도들의 이 같은 노력을 "신성한 실험"이라고 불렀는데, 이 실험은 큰 성공을 거두어 3년 후에는 펜실베이니아의 인구가 1만 명에 달했다. 그러나 평화주의와 비폭력주의를 지향하는 퀘이커교는 1775~83년 미국 독립전쟁에서 철저하게 중립을 지키면서 전쟁의 두 당사자인 영국과 미국 가운데 그 어느 편도 들지 않았다. 그리하여 퀘이커교는 양쪽으로부터, 특히 미국으로부터 심한 박해를 받았다. 미국이 독립을 쟁취한 후에는 정치적-사회적으로 완전히 고립된 하나의 아주 작은 종교적 분파로 남게 되었다.

당화했으며, 특히 합법적인 권위주의 국가를 정당화했습니다. 루터는 개인을 전쟁에 대한 책임으로부터 해방해서는 이 책임을 정부당국에 전가했으며,[279] 신앙문제를 제외한 다른 사안들에서 정부당국에 복종하는 것은 결코 죄가 되지 않는다고 주장했습니다.[280] ― 칼뱅주의도 마찬가지

---

279 루터에 따르면 "신이 세운 거룩한 조직과 참된 기관"은 세 가지, 즉 "사제직, 결혼의 신분, 세속정부"이다. 루터, 『마르틴 루터 박사 저작집: 비평적 전집』, 제9권, 504쪽. 이 가운데 사제직은 기독교 신앙을 제도적으로 구현하는 교회를 가리키고 결혼의 신분은 결혼과 가정뿐만 아니라 노동과 경제도 포괄하며, 세속정부는 국가와 정치를 가리킨다. 그리고 이 세 조직과 기관 또는 사회영역은 다양한 직업으로 분화된다. 예컨대 정치의 영역은 제후나 군주, 재판관, 주무관, 궁내관, 서기관, 군인, 형리 등의 다양한 직업으로 분화되는데 이 모든 직업은 신이 명령한 것이며, 따라서 누구든, 심지어 형리도 자신의 직업을 성실히 이행하는 것이 신의 명령을 따르는 것이며 천국에 이르는 길이다. 군인도 마찬가지이다. 군인이 전쟁을 수행하는 것은 신이 세운 거룩한 조직이자 참된 기관인 세속정부의 틀에서 자신의 직업을 성실히 이행하는 것이며, 이를 통해 신의 명령을 따르는 것이다. 그렇기 때문에 군인도 당연히 구원을 받을 수 있다. 이에 대한 자세한 논의는 루터, 『마르틴 루터 박사 저작집: 비평적 전집』, 제19권, 623~62쪽; 김덕영, 『루터와 종교개혁: 근대와 그 시원에 대한 신학과 사회학』, 306~25쪽을 볼 것 (전자에서 루터는 군인들도 구원을 받을 수 있는가 하는 문제를 다루고 있다).

280 루터는 주장하기를, "신이 영적 정부(통치)와 세속적 정부(통치) 두 가지 정부(통치)를 제정하였다. 이 중 전자에게는 '성령으로 말미암아 그리스도 아래에서 기독교인들과 경건한 사람들을 만드는' 임무가 주어지는 반면, 후자에게는 '비기독교인들과 악한 자들을 억제함으로써 그들로 하여금 자신의 의지에 반하여 외적으로 평화를 지키면서 조용히 지내지 않을 수 없도록 만드는' 임무가 주어진다. 영적 정부는 신의 말씀, 성례전 및 성령을 그 통치수단으로 한다. 이 수단을 통해 신이 직접적으로 역사하며, 그리하여 내적으로 경건한 삶이 가능해진다. 다시 말해 개인들이 신앙 속에서 살아가고 서로를 사랑하고 용서하며 구원에 이르게 된다. 이에 반해 세속적 정부는 국가권력, 즉 법과 칼(폭력)을 그 통치수단으로 한다. 이 수단을 통해 신이 간접적으로 역사하며, 그리하여 외적으로 평화로운 삶이 가능해진다. 다시 말해 악을 방지하거나 벌하고 선을 보호하고 장려할 수 있게 된다. 신이 제정한 이 두 유형의 정부 또는 왕국은 동가치적이고 상호 독립적이면서 상호 보완적으로 작용함으로써 신의 의지를 구현한다. 영적 정부와 세속적 정부는 각각 신적 통치의 오른손과 왼손에 해당한다." 김덕영, 『루터와 종교개혁: 근대와 그 시원에 대한 신학과 사회학』, 325·26쪽(이 인용구절에 들어 있는 작은 인용구절은 루터, 『마르틴 루터 박사 저작집: 비평적 전집』 제11권, 251쪽에서 온 것이다). 그리고 계속해서 주장하기를, "세속적 정부는 '온 세상에 대하여 평화를 유지하고 죄를 벌하며 악을 방지하기 위하여 매우 필요하고 유익한 것이며', 따라서 진

로 신앙수호를 위한 수단으로서의 폭력, 따라서 종교전쟁을 원칙적으로 인정했습니다[281]; 이슬람의 경우에 종교전쟁은 처음부터 매우 중요한 요소였습니다. ──아무튼 정치윤리의 문제를 제기한 것은 르네상스 시대의 영웅숭배에서 태동한 근대적 무신앙(無信仰)이 **아닙니다.**[282] 모든 종

정한 기독교인이라면 세속적 칼이 영적 칼에 종속된다든가 세속적 왕국이 사탄이 통치하는 죄의 나라에 속한다든가 하는 식의 중세적 오류에 사로잡혀 한 나라 전체나 세상을 오직 영적 칼인 복음에 의해서만 다스려야 한다고 주장해서는 결코 안 된다. 그런 사람은 '한 우리에 늑대, 사자, 독수리, 양을 함께 몰아넣어 자유롭게 뒤섞여 뛰놀도록 한 다음 〈서로 선하고 평화롭게 잘 살아보라〉고 말하는 양치기와 똑같을 것이다.' 진정한 기독교인이라면 오히려 '아주 기꺼이 칼의 통치에 복종하고 세금을 내고 정부 당국자들에게 경의를 표하며 힘닿는 대로 정부를 촉진시키는 일에 기여하고 조력함으로써 정부가 생산적이고 존중과 두려움 속에서 유지될 수 있게 한다.'" 김덕영, 『루터와 종교개혁: 근대와 그 시원에 대한 신학과 사회학』, 326~27쪽(이 인용구절에 들어 있는 작은 인용구절은 『마르틴 루터 박사 저작집: 비평적 전집』, 제11권, 252~53쪽에서 온 것이다).

281 칼뱅은 폭력의 사용과 관련해 주장하기를, 신의 율법은 살인을 금하지만 "살인자가 형벌을 받지 않고 그냥 지나가는 일이 없도록 입법자 되는 신이 친히 그의 사역자들의 손에 칼을 주어 모든 살인자를 처단하게 한다. 경건한 자가 남에게 상처를 입히고 해를 끼친다는 것은 합당치 않은 일이다. 그러나 여호와의 명령을 받아 경건한 자들에게 입힌 상처에 대해 복수한다면 그것은 상처를 주고 해를 끼치는 일이 아니다." 그는 계속해서 말하기를, "칼을 빼 들고 죄지은 자들과 불경한 자들을 쫓는 것이 그들의[통치자들의] 참된 의로움이라면, 악인들이 날뛰며 살육과 약탈을 자행하는데도 그냥 칼을 칼집에 꽂아두고 피로 물들이지 않는다면, 그것은 선하고 의롭다는 칭찬을 받는 일이기는커녕 오히려 극한 불경죄를 범하는 것이 아니겠는가!" 칼뱅, 『기독교 강요 하(下)』, 596~97쪽(번역을 약간 수정했음을, 그리고 존칭어를 평서어로 바꾸었음을 일러두는 바이다). 그리고 칼뱅은 전쟁이 정당한 것이라고 주장하면서 그 근거를 제시하기를, 통치자들에게 권력이 주어진 것은 "자신들의 통치영역 내의 평화를 보존하고, 불온한 자들의 선동적인 교란을 억제하고, 강제로 눌려 있는 자들을 도우며, 악행을 벌하기 위한 것이며, 따라서 "각 개인의 안정을 해치고 모두의 평화를 깨뜨리고 횡포를 부리며 압제하고 악행을 일삼는 자들의 격렬한 횡포를 막는 일보다 그 권력을 사용하기에 더 적합한 기회는 없다." 요컨대 통치자들에게 전쟁은 법을 보호하고 수호하기 위한 정당한 수단이라는 것이다. 같은 책, 598쪽(번역을 약간 수정했음을 일러두는 바이다).

282 스위스의 저명한 문화사학자인 야코프 부르크하르트(1818~97)에 따르면 르네상스 시대에는 고대와 중세 그리고 당대의 유명인들, 학자(철학자, 역사학자, 법학자, 의학자), 시인, 음악가, 화가, 기술자, 전사를 숭배했는데, 그 방식은 생가숭배, 묘지숭배, 기

넘비나 입상 또는 흉상의 제작, 동전주조, 전기총서(傳記叢書) 발행 등 다양했다. 심지어 피렌체인들은 "산타 크로체 성당이 건립되기도 전인 14세기에 피렌체 대성당을 만신전(萬神殿)으로 격상시키려고 진지하게 노력했는바", 그들은 "이곳에 야코르소, 단테, 페트라르카, 보카치오, 법학자 차노비 델라 스트라다의 분묘를 화려하게 만들 생각이었다. 15세기 말에는 로렌초 마니피코가 화가인 프라 필리포 리피의 유해를 피렌체 대성당에 안치하려고 친히 스폴레토 사람들에게 유해의 인도를 부탁하였다. 그러자 스폴레토에서는, 자기들에게는 남아 있는 장식품이 없고 특히 유명인의 장식품은 더더욱 없으니 부디 양해해달라는 답신을 보냈다. 피렌체인들은 하는 수 없이 기념비를 세우는 것으로 만족해야 했다." 이러한 르네상스 시대의 영웅숭배는 중세의 성인숭배와 유사해 보이지만 기독교 신앙과는 무관하고 개인이 성취한 명예, 즉 명성과 관련된 것이다. 이는 단테의 경우를 보면 단적으로 드러난다. 그는 "라벤나의 산타 프란체스코 성당 옆에 있는 '고대의 황제들과 성인들의 무덤 사이에서, 조국 피렌체가 그에게 줄 수 있는 어떤 동반자보다 더 영예로운 이들을 벗 삼아' 조용히 잠들어 있다. 한번은 이곳에서 어떤 이상한 사람이 십자가가 있는 제단에서 등불을 가져다가 단테의 묘 옆에 놓았는데도 아무 처벌도 받지 않았다. 그러면서 그는 이렇게 말했다. '이것을 받으십시오. 십자가에 달리신 저분보다는 당신이 이것을 받아야 마땅합니다.'" 부르크하르트, 『이탈리아 르네상스의 문화』, 213~24쪽, 직접 인용은 217~18쪽. 바로 이러한 르네상스 시대에 마키아벨리의 『군주론: 군주국에 대하여』(1513)가 나온 것이다. 이 불후의 명저는 "초기 근대국가에 존립근거를 제시하고 정당성을 부여하기 위한 시도였다. 교회를 국가보다 우위에 두던 중세와 달리, 마키아벨리는 인간의 세속적인 삶을 지배하고 통치하는 것이 국가의 고유한 영역이자 권한이라고 주장했다. 그리하여 정치를 신의 영역에서 군주의 영역으로 세속화했다. 이 책은 종교에 대한 정치의 독립 선언서로서 근대 정치학이 발전할 수 있는 길을 활짝 열어놓았다. 이제 정치는 종교적 선악의 그리고 거기에 근거하는 도덕적 선악의 피안에 존재하게 되었다." 김덕영, 『루터와 종교개혁: 근대와 그 시원에 대한 신학과 사회학』, 135쪽, 주 27. 예컨대 마키아벨리는 『군주론: 군주국에 대하여』, 195쪽에서 다음과 같이 말하고 있다: "[군주는] 그것들 없이는 국가를 구하기 어려운 그러한 악행들로 인해 악명에 빠질 것을 개의치 말아야 한다. 왜냐하면, 만사를 잘 숙고해볼 때, 어떤 것은 덕으로 보이지만 그것을 따르면 자신이 파멸에 이르고, 또 어떤 것은 악행으로 보이지만 그것을 따르면 자신의 안전과 평안을 얻게 된다는 것을 알게 될 것이기 때문이다." 참고로 방금 언급한 르네상스 시대의 영웅숭배와 달리 중세, 특히 중세 후기에는 성인숭배가 성행했는데, 이는 다음의 인용문을 보면 분명하게 알 수 있다: "모든 사람은 세례를 통해 자신만의 세례명을 얻었고 모든 사회적 집단과 신분, 길드, 도시 등은 그들의 특별한 성인을 수호성인으로 숭배하면서 그 축일을 기념하고 예배당과 제단을 설립했다. 그 밖에도 사람들은 특별히 중요하거나 위급한 일에 그것을 관할하는 성인에게 호소할 수 있었다. 성인숭배는 교회에서 그리고 수많은 행렬과 성지순례를 통해서 이루어졌으며 일상적 삶에서도 무수한 표징을 통해서 이루어졌다. 사람들은 교회에 의해 진정한 신앙의 증인으로 선언된 성인들에게 신과의 중재를 청하거나 각종 위난에 대한 구체적인 도움을 청했다. 그들은 교가 이 문제와 씨름했고, 그 결과는 지극히 다양했습니다─그리고 우리는 지금까지 그 결과가 지극히 다양할 수밖에 없었음을 충분히 살펴보았습니다. 결국 정치의 모든 윤리적 문제가 갖는 특수성은 다름 아니라 인간단체들이 손안에 쥐고 있는 **정당한 폭력**이라는 특수한 수단 그 자체에 있는 것입니다.

(5) 정치의 윤리적 역설

그 목적이 무엇이든 간에 정당한 폭력이라는 수단과 결탁하는 사람은─모든 정치가가 그렇게 합니다─누구든지 그것의 사용이 가져오는 특수한 결과를 피할 길이 없습니다. 종교적 투사이건 혁명적 투사이건 간에, 신념을 위해 투쟁하는 사람들이 특히 그러합니다. 과감하게 현대를 예로 들어봅시다. **폭력**에 의거해 지상에서 절대적인 정의를 실현하고자 하는 사람에게는 추종자들, 즉 인적 "기구"가 필요합니다. 그리고 그는 이 기구에 필요한 내적-외적 보상을─내세에서의 보상이든 현세에서의 보상이든─약속해야 합니다; 그러지 않으면 그 기구는 작동하지 않습니다. 먼저 내적 보상으로는, 근대적 계급투쟁의 조건 아래에서는 증오심과 복수심을 충족하는 것, 특히 원한과 사이비윤리적인 독선에 대한 욕구를 충족하는 것, 다시 말해 적을 비방하고 이단시하고자 하는 욕구를 충족하는 것을 들 수 있습니다. 그리고 외적 보상으로는 모험, 승리, 전리품, 권력, 그리고 봉록을 들 수 있습니다. 지도자의 성공 여부는 전적으로 이 기구의 작동에 달려 있으며, 따라서─자기 자신의 동기가 아니라─**그 기구**의 동기에 달려 있습니다. 다시 말해 지도자의 성공 여부는 그가 필요로 하는 추종자들에게, 가령 적위대,[283] 밀정, 선동

용기를 주었고 기적을 일으켰다. 특히 마리아가 신의 어머니로 숭배되었다." 김덕영, 『루터와 종교개혁: 근대와 그 시원에 대한 신학과 사회학』, 265~66쪽에서 재인용.

가 등에게 상기한 보상들을 **지속적으로** 제공할 수 있느냐에 달려 있습니다. 그러므로 지도자가 그의 활동의 이러한 조건 아래에서 실제로 무엇을 성취할 수 있는지는 그의 손에 달려 있는 것이 아니라 그의 추종자들의 행위를 지배하는, 윤리적으로 대부분 저열한 동기들에 의해 미리 결정되는 것입니다; 그런데 이러한 동기들이 억제될 수 있는 것은 단지, 적어도 추종자들의 일부분이 —그 전체는 물론이거니와 하다못해 그 다수인 경우도 아마 결코 없을 것입니다— 지도자의 인격과 그의 대의에 대한 진정한 믿음으로 가득 차는 한에서입니다. 그러나 이러한 믿음은 심지어 그것이 주관적인 내면에서 진심으로 우러나오는 것이라 할지라도, 대개의 경우에 사실은 그저 복수심, 권력욕, 전리품과 봉록에 대한 욕구를 윤리적으로 "정당화하는" 것에 지나지 않습니다; 우리는 이 점을 간과해서는 안 되는데, 왜냐하면 유물론적 역사해석 역시 마음대로 타고 내릴 수 있는 전세마차가 아니며,[284] 이 역사해석이 혁명의 담지자들에게는 적용되지 않는 것이 아니기 때문입니다! —그러나 특히 간과해서는 안 될 점은, 혁명의 열정이 식고 나면 전통주의적인 **일상**이 찾아오고 순교자와 특히 신념 그 자체가 사라지거나 아니면 —사실은 이것이 더 치명적입니다— 정치적 속물들과 기술자들의 관습적인 상투어의 일부가 되어버린다는 사실입니다. 이러한 변화는 신념을 위해 투쟁하는 경우에 특히 빠르게 나타나는데, 그 이유는 이 투쟁이 순수한 **지도자들**, 즉 혁명적 예언자들에 의해 주도되거나 고취되는 것이 일반적이기 때문입니다. 사실 신념투쟁의 경우에도, 지도자에게 헌신하는 모든 인적 기구에서 그러하듯이, 추종자들이 투쟁 초기에 품은 신념을 완전히 떨쳐버리고 관례적이고 기계적으로 되는 것, 다시 말해 정신적인 프롤레타리아

---

203 적위대(赤衛隊; Rote Garde, 러시아어 Красная гвардия)는 1917년 러시아 2월혁명 당시 공공의 안녕과 질서를 유지하고 10월혁명을 준비할 목적으로 결성된 볼셰비키의 무장한 노동자 민병대인데, 1918년 창건된 적군(赤軍)의 토대가 되었다.

284 이에 대해서는 이 책의 188쪽, 주 245를 볼 것.

트가 되어 "규율"을 따르는 것이 성공의 조건들 가운데 하나입니다. 그렇기 때문에 신념투쟁가의 추종자들은 일단 지배세력이 되고 나면 매우 쉽사리 아주 평범한 수록자층(受祿者層)으로 전락하는 것이 일반적입니다.

(6) 다시 한번 신념윤리와 책임윤리—배타적인가 상보적인가?

어떤 형태로든 정치를 하려는 사람, 특히 직업으로서의 정치를 하려는 사람은 누구나 상기한 윤리적 역설을 의식해야 하며, 또한 이 역설의 압력으로 인해 **자기 자신**이 어떻게 될 수 있든 그것은 결국 자신의 책임이라는 점을 의식해야 합니다. 다시 한번 말하지만, 그는 모든 폭력에 잠복해 있는 악마적인 힘과 관계를 맺는 것입니다. 무세계적[285] 인간애와 자비의 위대한 대가들은—이들이 나사렛에서 왔든, 아시시에서 왔든, 인도의 왕궁에서 왔든 상관없이[286]—폭력이라는 정치적 수단을 가지고 일한 적이 없습니다; 그들의 나라는 "이 세상에 속하는 것이 아니었지만,"[287] 그래도 이 세상에 영향을 끼쳤고 또 여전히 영향을 끼치고 있습니다. 플라톤 카라타예프의 모습과 도스토옙스키가 그린 성자(聖者)들의 모습이 아직도 그 위대한 대가들의 가장 적절한 재현으로 남아 있습니다.[288][289] 자신의 영혼을 구원하려거나 또는 다른 사람들의 영혼을 구

---

285 이에 대해서는 이 책의 189쪽, 주 248을 볼 것.

286 여기에서 나사렛에서 온 대가는 예수 그리스도, 아시시에서 온 대가는 성프란체스코(1182~1226), 그리고 인도의 왕궁에서 온 대가는 석가모니를 가리킨다.

287 신약성서 「요한복음」 제18장 제36절에는 다음과 같은 구절이 나온다: "예수께서 [빌라도에게] 대답하시되 내 나라는 이 세상에 속하는 것이 아니니라."

288 이 문장에 나오는 플라톤 카라타예프는 톨스토이의 소설 『전쟁과 평화』에 등장하는 인물이다. 거기에서 그는 농민 출신의 늙은 러시아 병사로 순박하고 진실한 것의 화신으로 묘사되며, 나폴레옹과 대비되고 있다. 그리고 도스토옙스키의 성자들로는 『백치』의 주인공 미시킨, 그리고 『카라마조프가의 형제들』의 알료샤와 조시마를 들 수 있을 것이다.

제하려는 사람은, 이를 정치라는 길을 통해 달성하고자 해서는 안 됩니다; 왜냐하면 정치는 단지 폭력을 사용해서만 해결할 수 있는 과제를 갖고 있기 때문입니다. 정치의 수호신이나 데몬은 사랑의 신과는, 그리고 교회라는 제도에 구현된 기독교의 신과도 내적인 긴장관계에 있는데, 이 긴장은 언제든 해결할 수 없는 갈등으로 표출될 수 있습니다. 심지어 교회지배의 시대에 살았던 사람들도 이 점을 잘 알고 있었습니다. 예컨대 피렌체에 거듭해서 성사금지령[290]이 내려졌는데, 사실 그 당시 이 조치는 사람들과 그들의 영혼구원에 대해 칸트의 윤리적 판단의 (피히테의 말을 빌리자면) "냉정한 시인(是認)"[291]보다 훨씬 더 무거운 압박을 뜻했습니다──그럼에도 불구하고 피렌체 시민들은 교회국가[292]에 맞서 싸웠습니다. 그리고 마키아벨리는 그의 저작의 한 아름다운 구절에서──내 기억이 틀리지 않는다면 이 구절은 『피렌체사(史)』에 나옵니다──이러한 상황을 서술하고 그 도시의 영웅들 가운데 한 명을 언급해 고향도시[293]의 위대함을 자신의 영혼의 구원보다 더 소중하게 생각한 시민들을 찬

---

289 이 문장은 다음과 같이 의역하면 의미하는 바가 보다 명확해질 것이다: "지금까지 이 위대한 대가들을 재현하려는 시도가 지속적으로 있어왔는데, 그 가운데에서 플라톤 카라타예프의 모습과 도스토옙스키가 그린 성자(聖者)들의 모습이 아직도 그 위대한 대가들의 가장 적절한 재현으로 남아 있습니다."

290 성사금지령(聖事禁止令; Interdikt)은 가톨릭의 교회법에 따른 처벌로 미사의 봉행을 금지하거나 미사에의 참석을 금지하는 것으로, 특정한 개인에게 내려지는 인적 성사 금지령과 특정한 지역 또는 국가에 내려지는 지역적 성사금지령이 있다. 중세에는 이 두 형태의 처벌이 시행되었으나, 오늘날에는 인적 성사금지령만 남아 있다. 피렌체는 14, 15세기에 로마교황청과 갈등을 겪고 전쟁을 치렀는데, 그로 인해 여러 차례 성사 금지령이 내려졌다. 이에 대해서는 무엇보다도 마키아벨리, 『피렌체사(史)』(한국어 판)를, 그리고 아래의 주 294를 볼 것.

291 피히테, 『과학론에 입각한 윤리학 체계』, 216~17쪽에 따르면, 윤리적 행위는 의무에 대한 확신에 따르는 행위인데, 이 확신은──쾌락에 대한 "심미적 감정"과 상반되는──"냉정한 시인"(kalte Billigung), 즉 명백히 인정해야 만나는 감정이 있어야만 일을 수 있다.

292 이에 대해서는 이 책의 165쪽, 주 199를 볼 것.

293 고향도시(Vaterstadt)는 누군가 태어나 자라고 소속감을 갖는 도시를 가리킨다.

양하고 있습니다.[294]

만약 여러분이 고향도시나 "조국"이라는 말을 ─ 이 말은 오늘날에는
누구에게나 명확한 가치를 갖는 것이 아닐 수도 있습니다 ─ "사회주의
의 미래"나 또는 "국제평화의 미래"라는 말로 바꾼다면, 여러분은 방금
논의한 문제의 현대판을 얻게 되는데, 이 현대판 문제는 다음과 같습니
다: 먼저 사회주의의 미래나 국제평화의 미래를 **정치적** 행위를 통해 추
구하는 경우에는, 그러니까 책임윤리에 따라 그리고 폭력적 수단을 사용
하면서 추구하는 경우에는, "영혼의 구원"이 위태롭게 됩니다[295]; 그러

---

294 사실 마키아벨리의 『피렌체사』에 나오는 것은 한 명의 영웅이 아니라 여덟 명의 영웅,
보다 정확히 말해 8성인 전쟁(Guerra degli Otto Santi)을 승리로 이끈 피렌체의 영웅
들이다. 8성인 전쟁은 1375년부터 1378년 7월까지 피렌체가 주축이 된 이탈리아 도
시국가들의 연합군과 교황 그레고리우스 11세(1329~78)의 군대 사이에서 벌어진 전
쟁인데, 그렇게 불리게 된 이유는 피렌체의 시뇨리아가 임명한 8명의 군사위원회(4명
의 길드 대표와 4명의 귀족 대표로 구성)가 전권을 위임받아 전쟁을 지휘했기 때문이
다(시뇨리아에 대해서는 이 책의 116쪽, 주 59를 볼 것). 그 저서에서 마키아벨리는 쓰
기를, 이 8명의 지휘 아래 "전쟁은 3년 동안 지속되다가 교황이 죽고 나서야 끝이 났다.
그들은 매우 신중하고 책임감 있게 전쟁을 이끌어 도시 전체가 아주 만족했기 때문에
그들의 임기는 매년 갱신되었다; 그리고 그들은 교황의 성사금지령을 무시했고 교회
의 재물을 약탈했으며 성직자들에게 미사를 강요했지만, 그럼에도 불구하고 성인(聖
人)으로 불렸다: 그만큼 당시의 피렌체 시민들은 조국의 안녕을 자신들의 영혼의 구원
보다 더 소중하게 생각했다; 그리고 로마나 전역은 물론이고 마르케와 페루자까지 교
회에 반기를 들도록 만듦으로써, 이전에 친구처럼 교회를 지켰던 것처럼 이제는 적이
되어 교회를 괴롭힐 수 있다는 점을 확실히 보여주었다." 마키아벨리, 『피렌체사』(한
국어판), 245쪽(독일어판, 195쪽과 대조하면서 번역했음을 일러두는 바이다).
295 사실 이 부분에 나오는 "'영혼의 구원'이 위태롭게 됩니다"라는 구절은 잘 이해가 안
될 것이다. 왜냐하면 사회주의나 ─ 국제평화를 추구하는 ─ 평화주의는 종교가 아니
고 따라서 인간영혼의 구원과는 아무런 상관이 없어 보이기 때문이다. 그런데 이는 독
일의 철학자이자 사회학자인 그리고 사회주의자이자 평화주의자인 지크프리트 마르
크(1889~1957)의 예를 보면 이해가 갈 것이다. 마르크는 1918년에 나온 저서 『세계
관으로서의 제국주의와 평화주의』에서 사회주의적 관점에서 제국주의와 평화주의를
고찰하고 있다. 제국주의와 평화주의는 ─ 마르크는 주장하기를 ─ "오늘날 인류가 미
래에 어떻게 외적으로 형성되어야 하는가를 둘러싸고, 더 나아가 인류의 영혼을 둘러
싸고 투쟁을 벌이는" 두 가지 상반되는 세계관이다. 같은 책, 1쪽. 그리고 세계관으로
서의 제국주의와 평화주의는 다른 모든 세계관과 마찬가지로 종교적 가치를 가지며

나 만약 그 목적들을 순수한 신념윤리를 따르는 신앙투쟁을 통해 추구하는 경우에는, 그 목적들이 손상을 입을 뿐만 아니라 수 세대 동안 불신의 대상이 될 수도 있습니다 — 왜냐하면 그 경우에는 **결과**에 대한 책임이 결여되어 있으며, 따라서 행위자는 그 목적들을 추구하는 과정에서 작용하는 악마적 힘들을 의식하지 못하기 때문입니다; 이 악마적 힘들은 무자비하며, 그의 행위에 대해서뿐만 아니라 심지어 그의 내면적 삶에 대해서도 결과를 초래하게 되는데, 그가 이 결과를 인식하지 못한다면 그는 그것에 무기력하게 내동댕이쳐질 수밖에 없습니다.[296] "악마는

독특한 신의 개념을 갖는데, 전자에게 신은 "창조적 생명력, 현실의 최고의 건축사"인데 반하여, 후자에게 신은 "자유와 똑같은 형상"을 하고 있다. 물론 이 신들은 종교에서의 신, 즉 내세적 신이 아니라 어디까지나 현세적 신이다. 이러한 신에 따라 제국주의와 평화주의가 추구하는 역사의 최종목표는 근본적으로 다른바, 제국주의는 "단 하나의 전능한 존재에 의한 세계의 지배"를 추구하는 반면 평화주의는 "사랑과 박애에서 하나가 된 인류라는 메시아적 신의 왕국"을 추구한다. 같은 책, 19, 36, 38쪽. 그런데 마르크에 따르면 제국주의와 평화주의는 순수윤리가 아니라 일차적으로 정치적 세계관이며, 따라서 "사변적" 세계관이 아니고 "실천적" 세계관이며 비록 "윤리와 종교에 뿌리는 내리고 있기는 하지만 현실정치의 요구를 받아들여야 한다." 같은 책, 49, 52~53쪽. 평화주의는 "이 현실정치의 토대 위에서 자신의 목표를 달성하기 위해서 스스로가 정치적 권력이 되어야 한다." 다시 말해 국가라는 "**조직**의 형태에서" 자유의 요구를 실현해야 한다. 같은 책, 53~54쪽. 결국 평화주의자는 "종교적 사도로서가 아니라 단지 정치적 현실의 기술적 조직자로서만 자신의 목표에 도달할 수 있는 것이다." 같은 책, 54쪽. 그런데 마르크에 따르면 실천적-정치적 평화주의는 폭력, 즉 "철과 피"를 사용해서는 안 된다; 오히려 "자신도 자연법칙이며 생명법칙이라고 인정하는 국가들의 투쟁을 폭력이라는 **수단**으로부터 해방시키고 이 투쟁을 위한 새로운 수단을 조직해야 하는" 기술적 문제를 안고 있다. 같은 책, 55쪽. 그러니까 실천적-정치적 평화주의는 정치에 특유한 수단인 폭력을 포기해야 하며, 따라서 폭력을 사용하면서 사랑, 자유, 박애를 추구하면 — 베버가 말하는 대로 — "영혼의 구원"이 위태로워질 것이고, 역으로 비폭력적인 새로운 정치적 수단을 사용하면서 추구하면 — 역시 베버가 말하는 대로 — "그 목적들이 손상을 입을 뿐만 아니라 수 세대 동안 불신의 대상이 될 수도 있을" 것이다. 참고로 당시의 평화주의자로는 마르크 이외에도 카를 막스 폰 리히노프스키(1860~1928), 프리드리히 빌헬름 푀르스터, 구트르 아이스니, 에른스트 톨러(1893~1939) 등을 들 수 있다.

296 여기에서 말하는 "악마적 힘들"은, 이미 이 책의 198쪽에서 본 바와 같이, 권력과 폭력을 가리킨다.

늙었다"는 말이 있고 바로 그 뒤에 "하니 그대들도 그를 이해하려면 늙어야 할 걸세"라는 말이 따라 나옵니다.[297] 그런데 이 두 번째 문장이 뜻하는 바는 햇수, 즉 연령이 아닙니다. 나는 개인적으로 토론에서 출생증명서의 날짜로 나를 이기려는 사람에게 단 한 번도 승복한 적이 없습니다; 그러나 나의 토론 상대 중 한 사람이 스무 살이고 내가 쉰 살이 넘었다고 해도 이 단순한 사실은 나에게, 그 젊은 사람이 나와의 토론만으로도 내가 경의를 표해야 하는 무언가를 성취했다고 생각할 하등의 이유가 되지 않습니다. 나이가 중요한 것은 아닙니다. 중요한 것은 오히려 삶의 현실을 직시할 수 있는 훈련된 시각과 이 현실을 견뎌내고 내적으로 감당해낼 수 있는 능력입니다.

확실히 정치는 머리로 하는 것입니다만, 머리로**만** 하는 것은 결코 아닙니다. 이 점에서는 신념윤리가들이 전적으로 옳습니다. 그러나 신념윤리가로 행위해야 **하느냐** 아니면 책임윤리가로 행위해야 **하느냐**, 그리고 언제 전자를, 언제 후자를 택해야 하느냐 — 이에 대해 우리는 어느 누구에게도 지시를 내릴 수 없습니다. 우리가 말할 수 있는 것은 단 한 가지뿐이니, 그것은 "비창조적" 흥분의 시대인 오늘날 — 여러분은 이 시대의 흥분이 비창조적이지 **않다고** 생각하겠지만,[298] 어쨌든 흥분이 항상 진정한 열정인 것은 결코 아닙니다 — 곳곳에서 **갑자기** 신념윤리가들이 우후죽순처럼 나타나서는 다음과 같이 떠들어댄다는 것입니다: "세상이 어리석고 저열하지 내가 그런 것이 아니다; 결과에 대한 책임은 나에게 있는 것이 아니라 내가 봉사하는 다른 사람들에게 있으며, 그래서 나는 이들의 어리석음과 저열함을 뿌리 뽑을 것이다."[299] — 이와 관련해 나는

---

297 이는 — 이미 이 책의 74쪽, 주 107에서 언급한 바와 같이 — 괴테, 『파우스트』, 제2부, 제2막, 6817~18행에 나오는 악마 메피스토펠레스의 말이다.
298 여기에 나오는 "비창조적 흥분"은 — 이 책의 178쪽, 주 227에서 언급한 바와 같이 — 짐멜에게서 온 것이다.
299 이 책의 192쪽을 볼 것.

솔직히 말합니다: 나는 우선 그들의 신념윤리를 떠받치고 있는 **내적인 힘**이 어느 정도인지 알아보았습니다; 그러고는 그들 중 열에 아홉은 자신이 떠맡은 책임을 진정으로 느끼지 못하고 낭만주의적 센세이션에 도취한 허풍선이에 불과하다는 인상을 받았습니다.[300] 이런 신념윤리가들은 인간적으로 별로 나의 흥미를 끌지 못하며, 또한 추호도 나를 감동시키지 못합니다. 이에 반해 한 **성숙한** 인간이 — 나이가 많고 적고는 상관없습니다 — 자신의 행위의 결과에 대한 책임을 진정으로, 그리고 충심으로 느끼고 책임윤리적으로 행위하다가 어느 한 시점에 이르러 "나는 달리 할 수가 없습니다, 내가 여기 서 있습니다"[301]라고 말한다면, 나는

---

300 이 부분에 나오는 "낭만주의적 센세이션에 도취한 허풍선이"는 이 책의 178쪽, 주 228과 연결해보면 이해가 될 것이다. 우리는 거기서 베버가 말하는 낭만주의는 체험의 비분리성을 강조하고 체험을 중시하는 풍조임을 살펴보았으며, 따라서 "낭만주의적 센세이션에 도취한 허풍선이"는 "온갖 체험에서 오는 센세이션에 도취한 허풍선이"라고 읽을 수 있을 것이다.

301 이 말은 루터가 한 말이라고, 구체적으로 말하자면 1521년 4월에 보름스(Worms) 제국의회에서 한 말이라고 알려져 있(었)는데, 실은 그가 한 말이 아니라 그의 저작집을 편집하는 과정에서 끼워 넣은 것이다. 이를 제대로 이해하기 위해서는 약간의 설명이 필요한 듯하다. 1517년 10월 종교개혁의 횃불을 높이 든 루터는 "1521년 1월 3일 교회로부터 파문당했다. 거기에 더해 정치적 차원에서의, 보다 정확히 말하자면 제국적 차원에서의 심판과 형벌이 따랐다. 1521년 4월 17일 보름스 제국의회에서 루터에 대한 심문이 있었다(이 의회는 1월 27일부터 5월 26일까지 열렸음). 루터는 신성로마제국 황제 카를 5세와 제국신분들[제국의회에 참석할 자격이 있는 인물과 공동체] 앞에서 그 어떤 토론이나 변론의 기회도 주어지지 않은 채 다음의 두 가지 질문에 답변해야 했다: 첫째, 그에게 제시된, 그의 이름이 적힌 20여 종의 — 일부는 독일어로 일부는 라틴어로 된 — 서적이 실제로 그가 쓴 것인가?; 둘째, 그 안에 담겨 있는 내용을 철회할 준비가 되어 있는가? 첫 번째 질문에 대하여 루터는 모두가 자신이 쓴 것이라고 간단하게 대답했다. 반면 두 번째 질문과 관련해서는 영혼의 구원과 신의 말씀이 가장 중요하기 때문에 생각할 말미를 달라고 요청하여 하루의 시간을 얻었다. 그다음 날인 4월 18일 루터는 자신의 저작을 다음과 같이 세 가지 범주로 분류했다: 첫째, 순수하게 신앙석이기 때문에 논쟁이 되지 않는 것, 둘째, 교황권을 반박하는 것, 셋째, 교황권을 옹호하는 로마교회의 논적들을 반박하는 것. 그러고는 그 어느 것도 철회할 수 없다고 말했다. 첫 번째 범주는 논적들도 읽을 가치가 있기 때문에 철회할 수 없고, 두 번째 범주는 교황권이 복음 또는 교부들의 견해와 상반되는 교회법에 근거하기 때문에 철

한량없이 깊은 감동을 받을 것입니다. 그렇게 하는 것은 참으로 인간적이고 감동적인 것입니다. 사실 우리들 중 정신적으로 완전히 죽지 않은 사람이라면 **누구나** 언젠가 이러한 상황에 처할 **수 있습니다**. 이렇게 보면 신념윤리와 책임윤리는 서로 절대적인 대립관계가 아니라 보완관계에 있으며, 이 둘이 결합되어야 비로소 진정한 인간, 즉 "정치에 대한 소명"을 가질 **수 있는** 인간이 형성된다는 것을 알 수 있습니다.

회할 수 없으며, 세 번째 범주는 교황주의자들이 잘못된 교리로 신자들을 현혹하고 있기 때문에 철회할 수 없다고 했다." 이어서 "다음과 같은 말로 자신의 입장을 정리했는데, 거기에는 루터의 신학적 입장이 교황주의가 아니라 성서원리와 신의 말씀에 입각해 있음이 단적으로 드러난다: '성서의 가르침이나 명백한 이유에 의해 내가 잘못되었다고 입증되지 않는 한 ……, 나는 내가 언급한 성서의 말씀에 의해 구속된다. 그리고 나의 양심이 신의 말씀에 사로잡혀 있는 한, 나는 그 어떤 것도 철회할 수 없으며 철회하지 않을 것이다. 왜냐하면 양심에 반해 행동하는 것은 확실하지도 않고 복되지도 않기 때문이다. 신이시여 도우소서. 아멘.'" 김덕영, 『루터와 종교개혁: 근대와 그 시원에 대한 신학과 사회학』, 204~05쪽(이 인용구절에 들어 있는 작은 인용구절은『마르틴 루터 박사 저작집: 비평적 전집』, 제7권, 838쪽에서 온 것이다). 이 작은 인용구절이 루터가 1521년 4월 18일 보름스 제국의회에서 한 말인데, 그 가운데 맨 마지막 부분("신이시여 도우소서. 아멘")만 독일어로 되어 있고,("Gott helff mir. Amen"), 나머지는 라틴어로 되어 있다. 그런데 이 말이 1897년에 출간된『마르틴 루터 박사 저작집: 비평적 전집』, 제7권에 수록되면서 베버가 본문에서 인용한 구절이 독일어로 첨가되었으며("Ich kann nicht anders, hier stehe ich"), 이때부터 루터를 상징하는 명언으로 자리매김되어 무수히 인용되었고 여전히 무수히 인용되고 있다.

강연을 마치며—'그럼에도 불구하고'
—철학을 견지하라!

존경하는 참석자 여러분, 10년 후에 이 점에 대해 다시 한번 이야기합시다. 불행하게도 나는, 여러 가지 이유로 인해 다음과 같은 두려운 생각을 떨쳐버릴 수가 없습니다: 10년 후 그때는 반동의 시대로 접어든 지 이미 오래되었을 것이며, 또한 여러분 가운데 많은 사람이 그리고 솔직히 고백하건대, 나 자신도 원하고 바랐던 것들 중에 실현된 것이 거의 없을 것입니다(아마도 전혀 없는 것은 아니지만, 적어도 외관상으로는 거의 없을 것입니다); 그렇게 될 개연성이 매우 큰데, 그렇다고 해서 나는 좌절하지는 않지만 그래도 이 큰 개연성을 알고 살아간다는 것은 확실히 내적으로 부담이 되는 일입니다 ─ 10년 후 그때 가서 그 개연성이 현실이 된다면, 정말이지 나는 여러분 가운데 지금 스스로를 진정한 "신념정치가"로 느끼며 이 혁명[302]에 도취되어 있는 사람들은 과연 ─ 내적인 의미에서 ─ 무엇이 "되었을지" 보고 싶습니다. 만약 그때의 상황에 셰익스피어의 102번 소네트가 들어맞는다면, 참으로 좋을 것입니다:

---

302 이는 ─ 이미 이 책의 103쪽, 주 27에서 언급한 바와 같이 ─ 1918년 11월 3일 군항도시 킬에서 발발해 독일 전역으로 확산된 11월혁명을 가리킨다.

그때는 봄이었고 우리의 사랑은 푸르렀다,

나는 그때 노래 부르며 우리의 사랑을 맞이했노라.

나이팅게일은 여름의 문턱에서 노래하다가,

계절이 무르익어가면 그 소리를 그치더라.[303]

    그러나 사정은 그렇지 않습니다. 지금 표면적으로 어느[304] 집단이 승리하든 상관없이, 우리 앞에 놓여 있는 것은, 여름의[305] 문턱이 아니라 얼음으로 뒤덮이고 어둠과 고난으로 가득 찬 극지의 밤입니다. 현재까지 혁명의 진행과정을 보면, 아무것도 남아 있지 않은 곳에서는 황제뿐만 아니라 프롤레타리아트도 권리를 상실했습니다. 이 밤이 서서히 물러가면, 지금 겉보기에 봄을 만끽하고 있는 사람들 중 과연 누가 여전히 살아 있을까요? 그리고 그때 여러분 모두는 내적으로 어떻게 되어 있을까요? 비분강개하고 있거나 속물근성에 젖어 있을까요, 아니면 세상과 직업을 그냥 그대로 무덤덤하게 받아들이고 있을까요, 아니면 세 번째로 그리고 이 둘보다 결코 드물지 않은 일이지만 신비주의적 현실도피를 하고 있을까요?(이 세 번째 경우에는 그럴 재능이 있는 사람들도 있겠고 — 불행하게도 자주 일어나는 바와 같이 — 유행에 따라 억지로 그러는 사람들도 있겠지요). 어떤 경우에도 나는 다음과 같은 결론을 내릴 것입니다: 이런 사람

---

303 이 시구는 윌리엄 셰익스피어의 102번 소네트의 두 번째 연인데, 베버가 인용한 것은 독일의 서정시인 슈테판 게오르게(1868~1933)가 개작, 번역한(umdichten) 것이다. 여기서는 영어판과 한국어판 두 개를 참조하면서 — 베버가 인용한! — 독일어판을 번역했음을 일러두는 바이다(영어판은 한국어판에 들어 있는 것을 이용했다): 셰익스피어, 『소네트』(독일어판), 108쪽; 셰익스피어, 『소네트』(한국어판 1), 219쪽; 셰익스피어, 『소네트』(한국어판 2), 221쪽. 그리고 게오르게(와 베버의 관계)에 대해서는 김덕영, 『막스 베버: 통합과학적 인식의 패러다임을 찾아서』, 740쪽 이하를 볼 것.

304 이 바로 앞에 "혁명에서"를 첨가해 읽으면 의미하는 바가 보다 명확해질 것이다.

305 이 바로 앞에 그 위의 시구 제3행을 참조해 "나이팅게일이 노래하는"을 첨가해 읽으면 베버가 의도하는 바가 더 선명하게 드러날 것이다. 실제로 여기에서 베버는 그 행에 나오는 "여름의 문턱"을 인용한 것이다.

들은 자기 자신의 행위를 감당할 수 **없었으며**, 또한 실제로 있는 그대로의 세상도 자신의 일상도 감당할 수 **없었습니다**; 그들 자신은 정치에 대한 소명을 갖고 있다고 믿었지만, 이 말의 가장 내적인 의미에서 보면 객관적으로도 실제적으로도 그것을 갖고 있지 않았던 것입니다. 그들은 소박하고 단순하게 사람들 간의 형제애를 함양하고 그 밖에는 자신의 일상적 업무에 전념했더라면 더 좋았을 것입니다.

정치란 열정과 현실감각을 갖고서 단단한 널빤지를 힘차게, 그리고 천천히 뚫는 작업입니다. 만약 인류의 역사에서 불가능한 것에 도전하는 사람들이 계속 나타나지 않았더라면, 인류는 가능한 것마저도 달성하지 못했을 것이라는 말이 있는데 ─ 이 말은 전적으로 옳으며, 또한 모든 역사적 경험이 그것을 증명해줍니다. 그러나 이 일을 할 수 있는 사람은 지도자일 뿐만 아니라 더 나아가 지도자이면서 ─ 매우 소박한 의미에서 ─ 영웅임에 틀림없습니다. 그리고 심지어 지도자도 영웅도 아닌 사람도, 설령 모든 희망이 물거품이 된다 할지라도 꿋꿋이 이겨낼 수 있는 확고한 의지로 무장해야 합니다. 그것도 지금 당장 그래야 합니다. 그러지 않으면 오늘날 가능한 것마저도 달성할 수 없을 것입니다. 자신이 제공하려는 것에 비해 세상이, 자신의 입장에서 볼 때 너무나도 어리석고 저열할지라도 이에 좌절하지 않을 자신이 있는, 그리고 이 모든 것에 직면해 "그럼에도 불구하고!"를 말할 수 있을 자신이 있는 사람, 오직 이런 사람만이 정치에 대한 "소명"을 갖고 있는 것입니다.

해제 | 직업과 인격 그리고 근대

• 이 해제에서는 본문 텍스트를 인용하는 경우 존칭어를 평서어로 바꾸었음을 일러둔다.

차례

1. 머리말

나는 이 해제에서 막스 베버의 「직업으로서의 과학」과 「직업으로서의 정치」에 대한 새로운 연구를 추구하지 않는다. 그보다는 그 이전에 나온 나의 글[1]을 수정, 보완하면서 그리고 전문가들의 연구에 기반하면서 독자들에게 직업으로서의 과학과 직업으로서의 정치에 대한 베버의 논의를 통일적으로 이해할 수 있는 길잡이를 제공하고자 한다.

이 해제는 크게 다음과 같이 네 부분으로 구성되어 있다. 첫째, 제2장에서 「직업으로서의 과학」과 「직업으로서의 정치」가 형성되는 과정을 추적한다. 둘째, 제3장에서 이 둘의 지식사회학적 배경을 고찰한다. 셋째, 제4장에서 직업으로서의 과학과 직업으로서의 정치에 대한 베버의 논의는 직업으로서의 경제에 대한 그의 논의와 밀접한 관계에 있음을 논증한다. 넷째, 제5~6장에서는 「직업으로서의 과학」과 「직업으로서의 정치」의 관계를 분석한 다음, 전자에 제시된 합리화되고 탈주술화된 가

---

1 김덕영, 『막스 베버: 통합과학적 인식의 패러다임을 찾아서』, 도서출판 길 2012, 685쪽 이하.

치다신주의 세계에서의 과학의 의미와 학자의 윤리 그리고 후자에 제시된 직업정치가의 자질과 정치윤리를 분석한다. 논의의 중점은 네 번째 부분에 있다.

2. 형성사에 대하여

이 책에 번역되어 실린 두 편의 글은 베버가 각각 1917년 11월 7일과 1919년 1월 28일 뮌헨에서 행한 강연 "직업으로서의 과학"과 "직업으로서의 정치"를 그 후 수정, 보완해 1919년에 강연 제목 그대로 그리고 팸플릿 형태로 동시에 출간한 것이다. 출간 날짜는 정확히 알 수 없지만 1919년 6월 말에서 7월 초로 추정된다.

원래 이 두 강연은 자유학생연맹이라는 학생단체의 바이에른 지부가 기획한 연속 초청강연 "직업으로서의 정신노동"의 일환으로 이루어진 것이다. 이 기획에는 "직업으로서의 과학"과 "직업으로서의 정치"에 대한 강연 이외에도 "직업으로서의 교육"과 "직업으로서의 예술"에 대한 강연이 포함되어 있었다. 그 가운데 "직업으로서의 교육"과 "직업으로서의 예술"의 경우에는 강연자가 결정되었고(전자의 강연은 교육학자인 게오르그 케르센슈타이너[1854~1932]가 그리고 후자의 강연은 예술비평가이자 예술사학자인 빌헬름 하우젠슈타인[1882~1957]이 맡기로 했다) 자유학생연맹 바이에른 지부와 강연자들 사이에 구체적인 협의가 이루어졌음에도 불구하고 실제로 강연이 있었는지 확인할 자료가 없다. 그리고 — 방금 언급한 바와 같이 — "직업으로서의 과학"과 "직업으로서의 정치"는 베버가 강연했다. 그런데 베버가 처음부터 이 둘을 맡도록 결정된 것은 아니었다. 그가 1917년 11월 7일 "직업으로서의 과학"에 대한 강연을 할 당시, 그러니까 강연 시리즈가 시작될 당시에는 어쨌든 네 개의 주제를 다루기로 했으며, 그 가운데 "직업으로서의 교육"과 "직업으로서의 예술"은 확정되어 있었다. 그러나 나머지 강연이 그 당시에 이미 "직업으로서의 정치"로 결정되었는지는 분명치 않다. 아무튼 베버의 두 강연 "직업으로서의 과학"과 "직업으로서의 정치"는 1919년 6월 말과 7월 초 사이에 자유학생연맹 바이에른 지부가 주관하는 "직업으로서의 정신노동" 강연 출판 시리즈 제1권과 제2권으로 출간되었다.[2]

그렇다면 베버의 두 강연인 "직업으로서의 과학"과 "직업으로서의 정치"는 어디에서 열렸는가? 흔히 뮌헨 대학이라고 생각하는데, 그러니까 자유학생연맹 바이에른 지부가 연속 초청강연을 기획하고(심지어 뮌헨 대학이 주관한 것으로 생각하는 경우도 심심치 않게 볼 수 있다) 그 장소로 뮌헨 대학을 선택했다고 생각하고는 하는데, 실상은 그렇지 않다. 이 두 강연은 뮌헨 시내에 있는 슈타이니케홀[3]이라는 곳에서 열렸으며("직업으로서의 과학"은 1917년 11월 7일 저녁 8시에, 그리고 "직업으로서의 정치"는 1919년 1월 28일 저녁 7시 반에), 학생들뿐만 아니라 일반인들도 참석했다.[4] 예컨대 저명한 여성 소설가이자 시인이며 철학자이자 역사학자인 리카르다 후흐(1864~1947)도 직업으로서의 정치에 대한 강연에 참석했다고 한다. 이것이 가능했던 이유는 베버의 두 강연이 뮌헨의 한 신문에 공지되었기 때문이다. 물론 뮌헨 대학에도 게시되어 이를 보고 강연에 참석한 학생도 있었다고 한다.[5]

그런데 베버가 "직업으로서의 정신노동"이라는 연속 초청강연의 일

---

2 Wolfgang J. Mommmsen & Wolfgang Schluchter, "Editorischer Bericht" zu Max Weber, Wissenschaft als Beruf 1917/1919. Politik als Beruf 1919: Max Weber Gesamtausgabe I/17, Tübingen: J. C. B. Mohr (Paul Siebeck) 1992b, 49~70, 113~37쪽.

3 슈타이니케홀(Steinickesaal)은 뮌헨의 서적상이자 고서적상인 카를 게오르그 슈타이니케(1877~1939)가 1914년에 자신이 운영하는 서점 뒤에 설립한 예술홀로 지식인들과 지술가들, 철학자들의 도곤경으로 이용되고 있다. https://de.wikipedia.org/wiki/Carl_Georg_Steinicke.

4 Wolfgang J. Mommsen & Wolfgang Schluchter, 앞의 글(1992b), 59, 121쪽.

5 같은 곳.

환으로 한 두 개의 강연을 출간한 것인 「직업으로서의 과학」과 「직업으로서의 정치」는 언뜻 보아도 외적으로 상당히 큰 차이를 드러내는바, 그것은 다름 아닌 분량의 차이이다. 후자가 전자의 거의 두 배에 가깝다. 원래 자유학생연맹 바이에른 지부는 네 개의 강연을 1시간 15분 정도로 기획했다. 그렇다면 이 두 글은 원래 강연을 할 때에는 분량에 큰 차이가 없었는데, 그 후에 팸플릿 형태로 출간하는 과정에서 그중 하나의 분량이 대폭 늘어났는가? 아니면 원래부터 그렇게 차이가 났었는가? 만약 후자라면, 베버는 그 시간대에 그토록 많은 것을 말했고 참석자들은 그것을 따라갈 수 있었을까? 내 생각에 「직업으로서의 정치」는 「직업으로서의 과학」과 달리 강연문이라기보다 차라리 아주 큰, 그리고 매우 지루한 논문이나 아주 응축적이면서 매우 난삽한 이론서로 보는 것이 나을 듯하다. 정치사, 정치사회학 및 정치철학에 대한 너무나 많은 내용을 담고 있어 읽기에도 이해하기에도 전체적인 조망을 얻기에도 만만치가 않다. 「직업으로서의 과학」과 「직업으로서의 정치」— 이 둘의 차이는 어디에서 오는 것인가?

이에 답하기 위해서는 형성사를 좀 더 살펴볼 필요가 있다. 베버는 강연할 때 미리 준비한 원고를 읽지 않고 핵심어 메모지만 가지고 자유롭게 말했는데, 직업으로서의 과학에 대한 강연과 직업으로서의 정치에 대한 강연에서도 마찬가지였다. 전자의 경우에는 메모지가 남아 있지 않은 반면, 후자의 경우에는 — 원본이 아니라 복사본만 — 남아 있다. 그런데 총 8쪽인 이 메모지는 형식상으로나 내용상으로 뚜렷이 구별되는 두 부분으로 구성되어 있으며, 그 각각의 부분은 다시금 4쪽으로 구성되어 있다. 앞부분의 네 쪽은 편지지를 이등분한 쪽지로 되어 있고 일련번호가 매겨져 있으며, 뒷부분의 네 쪽은 편지지를 삼등분한 쪽지로 되어 있고 역시 일련번호가 매겨져 있다.[6]

---

6 Max Weber, Wissenschaft als Beruf 1917/1919. Politik als Beruf 1919: Max Weber

이런 형식적인 차이점 이외에도 내용적인 차이점을 확인할 수 있는바, 그것은 전자가 직업으로서의 정치의 외적인 측면을 대상으로 하는 반면, 후자는 직업으로서의 정치의 내적인 측면을 대상으로 한다는 점이다. 구체적으로 말해 앞부분의 대상은 정치(적 단체)와 국가의 사회학적 정의, 정치적 지배의 형태들과 그 역사적 배경, 정당의 역사적 발전 및 이와 연관된 정치적 권력행사 및 정치가의 유형들이다. 이에 반해 뒷부분의 대상은 정치와 윤리의 관계, 다시 말해 정치의 윤리적 토대인데, 여기에는 직업정치가의 자질과 정치적 행위의 권력 연관성이 포함된다; 그러니까 불가피하게 권력에 연관되는 정치적 행위의 윤리적 토대가 뒷부분의 대상이 된다.[7] 요컨대 베버가 직업으로서의 정치에 대해 강연을 할 때 사용한 핵심어 메모지의 앞부분은 직업으로서의 정치의 외적 측면을 그리고 뒷부분은 직업으로서의 정치의 내적 측면을 다룬다고 말할 수 있을 것이다. 이 두 부분은 각각 이 책의 제1~4장과 제5~6장에 해당한다. 그런데 강연을 팸플릿으로 출간한 것인 「직업으로서의 정치」에서는 핵심어 메모지에서와 달리, 직업정치가의 자질에 대한 부분과 정치와 윤리에 대한 부분이 바뀌어 있다. 다시 말해 핵심어 메모지에서는 정치와 윤리에 대한 부분이 직업정치가의 자질에 대한 부분보다 앞에 나오는데,「직업으로서의 정치」에서는 "직업정치가의 자질"이 제5장에 해당하고 "정치와 윤리"가 제6장에 해당한다[8](원서에는 아무런 장이나 절도 나누어져 있지 않은데, 옮긴이가 독자들의 편의를 위해 장과 절을 나누고 제목을 붙였다).

이처럼 베버가 직업으로서의 정치에 대해 강연을 할 때 사용한 핵심어 메모지가 형식상으로나 내용상으로나 뚜렷한 차이를 보이는 두 부분

Gesamtausgabe I/17, Tübingen: J. C. B. Mohr (Paul Siebeck) 1992, 138~55쪽 ("Stichwortmanuskript"; 핵심어 메모지); Wolfgang J. Mommsen & Wolfgang Schluchter, 앞의 글(1992b), 124쪽.

7 Wolfgang J. Mommsen & Wolfgang Schluchter, 앞의 글(1992b), 124~25쪽.

8 이 책의 차례와 Max Weber, 앞의 책(1992), 147~53쪽을 볼 것.

으로 구별된다면, 이것이 의미하는 바는 무엇인가? 이로부터 추론할 수 있는 것은, 이 둘이 서로 다른 동기에서 그리하여 서로 다른 시기에 작성되었다는 것이다. 그런데 이 두 부분 가운데 뒷부분은 "자유공화국"이라는 강연을 위해 1919년 1월 중순에 작성된 핵심어 메모지와 형식적으로 유사한 모습을 보이며[9](이 핵심어 메모지는 직업으로서의 정치에 대한 강연을 위한 핵심어 메모지와 마찬가지로 편지지를 삼등분한 쪽지에 후자와 매우 유사한 필치로 작성되어 있다), 따라서 1919년 1월에, 그러니까 직업으로서의 정치에 대한 강연이 열리기 직전에 작성되었다고 추론할 수 있을 것이다. 이 모든 것을 감안하면, 다음과 같은 결론을 내릴 수 있을 것이다: 베버가 직업으로서의 정치에 대한 강연을 위해 작성한 핵심어 메모지의 두 부분 중 뒷부분은 처음부터 직업으로서의 정치에 대한 강연을 위해 작성된 것이며, 그 앞부분은 원래 다른 강연이나 강연들을 위해 작성된 것인데 나중에 내용이 더 추가되어 직업으로서의 정치에 대한 강연에 편입된 것이다.[10]

그런데 베버가 직업으로서의 정치에 대한 강연에서 앞부분(제1~4장)에 중점을 두었는지, 아니면 뒷부분(제5~6장)에 중점을 두었는지는 알 길이 없다. 그러나 이 강연이 자유학생연맹 바이에른 지부가 기획한 연속 초청강연 "직업으로서의 정신노동"의 일환이었다는 사실을, 그리고 역시 이 기획의 일환으로 이루어진 강연 "직업으로서의 과학"이 직업으로서의 과학의 내적 측면에 중점을 두었다는 사실을 감안하면, 직업으로서의 정치의 내적 측면을 대상으로 하는 뒷부분에 중점을 두었다고 추론할 수 있을 것이다.[11] 그런데 강연을 팸플릿으로 출간한 것인 「직업으

---

9   Max Weber, "Stichwortmanuskript"[Der freie Volksstaat], in: Zur Neuordnung Deutschlands: Max Weber Gesamtausgabe I/16, Tübingen: J. C. B. Mohr (Paul Siebeck) 1988b, 160~73쪽.

10 Wolfgang J. Mommsen & Wolfgang Schluchter, 앞의 글(1992b), 125, 127~28쪽.

11 같은 글, 130쪽.

로서의 정치」를 보면 강연을 위한 핵심어 메모지의 뒷부분보다 앞부분의 분량이 훨씬 크다. 그것도 거의 세 배나 된다. 물론 핵심어 메모지의 경우에도 앞부분이 뒷부분보다 훨씬 더 크다. 그럼에도 불구하고 하나의 강연을 구성하는 두 부분이 양적인 불균형, 그것도 지나친 불균형을 보인다는 사실은 언뜻 이해가 가지 않는다. 중점이 뒷부분에 있으면서도 앞부분의 분량이 더 큰 것은 모순이 아닌가? 오히려 뒷부분이 앞부분보다 크거나 아니면 최소한 같거나 비슷해야 하지 않는가? 거기에 더해 다음과 같은 의문도 든다: 강연에서 그 많은 것을 다 말했단 말인가?; 아니 그것이 가능하단 말인가?

이에 답하기 위해서는 직업에 대한 두 강연이 어떻게 출간되었는가를 살펴보아야 한다. 이미 앞에서 언급한 바와 같이, 베버는 강연에서 완성된 원고가 없이 핵심어 메모지만 가지고 자유롭게 이야기를 풀어나갔다. 이것을 속기사가 받아 적었으며, 바로 이것을 수정, 보완해 출간했던 것이다. 베버는 1919년 2월에 직업으로서의 과학에 대한 강연의 속기록을 정서한 원고를 교정하고, 이어서 3월에 직업으로서의 정치에 대한 강연의 속기록을 정서한 원고를 교정했다. 이때 후자의 원고에 엄청나게 많은 새로운 내용이 삽입되었다. 예컨대 지배의 순수유형들, 저널리즘의 역할과 저널리스트들이 정치적 지도자로 상승할 가능성, 미국의 정당체제, 그리고 "기계"에 기반하는 지도자민주주의에 대한 논의를 들 수 있다. 그 가운데에서도 미국의 정당체제에 대한 부분은 핵심어 메모지에서는 전혀 언급되지 않은, 따라서 강연에서는 말하지 않았을 것임이 확실해 보이는 부분이 교정을 보는 과정에서 ―『정치논총』에 따라 볼 때 ― 무려 4쪽가량이나 삽입되었다[12]; 그리고 ― 한 가지 예를 더 들자면 저널

---

12 Max Weber, Gesammelte politische Schriften, 5. Auflage, Tübingen: J. C. B. Mohr (Paul Siebeck) 1988a, 537~41쪽[160~67쪽]. 앞으로 이 책의 쪽수는 [ ] 안에 표기한다. 이는 이 책의 앞부분을 구성하는 「직업으로서의 과학」의 경우에도 적용된다. 이 경우에도 원서의 쪽수를 기재함을 원칙으로 하고 이 책의 쪽수는 [ ] 안에 표기한다(이 해제의

리즘과 저널리스트에 대한 부분도 무려 3쪽가량이나 삽입되었다.[13] 그런데 이들 예는 모두 핵심어 메모지의 앞부분에 해당한다. 이에 반해 핵심어 메모지의 뒷부분에는 삽입된 내용이 거의 없었다.[14] 물론 베버가 교정을 보는 과정에서 속기록을 정서한 것에 삽입한 부분들 이외에도 새로이 첨가한 내용들이 있을 것이지만 그것이 얼마만큼인지는 확인할 길이 없다. 그렇지만 엄청난 양의 삽입으로 인해 강연본에 비해 인쇄본이 크게 확대됐을 것으로 보인다. 아무튼 이 모든 것의 결과로 「직업으로서의 정치」는 「직업으로서의 과학」보다 분량이 거의 두 배에 달하게 되었으며, 또한 직업으로서의 정치의 외적 측면을 다루는 부분(제1~4장)이 직업으로서의 정치의 내적 측면을 다루는 ─ 따라서 논의의 중점이 되는 ─ 부분(제5~6장)보다 분량이 거의 세 배에 달하게 된 것이다.

3. 근대세계와 직업으로서의 정신노동

직업으로서의 정신노동에 대한 연속 초청강연을 기획한 자유학생연맹은 19세기 말 독일 대학의 근원적인 변화에 대한 반응으로 창립되었다. 당시 독일의 대학은 급격한 산업화의 여파로 학생 수가 크게 증가했으며, 그 구조도 전문화되고 기술화된 대기업의 형태로 변하고 있었다; 또한 대학은 점차로 자본주의적 경제질서 및 사회질서에 적응하고 있었다.[15] 바로 이러한 상황에서 1890년대부터 여러 대학 ─ 예컨대 프라이

주 15를 볼 것).

13 같은 책, 525~28쪽[136~42쪽].

14 Wolfgang J. Mommsen & Wolfgang Schluchter, 앞의 글(1992b), 132~33, 136쪽.

15 같은 글, 49쪽. 1871년 독일제국 창건 이후, 독일 대학들은 여러 측면에서 양적으로 크게 성장했다. 먼저 1871년에 대학의 수는 총 19개였는데, 1872년 슈트라스부르크 대학을 필두로 1902년에 뮌스터 대학, 1914년에 프랑크푸르트 대학이 설립되었다. 대학의 양적 성장은 이러한 종합대학보다 공과대학과 상과대학에서 두드러졌다. 예컨대 아

부르크 대학(1892), 라이프치히 대학(1896), 할레 대학과 쾨니히스베르크 대학(1898), 베를린 대학과 슈투트가르트 대학(1899) ── 에서 전통적인 학생조합에 소속되지 않는 학생들의 이해관계를 대변하는 학생단체가 생겨났으며, 1900년에는 이들 단체가 연합해 자유학생연맹이라는 전국적인 조직을 결성했다; 이와 더불어 자유학생운동은 독일의 거의 모든 대학으로 확산되었다.[16] 이러한 자유학생연맹은 19세기 말부터 등장한 다양한 청년단체나 학생단체 가운데 하나였다.

자유학생연맹은 대학교육이 점점 더 빵을 벌기 위한 직업훈련소로 변질됨으로써 학생들을 보편적인 과학적 사유능력이 결여된 전문주의와 속물주의로 전락시킨다고 비판했다. 그리고 대학은 인간의 정신적 지평을 넓히고 역사와 문화의 토대에 대한 근원적인 질문을 던지는 방법을 교육해야 한다고 주장했다.[17] 당시 대학에 대한 자유학생연맹의 이러한 저항은 그 단체 소속의 학생 알렉산더 슈바프(1887~1943)의 직업관념 일반에 대한 비판으로 이어졌다. 슈바프는 1917년 5월에 발표한 논

헨(1870), 베를린-샤를로텐부르크(1879), 단치히(1904), 브레슬라우(1910)에 잇따라 공과대학이 설립되었으며, 또한 쾰른(1901), 프랑크푸르트(1902), 베를린(1906), 쾨니히스베르크(1915)에 잇따라 상과대학이 설립되었다. 이러한 신설 대학의 수 못지않게 학생 수의 증가도 인상적이었다. 1860년대까지 1만 3,000명을 넘지 못한 학생 수가 1914년에는 6만 1,000명에 이르러 약 50년 만에 다섯 배 정도 증가했다. 인구 10만 명을 기준으로 할 때, 1876~81년에 44.5명이었던 학생 수가 1905~06년에는 70.5명으로 증가했다. 당시 인구의 급격한 성장을 고려하면 이러한 수치는 주목할 만한 것이다. 변우희, 「독일제국 시기(1870~1914)의 대학과 학문: 알트호프(Friedrich Althoff)의 대학개혁정책」, 『서양사연구』, 제37집, 2007, 207~55쪽, 여기서는 214~15쪽. 그리고 베버가 이 책의 「직업으로서의 과학」에서 "대(大)자본주의적 대학기업"이라는 말을 쓰고 있는 데에서 단적으로 드러나듯이, 당시 독일 대학의 구조는 전문화되고 기술화된 대기업의 형태로 변하고 있었다. Max Weber, Gesammelte Aufsätze zur Wissenschaftslehre, 4. Auflage, Tübingen: J. C. B. Mohr (Paul Siebeck) 1973, 585쪽 [18쪽]. 앞으로 이 책의 쪽수는 [ ] 안에 표기한다.

16 https://de.wikipedia.org/wiki/Freistudentenschaft.

17 Wolfgang J. Mommsen & Wolfgang Schluchter, 앞의 글(1992b), 50쪽.

문 「직업과 청년」[18]에서 오늘날에는 ─ 고대 그리스와 달리 ─ 영리활동이 인간의 더 나은 삶과 문화라는 목적에 이바지하는 수단의 지위에서 그 자체가 목적이 되어버렸다고 주장하고 있다. 즉 영리활동이 직업이 되어버렸다는 것이다. 이어서 그는 근대 시민계층적 자본주의 세계에서는 삶과 정신의 자연스러운 관계가 파괴되었는데, 이는 돈벌이와 정신노동이 상호 결합된, 즉 정신노동이 ─ 예컨대 지식인, 예술가, 의사, 법관, 국가관료, 교사 등의 ─ 직업이 되어버린 상황에서 복구하기가 특히 힘들다고 역설하고 있다.[19] 슈바프에 따르면, 직업은 "몰록"[어린아이를 제물로 바치고 섬긴 가나안 지역의 신]이며, "우리 세계의 중심에 웅크리고 앉아 젊은 모든 것에 촉수를 뻗쳐 달라붙어 타락시키는 괴물"이다.[20] 그런데 ─ 슈바프는 비판하기를 ─ 지금까지 독일의 그 어떤 학생단체도 이러한 중차대한 문제를 제대로 고찰하지 않았다.[21]

슈바프의 이 도전적인 테제는 자유학생연맹 소속 학생들의 주목을 끌었다. 그리하여 자유학생연맹의 바이에른 지부는 슈바프가 던진 문제를 다루기 위한 연속 초청강연을 개최하기로 결정했다. 다시 말해 오늘날의 상황에서 직업으로서의 정신노동, 즉 정신노동에 의해 살고 정신노동을 위해 사는 것이 과연 가능한가 그리고 의미 있는가에 대해 각 분야 전문가의 견해를 듣기로 했던 것이다. 원래는 ─ 바로 앞 장에서 언급한 "직업으로서의 과학", "직업으로서의 정치", "직업으로서의 교육" 및 "직업으로서의 예술"에 대한 강연 이외에도 ─ "직업으로서의 성직(자)" 또는 "직업으로서의 종교"에 대한 강연도 염두에 두고 있었다.[22]

---

18 Alexander Schwab, "Beruf und Jugned", in: Die weißen Blätter. Eine Monatsschrift, Jahrgang 4, Heft 5, Mai 1917, 97~113쪽. 여기서는 Wolfgang J. Mommsen & Wolfgang Schluchter, 앞의 글(1992b)에 따라 인용하기로 한다.

19 Wolfgang J. Mommsen & Wolfgang Schluchter, 앞의 글(1992b), 51~53쪽.

20 같은 글, 52~53쪽에서 재인용.

21 같은 글, 52쪽.

22 같은 글, 53~54쪽.

자유학생연맹 바이에른 지부는 1917/18년 겨울학기에 개최를 목적으로 1917년 여름부터 직업으로서의 정신노동에 대한 일련의 강의를 준비했다.[23] 그러나 여러 가지 사정으로 인해 1917/18년 겨울학기에는 베버의 강연 "직업으로서의 과학"만이 열렸으며(11월 7일), 그 후 1년여가 지난 1919년 1월 28일에 역시 베버의 강연 "직업으로서의 정치"가 열렸다; 게다가 직업으로서의 교육과 직업으로서의 예술에 대한 강연은 실제로 열렸는지 알 수가 없다.

4. 직업으로서의 경제―직업으로서의 과학―직업으로서의 정치

흔히 「직업으로서의 과학」과 「직업으로서의 정치」는 각각 방법론 또는 과학론에 대한, 그리고 정치와 정책에 대한 글로 생각하기 쉽다. 그럴 수밖에 없는 것이 각각의 제목에 과학과 정치라는 단어가 들어 있다. 게다가 이 두 글은 각각 『과학론논총』과 『정치논총』에 수록되어 있다.

그러나 「직업으로서의 과학」은 방법론이나 과학론의 문제를 다룬 글이 아니며, 또한 「직업으로서의 정치」는 일반적인 의미에서의 정치적 또는 정책적 문제를 다룬 글이 아니다. 사실 이 두 글이 『과학론논총』과 『정치논총』에 수록된 것은 베버의 의중과는 아무런 상관이 없다. 이 두 논총은 베버 사후에 그의 부인이었던 마리안네 베버가 여기저기 흩어져 있는 남편의 글을 모아 펴낸 여러 논총 가운데 두 권이며,[24] 「직업으로서의 과학」과 「직업으로서의 정치」를 각각 『과학론논총』과 『정치논총』에 편입했던 것이다. 각 논총에 제목을 붙인 것도 마리안네 베버였다. 그러

---

23 같은 글, 56쪽.
24 마리안네 베버가 펴낸 총서에 대한 자세한 것은 김덕영, 앞의 책(2012), 111~12쪽을 볼 것.

므로 이들 제목이 막스 베버의 생각을 반영했다고 보기는 사실상 어렵다. 이에 반해 『막스 베버 전집』에서는 이 둘을 한 군데로 묶어서 제I부 제19권을 구성했다.

베버의 두 글 「직업으로서의 과학」과 「직업으로서의 정치」 — 이 둘은 철학적 텍스트이다.[25] 왜냐하면 근대세계의 의미와 윤리를 성찰하고 있기 때문이다. 물론 일반적으로 통용되는 의미에서의 철학은 아니다. 즉 연역적 또는 형이상학적 철학이 아니다. 그보다 근대세계의 기본적인 문화사적 특성과 구조원리에 대한 경험과학적 인식에 근거하고 있다. 그러므로 「직업으로서의 과학」과 「직업으로서의 정치」는 경험과학적 인식에 기반하는 철학적 텍스트라고 그 성격을 규정할 수 있을 것이다. 즉 그것들은 철학적이고 사회학적인 텍스트라고 할 수 있다.[26] 두 철학적-사회학적 텍스트에서 베버는 합리화되고 탈주술화된 근대세계에서 과학적 삶과 정치적 삶의 의미는 무엇이며, 학자와 정치가의 자질과 윤리는 무엇인가를 논구하고 있다. 두 글에서 베버는 "근대적 삶의 조건들에서 어떻게 학자와 정치가로서의 유의미하고 독립적인 생활양식이 가능한가를" 논구하고 있다; 이는 자유학생연맹 바이에른 지부가 기획한 강연 시리즈에 잘 맞는데, 왜냐하면 이 시리즈는 "고도로 발전한 자본주의라는 조건에서 어떻게 '직업으로서의 정신노동'을 형성할 수 있는가라는" 질문을 제기했기 때문이다.[27] 그리고 더 나아가 "개인들에게 [어떻게] 사실을 인식하고 독립적으로 결정을 하며, 이와 동시에 책임감 있게 초개인적인 과업 또는 대의에 헌신할 수 있는가를" 제시하고 있다.[28] 요컨대

25 Wolfgang J. Mommsen & Wolfgang Schluchter, "Einleitung" zu Max Weber, Wissenschaft als Beruf 1917/1919. Politik als Beruf 1919: Max Weber Gesamtausgabe I/17, Tübingen: J. C. B. Mohr (Paul Siebeck) 1992a, 1~46쪽, 여기서는 1쪽.

26 Hans-Peter Müller, Max Weber. Eine Spurensuche, Berlin: Suhrkamp 2020, 381쪽.

27 같은 책, 380쪽.

28 Wolfgang J. Mommsen & Wolfgang Schluchter, 앞의 글(1992a), 1쪽. 이 인용구절에 나오는 "과업"과 "대의"는 모두 독일어 'Sache'를 옮긴 것으로, 전자는 학자에 후자는 정

「직업으로서의 과학」과 「직업으로서의 정치」는 내적 공속성의 관계에 있다.[29]

이처럼 「직업으로서의 과학」과 「직업으로서의 정치」는 철학적 텍스트라는 점에서, 그리고 근대세계에서의 직업의 문제를 다루었다는 점에서 상호 밀접한 관계에 있다. 그런데 이 두 글과 밀접한 관계에 있는 글이 또 하나 있으니, 그것은 다름 아닌 1904~05년에 나온 『프로테스탄티즘의 윤리와 자본주의 정신』이다. 물론 이 저작은 철학적 텍스트가 아니라 경험과학적 텍스트라는 점에서, 구체적으로 말해 금욕적 프로테스탄티즘과 근대 자본주의의 정신 사이의 인과적 의의에 관한 문화사적 연구라는 점에서 「직업으로서의 과학」이나 「직업으로서의 정치」와는 명백히 구별된다. 그러나 서구 근대 경제 시민계층의 직업윤리를, 즉 직업으로서의 경제를 그 인식대상으로 한다는 점에서는[30] 이 두 글과 분명히 공속적인 관계에 있다. 그러므로 이 세 글을 연결하면 다음과 같은 명제의 고리를 얻을 수 있다.[31]

직업으로서의 경제 — 직업으로서의 과학 — 직업으로서의 정치

직업으로서의 경제, 직업으로서의 과학, 그리고 직업으로서의 정치는 근대세계의 문화적-윤리적 기초를 이룬다. 왜냐하면 직업이야말로 주체적이고 자율적이며 자기책임적으로 행위하는 인간들에게 개인적 삶

치가에 연관된다. 이에 대한 근거는 뒤의 제5장과 제6장을 볼 것.

29 Hans-Peter Müller, 앞의 책(2020), 380쪽.

30 이에 대한 자세한 논의는 다음을 볼 것. 김덕영, 「해제: 종교·경제·인간·근대 — 통합 과학적 모더니티 담론을 위하여」, 막스 베버, 『프로테스탄티즘의 윤리와 자본주의 정신』, 김덕영 옮김, 도서출판 길 2010, 513~669쪽.

31 다음의 두 단락은 김덕영, 같은 글, 635~37쪽을 수정, 보완한 것임.

의 이상과 사회적 요구를 결합할 기회와 장을 제공해주기 때문이다.

먼저 자신의 직업인 과학에 관한 한, 베버는 전(全)인격적이고 인본주의적인 교육과 교양 그리고 규범적이고 정치적인 가치판단의 시대는 지나갔다고 진단한다. 그보다 전문적인 자격을 갖춘 학자가 전문적인 연구와 전문적인 교육을 통해 근대세계와 근대인의 삶과 행위, 그리고 사회관계와 사회질서에 적합한 문화자본을 축적하고 전수하는 것이야말로 직업으로서의 과학에 주어진 과제이다. 그리고 정치에 관한 한, 베버는 "지적으로 흥미로운 것에 대한 낭만주의" 대신에 직업으로서의 정치의 존재와 의미를 역설한다(이 낭만주의는 당시 독일의 지식인들 사이에 널리 퍼진 풍조로서 "거기로부터는 아무런 결과도 나오지 못하고 또 거기에는 그 어떤 실질적인 책임감도 따르지 않는다").[32] 직업정치가는 장기간에 걸친 서구 합리화 과정의 결과로서 책임윤리를 가지고 정치에 의해 살아가고 또한 정치를 위해 살아가는 인간을 가리킨다. 이렇듯 합리적이고 전문적인 행위유형과 생활양식, 즉 직업이 학자와 정치가를 한군데로 묶는다면 이 둘을 한군데로 묶는 공통적인 특성은 무엇보다도 순수하게 직업노동에 헌신할 수 있는, 그러나 다른 한편 사물과 인간으로부터 일정한 거리를 유지할 수 있는 능력에 있다. 베버는 이러한 능력을 가리켜 인격이라고 부른다. 즉 인격이란 다름 아닌 직업적 전문성에서 나오는 것이다. 뒤의 제6장에서 논의되는 바와 같이, 베버는 예술가의 인격도 같은 데에서 찾는다. 이렇게 보면 다음과 같은 연결고리를 얻는다.

> 직업으로서의 경제―직업으로서의 과학―직업으로서의 정치
> ―직업으로서의 예술―직업으로서의 …

---

32 Max Weber, 앞의 책(1988a), 546쪽[178~79쪽]. 베버가 말하는 낭만주의는 18세기 말에 일어나 19세기 중반까지 이어진 문화운동이 아니라 체험의 비분리성을 강조하고 체험을 중시하는 풍조를 가리킨다. 그러므로 "지적으로 흥미로운 것에 대한 낭만주의"는 "지적으로 흥미로운 것이면 무엇이든 체험하려는 태도"라고 읽으면 될 것이다.

234

5. 「직업으로서의 과학」과 「직업으로서의 정치」

여기까지의 논의를 염두에 두고 이제 「직업으로서의 과학」과 「직업으로서의 정치」에 대한 분석으로 넘어가기로 한다. 먼저 이 둘은 동일한 구조를 가지며, 내적 공속성과 내적 통일성의 관계에 있음을 살펴본다. 그러고 나서 「직업으로서의 과학」과 「직업으로서의 정치」의 핵심적인 메시지를 살펴본다. 전자는 탈주술화된 세계에서의 과학의 의미와 학자의 행위와 윤리이며, 후자는 직업정치가의 자질과 정치윤리이다.

(1) 이 둘의 관계

방금 제4장에서 언급한 바와 같이, 「직업으로서의 과학」과 「직업으로서의 정치」는 경험과학적 텍스트가 아니라 철학적 텍스트, 보다 정확하게 말하자면 경험과학적 인식에 기반하는 철학적 텍스트 또는 철학적-사회학적 텍스트라는 점에서 공통적이다.

그런데 이 두 철학적-사회학적 텍스트인 「직업으로서의 과학」과 「직업으로서의 정치」는 논의구조에서도 공통점을 보여준다. 둘은 모두 외적인 것에서 내적인 것으로, 제도적인 것에서 개인적인 것으로 논의를 진행한다. 그것들은 "'외적인 것'에서 '내적인 것'으로, 그리고 '과학'과 '정치'라는 가치영역과 생활질서의 **제도적** 차원에서 출발해 학자와 정치가의 생활양식의 **개인적** 차원으로 나아간다." 또는 달리 말해 「직업으로서의 과학」과 「직업으로서의 정치」는 "과학이라는 직업과 정치라는 직업이 수행될 수 있는 외적 조건, 제도적 상황에 대한 논의를 한 다음, 이 직업들이 개인들에게 요구하는 것에 대한 논의로 넘어간다."[33] 요컨

---

33 Wolfgang Schluchter, "Wertfreiheit und Verantwortungsethik: zum Verhältnis von Wissenschaft und Politik bei Max Weber", in: Rationalismus der Weltbeherrschung:

대 「직업으로서의 과학」과 「직업으로서의 정치」는 "동일한 구조"를 보여준다.[34]

그리고 「직업으로서의 과학」과 「직업으로서의 정치」는 이처럼 형식적인 측면에서 "동일한 구조"를 보여줄 뿐만 아니라 — 바로 앞 장에서 언급한 바와 같이 — 내용적인 측면에서도 동일한 사안을 다루고 있다. 그것들에서 문제가 되는 것은 "과학이나 정치가 다음과 같은 의미에서, 즉 세계의 탈주술화라는 조건에서 과학이나 정치에 의해 세계인식과 세계형성의 통일성이 실현될 수 있다는 의미에서 직업이 될 수 있는가이다. 그리하여 과학과 정치가 각각 독립적으로 다루어질 뿐만 아니라 상호관계 속에서도 다루어진다. 베버는 과학의 내재적인 한계를 물으면서 동시에 과학이 정치에 대해 갖는 관계를 고찰한다; 그는 정치적 행위의 한계를 설정하면서 동시에 정치를 과학과 관련짓는다."[35] 요컨대 「직업으로서의 과학」과 「직업으로서의 정치」는 내적 공속성 또는 내적 통일성의 관계에 있다.

베버의 두 철학적-사회학적 텍스트인 「직업으로서의 과학」과 「직업으로서의 정치」에서 볼 수 있는 내적 공속성 또는 내적 통일성의 관계는 이뿐만이 아니다. 그것들은 더 나아가 둘 다 이중적 층위를 보여준다. 그것들은 "한편으로 **규범적으로** 지향되어 있는데, 그 이유는 정치적으로나 문화적으로 어려운 상황에서 사회철학적 시대진단을 하고자 하며 학자와 정치가는 어떠해야 **하는가**에 대해 답을 주고자 하기 때문이다. 이 두 직업인간들의 **이념형**[36]은 직업수행의 **이념**도 포함한다. 다른

Studien zu Max Weber, Frankfurt am Main: Suhrkamp 1980, 41~74쪽, 여기서는 45쪽.

34 Hans-Peter Müller, 앞의 책(2020), 380쪽.

35 Wolfgang Schluchter, 앞의 글(1980), 46쪽.

36 이념형에 대한 자세한 논의는 다음을 볼 것: 막스 베버, 『문화과학 및 사회과학의 논리와 방법론』, 김덕영 옮김, 도서출판 길 2021a, 306~36쪽; 김덕영, 앞의 책(2012), 494쪽 이하.

한편으로 베버의 견해에 따르면, 그의 논의는 **선험적으로** 지향되어 있는데, 그 이유는 그의 관심이 직업과 인격 그리고 생활양식의 공동작용에 있기 때문이다. 만약 인간이 — 그에게 인간은 언제나 문화인간[37]을 뜻한다 — 직업인간으로서 과학과 정치에서 자신을 **증명해야** 한다면, 그가 어떤 특성들의 다발을 소유해야만 그의 **성공**과 (즉 제도의 요구에 성공적으로 **적응하는 것**과 그리함으로써 자신을 **증명하는 것**이) 그의 **본질적이고 고유한 가치**가 (제도적 위기의 시대에 인격적이고 주권적으로 **행위하는 것**이) 보장될 수 있을까? 요컨대 베버의 증명모델은 목적합리적인 행위요소와 가치합리적인 행위요소를 포함하고 있으며, 책임윤리와 신념윤리를 그때그때 특수하게 결합하는 것을 목표로 하고 있다."[38]

아무튼 「직업으로서의 과학」과 「직업으로서의 정치」는 각각 직업으로서의 과학과 직업으로서의 정치의 외적이고 제도적인 측면에서 내적이고 행위적인 또는 윤리적인 측면으로 진행한다는 점에서 동일한 구조를 보여주며, 또한 동일한 사안을 다루고 공히 이중적 층위를 보여준다는 점에서 내적 공속성 또는 내적 통일성을 보여주는 철학적-사회학적 텍스트이다.

이 둘 가운데 「직업으로서의 과학」의 경우에는 — 이 책의 편제에 따라 볼 때[39] — 제1장이 외적이고 제도적인 것에 속하고 제2~5장이 내적이고 행위적인 것에 속하며, 또한 「직업으로서의 정치」의 경우에는 제1~4장이 외적이고 제도적인 것에 속하고 제5~6장이 내적이고 행위적인 것에 속한다. 이 두 부분을 각각 제1부와 제2부로 보고 그 제목을 각각 "직업으로서의 과학의 외적 측면"과 "직업으로서의 과학의 내적

---

37 문화인간에 대해서는 막스 베버, 앞의 책(2021a), 293쪽과 김덕영. 앞의 책(2012), 412쪽 이하를 볼 것.

38 Hans-Peter Müller, 앞의 책(2020), 383쪽.

39 원서에는 아무런 장이나 절도 나누어져 있지 않다. 이에 독자들의 편의를 위해 옮긴이가 장과 절을 나누고 각 장과 절의 제목을 붙였음을 일러둔다.

측면" 그리고 "직업으로서의 정치의 외적 측면"과 "직업으로서의 정치의 내적 측면"으로 해도 무방할 것이다.

(2) 탈주술화된 세계에서의 과학과 학자

베버는 「직업으로서의 과학」에서 독일 대학과 미국 대학을 비교하면서 직업으로서의 과학의 외적 측면을 간략하게 논의하는데, 이는 제1장 "학자라는 직업의 외적 조건들"에 해당한다. 이어서 직업으로서의 과학의 내적 측면에 대한 논의로 넘어가는데, 바로 여기에 중점이 있고 우리의 해제도 여기에 초점을 맞추기로 한다.

베버에 따르면, 탈주술화된 세계에서는 과학이 그 어떤 다른 것에 이르기 위한 길이 아니다; 과학은 진정한 존재로의 길, 진정한 예술로의 길, 진정한 자연으로의 길, 진정한 신으로의 길, 진정한 행복으로의 길이 아니다.[40] 이뿐만이 아니다. 더 나아가 과학은 그것이 "기술하는 이 세계가 존재할 가치가 있는 것인지, 그 세계가 '의미'를 가지고 있는 것인지, 그 세계에서 살아가는 것이 의미가 있는 것인지" 증명할 수 없으며, 그런 것들에 대해 물을 수 없다. 이는 모든 종류의 과학에 적용되는 논리이다. 예컨대 자연과학은 "**만약** 우리가 삶을 **기술적으로** 지배하고자 한다면, 우리가 무엇을 해야 하는가라는 물음에 답을 준다. 그러나 우리가 삶을 기술적으로 지배해야 하는지 또한 지배하고자 하는지, 그리고 이렇게 하는 것이 궁극적으로 참된 의미가 있는지 — 이 문제는 완전히 제쳐두거나 아니면 자명한 것으로 전제한다." 미학은 "어떠한 조건 아래에서 예술작품이 존재하는가를 규명하고자" 한다; 그러나 "예술의 영역이 혹시 악마의 영광의 왕국, 이 세상의 왕국이 아닌지, 따라서 예술은 그 가장 깊은 내면에서는 신에게 적대적이 아닌지, 또한 그 근본적인 귀족주의적

---

40 Max Weber, 앞의 책(1973), 595쪽 이하[45쪽 이하].

정신을 두고 볼 때, 반(反)형제애적인 것이 아닌가라는 질문을 제기하지 않는다." 그리고 법학은 "법률적 사고의 규칙에 따라서 무엇이 타당한가를 확정한다: 다시 말해 특정한 법규와 그것에 대한 특정한 해석방법이 **언제** 구속력 있는 것으로 인정되는가를 확정한다. 그러나 법이 존재해야 **하는지 아닌지**, 바로 어떤 특정한 규칙을 정해야 **하는지 아닌지**에 대해 법학은 대답하지 않는다." 마지막으로 역사적 문화과학들은 "정치적, 예술적, 문학적 및 사회적 문화현상들을 그 형성조건으로부터 이해하는 것을 가르쳐준다. 그러나 그 문화현상들이 존재할 가치가 있었는지 또는 있는지라는 물음에 대해서는 스스로 답을 주지 못하며, 또한 그 문화현상들을 알기 위해 노력할 가치가 있는지라는 물음에 대해서도 답을 주지 못한다."[41]

요컨대 모든 과학은 ── 자연과학이든, 규범과학이든, 문화과학이든 상관없이 ── 어디까지나 사실에 대한 판단을 할 수 있을 뿐 의미나 가치를 판단할 수 없으며, 또한 바로 그런 연유로 우리가 어떻게 살아야 하나 또는 우리가 무엇을 해야 하느냐에 대해서는 판단할 수 없다. 그것은 어디까지나 행위하는 개인의 주관적인 문제로서 객관적 사실을 분석하고 설명하는 과학의 규칙, 논리, 방법의 피안에 위치한다.

이러한 논의에 입각해 베버는 독일 대학에 대해 가차 없는 비판을 가한다. 당시 독일의 대학교수들은 강단에서 공공연히 주관적 판단을 내리면서 그에 입각해 학생들에게 인격의 도야를 역설하고 가치관이나 세계관 그리고 신조나 주의를 설파하고 있었다. 그리하여 강단예언 또는 교수예언이라는 말이 생겨났다. 강단예언자나 교수예언자는 엄밀히 말해 교사라기보다 지도자였다. 베버에 따르면, 오늘날 그러니까 "예언자도 없고 그의 메시지도 더 이상 신봉되지 않는" 시대에

---

41 같은 책, 599~600쪽[55~57쪽].

수천 명의 교수가 국가로부터 녹을 받거나 특권을 부여받은 소(小)예언자로서 강의실에서 예언자로부터 그의 역할을 인수하려고 애쓴다고 한들 결코 예언자를 지상으로 끌어내릴 수는 없다. 이 소예언자들이 그렇게 해서 초래할 수 있는 결과는 단 한 가지, 우리의 젊은 세대 중 그토록 많은 사람이 갈망하는 예언자는 이제 **없다**는 결정적인 사실과 이 사실이 갖는 막중한 의의를 그들이 절대로 깨닫지 못하도록 만드는 것이다. 이 모든 강단예언과 같은 대용물은 …… 진정한 종교적 "감수성을 지닌" 사람과 다른 사람들에게 다음과 같은 근본적인 사실, 즉 신으로부터 소원해진 시대, 예언자 없는 시대에 사는 것이 그의 운명이라는 근본적인 사실을 은폐한다─그리고 이러한 은폐는 그 사람이 자신의 내적 관심을 충족시키는 데 전혀 도움이 될 수 없다.[42]

이처럼 독일 대학이 강단예언이나 교수예언의 장(場)으로 된 데에는 사실 그만한 이유가 있었다. 그것은 수백 년 전부터 개인을 구속하고 결속해온 다양한 공동체적 이념들이─즉 기독교, 그로부터 도출된 시민윤리, 이상주의 철학, 윤리적으로 실행되어온 직업관념, 과학, 국가, 민족, 가족 등이─19세기 말에 이르러 그 가치가 의심을 받으면서 근본부터 흔들리게 되었기 때문이다. 이러한 상황은 당연히 대부분의 학생들에게 감당할 수 없는 도전이었다. 그들은 신으로부터 버림을 받았으며, 따라야 할 그 어떠한 법칙도 인정할 수 없었다. 그야말로 모든 것이 불확실하다는 데서 그들은 엄청난 충격을 받았다. 바로 이러한 시대적 상황에서 대학은 교육기관인 동시에 정신적 삶의 중심으로서 지식의 전수와 정신적 훈련 이외에도 다음과 같은 과제를 수행해야 한다는 표상이 생겨나게 되었다: "전체적인 인격의 도야, 신념과 주의의 전달, 모든 중대

---

42 같은 책, 609~10쪽[74~75쪽]. 막스 베버, 『가치자유와 가치판단』, 김덕영 옮김, 도서출판 길 2021b, 18~19쪽, 135~36쪽도 같이 볼 것.

한 삶의 문제에 대해 실천적으로 가치를 판단하는 태도, 통일적 세계상의 재건, 세계관의 제창 등." 이에 상응해 대학교수는 단순히 지식을 가르치는 사람이 아니라 "학생의 의지와 목표 그리고 학생의 인격적 발전에 방향을 제시해주는 지도자로" 간주되었다.[43] 그리하여 독일 대학에서 교수는 보편적이고 전인격적인 지도자가 되었으며, 강단에서 가치관이나 세계관을 선포하는 예언자가 되었던 것이다.

그런데 베버가 보기에 강단예언자들 또는 교수예언자들은 오늘날 과학의 본질을 간과한다.

오늘날 과학은 자기성찰과 사실관계의 인식에 기여하기 위해 **전문적으로** 추진되는 "직업"이지, 구원재(救援財)와 계시를 희사하는 선지자나 예언자의 은총의 선물이 아니며, 또한 세계의 **의미**에 대한 현자나 철학자의 사색의 일부분도 아니다 — 물론 이것은 우리에게 불가피하게 주어진 역사적 상황으로서, 우리가 우리 자신의 직분에 충실한 한 우리는 이 상황에서 벗어날 수 없다.[44]

여기에서 말하는 역사적 상황이란, 오늘날은 개인주의의 시대이며 주관주의의 시대이며 가치다신주의의 시대라는 뜻이다.[45] 이 시대는 모든 개인이 공통적인 신앙을 갖기 때문에 예언자나 지도자가 가치관이나 세계관을 선포하는 일이 가능하고 유의미한 시대와는 본질적으로 구별된다. 가치다신주의란 다양한 가치가 공존하면서 서로 갈등하고 경쟁하며 투쟁하는 것을 가리킨다. 오늘날 각 개인은 그의 가치에 입각해 주관적

---

43 Marianne Weber, Max Weber. Ein Lebensbild, J. C. B. Mohr (Paul Siebeck) 1926, 554쪽.

44 Max Weber, 앞의 책(1973), 609쪽[74쪽].

45 이 단락에 나오는 개인주의, 주관주의, 가치다신주의, 합리화, 탈주술화에 대한 자세한 논의는 김덕영, 앞의 책(2012), 654쪽 이하를 볼 것.

으로 판단하고 행위하며, 그에 대해 의미를 부여하고 또한 그 결과에 대해 책임을 진다. 이러한 역사적 상황에서 교수가 학생에게 주관적 가치판단을 강요하는 것은 그의 일반적인 내적 동요를 증가시킬 뿐이다.[46] 그리고 이러한 역사적 상황은 수천 년에 걸친 합리화와 탈주술화 과정의 산물이기 때문에 단순히 그 존재를 부정한다고 해서 또는 그와 다른 삶의 조건을 원한다고 해서 벗어날 수 있는 성질의 것이 아니다.

이처럼 과학이 진정한 것 ─ 진정한 존재, 진정한 예술, 진정한 자연, 진정한 신, 진정한 행복 ─ 에 이르는 길이 아니라면, 그리고 세계의 의미와 가치에 대한 물음에 답할 수 없으며 어떻게 살고 행위해야 하는지 가르쳐줄 수 없다면, 오늘날 과학의 의미는 도대체 어디에서 찾을 수 있단 말인가? 달리 묻자면, 탈주술화된 세계에서 탈주술화된 과학은 우리의 삶과 행위를 위해 도대체 무엇을 할 수 있단 말인가?

베버는 오늘날 직업으로서의 과학이 개인적 삶에 실천적으로 기여할 수 있는 바를 크게 세 가지로 본다. 첫째, 과학은 우리가 어떻게 삶을, 즉 외적인 사물과 인간의 행위를 계산을 통해 지배할 수 있는가에 대한 기술적 지식을 제공한다." 둘째, 과학은 "사고의 방법, 사고의 도구 및 사고를 위한 훈련"으로서 의미를 지닌다. 셋째, 과학은 "**명료성**을 얻도록 도와줄 수 있다."; 구체적으로 말해 과학은 "그때그때 현안이 되는 가치문제에 대해 …… 실천적으로 이러저러한 입장을 취할 수 있다는" 점을, 그리고 "**만약** …… 이런 또는 저런 입장을 취한다면, 그 입장을 실제로 실현하기 위해서는 …… 이러이러한 **수단**을 사용하지 않으면 안 된다는" 점을 명백하게 해줄 수 있다.[47] 결론적으로 과학은 그 고유한 방법, 지식 및 경험을 통해 실천적-개인적 삶에 유익한 도움을 줄 수 있다. 이때 과학으로부터 도움을 받는 개인이 어떠한 신앙과 세계관 또는 가치관을

46 Marianne Weber, 앞의 책(1926), 335쪽.
47 Max Weber, 앞의 책(1973), 607쪽[70~71쪽].

갖고 있는가는 아무런 상관이 없다. 그리고 과학이 주는 도움은 단지 물질적-경제적인 측면뿐만 아니라 정신적, 문화적, 사회적 측면을 포괄한다.

이 모든 것이 가능하려면 학자는 확고한 내적 소명의식과 열정을 갖고 자신에게 주어지는 직업적 "일상의 요구"에 헌신해야 하며, 또한 바로 거기에서 궁극적인 삶의 의미와 가치를 찾아야 한다.[48] 그런데 학자에게 주어지는 첫 번째 일상의 요구로는 연구를 통해 진리를 추구해야 하는 의무를 꼽을 수 있는데, 이 의무는 오직 "논리적 규칙들 및 방법론적 규칙들의 타당성"이라는 원칙에 의해서만 달성해야 하고 또한 달성할 수 있다.[49] 그리고 학자에게 주어지는 두 번째 일상의 요구로는 교육의 의무를 언급할 수 있다. 즉 교수는 학생들을 논리적이고 명료한 사고방법, 냉철한 자기성찰 및 자기비판, 객관적인 사실의 인식과 판단으로 교육해야 한다. 베버는 학자의 이러한 연구적-교육적 자질과 능력을 가리켜 지적 성실성이라고 한다. 그리고 바로 이 지적 성실성을 학자의 인격이라고 한다. 지적 성실성과 인격은 탈주술화된 오늘날 학자에게 부과되는 윤리적 요구이다. 다시 말하자면, 지적 성실성과 인격은 탈주술화된 과학의 윤리적 상응물이다.[50]

(3) 직업정치가의 자질과 정치윤리

베버는 「직업으로서의 정치」의 제1~4장에서 직업으로서의 정치의 외적 측면을 — 「직업으로서의 과학」의 경우보다 훨씬 더 자세히 — 논

---

48 같은 책, 613쪽[85쪽].

49 같은 책, 398~99쪽[54쪽].

50 Johannes Weiss, "Max Weber: Die Entzauberung der Welt", in: Josef Speck (Hrsg.), Grundprobleme der grossen Philosophen. Philosophie der Gegenwart IV, Göttingen: Vandenhoeck & Ruprecht 1981, 9~47쪽, 여기서는 18쪽 이하.

의하는데, 구체적으로 — 이미 앞의 제2장에서 언급한 바와 같이 — 정치(적 단체)와 국가의 사회학적 정의, 정치적 지배의 형태들과 그 역사적 배경, 정당의 역사적 발전 및 이와 연관된 정치적 권력행사 및 정치가의 유형들이다. 거기에는 베버의 지배사회학, 정치사회학(국가사회학)과 정당사회학이 아주 집약적인 형태로 요약되어 있다. 이어서 정치의 내적 측면에 대한 논의로 넘어가는데, 직업정치가의 자질을 다루는 제5장과 정치와 윤리의 관계, 다시 말해 정치의 윤리적 토대를 다루는 제6장이 여기에 해당한다. 중점은 바로 이 내적 측면에 있고 우리의 해제도 여기에 초점을 맞추기로 한다.

a. 열정, 책임감, 현실감각

첫째, 직업정치가, 그러니까 정치에 의해 살고 정치를 위해 살아가는 정치가의 자질이다. 이와 관련해 베버는 다음과 같은 질문, 즉 "그가[직업정치가가] 어떤 자질을 갖춰야 [자신에게 주어진] 권력을 (그것이 개별적인 경우에 제아무리 좁게 한정된다고 할지라도) 제대로 행사할 수 있고 그래서 그 권력이 자신에게 부과하는 책임을 제대로 감당해낼 수 있을까 하는" 질문을 제기한다. 다시 말해 "어떤 종류의 인간이라야 역사의 수레바퀴의 살을 움켜잡을 권리를 갖는가라는" 질문을 제기한다.[51]

베버는 직업정치가의 자질로 열정, 책임감, 현실감각의 세 가지를 제시한다. 이 가운데 열정은 즉물성(卽物性)이라는 의미를 갖는다; 다시 말해 "비창조적 흥분"이 아니라 "하나의 '대의'와 그것의 명령자인 신이나 데몬에 대한 열정적인 헌신을 말한다."[52]

여기에서 즉물성은 'Sachlichkeit'를 옮긴 것이다. 즉물성 하면 "물질

---

51 Max Weber, 앞의 책(1988a), 545쪽[177쪽].
52 같은 곳[177~78쪽]. 여기에서 말하는 "비창조적 흥분"은 게오르그 짐멜(1858~1918)에서 온 것으로 "문화인간은 지속적으로 '자극되지만' 이 자극이 그의 고유한 창조성을 자극하지 못하는" 현상을 가리킨다. 자세한 것은 이 책의 178쪽, 주 227을 볼 것.

적인 면을 중시하는 것"을 연상하는 것이 일반적이다. 그러나 여기서는 또 다른 하나의 의미인 ─ 국어사전을 약간 변형해 인용하자면 ─ "관념적이거나 추상적으로 사고하거나 행위하는 것이 아니라 실제의 사물에 비추어 사고하고 행위하는 것"을 가리킨다. 이와 더불어 베버가 말하고자 하는 바는, 직업정치가가 갖추어야 하는 자질인 열정은 ─ 방금 언급한 바와 같이 ─ "비창조적 흥분"이나 "지적으로 흥미로운 것에 대한 낭만주의"가 아니라[53] 특정한 대의의 실현, 즉 특정한 이념이나 이상 또는 목표 ─ 우리는 이것을 사물이라고 표현할 수 있을 것이다 ─ 의 실현에 지향된 냉철한 열정이라는 것이다. 베버에 따르면, 정치가는 어떤 목표에 헌신할 수 있는데, 이 목표는 "민족적인 것이거나 인류적인 것일 수도 있고, 사회적-윤리적인 것이거나 문화적인 것일 수도 있고, 세속적인 것이거나 종교적인 것일 수도" 있다; 정치가는 "'진보' ─ 이것이 어떤 의미이든 간에 상관없다 ─ 에 대한 강한 믿음에 따라 행위할 수도 있고, 아니면 이런 종류의 믿음을 냉철히 거부할 수도" 있다; 정치가는 "어떤 '이념'에 헌신하고 있다고 주장할 수도 있고, 아니면 이런 생각 자체를 원칙적으로 거부하면서 일상적 삶의 외적인 목표에 헌신하고자 할 수도" 있다.[54]

또한 직업정치가는 책임감을 가져야 하는데, 이는 "하나의 '대의'에 대한 헌신으로서의 열정을 가짐과 동시에 바로 이 대의에 대한 **책임의식**을 그의 행위를 이끄는 결정적인 길잡이로 삼아야" 하는 것을 뜻한다.[55]

그리고 이를 위해 필요한 것이 **"현실감각"**인데, 이것은 "정치가의 매

---

53 "지적으로 흥미로운 것에 대한 낭만주의"가 무엇인지는 이미 앞의 주 32에서 간략하게 언급했으니 참조할 것.
54 Max Weber, 앞의 책(1900a), 540쪽[101─82쪽]. 이 단락에 나오는 "대의"는 'Sache'를 옮긴 것이다. 이 독일어 단어는 과학과 관련해서는 "일", "본분", "과업"으로 옮길 수 있다. 이에 대한 근거는 뒤의 주 65를 볼 것.
55 같은 책, 546쪽[179쪽].

우 중요한 심리적 자질로서, 내적 집중과 평정 속에서 현실을 수용하고 판단할 수 있는 능력, 그러니까 사물과 인간에 대해 **거리를 둘** 수 있는 능력"을 말한다.[56]

이 현실감각은 'Augenmass'를 옮긴 것이다. 이 독일어 단어는 원래 양이나 길이를 눈으로 어림잡을 수 있는 능력, 그러니까 목측(目測)을 뜻하거나 신중함 또는 적절한 방식으로 행위할 수 있는 능력을 뜻한다. 그런데 베버는 'Augenmass'를 현실과의 관계 속에서 사용하고 있다. 즉 현실을 정확히 판단하고 현실(사물과 인간)에 거리를 둘 수 있는 능력으로 사용하고 있다. 이는 베버가 직업으로서의 정치에 대한 강연을 위해 작성한 핵심어 메모지를 보아도 잘 드러난다. 거기에는 "Augenmass = 사물에 거리를 둠/현실에 **대처함**(궤도를 벗어나지 않음!)"이라는 표현이 나온다.[57] 이 모든 것을 감안하면 'Augenmass'는 "현실감각"이라고 옮기는 것이 가장 적합해 보인다.

그런데 정치가가 현실감각을 갖추어야 한다는 것은 이른바 현실정치를 추구해야 한다는 뜻으로 오해해서는 안 된다. 그것이 뜻하는 바는 오히려 현실주의적 정치를 추구해야 한다는 것이다. 다시 말해 현실을 직시하면서 대의에 헌신하고 그 대의에 대한 책임을 지는 정치를 추구해야 한다는 것이다.

b. 신념윤리와 책임윤리

둘째, 정치와 윤리의 관계, 즉 정치의 윤리적 토대이다. 베버는 정치윤리를 신념윤리와 책임윤리의 두 가지로 구별한다. 신념윤리란 행위의 동기와 의도를 중시하는 윤리이며, 책임윤리란 행위의 결과와 그에 대한 책임을 중시하는 윤리이다. 전자의 경우는 가치와 신념이, 그리고 후자

---

56 같은 곳.
57 Max Weber, 앞의 책(1992), 227쪽.

의 경우는 합리적 자기통제와 계산이 중요하다. 물론 그렇다고 해서 신념윤리는 무책임과, 책임윤리는 무신념과 동일하다는 것은 결코 아니다. 그러나 신념윤리적 원칙에 입각한 행위와 책임윤리적 원칙에 입각한 행위 사이에는 심연과도 같은 차이가 있다.[58] 그 이유는 다음과 같이 신념윤리가와 책임윤리가의 극단적으로 대비되는 특성을 보면 명백히 드러난다.

> 만약 순수한 신념에서 나오는 행위의 결과가 나쁜 것이라면, 신념윤리가는 이에 대한 책임을 행위자가 아니라 세상, 즉 다른 사람들의 어리석음 — 또는 인간을 그렇게 창조한 신의 의지로 돌린다. 이에 반해 책임윤리가는 인간의 평균적인 결함들을 고려하며 ……, 또한 자기 행위의 결과를 예측할 수 있었던 한에서는 그 결과를 다른 사람들에게 떠넘길 수 없다고 생각한다. 그는 '이런 결과에 대한 책임은 나의 행위에 있다'라고 말할 것이다. 이에 반해 신념윤리가가 "책임"을 느끼는 것은 단지 순수한 신념의 불꽃, 예컨대 정의롭지 못한 사회질서에 대한 저항의 불꽃이 꺼지지 않도록 하는 일에 대해서뿐이다. 이 불꽃을 끊임없이 되살리는 것이야말로 성공 가능성의 관점에서 판단할 때에는 전적으로 비합리적인 그의 행위가 추구하는 목적이며, 이 행위는 단지 모범의 제시라는 가치만을 가질 수 있으며 또 이런 가치만을 가져야 한다.[59]

흔히 베버는 신념윤리를 부정적인 것이라고 간주한다고 생각하기 쉽다. 그러나 베버는 이 두 유형의 행위윤리가 절대적 대립관계가 아니라 상호 보완적인 관계에 있으며, 이 두 윤리가 함께 진정한 인간을 만드는 것이라고 강조하고 있다.[60] 그러나 중요한 것은 신념윤리와 책임윤리 가

---

58 Max Weber, 앞의 책(1988a), 551~52쪽[191~92쪽].

59 같은 책, 552쪽[192~93쪽].

운데 한 가지를 행위의 기본적인 원칙으로 선택해야 한다는 점이다. 자명한 일이지만 탈종교적인, 즉 세속화된 근대세계에서는 책임윤리가 개인적 행위의 기본적인 원칙이 되어야 한다. 그런데 신념과 가치가 배제된 채 오직 행위의 성공적 결과만 중시하는 책임윤리는 개인들을 "정신 없는 전문가",[61] 즉 단순히 외적으로 주어진 기능과 역할이나 수행토록 만들 것이다. 그러므로 책임윤리가는 "신념의 가치를 성공의 가치와 **관련**시켜야 한다."[62] 요컨대 직업정치가는 신념윤리에 의해 보완된 책임윤리에 따라 정치적 행위를 해야 한다.

그런데 이처럼 신념윤리에 의해 보완된 책임윤리는 단지 정치적 영역에만 국한되는 것이 아니다. 비록 이 윤리는 직업으로서의 정치에 대한 강연에서 정치적 윤리로 제시되기는 했지만, 각 개인이 탈종교적 시대에 행위의 주체로서 윤리적으로 삶을 영위할 수 있는 유일한 대안이기도 하다. 그것은 "책임윤리적으로 정초된 세속적 개인주의"이며, 각 개인은 바로 이 개인주의에 입각해 다른 사람들과 사회적 관계를 맺고 공동체를 구성한다.[63]

6. 자기제한과 직업

베버에 따르면, 학자와 정치가의 인격은 직업적으로 분화된 전문노동에 자신의 삶과 행위를 제한하고 거기에 기여하고 헌신하는 데에서 나

---

60 같은 책, 559쪽[214쪽].

61 이에 대해서는 막스 베버, 『프로테스탄티즘의 윤리와 자본주의 정신』, 김덕영 옮김, 도서출판 길 2010, 367쪽과 그에 따르는 주 42(367~68쪽)를 볼 것.

62 Wolfgang Schluchter, Individualismus, Verantwortungsethik und Vielfalt, Weilerswist: Velbrück Wissenschaft 2000, 20쪽.

63 같은 책, 21쪽.

온다. 즉 "직업과 자기제한, 자기제한**으로서의** 직업"에서 나온다.[64] 그런데 이 직업 ─ 자기제한 ─ 인격의 개념고리는 학자와 정치가뿐만 아니라 예술가에게도 똑같이 적용되는 논리이다. 이와 관련해 베버는 「직업으로서의 과학」에서 다음과 같이 말하고 있다.

> 과학의[65] 영역에서는 **전적으로 일**에 헌신하는 사람만이 "인격"을 갖는다. 그리고 비단 과학의 영역에서만 그런 것이 아니다. 우리가 알고 있는 위대한 예술가치고 자신의 일에, 그리고 오로지 자신의 일에만 헌신한 것 이외에 다른 어떤 것을 했다는 사람은 단 한 명도 없다. 심지어 괴테 같은 위상의 인물에게서조차도 자유롭게 자신의 "삶" 자체를 예술작품으로 만들려고 했던 것이 예술에 관한 한 좋지 않은 결과를 가져왔다. 물론 이 말이 정말일까 하고 의심할 수도 있다 ─ 그러나 어쨌든 괴테 정도는 되어야만 감히 그럴 수 있으며, 또한 누구나 적어도 다음을, 즉 심지어 괴테처럼 천년에 한 번 나타나는 인물조차도 그렇게 한 것에 대한 대가를 치르지 않을 수 없었다는 점을 인정할 것이다. 정치의 경우도 사정은 다르지 않다. …… 아무튼 과학의 영역에서는 다음과 같은 사람은 "인격"을 가진 사람이 아님이 분명하다. 즉 자신이 헌신해야 할 일의 흥행주로서 무대에 함께 등장하고,

---

64 Wolfgang J. Mommen & Wolfgang Schluchter, 앞의 글(1992a), 41쪽.

65 이 단락에는 "일"이라는 단어가 여러 차례 나온다. 이는 'Sache'를 옮긴 것인데 독일어로 이 단어는 본문, 과업, 과제, 책무, 일 등 아주 다양한 의미를 가지며, 따라서 본문 또는 과업으로 옮겨도 된다. 이 단락의 끝에 나오는 "과업"은 'Aufgabe'를 옮긴 것이다. 그런데 이미 제6장에서 언급한 바와 같이, 우리는 'Sache'를 정치와 관련해서는 "대의"로 옮겼다. 이처럼 같은 독일어 단어를 다르게 옮기는 이유는 다음과 같다. 정치는 권력과 폭력이라는 악마적 힘을 수단으로 특정한 가치나 이념 또는 목적을 실현하려는 행위인 반면, 과학은 이 가치실현적 행위를 가치자유적으로 분석하는 행위이다; 정치는 "역사의 수레바퀴의 살을 움켜잡는" 행위인 반면(Max Weber, 앞의 책[1988a], 545쪽 [177쪽]), 과학은 이 역사적 살을 실천적 행위를 개관적=이론적으로 분석하는 행위이다. 그러므로 정치가가 헌신하는 것은 대의라고 할 수 있고, 학자가 헌신하는 것은 이 대의에 헌신하는 정치가에 대한 연구라고 할 수 있다. 정치가는 책임윤리적 지도자이고, 학자는 가치자유적 전문가이다.

"체험"을 통해 자신을 정당화하려고 하며, 또한 어떻게 하면 내가 단순한 "전문가"와는 다른 어떤 존재임을 증명할 수 있을까, 어떻게 하면 나는 형식이나 내용 면에서 아직 그 누구도 말하지 않은 것을 말할 수 있을까 묻는 사람, 이런 사람은 "인격"을 가진 사람이 아님이 분명하다 — 이는 오늘날 광범위하게 나타나는 현상인데, 그것은 어디에서나 천박한 인상을 주며 그렇게 묻는 사람의 가치를 떨어뜨린다; 이에 반해 내적으로 과업에 그리고 오로지 과업에만 헌신하는 사람은 자신이 헌신한다고 내세우는 일의 정점에 오르고 그것의 품위를 드높이게 된다. 이는 예술가의 경우에도 마찬가지이다.[66]

이 인용구절의 네 번째 줄부터 여섯 번째 줄에는 괴테가 자신의 삶 자체를 예술로 만들려고 했다는 주장이 나온다. 이것이 의미하는 바는 괴테에 대한 빌헬름 딜타이(1833~1911)의 해석을 보면 한층 명백해질 것이다. 딜타이에 따르면, 괴테에게 궁극적인 것은 "자신의 삶, 자신의 인격을 예술작품으로 형성하는 것이며", 따라서 괴테는 "세계가 자신에게 가르쳐주는 바를 결국에는 자기 자신을 고양하고 심화하는 데에 이용하고자 한다."[67]

그러니까 괴테는 자신의 삶과 인격을 내적으로 통일된 유일무이한 예술작품으로 만들어 자신을 고양하고 심화하려 했으며, 이는 예술창작이라는 자신의 본분, 과업 또는 일에 헌신하면서 이를 통해 예술에 기여하는 삶, 즉 자기제한으로서의 직업이라는 원칙에 어긋나는 것이다. 베버는 이처럼 괴테의 심미적-(우주적) 인문주의로부터 거리를 둔다.[68]

---

66 Max Weber, 앞의 책(1973), 591~92쪽[36~37쪽].

67 Wilhelm Dilthey, Das Erlebnis und die Dichtung: Lessing, Goethe, Novalis, Hölderlin, 8. Auflage, Leipzig/Berlin: B. G. Teubner 1922, 216~17쪽.

68 Wolfgang J. Mommen & Wolfgang Schluchter, 앞의 글(1992a), 42쪽. 괴테의 우주적 세계관에 대해서는 게오르그 짐멜, 『근대 세계관의 역사: 칸트·괴테·니체』, 김덕영 옮김,

이렇듯 자기제한은 직업으로서의 과학과 직업으로서의 정치를, 그리고 직업으로서의 예술을 하나로 묶는 끈이다. 자기제한은 달리 체념과 행위 또는 체념 어린 행위, 즉 온갖 가능한 체험을 통해 완전하고 아름다운 인간성과 인격을 추구하는 삶으로부터 체념 어린 작별을 고하고 전문적인 직업노동에 헌신하는 행위를 말한다. 과학과 정치에서의 자기제한 또는 체념과 행위는 각각 가치자유와 책임윤리이며, 따라서 이 둘은 공속적 관계에 있다.[69]

여기에 직업으로서의 경제를 추가할 수 있다. 다시 말해 직업으로서의 경제는 자기제한 또는 체념 어린 행위라는 끈에 의해 직업으로서의 과학, 직업으로서의 정치 및 직업으로서의 예술과 하나로 묶인다. 베버는 이미 『프로테스탄티즘의 윤리와 자본주의 정신』(1904~05)에서 다음과 같이 말하고 있다.

　　근대적 직업노동이 일종의 **금욕주의적** 특성을 갖고 있다는 생각도 결코 새로운 것이 아니다. 인간의 삶을 전문노동에 한정시키는 것 그리고 그 결과로 다방면에 걸친 삶을 살려는 파우스트적 인간성을 포기하는 것은 오늘날의 세계에서 가치 있는 행위를 위한 일반적인 전제 조건이 되며, 따라서 "행위"와 "체념"은 오늘날 불가피하게 서로를 조건지우고 제약한다. 시민계층적 생활양식의 이러한 금욕주의적 기조 — 이 생활양식이 무(無)양식이 아니라 어떻게든 양식이 되기를 원한다면 그러한 기조를 가질 수밖에 없었는데 — 는 이미 **괴테**도 그 삶의 지혜가 절정에 이른 시기에 소설 『빌헬름 마이스터의 편력시대』를 통해 그리고 희곡의 주인공 파우스트의 삶의

도서출판 길 2007, 13쪽 이하를 볼 것. 그러나 다른 한편으로 — 뒤의 주 70에서 보게 되듯이 — 베버는 괴테가 만년에 쓴 두 작품 『빌헬름 마이스터의 편력시대』와 『파우스트』의 제2부에 자기제한으로서의 직업 또는 체념과 행위 또는 체념 어린 행위가 문학적으로 형상화되어 있다고 본다.

69　Wolfgang Schluchter, 앞의 글(1980), 59쪽.

마지막 단계에 대한 묘사를 통해 우리에게 가르치고자 했던 것이다. 괴테에게 이러한 인식은 완전하고 아름다운 인간성의 시대로부터 체념 어린 작별을 고하는 것을 의미했다. 고대 아테네의 전성기가 되풀이될 수 없듯이, 그러한 시대 역시 우리의 문화발전 과정에서 되풀이될 수 없을 것이다.[70]

---

70 막스 베버, 앞의 책(2010), 364~65쪽. 괴테는 『빌헬름 마이스터의 편력시대』(원래 제목은 『빌헬름 마이스터의 편력시대 혹은 체념하는 사람들』이다)에서 체념과 행위, 그러니까 체념 어린 행위를 노동분업과 직업적 전문성의 시대라는 역사적 상황에서 요구되는 윤리이자 덕목으로 그리고 있다. 각 개인은 한 분야 이외에는 모든 것을 체념하고, 바로 그 체념 어린 상태에서 자신에게 주어진 과업을 위해 소명의식을 갖고 열정적이고 헌신적으로 행위해야 한다. 그래서 제목에 "체념하는 사람들"이란 부제가 들어간 것이다. 예컨대 괴테는 오도아르트라는 등장인물의 입을 통해 다음과 같이 설파하고 있다: "먼저 석수공을 들어보자. 그들은 주춧돌과 모서리 돌을 완전히 다듬은 뒤 미장이의 도움을 받아 정확한 설계도 안에 표시된 바른 장소에 묻는다. 그 뒤를 이어 미장이들은 엄밀히 다져진 바탕 위에다 현재 완성된 것과 장차 더 손보아야 하는 것을 단단하게 고정시킨다. 조만간에 대목수가 준비된 들보들을 가져온다. 이렇게 해서 계획했던 일이 차츰 높이 올라가게 된다. 기와장이를 급히 불러와야 한다. 내부에는 소목수, 유리공, 철물공이 필요하다. 칠장이를 맨 나중에 드는 것은, 마지막으로 그가 내부와 외부 전체에 보기 좋은 외양을 내기 위해 언제라도 일을 시작할 수 있기 때문이다. …… 이 길에 들어서는 사람은 자기가 엄격한 예술에 투신하게 된다는 것을 알아야 하며, 이 예술이 요구하는 바가 만만치 않으리라는 것을 예상해야 한다. 큰 쇠사슬에서는 고리 하나만 부서져도 전체가 파괴된다. 커다란 계획을 시행할 때에는 커다란 위험에 처했을 때와 마찬가지로 경솔한 생각을 버려야 한다." 요한 볼프강 폰 괴테, 『빌헬름 마이스터의 편력시대 2』, 김숙희 외 옮김, 민음사 1999b, 139쪽. 그리고 괴테는 『파우스트』에서 파우스트가 탈한계적 인간에서 체념적 인간으로 변하는 과정을 그리고 있다. 파우스트는 악마 메피스토펠레스에게 영혼을 판 대가로 그의 힘을 빌려 24년 동안 신에 비견될 강력한 힘을 갖고 우주의 신비를 탐구하면서 온갖 향락을 누린다. 그러나 만년의 파우스트는 그 파우스트적 인간성, 즉 끊임없이 새로운 체험과 자극 및 지식을 추구하는 것을 체념하는 인간이 된다. 그는 마침내 이것이 얼마나 무절제하고 무모한 것인가를 깨닫게 되었고, 이 자기인식이 자기제한으로 이어진 것이다. 자기제한은 곧 자기해방이다. 이제 파우스트는 목적합리적인 행위와 생산적이고 유용한 노동에 헌신하고자 한다. 다시 말해 황제로부터 받은 황무지를 개간해 공동체적 삶에 기여하고자 한다. 이는 파우스트가 숨을 거두기 전에 마지막 남긴 말에 잘 형상화되어 있다: "습지가 산맥까지 뻗어서,/이미 이루어놓은 것을 죄다 버리고 있다./썩은 물웅덩이의 물을 빼내기 위해 하는/이 마지막 공사가 아마도 최고의 성취이리라./수백만을 위한 공간을 열겠노라,/안전하진 않아도 활동하며 자유롭게 거주할 곳 말이다. …… 자유로운 터에 자유로운 백성과

252

이렇게 보면 자기제한 또는 체념 어린 행위로서의 근대적 직업노동은, 그것이 경제이든 과학이든 정치이든 예술이든 상관없이, 금욕주의적 특성을 갖는다는 것을 알 수 있다. 그것은 수도원의 골방에 갇힌 탈세속적 또는 초세속적 금욕이 아니라 일상적 직업세계에서 실천되는 세속적 금욕주의이다. 베버의 세 저작 『프로테스탄티즘의 윤리와 자본주의 정신』, 「직업으로서의 과학」, 「직업으로서의 정치」는 경제, 과학, 정치라는 삶의 영역에서 실천되는 또는 실천되어야 하는 세속적 금욕주의에 대한 문화사적 또는 철학적-경험적 텍스트이다. 베버가 다양한 삶의 영역에서 분석한 이 세속적 금욕주의가 괴테의 작품에 탁월하게 문학적으로 형상화되어 있었던 것이다. 바로 여기에 예술가 괴테와 학자 베버 사이에 일종의 선택적 친화력이 존재한다. 이 점을 감안하면 베버가 비록 괴테의 심미적-(우주적) 인문주의로부터 거리를 두지만 다른 한편으로 괴테의 작품을 인용한다는 사실을 충분히 이해할 수 있을 것이다. 베버는 — 방금 본 바와 같이 —『프로테스탄티즘의 윤리와 자본주의 정신』의 마지막 부분에서 괴테를 인용하듯이 다음과 같이 괴테를 인용하면서 「직업으로서의 과학」을 끝맺고 있다.

우리는 우리의 일에 — 인간적으로나 직업상으로나 — 착수하여 "일상의 요구"[71]를 완수해야 한다. 그런데 각자가 **자신의** 삶을 조종하는 데몬

서고 싶노라./그 순간에게 내가 말해도 좋으리./멈추어라, 너 참 아름답구나!/나의 지상의 나날의 흔적은 영원 속에서도 지워지지 않을 것. — 그런 드높은 행복을 미리 느끼는 가운데 지금 내가 지고의 순간을 누리고 있다." 요한 볼프강 폰 괴테, 『파우스트 2』, 전영애 옮김, 도서출판 길 2019b, 829~31쪽(11559~86행). 베버와 괴테의 관계에 대한, 그리고 『빌헬름 마이스터의 편력시대』와 『파우스트』에 대한 자세한 것은 김덕영, 앞의 책(2012), 696쪽 이하를 볼 것.

71 요한 볼프강 폰 괴테, 『빌헬름 마이스터의 편력시대 1』, 김숙희 외 옮김, 민음사 1999a, 369쪽. 이 "일상의 요구"가 나오는 구절은 다음과 같다(베버가 인용한 것은 밑줄 친 문장의 일부분이다): "어떻게 자기 자신을 알 수 있을까? 관찰을 통해서는 결코 안 되고, 아마도 행위를 통해서나 가능할 것이다. 네 의무를 행하도록 애써라. 그러면 너에게 무

을 찾아 그에게 복종한다면 일상의 요구란 소박하고 단순한 것이다.[72]

7. 맺음말

이 책에 번역되어 실려 있는 두 개의 글은 강연을 수정, 보완한 것이라 아주 작고 매우 응축적이지만 합리화되고 탈주술화된 가치다신주의 시대에서의 과학과 정치에 대한 깊은 통찰을 담고 있다. 이 두 글의 저변에는 그때까지 베버가 축적한 문화과학적-사회과학적 문화자본이 깔려 있다.

그럼에도 불구하고 또는 바로 그런 이유로 지금까지 한국에서는 「직업으로서의 과학」과 「직업으로서의 정치」가 제대로 수용되지 않는 것 같다. 「직업으로서의 정치」가 조금 수용되고 있는 것 같은데 그나마도 주로 정치가 갖추어야 하는 자질인 열정, 현실감각, 책임감 정도가 이야기되고 있는 것 같으며, 그에 못지않게 중요한, 아니 그보다 훨씬 더 중요한 문제인 정치가의 책임윤리와 자기제한은 별반 주목을 받지 못하는 것 같다. 게다가 베버가 책임윤리보다 신념윤리를 더 중시했다는 식의 비(非)베버적, 아니 반(反)베버적 해석도 접한다.

반면 「직업으로서의 과학」의 경우에는 거의 논의되지 않는 것 같다. 그 이유는 아마도 이 땅에서 대학 교수의 역할을 ── 베버가 그토록 비판해마지않는! ── 가치판단을 하는 지도자 또는 교수예언자에서 찾기 때문인 것 같다. 베버가 말하는 전문적 연구자와 교사로서의 교수의 가치자유적 인식행위는 그저 사회적 현실에 눈감고 시대에 대한 책임을 저

───

엇이 문제인지 곧 알게 될 것이다. ── 그런데 너의 의무는 무엇인가? 일상의 요구가 바로 그것이다."
72 Max Weber, 앞의 책(1973), 613쪽[85쪽].

버린 채 대학의 울타리 안에 안주하면서 우아한 고담준론이나 일삼는 상아탑주의로 보일 것이다. 비유적으로 말하자면, 보편사적 지식과 혜안을 가진 세기의 지성 막스 베버가 프랑스 낭만주의 화가 외젠 들라크루아의 저 유명한 그림 "민중을 이끄는 자유의 여신"을 진정한 학자와 교수의 모습이자 상징으로 제시하기를 그리고 학자와 교수는 모름지기 그렇게 되거나 아니면 적어도 그렇게 되도록 노력해야 한다고 역설하기를 잔뜩 기대했는데, 웬걸 이 물색없는 인간이 소박한 연구실에서 현미경을 들여다보며 연구에 몰두하고 있는 세균학의 아버지 로베르트 코흐의 사진을 — 솔직히 누구의 사진인지도 모르는 사진을! — 진정한 학자와 교수의 — 즉 시대의 운명을 직시하고 일상의 요구를 완수하는 학자와 교수의 — 모습이자 상징으로 제시하고는 학자와 교수는 모름지기 그렇게 되거나 아니면 적어도 그렇게 되도록 노력해야 한다고 역설하며, 그리하여 과학의 본질을 근본적으로 왜곡하고 과학후속세대를 완전히 호도하고 있는 것으로 보일 것이다.

그러나 내가 보기에 「직업으로서의 과학」과 「직업으로서의 정치」는 위기에 처해 있는, 아니 애초부터 위기에 처해 있는 한국의 과학과 정치의 자아성찰을 위한 좋은 길잡이가 될 것이다. 왜냐하면 이 위기의 원인과 극복은 결국 근대라는 틀에서 찾아야 하며, 베버의 이 두 글은 근대에 대한 아주 탁월한 철학적-사회학적 성찰이기 때문이다. 자기제한 또는 체념과 행위로서의 가치자유와 책임윤리 — 바로 여기에 근대의 위기로서의 한국의 과학과 정치의 위기를 극복할 수 있는 이론적-실천적 대안이 있지 않을까?

참고문헌

■ 막스 베버

베버, 막스, 『직업으로서의 학문』, 이상률 옮김, 문예출판사 1994a.

_____, 『직업으로서의 정치』, 이상률 옮김, 문예출판사 1994b.

_____, 『직업으로서의 학문』, 전성우 옮김, 나남 2006.

_____, 『직업으로서의 정치』, 전성우 옮김, 나남 2007.

_____, 『프로테스탄티즘의 윤리와 자본주의 정신』, 김덕영 옮김, 도서출판 길 2010.

_____, 『소명으로서의 정치』, 박상훈 옮김/최창집 해제, 후마니타스 2011.

_____, 『문화과학 및 사회과학의 논리와 방법론』, 김덕영 옮김, 도서출판 길 2021a.

_____, 『가치자유와 가치판단』, 김덕영 옮김, 도서출판 길 2021b.

_____, 『이해사회학』, 김덕영 옮김, 도서출판 길 2022.

Weber, Max, Gesammelte Aufsätze zur Wissenschaftslehre, 4. Auflage, Tübingen: J.
C. B. Mohr (Paul Siebeck) 1973.

_____, Gesammelte politische Schriften, 5. Auflage, Tübingen: J. C. B. Mohr (Paul
Siebeck) 1988a.

_____, "Stichwortmanuskript"[Der freie Volksstaat], in: Zur Neuordnung
Deutschlands: Max Weber Gesamtausgabe I/16, Tübingen: J. C. B. Mohr (Paul
Siebeck) 1988b, S. 160~73.

_____, Wissenschaft als Beruf 1917/1919. Politik als Beruf 1919: Max Weber Gesamtausgabe I/17, Tübingen: J. C. B. Mohr (Paul Siebeck) 1992.

■ 그 밖의 문헌

김덕영, 「해제: 종교·경제·인간·근대 ― 통합과학적 모더니티 담론을 위하여」, 막스 베버, 『프로테스탄티즘의 윤리와 자본주의 정신』, 김덕영 옮김, 도서출판 길 2010, 513~669쪽.

_____, 『막스 베버: 통합과학적 인식의 패러다임을 찾아서』, 도서출판 길 2012.

괴테, 요한 볼프강 폰, 『빌헬름 마이스터의 편력시대 1』, 김숙희 외 옮김, 민음사 1999a.

_____, 『빌헬름 마이스터의 편력시대 2』, 김숙희 외 옮김, 민음사 1999b.

_____, 『파우스트 1』, 전영애 옮김, 도서출판 길 2019a.

_____, 『파우스트 2』, 전영애 옮김, 도서출판 길 2019b.

변우희, 「독일제국 시기(1870~1914)의 대학과 학문: 알트호프(Friedrich Althoff)의 대학개혁정책」」, 『서양사연구』, 제37집, 2007, 207~55쪽.

짐멜, 게오르그, 『근대 세계관의 역사: 칸트·괴테·니체』, 김덕영 옮김, 도서출판 길 2007.

Dilthey, Wilhelm, Das Erlebnis und die Dichtung: Lessing, Goethe, Novalis, Hölderlin, 8. Auflage, Leipzig/Berlin: B. G. Teubner 1922.

Jarausch, Konrad H., Deutsche Studenten 1800-1970, Frankfurt am Main: Suhrkamp 1984.

Mommsen, Wolfgang J. & Schluchter, Wolfgang, "Einleitung" zu Max Weber, Wissenschaft als Beruf 1917/1919. Politik als Beruf 1919: Max Weber Gesamtausgabe I/17, Tübingen: J. C. B. Mohr (Paul Siebeck) 1992a, S. 1~46.

_____, "Editorische Bericht" zu Max Weber, Wissenschaft als Beruf 1917/1919. Politik als Beruf 1919: Max Weber Gesamtausgabe I/17, Tübingen: J. C. B. Mohr (Paul Siebeck) 1992b, S. 49~70, 113~37.

Müller, Hans-Peter, Max Weber. Eine Spurensuche, Berlin: Suhrkamp 2020.

Schluchter, Wolfgang, "Wertfreiheit und Verantwortungsethik: zum Verhältnis von Wissenschaft und Politik bei Max Weber", in: Rationalismus der Weltbeherrschung: Studien zu Max Weber, Frankfurt am Main: Suhrkamp 1980, S. 41~74.

_____, Individualismus, Verantwortungsethik und Vielfalt, Weilerswist: Velbrück Wissenschaft 200.

Schwab, Alexander, "Beruf und Jugned", in: Die weißen Blätter. Eine Monatsschrift, Jahrgang 4, Heft 5, Mai 1917, S. 97~113.

Weber, Marianne, Max Weber. Ein Lebensbild, J. C. B. Mohr (Paul Siebeck) 1926.

Weiss, Johannes, "Max Weber: Die Entzauberung der Welt", in: Josef Speck (Hrsg.), Grundprobleme der grossen Philosophen. Philosophie der Gegenwart IV, Göttingen: Vandenhoeck & Ruprecht 1981, S. 9~47.

https://de.wikipedia.org/wiki/Carl_Georg_Steinicke
https://de.wikipedia.org/wiki/Freistudentenschaft

인용문헌

(동일한 저자의 경우 가나다순이 아니라 출간시기순으로 배열했으며, 같은 책에 속한 글들은
나오는 순서에 따라 ─ 쪽수에 따라 ─ 배열했다.)

I. 한국어 문헌

갈릴레이, 갈릴레오
『새로운 두 과학: 고체의 강도와 낙하법칙에 대하여』, 이무현 옮김, 사이언스북스 2016.

괴테, 요한 볼프강 폰
『파우스트』 제2부, 전영애 옮김, 도서출판 길 2019.

김덕영
『게오르그 짐멜의 모더니티 풍경 11가지』, 도서출판 길 2007.
『막스 베버, 이 사람을 보라: 학문과 지식은 세계를 어떻게 바꾸는가?』, 인물과사상사
    2008.
「해제: 종교·경제·인간·근대 ─ 통합과학적 모더니티 담론을 위하여」, 막스 베버,
    『프로테스탄티즘의 윤리와 자본주의 정신』, 김덕영 옮김, 도서출판 길 2010.
『막스 베버: 통합과학적 인식의 패러다임을 찾아서』, 도서출판 길 2012.
『루터와 종교개혁: 근대와 그 시원에 대한 신학과 사회학』, 도서출판 길 2017.
「해제: 가치자유나 가치판단이냐?」, 막스 베버, 『가치자유와 가치판단』, 김덕영 옮김,
    도서출판 길 2021, 197~282쪽.
「해제: 막스 베버와 이해사회학으로의 여정」, 막스 베버, 『이해사회학』, 김덕영 옮김,
    도서출판 길 2022, 271~341쪽.

니체, 프리드리히

『차라투스트라는 이렇게 말했다』, 정동호 옮김, 책세상 2000.

『유고 (1885년 가을~1887년 가을)』, 이진우 옮김, 책세상 2005.

단테, 알리기에리

『신곡』, 김운찬 옮김, 열린책들 2007.

라다크니슈난, 사르베팔리

『인도철학사 III』, 이거룡 옮김, 한길사, 1999.

도스토옙스키, 표도르

『카라마조프가의 형제들』(전 3권), 김연경 옮김, 민음사 2012.

『백치』(전 2권), 김희숙 옮김, 문학동네 2021.

루터, 마르틴

『독일 민족의 그리스도인 귀족에게 고함/교회의 바빌론 포로에 대한 마르틴 루터의
　　서주/그리스도인의 자유에 대한 논설』, 황정욱 옮김, 도서출판 길 2017.

마키아벨리, 니콜로

『군주론: 군주국에 대하여』, 곽차섭 옮김, 도서출판 길 2015.

『로마사 논고』, 강정인 · 김경희 옮김, 한길사 2019.

『마키아벨리의 피렌체사』, 하인후 옮김, 무블출판사 2022.

『바가바드기타』

임근동 편역, 사문난적 2022.

베버, 막스

『프로테스탄티즘의 윤리와 자본주의 정신』, 김덕영 옮김, 도서출판 길 2010.

『문화과학 및 사회과학의 논리와 방법론』, 김덕영 옮김, 도서출판 길 2021.

『가치자유와 가치판단』, 김덕영 옮김, 도서출판 길 2021.

『이해사회학』, 김덕영 옮김, 도서출판 길 2022.

베이컨, 프랜시스

『신기관』, 진석용 옮김, 한길사 2016.

변우희

「독일제국 시기(1870~1914)의 대학과 학문: 알트호프(Friedrich Althoff)의 대학개혁
　　정책」, 『서양사연구』, 제37집, 2007, 207~55쪽.

보들레르, 샤를

『악의 꽃』, 윤영애 옮김, 문학과지성사 2021.

부르크하르트, 야코프

『이탈리아 르네상스의 문화』, 이기숙 옮김, 한길사 2003.

셰익스피어, 윌리엄

『소네트』(한국어판 1), 김용성 옮김, 북랩 2017.
『소네트』(한국어판 2), 피천득 옮김, 민음사 2018.

슈페너, 필리프 야코프

『경건한 열망』, 이성덕 옮김, 선한청지기 2021.

아카마쓰 아키히코(赤松明彦)

『인도철학강의』, 권서용 옮김, 에이케이커뮤니케이션즈 2021.

엘리아스, 노르베르트

『문명화과정』(전 2권), 박미애 옮김, 한길사 1996.
『궁정사회』, 박여성 옮김, 한길사 2003.

이거룡

「미망사와 베단타의 종교철학」, 사르베팔리 라다크니슈난, 『인도철학사 IV』, 이거룡
　　옮김, 한길사 1999, 25~38쪽.

이기우

『분권적 국가개조론: 스위스에서 정치를 묻다』, 한국학술정보 2014.

조대호

「해제: 균형 잡힌 아리스토텔레스 철학 이해를 위한 길라잡이」, 『아리스토텔레스 선
　집』, 조대호 외 옮김, 도서출판 길 2023, 5~46쪽.

짐멜, 게오르그

「문화의 개념과 비극」, 『게오르그 짐멜의 문화이론』, 김덕영·배정희 옮김, 도서출판 길
　2007, 19~61쪽.

칼라일, 토머스

『영웅숭배론』, 박상익 옮김, 한길사 2003.

칼뱅, 장

『기독교 강요 하(下)』, 원광연 옮김, 크리스챤 다이제스트 2003.

타키투스

『연대기』 → 『타키투스의 연대기』.

『타키투스의 연대기』, 박광순 옮김, 범우 2005.

톨스토이, 레프

「세 죽음」, 『사람은 무엇으로 사는가』, 이항재 옮김, 문학동네 2022, 63~85쪽.

「이반 일리치의 죽음」, 『사람은 무엇으로 사는가』, 이항재 옮김, 문학동네 2022, 169~
　257쪽.

『전쟁과 평화』(전 4권), 박형규 옮김, 문학동네 2017.

『부활』(전 2권), 박형규 옮김, 문학동네 2022.

『참회록』, 박형규 옮김, 문학동네 2022.

플라톤

『파이드로스』, 조대호 역해, 문예출판사 2008.

『국가』, 천병희 옮김, 도서출판 숲 2013.

II. 독일어 문헌 및 외국어 문헌

괴테, 요한 볼프강 폰

『빌헬름 마이스터의 편력시대』 → 『빌헬름 마이스터의 편력시대 혹은 체념하는 사람들』

『빌헬름 마이스터의 편력시대 혹은 체념하는 사람들』 Wilhelm Meisters Wanderjahre oder die Entsagenden, in: Goethes Werke, herausgegeben im Auftrage der Großherzogin Sophie von Sachsen, Abteilung II, Band 42, Weimar: Hermann Böhlau 1907.

니체, 프리드리히

『유고(1885년 가을~1887년 가을)』 Nietzsche, Nachgelassene Fragmente Herbst 1885 bis Herbst 1887: Nietzsche Werke. Kritische Gesamtausgabe, Achte Abteilung, Erster Band, herausgegeben von Georgio Colli Mazzino Montinari, Berlin/New York: Walter de Gruyter 1974.

다빈치, 레오나르도

『회화에 관한 논고』(Trattato della Pittura) → 『레오나르도 다빈치: 회화에 관한 저서』.

『레오나르도 다빈치: 회화에 관한 저서』(전 3권) Das Buch von der Malerei, nach dem Codex Vaticanus 1270 (herausgegeben, übersetzt und erläutert von Heinrich Ludwig), in drei Bänden, Wien: Wilhelm Braumüller 1882.

다이닝거, 위르겐

「부록」 "Anhang" zu: Max Weber, Die römische Agrargeschichte in ihrer Bedeutung für das Staats- und Privatrecht: Max Weber-Gesamtausgabe I/2 (Studienausgabe), Tübingen: J. C. B. Mohr (Paul Siebeck) 1988, S. 187~242.

디츠, 에두아르트 폰

『바덴 신헌법 초안』 Entwurf einer neuen badischen Verfassung. Von Stadtrat Dr. Dietz in Karlsruhe. Sonderabdruck aus dem Karlsruher "Volksfreund", Karlsruhe: Buchdurckerrei Geck & Co. 1919.

딜타이, 빌헬름 외

『세계관: 종교와 철학』 Weltanschauung. Philosophie und Religion, Berlin: Verlag Leichl & Co. 1911.

루카치, 게오르그 폰

『하이델베르크 시절의 예술철학(1912~1914)』 Heidelberger Philosophie der Kunst (1912~1914): Georg Lukács Werke, Band 16, Neuwied: Luchterhand 1974.

『하이델베르크 시절의 예술철학(1916~1918)』 Heidelberger Philosophie der Kunst (1916~1918): Georg Lukács Werke, Band 17, Neuwied: Luchterhand 1974.

루터, 마르틴

『마르틴 루터 박사 저작집: 비평적 전집』 제1권 D. Martin Luthers Werke. Kritische Gesamtausgabe, Band 1, Weimar: Bohlhau-Nachfolger 1883.

『마르틴 루터 박사 저작집: 비평적 전집』 제7권 D. Martin Luthers Werke. Kritische Gesamtausgabe, Band 7, Weimar: Bohlhau-Nachfolger 1897.

『마르틴 루터 박사 저작집: 비평적 전집』 제19권 D. Martin Luthers Werke. Kritische Gesamtausgabe, Band 19, Weimar: Bohlhau-Nachfolger 1897.

『마르틴 루터 박사 저작집: 비평적 전집』 제11권 D. Martin Luthers Werke. Kritische Gesamtausgabe, Band 11, Weimar: Bohlhau-Nachfolger 1900.

『마르틴 루터 박사 저작집: 비평적 전집』 제9권 D. Martin Luthers Werke. Kritische Gesamtausgabe, Band 9, Weimar: Bohlhau-Nachfolger 1909.

『마르틴 루터 박사 저작집: 비평적 전집』 제44권 D. Martin Luthers Werke. Kritische Gesamtausgabe, Band 44, Weimar: Bohlhau-Nachfolger 1915.

루트비히, 하인리히(해설)

『레오나르도 다빈치: 회화에 관한 저서』 제3권 Das Buch von der Malerei, nach

dem Codex Vaticanus 1270 (herausgegeben, übersetzt und erläutert von Heinrich
  Ludwig), in drei Bänden, III. Band: Commentar, Wien: Wilhelm Braumüller
  1882.

린제, 울리히

「대학혁명」 "Hochschulrevolution. Zur Ideologie und Praxis sozialistischer
  Studentengruppen während der deutschen Revolutionszeit 1918/19", in: Archiv
  für Sozialgeschichte, Band 14, 1974, S. 1~114.

마르크, 지크프리트

『세계관으로서의 제국주의와 평화주의』 Imperialismus und Pazifismus als
  Weltanschauungen. J. C. B. Mohr (Paul Siebeck), Tübingen 1918.

마르크스, 카를

『자본: 경제학 비판』 제1권 Das Kapital. Kritik der politischen Ökonomie, Band 1:
  Marx-Engels-Werke 23, Berlin: Dietz 1962.

마이어, 율리우스 로베르트

「무생물계의 에너지에 대한 메모」 "Bemerkungen über die Kräfte der unbelebten
  Natur", in: Justus Liebigs Annalen der Chemie, Band 42, Heft 2, 1842, S. 233~
  40.
『유기체가 신진대사와의 관계 속에서 하는 운동』 Die Organische Bewegung in
  ihrem Zusammenhange mit dem Stoffwechsel. Ein Beitrag zur Naturkunde,
  Heilbronn: Verlag der Drechsler'schen Buchhandlung 1845.

마키아벨리, 니콜로

『피렌체사』 Machiavellis Florentinische Geschichten, übersetzt von Alfred Reumont,
  Erster Theil, 3. Buch, Leipzig: F. A. Brockhaus 1846.

몸젠, 볼프강

「『막스 베버 전집』 I/16에 대한 편집 보고」 "Editorischer Bericht zu: Max Weber, Zur

Neuordnung Deutschlands: Max Weber Gesamtausgabe I/16, Tübingen: J. C. B. Mohr (Paul Siebeck) 1988, S. 177~78(「"전쟁책임"이라는 주제에 대하여」), S. 214~219(「공화국 대통령」), S. 225~29(「전쟁책임 조사」).

다빈치, 레오나르도

『레오나르도 다빈치: 회화에 관한 저서』(전 3권) Das Buch von der Malerei. nach dem Codex Vaticanus 1270 (herausgegeben, übersetzt und erläutert von Heinrich Ludwig), in drei Bänden, Wien: Wilhelm Braumüller 1882.

밀, 존 스튜어트

『종교에 대한 세 편의 에세이』 Three Essays on Religion, New York: Henry Holt and Company 1874.

「자연」 Nature(『종교에 대한 세 편의 에세이』 중 첫 번째 에세이).

「인격신」 Theism(『종교에 대한 세 편의 에세이』 중 두 번째 에세이).

「종교의 유용성」 Utility of Religion(『종교에 대한 세 편의 에세이』 중 세 번째 에세이).

베버, 마리안네

『막스 베버』 Max Weber. Ein Lebensbild, J. C. B. Mohr (Paul Siebeck) 1926.

베버, 막스

『엘베강 동쪽 지역의 농업노동자 실태』 Die Lage der Landarbeiter im ostelbischen Deutschland, Leipzig: Duncker & Humblot 1892.

「사회과학적 및 사회정책적 인식의 "객관성"」 "Die 'Objektivität' sozialwissen-schaftlicher und sozialpolitischer Erkenntnis", in: Archiv für Sozialwissenschaft und Sozialpolitik, Band 19, Heft 1, 1904, S. 22~87.

「"에너지론적" 문화이론들」 "'Energetische' Kulturtheorien", in: Archiv für Sozialwissenschaft und Sozialpolitik, Band 29, Heft 2, 1909, S. 575~98.

「이해사회학의 몇 가지 범주에 대하여」 "Über einige Kategorien der verstehenden Soziologie", in: Logos. Internationale Zeitschrift für Philosophie der Kultur, Band 4, Heft 3, 1913, S. 253~94.

「사회학 및 경제학에서 "가치자유"의 의미」 "Der Sinn der 'Wertfreiheit' der

soziologischen und ökonomischen Wissenschaften", in: Logos. Internationale Zeitschrift für Philosophie der Kultur, Band 7, Heft 1, 1917, S. 40~88.

『종교사회학 논총』제1권 Gesammelte Aufätze zur Religionssoziologie, Band 1, Tübingen: J. C. B. Mohr (Paul Siebeck) 1920.

『종교사회학 논총』제3권 Gesammelte Aufätze zur Religionssoziologie, Band 3, Tübingen: J. C. B. Mohr (Paul Siebeck) 1921.

「사회정책학회 위원회에서의 가치판단 논의를 위한 소견서」 "Gutachten zur Werturteilsdiskussion im Ausschuss des Vereins für Sozialpolitik", in: Eduard Baumgarten, Max Weber. Werk und Person, Tübingen: J. C. B. Mohr (Paul Siebeck) 1964, S. 102~39.

『경제와 사회: 이해사회학 개요』 Wirtschaft und Gesellschaft. Grundriss der verstehenden Soziologie, 5. Auflage, Tübingen: J. C. B. Mohr (Paul Siebeck) 1972.

「사회학의 기본개념들」 Soziologische Grundbegriffe (『경제와 사회: 이해사회학 개요』 제1부 제1장).

「지배의 유형」 Typen der Herrschaft (『경제와 사회: 이해사회학 개요』 제1부 제3장).

『국가법 및 사법의 의미에서 본 로마 농업사』 Die römische Agrargeschichte in ihrer Bedeutung für das Staats- und Privatrecht: Max Weber-Gesamtausgabe I/2 (Studienausgabe), Tübingen: J. C. B. Mohr (Paul Siebeck) 1988.

「"전쟁책임"이라는 주제에 대하여」 "Zum Thema der 'Kriegsschuld'", in: Zur Neuordnung Deutschlands: Max Weber Gesamtausgabe I/16, Tübingen: J. C. B. Mohr (Paul Siebeck) 1988, S. 179~90.

「공화국 대통령」 "Der Reichspräsident", in: Zur Neuordnung Deutschlands: Max Weber Gesamtausgabe I/16, Tübingen: J. C. B. Mohr (Paul Siebeck) 1988, S. 220~24.

「전쟁책임 조사」 "Die Untersuchung der Schuldfrage", in: Zur Neuordnung Deutschlands: Max Weber Gesamtausgabe I/16, Tübingen: J. C. B. Mohr (Paul Siebeck) 1988, S. 230~32.

「러시아에서 시민적 민주주의의 상황에 대하여」 "Zur Lage der bürgerlichen Demokratie in Russland", in: Zur Russischen Revolution von 1905: Max Weber Gesamtausgabe I/10, Tübingen: J. C. B. Mohr (Paul Siebeck) 1989, S. 71~280.

『음악사회학에 대하여』 Zur Musiksoziologie, Max Weber Gesamtausgabe I/14,

Tübingen: J. C. B. Mohr (Paul Siebeck) 2004.

『중세 상사의 역사에 대하여』 Zur Geschichte der Handelsgesellschaften im Mittelalter: Max Weber Gesamtausgabe I/1, Tübingen: J. C. B. Mohr (Paul Siebeck) 2008.

「이탈리아 도시의 가계 공동체 및 산업 공동체에서 형성된 합명회사의 연대책임 원리와 특별재산의 발달」 "Entwicklung des Solidarhaftprinzips und des Sondervermögens der offenen Handelsgesellschaft aus den Haushalts- und Gewerbegemeinschaften in den italienischen Städten"(『중세 상사의 역사에 대하여』 제3장).

뷔네켄, 구스타프

「어느 자유학교공동체에서 행한 성탄절 담화」 "Eine Weihnachtsansprache in einer Freien Schulgemeinde", in: ders., Der Kampf für die Jugend: Gesammelte Aufsätze, Jena: Eugen Diederichs Verlag 1919, S. 217~23.

「자유학교공동체 비커스도르프의 기본원칙들」 "Leitsätze der Freien Schulgemeinde Wickersdorf, der Reichsschulkonferenz vorgelegt", in: ders. (Hrsg.), Die Freie Schulgemeinde, Organ des Bundes für freie Schulgemeinden, 11 Jahrgang, Heft 1, 1920, S. 1~8.

『세계관』 Weltanschauung, München: Reinhardt 1940.

브라이스, 제임스

『미연방』 제2권 The American Commonwealth, Second edition revised, London, Macmillan & Co. 1889.

셰익스피어, 윌리엄

『소네트』(독일어판) Shakespeare Sonnette, Umdichtung von Stefan George, Berlin, Georg Bondi 1909.

쇼펜하우어, 아르투어

『충족이유율의 네 겹의 뿌리에 대하여』 Über die vierfache Wurzel des Satzes vom zureichenden Grunde. Eine philosophische Abhandlung, in: Sämmtliche Werke,

268

hrsg. von Julius Frauenstädt, Band 1: Schriften zur Erkenntnisslehre, 2. Auflage, Leipzig: F. A. Brockhaus 1891.

슈밤메르담, 얀

『자연의 성서』 Bibel der Natur —worinnen die Insekten in gewisse Classen vertheilt, sorgfältig beschrieben, zergliedert, in saubern Kupferstichen vorgestellt, mit vielen Anmerkungen über die Seltenheiten der Natur erleutert, und zum Beweis der Allmacht und Weisheit des Schöpfers angewendet werden, Leipzig: Johann Friedrich Gleditschens Buchhandlung 1752.

슈페너, 필리프 야코프

『신학적 숙고』 제1권 Theologische Bedencken Und andere Brieffliche Antworten auff geistliche/sonderlich zur erbauung gerichtete materien zu unterschiedenen zeiten auffgesetzet/und nun auff langwieriges anhalten Christlicher freunde in einige ordnung gebracht, Halle(Saale); Waisenhaus 1700.
『1666~1686년 프랑크푸르트 시절의 편지』 제5권(1681) Briefe aus der Frankfurter Zeit 1666~1686, Band 5: 1681, herausgegeben von Johannes Wallmann, Tübingen: Mohr Siebeck 2010.

예링, 루돌프 폰

『다양한 발전단계에서의 로마법의 정신』 Der Geist des römischen Rechts auf den verschiedenen Stufen seiner Entwicklung, 4 Bände, Leipzig Breitkopf & Härtel, 1852~65.
『법학에서의 익살스러움과 진지함』 Scherz und Ernst in der Jurisprudenz. Eine Weihnachtsgabe für das juristische Publikum, 9. Auflage, Leipzig: Breitkopf und Härtel 1904.

옐리네크, 게오르그

『일반국가학』 제3판 Allgemeine Staatslehre, 3. Auflage, Berlin: Haring 1914.

오스트로고르스키, 모이세이 야코블레비치

『민주주의와 정당조직』Democracy and the Organization of Political Parties, 2 Volumes, London: Macmillan 1902.

올브리히트, 유스투스

「"독일의 종교"와 "독일의 예술"」 "Deutsche Religion" und "Deutsche Kunst". Intellektuelle Sinnsuche und kulturelle Identitätskonstruktionen in der "Klassischen Moderne", Jena 2006(박사학위 논문).

이홍장

『이홍장의 회고록』Memoiren des Vizekönigs Li Hung Tschang. Ins Deutsche übertragen von Gräfin M. vom Hagen, Berlin: Karl Siegismund 1915.

젤하임, 클라우디아 외 (펴냄)

『청년의 부상』Aufbruch der Jugend. Deutsche Jugendbewegung zwischen Selbstbestimmung und Verführung, Nürnberg: Verlag des Germanischen Nationalmuseums 2013.

좀바르트, 베르너

『프롤레타리아트』Das Proletariat. Bilder und Studien, Berlin: Rütten & Loening 1906.

짐멜, 게오르그

「사강사 문제에 대하여」 "Zur Privatdocenten-Frage"(1896), in: Georg Simmel Gesamtausgabe 17, Frankfurt am Main: Suhrkamp 2005, S. 317~25.
「문화의 개념과 비극」 "Der Begriff und die Tragödie der Kultur", in: Georg Simmel Gesamtausgabe 14, Frankfurt am Main: Suhrkamp 2005, S. 385~416.

카우츠키, 카를

『한 마르크스주의자가 걸어온 길』(1924) Das Werden eines Marxisten: https://www.marxists.org/deutsch/archiv/kautsky/1924/xx/werden.htm.

칸트, 이마누엘

『순수이성비판』 Kritik der reinen Vernunft: Werke in zehn Bänden (Herausgegeben von Wilhelm Weischedel), Band 3-4, Darmstadt: Wissenschaftliche Buchgesellschaft.

푀르스터, 프리드리히 빌헬름

『정치적 윤리학과 정치적 교육학』 제3판 Politische Ethik und politische Pädagogik. Mit besonderer Berücksichtigung der kommenden deutschen Aufgaben, 3., stark erweiterte Auflage der "Staatsbürgerlichen Erziehung", München: Ernst Reinhardt 1918.

피히테, 요한 고틀리프

『과학론에 입각한 윤리학 체계』 Das System der Sittenlehre nach den Principien der Wissenschaftslehre, Jena/Leipzig: Christain Ernst Gabler 1798.

「저술가로서의 마키아벨리와 그의 저작의 몇몇 구절에 대하여」 "Über Machiavell, als Schriftsteller, und Stellen aus seinen Schriften", in: Johann Gottlieb Fichte Gesamtausgabe. Reihe I: Werke, Band 9: Werke 1806~1807, Stuttgart-Bad Cannstatt: frommann-holzboog Verlag 1995, S. 223~75.

헤르더, 요한 고트프리트

『단상』, 제1집. Zerstreute Blätter, Erste Sammlung, Gotha: Carl Wilhelm Ettinger 1785.

헬름홀츠, 헤르만 폰

『에너지보존에 대하여』 Über die Erhaltung der Kraft. Eine physikalische Abhandlung, Berlin: Reimer 1847.

「70회 생일 축하연에서 행한 연설」 "Tischrede gehalten bei der Feier des 70. Geburtstages, Berlin 1891", in: Vorträge und Reden Fünfte, Band 1, 4. Auflage Braunschweig: Friedrich Vieweg und Sohn 1896, S. 3~21.

「로베르트 마이어의 우선권」 "Robert Mayer's Priorität", in: Vorträge und Reden Fünfte, Band 1, 4. Auflage Braunschweig: Friedrich Vieweg und Sohn 1896,

S. 401~14.

후버, 에른스트 루돌프(펴냄)

『독일 헌법사 관련 문서들』제2권 Dokumente zur deutschen Verfassungsgeschichte,
   Band 2, Stuttgart: W. Kohlhammer 1964.

『1789년 이후의 독일 헌법사』제4권 Deutsche Verfassungsgeschichte seit 1789, Band
   4: Struktur und Krisen des Kaiserreichs, 2. Auflage, Stuttgart: W. Kohlhammer
   1982.

옮긴이의 말

이 책은 총 10권으로 된 『막스 베버 선집』의 네 번째인데, 그 각각의 원어와 출처는 다음과 같다.

1. 「직업으로서의 과학」 "Wissenschaft als Beruf", in: Max Weber, Gesammelte Aufsätze zur Wissenschaftslehre, 4. Auflage, Tübingen: J. C. B. Mohr (Paul Siebeck) 1973, 582~613쪽.

2. 「직업으로서의 정치」 "Politik als Beruf", in: Gesammelte politische Schriften, 5. Auflage, Tübingen: J. C. B. Mohr (Paul Siebeck) 1988, 505~60쪽.

번역 과정에서 1992년에 출간된 『막스 베버 전집』 I/17 『직업으로서의 과학 1917/1919/직업으로서의 정치 1919』(Wissenschaft als Beruf 1917/1919/Politik als Beruf 1919)를 저본으로 삼았다. 그리고 다음의 번역본을 참조했다.

Max Weber, From Max Weber: Essays in Sociology, Translated, edited and with an introduction by H. H. Gerth and C. Wright Mills, New York: The

Oxford University 1958, 77~156쪽.

Max Weber, The Vocation Lectures: "Science as a Vocation" / "Politics as a Vocation", Edited and with an introduction by David Owen and Tracy B. Strong, Translated by Rodney Livingstone, Indianapolis/Cambridge: Hackett Publishing Company 2004.

Max Weber, Le Savant et le Politique, Une édition électronique réalisée à partir du livre de Max Weber(1919), Paris: Union Générale d'Éditions 1963.

マックス・ウェーバー, 尾高邦雄 譯, 『職業としての學問』, 岩波書店, 2022.

マックス・ウェーバー, 脇圭平 譯, 『職業としての政治』, 岩波書店, 2022.

거기에 더해 우리말 번역본 다섯 권을 참조했다(구체적인 것은 해제의 뒷부분에 나오는 "참고문헌"을 볼 것).

모르긴 몰라도, 누구나 이 책을 접하는 순간 고개를 갸우뚱할 것이다: "직업으로서의 학문이 아니라 직업으로서의 과학이라고?"; 독일어 Wissenschaft가 우리말로 학문이 아니라 과학이라고? 사실 나는 오래전부터 '학문'이라는 말이 아니라 '과학'이라는 말을 써왔는데, 왜 학문이 아니고 과학이냐는 질문을 수없이 받아왔다. 심지어 질책을 받은 적도 있고 항의를 받은 적도 있다. 이러한 경험 때문에 이 책의 초고가 끝날 때까지 학문과 과학 사이를 수없이 오고갔다. 솔직히 내가 괜한 짓을 해서 혼란만 부추기는 것이 아닌가라는 두려운 마음이 앞섰다. 이는 이전에 『막스 베버 선집』제1~3권을 보아도 잘 드러난다. 이 세 권이 출간되면서 그 후속작들을 예고하는 난에서 제1권과 제2권은 "직업으로서의 과학"으로 제3권은 "직업으로서의 학문"으로 표기하고 있다.

사실 나는 학문이 아니라 과학이라는 용어를 택하기 위해서는 이 둘에 대한 개념사적 연구가 선행되어야 한다는 생각을 오래전부터 하고 있었다. 실제로 이번에 번역작업을 시작하기 전에 그 연구를 시작했는데, 생각보다 훨씬 복잡하고 광범위해 보였고 자료수집에 너무나 큰 어려움을 겪으면서 거의 초기단계에서 포기하고 말았다. 나중에라도 하면 될 것이라고 자위하고 있지만 한국에서 아무런 인적, 물적, 제도적 자원이 없는 내가 과연 성사시킬 수 있을지는 극히 불투명하다.

여기서는 내가 학문이 아니라 과학이라는 용어를 택한 것에 대한 근거를 그 같은 개념사적 맥락이라는 적극적인 측면이 아니라 그보다 훨씬 소극적인 측면에서 제시하고자 하는바, 그것은 다름 아니라 한국에서는 인문과학과 사회과학은 학문이라고 하고 자연과학이나 공학은 과학이라고 한다는 사실이다. 이 이분법적 또는 이중적 용어는 어렵지 않게 접할 수 있으니, 예컨대 "과학과 인문학의 간극", "과학과 사회학의 융합", "인문과 과학의 융합" 등과 같은 표현이 그것이다. 게다가 인문과학자와 사회과학자는 학자라고 하고 자연과학자와 공학자는 과학자라고 한다.

물론 이러한 이분법적 또는 이중적 용어가 그 자체로 문제가 되지는 않는다. 언어나 용어 또는 개념은 사회적 약속이기 때문에 일관되게 사용하면 그만이다. 그렇다고 하더라도 여전히 문제는 남는다. 왜 인문학문, 사회학문이라고 하지 않고 인문과학, 사회과학이라고 하며, 인문학문대학, 사회학문대학이라 하지 않고 인문과학대학, 사회과학대학이라고 하는가? 그리고 베버가 제1장에서 인문과학과 사회과학, 그리고 자연과학 모두를 "Wissenschaft als Beruf"라는 제목 아래 다루고 있다는 사실은 어떻게 설명할 것인가(특히 이 책의 55~57쪽을 볼 것)?

나는 그보다 학문과 과학을 (동양의) 전통사회와 근대사회의 지식과 인식을 가리키는 말로 사용한다(서구 전통사회에 대해서는 지식이 너무 일천하기 때문에 아직 무어라 말할 단계가 아니다). 지배집단의 문화적 교양이며 정치와 결합된 우주, 인간, 자연에 대한 종합적 지식과 인식으로서의 학문, 그리고 직업적으로 분화되고 전문화된 지식과 인식으로서의 과학! 그리하여 이 책의 슬로건으로 내건 주자(朱子)의 「권학시」 첫 구절인 "少年易老學難成"을 "소년은 늙기 쉽고 과학은 이루기 어려우니"라가 아니라 "소년은 늙기 쉽고 학문은 이루기 어려우니"라고 옮긴 것이다(이 「권학시」는 주자의 작품이 아니라는 주장도 있다: 누구의 작품인들 어떠랴? 그렇듯 동양적인 사고를 동양적인 문학에 간결하고 맛깔나게 담아내거늘!).

기왕 주자의 「권학시」가 나왔으니, 객쩍은 사담 한마디! 농사꾼의 장남으로 태어난 나는 집안 사정으로 인해 전액 장학금으로 공부하는 공업고등학교에 입학했는데, 너무나 적성이 맞지 않아 2학년이 시작되자마자 자퇴하고 검정고시를 치러 고등학교 졸업자격을 취득했다. 그 시절, ─어느 유행가요 가사 말마따나─ "세월의 뒤안길을 서성이면서 한 많은 외로움에 울던" 그 시절, 입시공부는 제대로 하지 않고 ─아니 입시가 무엇인지 몰랐다고 하는 편이 옳을 듯싶다─ 지적 호기심으로 이것저것 기웃거렸는데, 그 가운데 하나가 한시(漢詩)였다. 잔뜩 겉멋이 든 ─문학적 감수성이 전혀 없는─ 문학소년이 되어서는 한껏 우쭐거리는 기분에 혼자 한시를 낭송하곤 했다. 마치 자신이 이태백(李太白)이나 두보(杜甫), 또는 백낙천(白樂天)이라도 되는 것처럼!

그러나 세월이 가고 젊은 시절의 치기가 사라지면서 '애송하던' 적잖은 한시가 기억의 저 밑바닥으로 가라앉아버리고 이제는 겨우 조각조각 더듬는 수준이 되었다. 그런데도 몇 편은 나이가 들수록 점점 저 또렷해지고 그 의미도 점점 더 절절히 와닿는다. 특히 주자의 「권학시」가 그렇다. 꼭 나를 두고 하는 말 같기 때문이다. 젊은 시절에는 나이 50만 되면 대가라는 말을 듣게 될 줄 알았는데, 막상 한 갑자(甲子)를 훌쩍 넘도록 살고 보니 "소년은 늙기 쉽고 학문은 이루기 어려우니"라는 말이 바로 나를 두고 한 말임을 절실히 깨닫게 되었다. 내가 터득한 진리는 이것밖에 없다. 이론사회학의 대가가 되겠노라는 야무진 꿈을 채 깨지도 않았는데, 쇠털만큼 많다고 생각하던 젊은 시절의 세월은 손에 꽉 움켜쥔 모래알처럼 어느새 모두 빠져나가고 세월을 움켜쥐고 있던 그 앙상한 손에는 이루지 못한, 아니 채 시작도 하지 못한 이론사회학만이 버겁게 남아 있다. 그래서 주자의 「권학시」를 이 책의 슬로건으로 내건 것이다.

나는 이 주자의 「권학시」에서도 "학난성"(學難成)이라는 말이 가장 마음에 든다. 학문은 이루기 어렵다! 지극히 평범하지만, 아니 당연하고도 당연하지만 오랜 시간이 지나야만 그 참뜻과 깊은 맛을 알 수 있는 말이 아니던가? 그래서 — 외람되지만 — 나의 별호로 사용한다. 그러면서 늘 되새긴다. 또는 줄여서 그냥 "학난"(學難)이라고도 한다. 학문은 어렵다! 지식인에게 이 말처럼 쉽고도 어려운 말이 어디 또 있던가?

솔직히 말해 베버의 저작을 번역한다는 것은 판도라의 상자를 여는 것이나 마찬가지이다. 판도라의 상자를 열면 온갖 재앙이 닥치듯이, 베버를 번역하면 수없이 죽음의 늪과 계곡을 건너야 한다. 인류 역사 전체를 오가며 인문과학 및 사회과학, 그리고 자연과학에서 축적한 온갖 지식과 정보를 담고 있기 때문이다. 이 책도 마찬가지이다. 다른 것은 차치하고라도, 과도하리만치, 아니 현학적이라 할 만큼 엄청나게 많은 옮긴이 주만 보아도 쉽게 짐작할 수 있을 것이다. 이 책은 말이 강연이지 강연의 형식으로 된 연구서, 그것도 아주 응축된 그러나 매우 심층적인 연구서로 보는 것이 타당할 것이다. 나는 인문과학 및 사회과학 연구자들과 준연구자들이 이 책의 독자가 되기를 바라마지않는다.

이와 관련해 한 가지 반드시 짚고 넘어가야 할 것이 있으니, 그것은 이 책의 제2장 「직업으로서의 정치」는 반드시 베버의 주저인 『경제와 사회』 제1장을 구성하는 「사회학의 기본개념들」(1919~20)과 밀접한 관계 속에서 읽어야 한다는 점이다. 왜냐하면 베버는 직업으로서의 정치에 대한 논의를 정치와 국가에 대한 사회학적 정의에서 출발하기 때문이다. 베버가 이 강연에서 구사한 중요한 사회학적 개념들은 「사회학의 기본개념들」에 담겨 있다(베버, 『이해사회학』[2022], 159쪽 이하).

물론 베버라는 판도라의 상자를 열면 수없이 죽음의 늪과 계곡을 건너야 하지만 엄청난 지적 열매를 거두기도 한다. 세상에 온갖 재앙을 퍼뜨리지만 희망이라는 선물을 주기도 하는 판도라의 상자처럼! 이번에도 정치사에 대한 안목이 보다 높아졌고 독일제국과 바이마르 공화국에 대한 지식이 보다 깊어졌으며, 특히 인문주의와 인도의 종교와 철학에 대한 어느 정도 전체적인 사회학적 조망을 얻을 수 있게 되었다. 이제 이 주제들에 대해 본격적인 연구를 하고 싶은 욕심이 생겼다. 이처럼 베버를 번역하노라면 나같이 아둔한 난쟁이 사회학자도 자신의 지적 지평이 엄청나게 넓어짐을 느낄 수 있다.

이번에도 여러 사람들에게 음으로 양으로 크고 작은 신세를 질 수 있었기 때문에 감히 베버라는 판도라의 상자를 열 용기를 낼 수 있었다. 이들에게 감사의 말을 전하면서 옮긴이의 말을 마치고자 한다. 나의 하빌리타치온 지도교수인 요하네스 바이스(Johannes Weiss) 선생님께서는 끝없이 이어지는 귀찮은 질문에 즉각적이고도 친절한 답변을 주셨다. 3년 가까이 지속되는 코로나 상황 때문에 사제지간에 직접 만나지 못하고 이메일을 주고받으면서 토론을 할 수밖에 없었던 점이 못내 아쉬움으로 남는다. 성균관대 정치외교학과 윤비 교수님은 정치사와 정치학에 대해 여러 가지 좋은 가르침을 주셨다. 90세를 훨씬 넘기신 장인께서는 일본어 번역서를 참조하는 과정에서 많은 도움을 주셨다. 큰딸 선민이는 독일어 해석에 여러모로 도움을 주었다. 필로버스의 김정인 교수님과 권순모 선생님은 끝을 모를 정도로 방대한 자료를 검색하고 수집할 수 있도록 배려해주셨다. 이태완 님은 구하다 구하다 못 구한 귀중한 자료를 멀리 독일에서 보내주었으며, 또한 정수남 교수, 김정환, 박석훈, 이상헌, 조민우, 정용래 학생도 옮긴이 주와 해제에 필요한 자료를 찾아주었다. 도서출판 길 박우정 대표님은 여느 때처럼 완성된 원고를 꼼꼼히 점검해주셨다. 이승우 실장은 이 책의 처음부터 끝까지 함께했다. 편집자 오경철 님은 원고를 꼼꼼히 점검하고 정리해 산뜻한 책으로 만들어주었다. 이들 모두에게 깊은 감사의 말을 전하는 바이다.

2023년 10월 18일
태오를 맞이하며
김덕영

인명목록

(괴테, 레오나르도 다빈치, 톨스토이, 플라톤 등과 같이 잘 알려진 인물은 제외했다.)

글래드스턴, 윌리엄(1809~98) 영국의 정치가이다. 1832년 토리당(1834년에 창당한 보수당의 전신) 소속 하원의원이 되었다. 1846년 "필 정파"(Peelites) ── 보수당 내에서 자유무역을 옹호하는 소수 의원들이 탈당해 결성한 정파 ── 에 합류했는데, 이 정파가 1859년 휘그당과 합병해 자유당을 창당하면서 자유당 소속이 되었다. 1865년에 자유당 지도자가 되었다. 1843년부터 1845년까지 상무장관을, 1845년부터 1846년까지 식민지장관을 지냈으며, 네 차례에 걸쳐 재무장관을 지냈다(1852~55년, 1859~66년, 1873~74년, 1880~82년). 1868년부터 네 차례에 걸쳐 총 12년간 총리를 지냈으며(1868년 12월~1874년 2월, 1880년 4월~1885년 6월, 1886년 2~7월, 1892년 8월~1894년 3월), 총 63년간 하원의원을 그리고 총 27년간 국무위원을 지냈다. 19세기 후반 영국의 가장 비중 있는 정치가들 가운데 한 명으로, 그리고 윈스턴 처칠과 함께 가장 위대한 영국 총리로 간주된다. 그의 정치적 노선을 "글래드스턴 자유주의"라고 부른다. 백작의 작위를 제의받았으나 거절하고 "위대한 평민"(The Great Commoner)으로 삶을 마감했다.

노스클리프, 앨프리드 찰스 윌리엄(1865~1922) 영국의 저널리스트이자 현대 대중신문의 선구자로 원래 성은 함스워스(Harmsworth)이다. 1896년『데일리 메일』을, 1903년에 역시 보수당 기관지인『데일리 미러』를 창간하고 1908년에는『타임스』를 인수했으며, 그 밖에도 수많은 유력지를 지배해 20세기 초 유럽의 가장 영향력 있는 신문 재벌들 중 한 사람이 되었다. 1916년부터 1922년까지 영국 총리를 역임한 로이드 조지(1863~1945)의 후원자이자 조언자로서 그의 전쟁수행 정책을 전폭적으로 지지했다. 1905년 남작의 작위를, 1917년에는 자작의 작위를 받았다.

디즈레일리, 벤저민(1804~81)　영국의 정치가이다. 1837년 하원의원에 당선되었고, 1848년에는 보수당의 지도자가 되었다. 1852년, 1858~59년, 1866~68년 세 차례에 걸쳐 재무장관을, 1868년에는 총리를 지낸 이후에 1874년 총선에서 승리해 다시 총리가 되어 1880년까지 재직했다. 1887년 의회에 제2차 선거법 개정안을 제출해 통과시켰다. 1876년에 백작에 서임되었다. 자신의 재임 기간 중에 영국의 제국주의와 세계지배권을 확립했는데, 그 절정은 1877년 빅토리아 여왕이 인도의 황제를 겸하게 된 것이다.

랑케, 레오폴트 폰(1795~1886)　독일의 역사학자이다. 1817년 라이프치히 대학에서 고전문헌학으로 박사학위를 취득했으며, 1818년부터 김나지움 교사로 재직하다가 1824년 베를린 대학에서 대학교수 자격을 취득해 역사학 부교수가 되었다. 1834년에 정교수로 승진해 1871년까지 재직했다. 실증주의적 역사관, 즉 역사는 사료에 충실하면서 사실을 객관적으로 기술해야 한다는 관점을 제시함으로써 역사학을 철학이나 정치로부터 해방해 독자적인 과학적 인식영역으로 발전시켰으며, 바로 이런 연유로 흔히 근대 역사학의 아버지라고 불린다. 총 9권으로 된 『세계사』를 비롯해 수많은 저작을 남겼는데, 이는 1867년부터 1890년까지 총 54권으로 나온 그의 전집에 수록되어 있다.

루카치, 게오르그 폰(1885~1971)　헝가리 및 독일의 철학자이자 문학사학자이며 문학이론가이다. 1902년부터 부다페스트에서 법학과 경제학을 공부했으며, 1906년 법학박사 학위를 취득했다. 1906년부터 1907년까지 베를린에서 철학을 공부했고 1909년 부다페스트에서 철학박사 학위를 취득했다. 1910년에 베를린으로 이주했다가 1912년에 하빌리타치온(대학교수 자격 취득)을 목적으로 하이델베르크로 이주했다. 제1차 세계대전과 1917년 러시아혁명의 여파로 열성적인 공산주의자가 되었다. 하이델베르크 대학에서 하빌리타치온이 거부되자 부다페스트로 돌아가 1918년 12월 헝가리 공산당에 입당했으며, 헝가리 혁명 이후 성립된 소비에트 공화국(평의회 공화국; 1919년 3~8월)에서 교육인민위원을 지냈다. 헝가리 혁명이 실패로 끝나자 1919년 9월 빈으로 망명해 1929년까지 그곳에 머물렀는데, 이 망명시설에 그의 수서로 씌가되는 『역사와 계급의식』(1923)을 집필했다. 1929년 모스크바로 가서 1944년까지 주로 그곳에 머물면서 연구와 저술 활동을 했다. 1945년 부다페스트로 돌아와 미학 및 문화철학 교수가 되어 1958년까지 재직했으며, 1956년 너지(Nagy) 정권에서 —물과 며칠 동안이지 만— 교육부장관을 지냈다. 짐멜과 베버로부터 많은 영향을 받았으며, 하이델베르크에 머무는 동안에는 베버와 밀접한 관계를 유지했다.

마이어, 율리우스 로베르트(1814~78) 독일의 의사이자 물리학자이다. 1832년부터 1837년까지 튀빙겐 대학에서 의학을 공부했고 1838년 박사학위를 취득했다. 1839년부터 1840년까지 파리에 머문 후 1840년 자카르타로 항해하는 네덜란드 범선의 선의(船醫)가 되었는데, 그때까지 물리적 세계에 대해 거의 관심이 없던 그는 이 항해에서 여러 가지 흥미로운 현상을 관찰하게 되었고(예컨대 폭풍에 의해 일어나는 파도는 조용한 바다보다 더 따뜻하다는 것과 같은, 운동에너지가 열에너지로 전환되는 현상을) 이는 자연법칙, 특히 열이라는 물리적 현상에 대해 깊이 숙고하는 계기가 되었다. 1841년 항해에서 돌아온 이후에 의사로 일하면서 열에 대한 연구에 매달렸으며, 그 결과 1842년에 나온 작은 논문 「무생물계의 에너지에 대한 메모」와 1845년에 나온 작은 책자 『유기체가 신진대사와의 관계 속에서 하는 운동』에서 에너지보존법칙(열역학 제1법칙)을 제시할 수 있었다. 이 법칙은 물리학뿐만 아니라 자연과학 전반에 적용되는 법칙으로 19세기에 이룩한 가장 큰 과학적 업적들 가운데 하나로 간주된다. 그러나 그의 이 위대한 업적은 처음에는 학계의 인정을 받지 못하다가 대략 1850년대 중반부터 서서히 알려지게 되었고, 그 결과 1860년대에는 걸맞은 평가를 받게 되었다. 그러나 이미 그의 삶은 다 망가졌고, 따라서 더 이상 과학적 연구가 불가능한 상태였다. 말년을 의사로 일하면서 보냈다. 1867년 귀족에 서품되었으며, 1869년 프랑스 학술원으로부터 퐁슬레상(Prix Poncelet)을, 1871년에는 영국 왕립협회로부터 코플리 메달(Copley Medal)을 받았다.

막시밀리안 1세(1459~1519) 신성로마제국의 황제이다. 1477년에 부르고뉴의 공작, 1486년에 독일 국왕, 1493년에 합스부르크가의 세습영지의 지배자가 되었으며, 1508년에는 신성로마제국의 황제가 되었다. 신성로마제국의 최고 입법기관이자 정치적 의결기구인 제국의회를 제도적으로 확립하고 최고 사법기관인 제국대심원을 설립하는 등 광범위한 제국개혁을 단행했으며, 합스부르크가를 유럽의 지배적인 세력으로 만들었다.

바이어슈트라스, 카를(1815~97) 독일의 수학자이다. 1841년부터 1855년까지 김나지움 교사로 재직하면서 집약적으로 수학을 연구했다. 1856년 베를린 왕립공업전문학교의 교수가 되어 1864년까지 수학을 가르쳤으며, 1864년에 베를린 대학의 정교수가 되었다. 현대 해석학의 아버지로 간주되며, 해석함수론과 타원함수론에 대한 중요한 업적을 남겼다. 수학에서 직관보다는 엄밀한 논리적 정초와 해석적 표현을 중시했지만, "시인의 기질을 갖추지 못한 수학자는 결코 완벽한 수학자가 될 수 없다"라는 말을 남겼다.

베벨, 아우구스트(1840~1913) 독일의 사회민주주의 정치가이다. 1854년부터 1857년까지 선반공(旋盤工) 훈련을 받고 1858년부터 1860년까지 직인(職人)으로 남부독일과 오스트리아를 편력했다. 1861년 라이프치히에서 창립된 노동자교육협회에 가입해 1862년 부회장이 되었으며, 1865년부터 1872년까지 회장으로 있었다. 1866년 빌헬름 리프크네히트(1826~1900)와 공동으로 작센국민당을 창당해 1867년부터 1870년까지 이 정당을 대표하는 북독일연방(1866~71; 독일제국의 전신)의 의원을 지냈다. 1869년 역시 리프크네히트와 공동으로 사회민주노동당을 창당했다(이 정당은 1863년에 창설된 전독일노동자협회와 1875년 합병해 독일사회주의노동당이 되었다가 1890년에 독일사회민주당으로 이름이 바뀌었다). 1872년 3월에 반역죄로 2년 동안 성채 감금형을 선고받는 등 여러 차례 옥고를 치르면서 정치적 순교자가 되었다. 1871년부터 1913년까지 제국의회 의원을 지냈다. 1875년부터 세상을 떠날 때까지 사회민주당의 지도자로 있었는데, 특히 1892년부터 세상을 떠날 때까지 그 정당의 총재를 지냈다. 사회민주당 내에서 좌파 노선과 수정주의 노선 사이의 중간노선인 마르크스주의적 중도주의를 대변했다. 많은 저작을 남겼는데, 1879년에 나온 『여성과 사회주의』로도 잘 알려져 있다.

보들레르, 샤를 피에르(1821~67) 프랑스의 시인이자 비평가이며 에세이스트이다. 고전적인 미(美)의 개념을 넘어 악한 것과 추한 것에도 미학적 가치를 부여하는 새로운 미학을 구축했다. 근 25년간에 걸쳐 완성되어 1857년에 나온, 그리고 그가 생전에 남긴 유일한 시집 『악의 꽃』은 그해에 공중도덕을 해친다는 이유로 기소되어 벌금을 물고 6편의 시를 삭제하라는 명령을 받았다(1861년에 나온 제2판에는 삭제 명령을 받은 6편의 시가 빠지고 새로운 시 36편이 추가되었다). 1852년부터 1865년까지 에드거 앨런 포(1809~49)의 작품을 번역하고 그에 대한 평론을 썼다. 현대시의 아버지로 불리며, 낭만주의 및 상징주의 문학의 선구자로 간주된다.

셰퍼, 디트리히(1845~1929) 독일의 역사학자이다. 1070/1071년 프로이센-프랑스 전쟁에 군인으로 참전했다. 1872년 괴팅겐 대학에서 철학박사 학위를 취득하고 그해부터 1876년까지 브레멘의 한 하웁트슐레(직업계 중고등학교)에서 가르쳤다. 1877년 예나 대학의 역사학 명예교수가 되었고, 1883년에는 정교수가 되었다. 1885년 브레슬라우 대학, 1888년 튀빙겐 대학, 1896년 하이델베르크 대학의 정교수가 되었으며, 1903년부터 1921년까지 베를린 대학의 정교수로 재직했다. 반유대주의자였으며(유대인 철학자이자 사회학자인 짐멜이 하이델베르크 대학의 철학 정교수로 초빙되는 것을 방해했다), 자신을 독일 민족의 교육자로 간주했다. 전독일연맹이 창립될 때부터 회원이었으며, ― 제1차 세계대전 때 제국주의적 합병정책을 추진하기 위해 설립된 극우파 정당인 ― 독일조국당의 창립 멤버였다. 쇼비니즘적 정치관을 고수했으며, 이로 인해 나치는 그를 자신들의 선구자 중 한 사람으로 간주했다.

슈밤메르담, 얀(1637~80) 네덜란드의 박물학자이자 해부학자이며 곤충학자이다. 1661년 레이던 대학에서 의학을 공부하기 시작했으나, 1663년에 프랑스로 건너가 소뮈르와 파리에서 공부했다. 1665년 네덜란드로 돌아와 1667년 레이던 대학에서 의학 박사학위를 취득했다. 의사로 개업했는데, 이는 단지 곤충연구를 위해 필요한 물적 토대를 마련하기 위함이었다. 1658년 세계 최초로 적혈구를 관찰하고 기술했다. 해부에 현미경을 사용한 최초의 사람들 가운데 한 명이며, 그의 기술은 수백 년 동안 유용하게 사용되었다. 그의 연구가 추구한 궁극적인 목표는 작은 생물에서 신의 창조계획을 밝혀내는 것이었다. 그의 작업은 생전에는 출판되지 않았는데, 사후 60년 가까이 된 1737년에서야 라틴어로 번역되어 『자연의 성서』라는 제목으로 출간되었다.

슈페너, 필리프 야코프(1635~1705) 독일 개신교(루터주의) 신학자이며, 제2의 종교개혁이라고도 불리는 경건주의의 창시자이다. 1664년 슈트라스부르크 대학에서 신학 박사학위를 취득한 후 1666년부터 1686년까지 프랑크푸르트에서 목사로 재직했으며, 1686년부터 작센 선제후국의 궁정 수석목사로 재직하다가 1691년부터 베를린 소재 니콜라이 교회의 감독 겸 목사로 재직했다. 역사학과 계보학에도 조예가 깊었고 과학적 문장학(紋章學)의 창시자로 간주되며, 1694년에는 ― 괴팅겐 대학과 더불어 ― 전형적인 계몽주의 시대의 대학인 할레 대학이 창립되는 데에도 관여했는데, 이 대학은 경건주의의 아성이 되었다. 경건주의의 시발점으로 간주되는 『경건한 소망』(1675)으로 잘 알려져 있으며, 그 밖에도 1700~02년에 총 4권으로 된 『신학적 숙고』를 비롯한 여러 저작을 남겼다. 루터 이후 독일 프로테스탄티즘의 역사에서 가장 중요한 지도자로 평가되는데, 이는 제2의 종교개혁인 경건주의의 아버지에게 걸맞은 평가가 아닐 수 없다.

아우구스티누스, 아우렐리우스(354~430) 북아프리카와 이탈리아에서 활동한 초기 기독교의 대표적인 교부로 히포의 아우구스티누스라고도 불린다. 374년 고향인 타가스테에서, 375년 카르타고에서 수사학을 가르쳤으며, 383년부터는 로마와 밀라노에서 가르쳤다. 원래 마니교 신자였으나, 밀라노의 주교인 암브로시우스의 설교에 큰 감명을 받아 387년에 기독교로 개종했다. 395년부터 세상을 떠나는 430년까지 히포의 주교를 지냈다. 고대 기독교의 가장 위대한 사상가로 간주되며, 루터의 종교개혁에도 큰 영향을 끼쳤다.

알트호프, 프리드리히(1839~1908) 프로이센의 행정관료이자 법률가이다. 1856년부터 1861년까지 베를린 대학과 본 대학에서 법학을 공부했다. 잠시 변호사로 일하다가 1871년부터 독일제국의 직속령인 알자스-로렌의 교회 및 학교 업무를 담당하는 법률고문으로 일했으며, 1872년 (1621년부터 존재한) 슈트라스부르크 대학이 제국대학으로 재창립되는 데 결정적으로 관여했다. 아울러 1882년까지 그 대학의 행정에도 적극적으로 개입했다. 대학교수 자격도 없이, 아니 심지어 박사학위도 없이, 또는 이를 대체할 그 어떤 탁월한 과학적 업적도 없이 1872년에 슈트라스부르크 대학의 프랑스 민법 담당 부교수가 되었고 1880년에는 정교수가 되었다. 1882년부터 1897년까지 프로이센 왕국 교육부의 보고위원으로 재직했으며, 1897년부터 1907년까지 대학담당국장으로 재직하면서 프로이센의 대학들과 더 나아가 독일제국 전체의 대학들에 결정적인 영향을 끼쳤다(여기에는 대학교수 초빙도 포함된다). 그리하여 그가 프로이센 왕국의 교육부에 재직한 1882~1907년을 ― 그는 이 시기에 총 5명의 교육부 장관 밑에서 일했다 ― 흔히 "알트호프 체제"라고 부르는데, 베버는 이 체제를 통렬하게 비판했다.

예링, 루돌프 폰(1818~92) 독일의 법학자이다. 1840/41년 베를린 대학에서 법학 박사학위와 대학교수 자격을 취득했다. 1845년에 바젤 대학의, 1846년에 로스토크 대학의, 1849년에 킬 대학의, 1852년에 기센 대학의, 1868년에 빈 대학의, 그리고 1872년에는 괴팅겐 대학의 정교수가 되었다. 이른바 개념법학의 창시자였으나, 후에는 이를 비판하고 목적이 모든 법의 창조자이며 각 개인의 이익이 그 목적임을 주창하는, 이른바 목적법학을 제시했다. 1872년 발표한 『권리를 위한 투쟁』으로 잘 알려져 있으며, 1852~65년에 총 4권으로 나온 대작 『다양한 발전 단계에서의 로마법의 정신』과 『법의 목적』(1877)을 비롯한 많은 저작을 남겼다.

오스트로고르스키, 모이세이 야코블레비치(1854~1921) 러시아의 정치학자이며 정치가이다. 상트페테르부르크 대학에서 법학을 공부한 후, 몇 년간 러시아 법무부에서 일했다. 1880년대 파리정치대학교에서 공부했으며, 1895년 그곳에서 「보통선거의 기원」이라는 논문으로 박사학위를 취득했다. 1892년 파리 대학 법학부에서 여성의 권리에 대한 저서로 상을 받았다. 1880년대와 1890년대 여러 해 동안 미국과 영국에 머물면서 정당에 대한 연구를 했다. 1905년 러시아혁명 이후 러시아로 돌아와 1906년 제1차 두마(1906년 4~7월; 두마[Duma]는 1906년부터 1917년까지 총 4회에 걸쳐 선출된 제정 러시아의 의회이다)의 입헌민주당 의원으로 선출되었다. 제1차 두마가 소집된 지 불과 72일 만에 해산되자, 정계에서 은퇴해 상트페테르부르크 대학에서 가르쳤다. 베버 및 로베르트 미헬스(1876~1936)와 더불어 정치사회학의 창시자로 간주되며, 비교정당조직 연구로 잘 알려져 있다.

울란트, 루트비히(1787~1862) 독일의 시인, 문학자이며, 법률가이자 정치가이다. 1805년부터 1810년까지 튀빙겐 대학에서 법학과 문헌학을 공부했으며, 1810년 같은 대학에서 법학 박사학위를 취득했다. 1810년부터 1814년까지 뷔르템베르크 왕국의 법무부에서 서기관으로 일했으며, 그 후 뷔르템베르크 왕국의 수도인 슈투트가르트에서 변호사로 일했다. 1819년부터 1826년까지 뷔르템베르크 왕국의 신분의회에서 튀빙겐을 대표했다. 교수직을 얻기 위해 여러 해 동안 노력한 끝에 1829년 튀빙겐 대학의 독어독문학 교수가 되었으나, 1833년 뷔르템베르크 왕국의 영방의회 의원으로 활동하기 위해 휴가를 신청했으나 거절당하자 교수직을 사직했다. 1848년 프랑크푸르트에서 열린 국민의회에서 의원으로 선출되었다. 슈투트가르트를 중심으로 활동하면서 목가적이고 소박한 향토문학을 발전시킨 후기 낭만주의의 대표적인 시인들 ― 이들을 흔히 "슈바벤 시파"라고 부른다 ― 가운데 한 사람이었다.

웹스터, 대니얼(1782~1852) 미국의 정치가이다. 1813년부터 1817년까지, 그리고 다시 1823년부터 1827년까지 하원의원을 지냈으며, 1827년부터 1841년까지, 그리고 다시 1845년부터 1850년까지 상원의원을 지냈다. 1841년부터 1843년까지, 1850년부터 1852년까지 두 차례에 걸쳐 국무장관을 지냈다. 주권론(州權論; 연방에 대해 각 주의 권리를 우선시하는 입장)에 맞서 연방주의를 강력하게 옹호했다. 19세기 전반기 미국을 대표하는 정치가들 중 한 명이다.

이홍장(李鴻章; 1823~1901) 청나라 말기의 정치가이다. 1847년 진사과에 급제한 후 직예총독(直隸總督), 북양통상대신(北洋通商大臣), 문화전대학사(文華殿大學士) 등의 벼슬을 지냈다. 1861년부터 1894년까지 전개된 자강운동인 양무운동에서 주도적인 역할을 하는 등 중국 근대화에 힘썼고 태평천국의 난을 비롯해 전국 각지에서 일어난 난을 평정했으며, 1895년 시모노세키 조약을 체결하는 등 다양한 외교적 임무를 수행했다.

잭슨, 앤드루(1767~1845) 미국의 법률가, 군인, 정치가이며, 미국의 제7대 대통령이다. 1797년부터 1798년까지 상원의원을 역임했으며, 1798년부터 1804년까지 테네시주의 최고법원 판사를 역임했다. 1812년 민병대를 이끌고 미영전쟁에 참전해 1815년에는 이 전쟁의 결정적인 전투인 뉴올리언스 전투를 지휘해 대승을 거두었다. 1824년 대통령 선거에 출마해 존 퀸시 애덤스(1767~1848)에게 패했으나, 1828년과 1832년 두 차례에 걸쳐 대통령에 당선되었다. 애팔래치아산맥 서쪽 출신으로서는 최초로 대통령이 된 인물이다. 마틴 밴 뷰런(1782~1862)과 더불어 민주당의 공동 창시자로 간주된다. 그와 그의 지지자들이 실천한 민주주의를 "잭슨 민주주의"라고 부른다.

짐멜, 게오르그(1858~1918) 독일의 철학자이자 사회학자이다. 1881년 베를린 대학에서 철학 박사학위를 취득했으며, 1885년 같은 곳에서 대학교수 자격을 취득했다. 1885년부터 베를린 대학 철학부에서 사강사로 가르치기 시작해 1900년에 부교수가 되었으며, 1914년에는 슈트라스부르크 대학의 철학 정교수가 되었다. 탁월한 과학적 업적에도 불구하고 유대인이라는 점, 국가와 교회를 중심으로 하던 당시의 국가과학 및 사회과학에 정면으로 배치되는 사회학적 사고를 한 점 등으로 인해 비정상적으로 오랫동안 사강사 지위에 머물러 있었다. 아주 오랜 기간을 무급의 부교수로 재직했으며, 세상을 떠나기 불과 4년 전에야 정교수가 되는 등 독일 학계의 주변인, 아니 이방인이었다. 에밀 뒤르케임, 베버와 더불어 현대 사회학의 창시자로 간주되며, 베버 등과 함께 독일 사회학회의 창립을 주도했다.

체임벌린, 조지프(1836~1914) 영국의 정치가이자 성공한 제조업자이다. 버밍엄 자유당의 지도자로 1873년부터 1876년까지 버밍엄 시장을 지냈다. 1868년 총선 당시 버밍엄에서 영국 최초로 코커스 제도를 도입했다. 1877년 버밍엄에서 잉글랜드와 웨일스의 자유당 지구당들이 연합해 ─ 스코틀랜드는 포함되지 않았다 ─ 전국자유당연맹(National Liberal Federation; 1877~1936)을 창립하는 데 주도적인 역할을 했는데, 이 조직의 활동은 자유당이 1880년 총선에서 승리하는 데에 초석이 되었다. 1876년 하원의원이 되었다. 자유당 내 급진파의 지도자로 1880부터 1885년까지 상무장관을 지냈다. 1866년 아일랜드 자치에 반대하는 자유당 의원들이 탈당해 새로운 정당인 자유통일당(Liberal Unionist Party)을 창당할 때 주도적인 역할을 했으며, 이 정당 소속으로 1895년부터 1903년까지 식민지장관을 지냈다(자유통일당은 1912년에 보수당과 합당했다).

카를 5세(1500~58) 신성로마제국의 황제이다. 막시밀리안 1세의 손자로 1516년 에 최초의 스페인(카스티야, 레온 및 아라곤의 동군연합) 국왕이 되었고 1519년에 는 독일 국왕이 되었으며, 1520년 신성로마제국의 황제가 되었다. 그의 재위기는 대내적으로 프로테스탄티즘과 가톨릭 사이의 종교적-사회적 갈등을, 대외적으 로는 프랑스 및 오스만 제국과의 갈등을 큰 특징으로 한다. 그의 제국은 유럽 내 에서 동서로는 스페인에서 오스트리아까지, 남북으로는 네덜란드에서 나폴리 왕 국까지 걸쳐 있었으며, 유럽 밖으로는 스페인령 아메리카에 이를 정도로 광대했 다. 그래서 "해가 지지 않는 나라"라고 불렸다. 1556년 동생에게 황제의 자리를 물려준 이후, 스페인의 한 수도원에서 은거하면서 여생을 보냈다. 그의 이름은 루터의 종교개혁과 떼려야 뗄 수 없는 관계에 있다.

카우틸리야(기원전 4세기 말경) 고대 인도의 철학자이자 정치가이다. 브라만 출신 으로 수준 높은 교육을 받은 것으로 보이며, 의학과 점성술 그리고 그리스와 페 르시아의 사상에도 조예가 깊었던 것으로 알려져 있다. 인도 최초의 통일왕조 인 마우리아 왕조의 창건자인 찬드라굽타의 재상이자 고문관으로 이 왕조의 발 전에 결정적으로 기여했다. 『아르타샤스트라』와 『니티샤스트라』의 저자로 알려 져 있는데, 전자는 고대 인도의 가장 중요한 국가이론서로 간주되며, 후자는 이 상적인 삶의 방식을 논하는 작품으로 당시의 인도 문화에 대한 많은 내용을 담고 있다.

캘훈, 존 콜드웰(1782~1850) 미국의 정치가이다. 1808년부터 1809년까지 사우스 캐롤라이나주의 하원의원을, 그리고 1811년부터 1817년까지 연방 하원의원을 역임했으며, 1825년부터 1832년까지 미국의 제7대 부통령을 역임했다. 1832년 부터 1843년까지, 그리고 다시 1845년부터 세상을 떠나는 1950년까지 상원의원 을 역임했다. 1844년부터 1845년까지는 국무장관을 역임했다. 노예제의 강력한 옹호자였으며, 주권론의 중요한 대표자였다. 19세기 전반기 미국을 대표하는 정 치가들 중 한 명이다.

코브던, 리처드(1804~65) 영국의 경제정책가이자 기업가이다. 1839년 ─ 19세기 영국에서 가장 효율적이고 성공적인 압력단체로 평가받는 ─ "반(反)곡물법동 맹"을 결성했다. 1841년 하원의원에 당선되었는데, 이때부터 의회에서 곡물법 폐지를 위해 노력해 1846년에 관철했다. 1860년에 영국과 프랑스 사이에 체결 된 자유무역 협약인 "코브던-슈발리에 협약"에 결정적인 기여를 했다(슈발리에는 프랑스 측의 협상 대표인 경제학자이자 자유무역주의인 미셸 슈발리에[1806~79]의 이름을 딴 것이다). 맨체스터학파(맨체스터 자유주의)의 공인된 지도자이며, 자유주의적 경제정책과 자유무역의 강력한 옹호자이다.

클레온(?~기원전 422) 아테네의 정치가이자 민중지도자이다. 기원전 431~기원전 430년에 페리클레스의 적대자가 되면서 아테네 정계에서 두각을 나타냈으며, 기원전 429년 페리클레스가 세상을 떠난 이후 그의 뒤를 이어 민주파의 지도자가 되었다. 전통적인 귀족계급이 아니라 상인계급 출신으로 아테네의 정치가가 된 최초의 인물이다. 매우 탁월한 웅변술을 이용해 아테네 민중을 자기편으로 끌어들였다. 펠로폰네소스전쟁에서 스파르타에 대한 강경책을 고수했으며, 그리하여 기원전 425년 스파르타가 제안한 평화조약을 단호히 거부했다. 기원전 422년 스트라테고스(장군, 군지휘관 또는 전략가)로 선출되어 아테네에서 떨어져나간 트라키아 지방의 도시들을 탈환할 목적으로 원정을 떠났다가 암피폴리스 전투에서 스파르타군에 패해 전사했다.

트로츠키, 레온(1879~1940) 러시아의 정치가이자 혁명가이다. 본명은 브론슈타인(Bronstein)인데, 1902년부터 트로츠키라는 이름을 사용했다. 1903년 러시아 사회민주노동당 제2차 전당대회에서 멘셰비키에 가담했으나, 1904년 결별하고 독자적으로 활동하다가 1917년 7월 볼셰비키에 가담했다. 1917년 10월혁명 지도자들 중 한 명이었으며, 소련 외무 및 군사 인민위원을 지냈다. 1917~18년 브레스트-리토프스크 강화회담에 참여했으며, 1918년부터 1925년까지 적군(赤軍)을 이끌었다. 1924년 레닌 사후에 스탈린과 노선투쟁을 벌이다가(스탈린이 일국사회론을 내세운 반면, 트로츠키는 영구혁명론을 내세웠다) 권력에서 축출되었다. 1929년 국외로 추방되어 제4차 인터내셔널을 결성하는 등 반소(反蘇)운동을 펼치다가 1940년 멕시코에서 암살되었다. 그의 사상노선을 트로츠키주의라고 부른다.

페리클레스(기원전 495년경~기원전 429) 고대 아테나의 정치가이자 웅변가이며 장군이다. 기원전 463년 아테네의 정치무대에 등장해 기원전 461년에는 아테네 민주파의 지도자가 되었다. 페르시아 및 스파르타와의 전쟁을 통해 에게해에서의 아테네의 지배권을 확보했으며, 스트라테고스로서 아테네를 델로스동맹의 맹주의 지위에 올려놓았다(장군, 군지휘관 또는 전략가를 의미하는 스트라테고스는 매년 민회에서 10명이 선출되었는데, 그는 기원전 443년 이후 거의 매년 스트라테고스에 선출되었다). 또한 문학과 예술을 장려하고 아크로폴리스에 파르테논 신전을 비롯한 여러 건축물을 지어 아테네의 영광과 위엄을 드러냈는데, 이 문화유산들은 지금도 대부분 남아 있다(파르테논 신전은 기원전 447년 착공해 기원전 438년 완공되었다). 그가 아테네를 통치하던 시기인 기원전 461년에서 기원전 429년까지는 아테네의 황금기이자 아테네 민주주의의 절정기로 "페리클레스의 시대"라고 불리며, 그와 동시대인 역사가인 투키디데스(기원전 460~기원전 400년경)는 그를 "아테네의 제1시민"이라고 칭했다. 고대 그리스에서 가장 영향력 있는 인물들 중 한 사람으로 평가된다.

푀르스터, 프리드리히 빌헬름(1869~1966) 독일의 철학자, 교육학자이자 평화주의자이다. 1889년부터 1893년까지 프라이부르크 대학과 베른 대학에서 철학, 경제학, 윤리학 및 사회과학을 공부했으며, 1893년에는 프라이부르크 대학에서 철학 박사학위를 취득했다. 1892년 자신의 아버지인 천문학자 빌헬름 율리우스 푀르스터(1832~1921), 철학자이자 사회학자인 페르디난트 퇴니스(1855~1936) 등과 독일윤리문화학회를 창립했으며, 1895년부터 저널 『윤리문화』의 편집인으로 일했다. 1898년 취리히 대학에서 대학교수 자격을 취득, 그해부터 1912년까지 취리히 대학과 취리히 공대에서 사강사로 철학과 도덕교육학을 가르쳤다. 1913년부터 1914년까지 빈 대학에서 철학 및 교육학 부교수로 일했으며, 1914년에 뮌헨 대학의 철학 및 교육학 정교수가 되었다. 1916년 독일제국의 정치에 대한 비판으로 말미암아 두 학기 동안 강제로 휴직을 당했는데, 이 시기를 스위스에서 보내면서 독일이 제1차 세계대전의 발발에 대해 어떤 책임이 있는가에 대해 숙고했다. 당시 오스트리아 제국의 황제인 카를 1세(1887~1922)가 그의 평화주의적 활동에 주목해 그의 자문을 구했으며, 둘은 1917년 여름에 오스트리아의 수도인 빈에서 만나 강화에 대한 대화를 나누기도 했다. 1917년 가을 복직했다. 1918년부터 1919년까지 자유국가 바이에른의 스위스 대사를 역임했다. 1920년 뮌헨 대학을 사직하고 1922년 스위스로 이주했다가, 1926년 다시 프랑스로 이주했다. 외국에서도 나치를 비판했기 때문에 나치의 가장 위험한 지식인 적들 가운데 한 명이 되었으며, 1933년 나치가 정권을 잡은 후에는 그의 저작들이 공개적으로 소각되었다. 1940년 스페인, 포르투갈 및 브라질을 거쳐 미국으로 탈출했다. 1963년 다시 스위스로 돌아와 1966년 그곳에서 세상을 떠났다.

피히테, 요한 고틀리프(1762~1814) 독일의 철학자이다. 1780년부터 예나 대학과 라이프치히 대학에서 신학과 철학 및 법학을 공부하기 시작했으나 재정적인 문제로 중단하고 1784년부터 오랫동안 여러 도시에서 가정교사로 일했다. 1794년 예나 대학의 철학 교수가 되었으나, 1799년 무신론자라는 혐의로 교수직을 박탈당하고 베를린으로 가서 재야학자로 활동하면서 대중을 위한 강의를 했다. 1805년 에를랑겐 대학의 객원교수가 되었으나 단 1학기밖에 가르치지 못했다. 1806년 쾨니히스베르크 대학의 정교수가 되었다. 베를린 대학이 창립하는 데 결정적인 역할을 하고 1809년부터 1814년 세상을 떠날 때까지 정교수로 재직했다. 1811년에는 제2대 총장이자 베를린 대학 역사상 최초로 선출된 총장이 되었다. 셸링 및 헤겔과 더불어 독일 관념론을 대표하며, 칸트의 이원론을 극복하기 위해 절대적 자아의 철학을 전개했다. 철학적 관점에서 최초로 사회주의를 제시한 사상가이며, 나폴레옹 점령 아래 베를린에서 1807년 12월부터 1808년 3월까지 행한 강연 「독일 국민에게 고함」으로 잘 알려져 있다

헬름홀츠, 헤르만 폰(1821~94) 독일의 의학자이자 생리학자이며 물리학자이다. 1842년 베를린 대학에서 의학 박사학위를 취득하고 1843년부터 1848년까지 군의관으로 근무했다. 1849년에 쾨니히스베르크 대학의 생리학 부교수가 되었으며, 1851년에는 정교수가 되었다. 1855년 본 대학의 해부학 및 생리학 정교수, 1858년에는 하이델베르크 대학의 생리학 정교수가 되었으며, 1871년 베를린 대학의 물리학 정교수가 되어 1887년까지 가르쳤다. 1888년 그 한 해 전에 설립된 제국물리기술연구소의 초대 소장이 되었다(이 연구소는 이후 조직적 과학연구의 전범이 되었다). 해부학, 생리학, 전기역학, 유체역학, 열역학, 전기화학, 열화학, 광학, 음향학, 기상학, 인식론, 기하학 등 실로 광범위한 분야에서 왕성하게 활동했다. 당시 가장 다양한 분야의 자연과학을 포괄하는, 그리고 가장 영향력 있는 자연과학자들 중 한 명으로 독일제국 총리인 오토 폰 비스마르크(1815~98)에 빗대어 "물리학의 제국총리"라고 불렸으며, 현대 음향학의 창시자로도 간주된다.

사항 찾아보기